普通高等教育土建学科专业"十二五"规划教材

全国高职高专教育土建类专业教学指导委员会规划推荐教材

房地产营销与策划

（房地产经营与估价专业适用）

应佐萍　主　编

夏先玉　章　简　叶剑锋　副主编

丁夏君　许尚志　主　审

中国建筑工业出版社

图书在版编目(CIP)数据

房地产营销与策划/应佐萍主编. —北京：中国建筑工业出版社，2015.12（2022.1重印）

普通高等教育土建学科专业"十二五"规划教材. 全国高职高专教育土建类专业教学指导委员会规划推荐教材（房地产经营与估价专业适用）

ISBN 978-7-112-18878-9

Ⅰ.①房… Ⅱ.①应… Ⅲ.①房地产-市场营销学-高等职业教育-教材 Ⅳ.①F293.35

中国版本图书馆 CIP 数据核字(2015)第 306672 号

　　《房地产营销与策划》是高职院校房地产类专业核心课程。本教材根据全国高职高专教育土建类专业教学指导委员会房地产类专业指导委员会制定的教学基本要求编写，强调了科学性与实践性。全书共分十二章，其内容包括：房地产市场营销策划概论、客户需求与行为分析、房地产市场营销环境、房地产市场调查、房地产项目 STP 战略、房地产项目产品策略、房地产项目价格策略、房地产项目推广策略、住宅项目营销策划、商业地产项目营销策划、新型房地产项目营销策划、房地产营销策划报告撰写。

　　本教材从房地产业的行业特点出发，考虑到了房地产营销全过程的节点与要点，体系完整，注重了理论与实务的结合。教材可作为高职高专房地产专业的专业教材，也可作为房地产专业人员岗位培训及资格考试的参考用书或工具书。

　　为更好地支持相应课程的教学，我们向采用本书作为教材的教师提供教学课件，有需要者可与出版社联系，邮箱：jckj@cabp.com.cn，电话：(010)58337285，建工书院 http://edu.cabplink.com。

* * *

责任编辑：朱首明　张　晶　吴越恺
责任校对：陈晶晶　赵　颖

普通高等教育土建学科专业"十二五"规划教材
全国高职高专教育土建类专业教学指导委员会规划推荐教材
房地产营销与策划
（房地产经营与估价专业适用）
应佐萍　主　编
夏先玉　章　简　叶剑锋　副主编
丁夏君　许尚志　主　审

中国建筑工业出版社出版、发行（北京西郊百万庄）
各地新华书店、建筑书店经销
北京科地亚盟排版公司制版
北京建筑工业印刷厂印刷
*
开本：787×1092 毫米　1/16　印张：20　字数：496 千字
2016 年 7 月第一版　2022 年 1 月第三次印刷
定价：**38.00 元**（赠教师课件）
ISBN 978-7-112-18878-9
(28161)

教材编审委员会名单

主　任：陈锡宝

副主任：武　敬　银　花

秘　书：滕永健

委　员：（按姓氏笔画排序）

刘　霁　李元美　杨　晶　杨　锐

杨光辉　佟颖春　陈旭平　周中元

孟庆杰　钟　林　唐茂华　章鸿雁

序 言

全国高职高专教育土建类专业教学指导委员会房地产类专业分指导委员会，它是住房和城乡建设部受教育部委托，聘任和管理的专家机构。其主要工作职责是：在住房和城乡建设部、教育部、全国高职高专教育土建类专业教学指导委员会的领导下，研究高职高专房地产类专业的教学和人才培养方案，按照以能力为本位的教学指导思想，围绕房地产类专业的就业领域、就业岗位群组织制定并及时修订各专业培养目标、专业教育标准、专业培养方案、专业教学基本要求、实训基地建设标准等重要教学文件，以指导全国高职高专院校规范房地产类专业办学，达到专业基本标准要求；研究房地产类专业建设、教材建设，组织教材编审工作；组织开展教育教学改革研究，构建理论与实践紧密结合的教学体系，构筑"校企合作、工学结合"的人才培养模式，进一步促进高职高专院校房地产类专业办出特色，提升服务房地产行业的能力。

在住房和城乡建设部人事司和全国高职高专教育土建类专业教学指导委员会的领导下，全国高职高专教育土建类专业教学指导委员会房地产类专业分指导委员会成立以来，在专业建设上取得了多项成果；在对"房地产经营与估价专业"、"物业管理专业"职业岗位（群）调研的基础上，制定了"房地产经营与估价"和"物业管理"等专业教学基本要求；制定了"房地产经营与估价"和"物业管理"两个专业校内实训及校内实训基地建设导则；并根据"房地产经营与估价专业"、"物业管理专业"两个专业的专业教学基本要求，校内实训及校内实训基地建设导则，组织了"房地产经营与估价专业"、"物业管理专业"理论教材和实训教材编审工作；启动了职业教育房地产类专业人才培养模式的研究工作。

本套教材的编写体现了"以就业为导向，以能力为本位，以岗位需求和职业能力标准为依据，以促进学生的职业发展生涯为目标"这一指导思想。其特点：（1）教材体系完整、重点突出，配套性好，整套教材为一个完整的知识与技能体系；（2）教材贯彻了"工作过程"、"行动导向"的教育改革理念，在内容上尽量结合生产和工作实际进行编写；（3）教材在总结近几年教育教学改革与实践的基础上，通过开发新课程，更新课程内容，增加实训教材，构建了新的课程体系；（4）教材编写聘请了全国各高职院校本专业多年从事"房地产经营与估价"、"物业管理"专业教学副教授以上的专家担任主编，同时吸收工程一线具有丰富实践经验的工程技术人员及优秀中青年教师参加编写；（5）教材主审全部由房地产领域的著名学者和企业专家担任。本套教材充分体现了其先进性、针对性、创新性、适用性，反映了国内外最新技术和研究成果，突出高等职业教育的特点。

"房地产经营与估价"、"物业管理"两个专业教材的编写工作得到了教育部、住房和城乡建设部人事司的支持，得到了全国高职高专教育土建类专业教学指导委员会的指导。该系列教材的出版凝聚了全国各高职高专院校"房地产经营与估价"、"物业管理"两个专业同行的心血，也是他们多年来教学工作的结晶。值此教材出版之际，全国高职高专教育土建类教学指导委员会房地产类专业分指导委员会谨向全体主编、主审及参编人员致以崇高的敬意。对大力支持这套教材出版的中国建筑工业出版社表示衷心的感谢，向在编写、审稿、出版过程中给予关心和帮助的单位和同仁致以诚挚的谢意。深信本套教材的使用将会受到高职高专院校和从事房地产开发、经营、管理的专业人员的欢迎，必将推动房地产类专业的建设和发展。

全国高职高专教育土建类专业教学指导委员会
房地产类专业分指导委员会

前　言

　　《房地产营销与策划》是高职院校房地产类专业核心课程，是一门科学与创意并存的，实践性、时效性较强的课程。随着房地产行业由卖方市场向买方市场转变，消费者的购房意识也越来越理性。项目的设计、策划、营销在房地产开发中的比重逐年提高，社会行业的发展对营销策划人员的需求也日益增加。为培养学生从事房地产项目的营销策划能力，结合当前房地产市场发展，我们编写了此书。

　　本教材为普通高等教育土建学科专业"十二五"规划教材。本书从房地产属性出发，考虑房地产全程营销节点和时下热点，内容新颖，理论与实务融合，体系完整，具有鲜明的特点和前瞻性。

　　本书由浙江建设职业技术学院应佐萍主编，编写人员有：浙江建设职业技术学院应佐萍编写第1、6、9、10和11章，叶剑锋编写第7和第12章，桑轶菲编写第1和第6章，陆君豪编写第10章，王飞飞编写第9章；重庆房地产职业学院夏先玉编写第3和第8章，陈雨编写第5和第8章；杭州希捷商务咨询有限公司章简编写第2和第4章。全书由应佐萍负责统稿，中国风景园林学会风景名胜专业委员会副主任、浙江省高职院校建设水利类教学指导委员会主任丁夏君教授级高工和浙江新南北控股集团有限公司执行总裁许尚志高级工程师对本书进行了审核，并提出了很多宝贵意见。

　　本书在策划撰写过程中，参考和引用了国内外大量文献资料以及企业经典案例，在此谨向原书作者和项目策划者表述衷心感谢。本书难免有疏漏之处，敬请指正。

编　者

目　　录

1 房地产市场营销策划概论

知识目标

1. 掌握房地产基本知识；
2. 掌握房地产市场营销内涵与特点；
3. 熟悉房地产营销策划流程；
4. 熟悉市场营销基本知识；
5. 了解房地产市场营销发展趋势。

能力目标

1. 能基本描述土地和建筑物；
2. 能看懂土地和建筑物相关图纸。

【案例导入】

2014年伊始，阿里巴巴和腾讯两大互联网巨头战火又起，这次涉及的是千家万户的公共交通领域——出租车。快的打车联合支付宝1月20日推出补贴活动：用手机软件打车，司机和乘客各自能拿到10元钱补贴，所有补贴都由软件公司支付，这一活动同时在全国40个主要城市铺开。

而就在几天前，嘀嘀打车同样推出了"司机乘客同时补贴"的活动，甚至两大竞争对手连补贴额度都开价相同。市民和出租车司机争相体验"省钱福利"的背后，阿里、腾讯投资的打车软件正在试图打破"南北分而治之"的区域优势，嘀嘀南下，快的北上，激烈争抢全国市场。

从社交、地图到支付、点餐外卖等，2013年，巨头们掀起的入口争夺战遍布用户日常生活的方方面面。作为高频应用，打车软件无疑是移动互联网的一个好入口。同时，将移动支付接入以小额支付为主的打车环节，完成交易闭环，是连接线上线下的典型应用场景，因此这一领域也引来了众多竞争者。

而巨头们烧钱火拼的意图，也显然不止于打车软件本身。支付宝方面透露，目前完成打车和付款这一闭环还只能从快的打车进入，不过很快用户就可以从支付宝钱包内嵌的打车功能进入，完成叫车和支付的全过程。对于眼下急于在支付领域发力的腾讯，将嘀嘀打车接入微信支付，也是在为微信支付寻找更多的应用场景。两大巨头"烧钱"的目的是为了争取客户，获取价值链较高的出行服务数据，便于投资布局。

1.1 市场营销简介

"市场营销"英文的原文为"Marketing"。我国在引进这门学科的过程中，对其翻译的方法有好几种。如将"Marketing"翻译为"销售学"，译者可能认为这门学科主要研究的是企业如何将生产出来的产品更好地销售出去。或将"Marketing"翻译为"市场学",但是这种译法也会使人产生误解,以为"Marketing"只是单纯从客观的角度研究市场的,同企业的经营决策活动关系不大;而"市场营销学"的译法,则比较准确地反映了"Marketing"这门学科是企业以市场为导向,以实现潜在交换为目的,去分析市场,进入市场和占领市场这样一种基本的特征,所以是现有的译法中比较能被接受的一种;此外,在我国的台湾,比较普遍地将"Marketing"翻译为"行销学",而在香港,则曾经将其翻译为"市务学",其语义也同"市场营销学"比较类似。讨论这一翻译方法的意义并不仅仅是语义学方面的问题,而主要反映了对市场营销概念的认识过程。

美国著名的营销学者菲利浦·科特勒对市场营销的核心概念进行了如下的描述:"市场营销是个人或群体通过创造,提供并同他人交换有价值的产品,以满足各自的需要和欲望的一种社会活动和管理过程"。在这个核心概念中包含了:需要、欲望和需求;产品或提供物;价值和满意;交换和交易;关系和网络;市场;营销和营销者等一系列的概念,如图 1-1 所示。

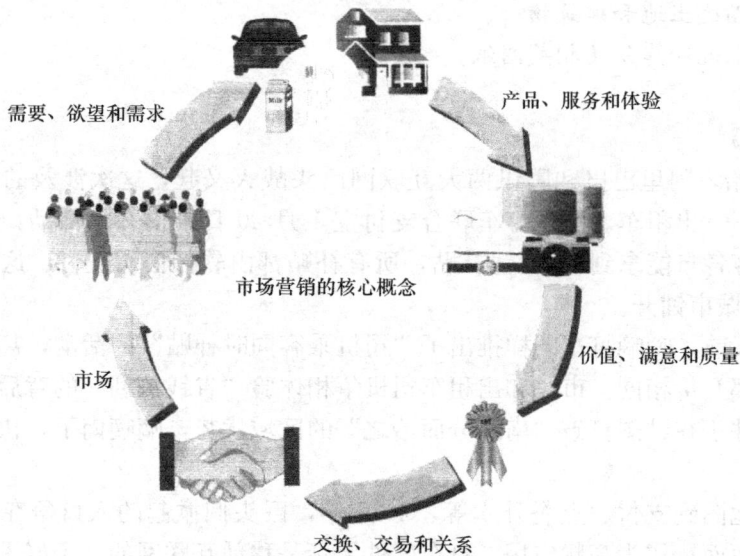

图 1-1　市场营销核心概念
注:资料来源于 P. Kotler《市场营销教程》第 6 版

1.1.1　市场营销基本知识

1. 需要、欲望和需求

市场营销的核心概念告诉我们,市场交换活动的基本动因是满足人们的需要和欲望,需要、欲望与需求是企业市场营销三个最基本的概念,共同构成企业营销活动的基础。"需要"(needs)、"欲望"(wants)、"需求"(demands)三个相近的名词含义如下:

"需要"是指人们生理上、精神上或社会活动中所产生的一种无明确指向性的满足欲,是人类自身本能的基本组成部分,就如饥饿了想寻找"食物",但并未指向是"面包"、"米饭"还是"馒头";而当这一指向一旦得到明确,"需要"就变成了"欲望"。欲望是指人类的需要经过文化和个性塑造后所采取的形式;人的欲望是无穷的,但资源却是有限的。因此，人们用有限的金钱选择价值和满意度最大的产品或服务。当有购买力做后盾时，欲望就变成了"需求"。而对企业的产品而言，有购买能力的"欲望"才是有意义的，才真正能构成对企业产品的"需求"。所以从本质上认识，消费者购买的是对某种"需要"的"满足"，而不仅仅是产品。

2. 产品

产品是指任何提供给市场，并能满足人们某种需要和欲望的东西。产品包括有形的实物和无形的服务、体验、观念或它们的组合，如图1-2、图1-3所示。产品一般可以分为三个层次，即核心产品、形式产品、延伸产品。核心产品是指整体产品提供给购买者的直接利益和效用；形式产品是指产品在市场上出现的物质实体外形，包括产品的品质、特征、造型、商标和包装等；延伸产品是指整体产品提供给顾客的一系列附加利益，包括运送、安装、维修、保证等在消费领域给予消费者的好处。

图1-2 有形产品—住宅

图1-3 无形产品-服务

3. 顾客价值、顾客满意和质量

现代社会中客户关系已经成为了一项重要的无形资产。在美国，当公司被买卖，在转让无形资产过程中，客户名单被视为其中的一部分。客户资本是企业在长期生产经营过程中积聚的，不易被模仿，是企业长期的根本优势。正如浙江某知名房产集团董事长在其集团2010年物业管理年会上所言，物业管理可能只创造了集团不到1%的利润，但良好的客户关系资源却能为集团带来竞争上的优势和顾客的忠诚。

顾客价值：1988年Zeithaml通过对饮料市场的探索性研究，总结出的消费者对价值的定义，奠定了顾客价值的基础。顾客价值是顾客从所购买的产品或服务中获得的全部利益与顾客为获得该产品或服务所付出的全部成本之间的权衡关系。菲利浦·科特勒（2001）认为顾客价值是由感知利益和感知成本两部分构成的，见图1-4。

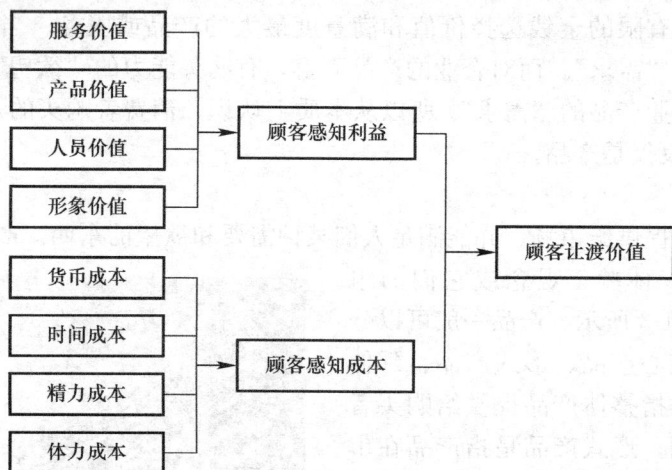

图 1-4　顾客让渡关系图
注：资料来源于 P. Kotler《营销管理》第 10 版

顾客满意（Customer Satisfaction，简称 CS）："顾客满意"一词出现在 20 世纪 70 年代中期，随后，迅速引起各国政府和学者的关注。在 2000 版的 ISO/DIS9000 中，顾客满意的定义为："顾客对某一事项已满足其需求和期望的程度的意见。"并有注解："某一事项是指，在彼此需求和期望及有关各方对此沟通的基础上的特定时间的特定事件。"

质量：美国质量管理专家克劳斯比从生产者的角度出发，曾把质量概括为"产品符合规定要求的程度"；美国的质量管理大师德鲁克认为"质量就是满足需要"；全面质量控制的创始人菲根堡姆认为，产品或服务质量是指"营销、设计、制造、维修中各种特性的综合体。"

这一定义有两个方面的含义，即使用要求和满足程度。人们使用产品，总对产品质量提出一定的要求，而这些要求往往受到使用时间、使用地点、使用对象、社会环境和市场竞争等因素的影响，这些因素变化，会使人们对同一产品提出不同的质量要求。因此，质量不是一个固定不变的概念，它是动态的、变化的、发展的；它随着时间、地点、使用对象的不同而不同，随着社会的发展、技术的进步而不断更新和丰富。

用户对产品的使用要求的满足程度，反映在对产品的性能、经济特性、服务特性、环境特性和心理特性等方面。因此，质量是一个综合的概念。它并不要求技术特性越高越好，而是追求诸如性能、成本、数量、交货期、服务等因素的最佳组合，即所谓的最适当。

4. 交换、交易和市场

交换是市场营销活动的核心。人们实际上可以通过四种方式获得他所需要的东西：一是自行生产，获得自己的劳动所得；二是强行索取，不需要向对方支付任何代价；三是向人乞讨，同样无须作出任何让渡；四是进行交换，以一定的利益让渡从对方获得相当价值产品或满足。市场营销活动仅是围绕第四种方式进行的。从交换实现的必要条件来看，必须满足以下几条：

（1）交换必须在至少两人之间进行；

（2）双方都拥有可用于交换的东西；

（3）双方都认为对方的东西对自己是有价值的；

（4）双方有可能相互沟通并把自己的东西递交给对方；

（5）双方都有决定进行交换和拒绝交换的自由。

可以认为，需要的产生才使交换成为有价值的活动，产品的产生才使交换成为可能，而价值的认同才能使交换最终实现。所以，科特勒认为"交换"是市场营销概念中的核心要素。而能否完成"交换"取决于买卖双方是否能找到交换的条件（交换后双方都比原来的好）。如何通过克服市场交换障碍，顺利实现市场交换，进而达到实现企业和社会经济效益之目的，是市场营销学研究的核心内容。交换不仅是一种现象，更是一种过程，只有当交换双方克服了各种交换障碍，达成了交换协议，我们才能称其为形成了"交易"。交易是达成意向的交换，交易的最终实现需要双方对意向和承诺的完全履行。所以如果仅从某一次交换活动而言，市场营销就是为了实现同交换对象之间的交易，这是营销的直接目的。

5. 推销和营销

推销是指企业推销人员通过传递信息、说服等技巧与手段，确认、激活顾客需求，并用适宜的产品满足顾客需求，以实现双方利益交换的过程。当市场经济发展到一定的阶段，推销观念就必然会成为许多企业所奉行的经营观念。持推销观念的企业经营者认为，仅有优良的产品和低廉的成本并不一定会本能地吸引顾客，而必须通过企业对顾客的宣传和推销，促使顾客对产品理解和接受。

营销则是指根据市场需要组织生产产品，并通过销售手段把产品提供给需要的客户的整个过程。营销的核心是以消费需求为中心，从以企业的需要为经营出发点变为以消费者的需要为经营的出发点。

推销和营销主要有以下几个不同：

（1）重心不同。推销的重心在于产品，企业考虑的中心工作是推销现有的产品，而较少考虑消费者是否需要这些产品。营销的重心在于消费者，企业考虑的中心工作是满足消费者的需要。

（2）出发点不同。推销的出发点是企业，营销的出发点是市场。

（3）方法不同。推销的方法主要是加强推销活动，如搞倾力推销、强行推销等；营销采用的是最佳的营销组合活动，即产品、定价、分销、促销、公关和权力等要素的有机结合。

（4）目标不同。营销的目标是通过满足消费者需要来取得盈利，考虑的是企业的长期行为。

推销的起点是产品的终端销售，营销的起点是市场，包括市场调查与分析，消费者需求分析，市场细分与定位，产品设计，生产，定价，渠道，铺货，人员推销，广告促销，反馈，公关，客户管理，再分析设计，循环的一个管理过程。所以，科特勒认为：营销的目的是使推销成为不必要。

1.1.2　营销管理

营销管理是指为了实现企业或组织目标，建立和保持与目标市场之间的互利的交换关系，而对设计项目的分析、规划、实施和控制，目的是为了达到更好的营销效果。

现代市场营销贯穿于企业经营过程的始终，营销管理也就涉及贯穿其中的市场营销活动的全过程和全方位管理。

因此，营销管理应当包含：分析市场机会、选择目标市场、策划营销战略、设计营销方案和实施营销努力等五个方面。

1.2 市场营销与房地产市场营销

1.2.1 房地产市场营销内涵

房地产市场营销是指房地产商在竞争的市场环境下，按照市场形势变化的要求而组织和管理企业的一系列活动，直至在市场上完成商品房的销售、取得效益、达到目标的经营过程。房地产市场营销是房地产企业开展的创造性适应动态变化的房地产市场的活动以及由这些活动综合形成的房地产商品、服务和信息从企业流向消费者的社会活动和管理过程。

房地产市场营销是一个涉及财务支持、产品支持、成本控制、人力资源管理等各个部门业务的有机整体和开放系统。

房地产市场营销与一般市场营销一样，是个人和集体通过创造，与其他的个人或集体交换产品和价值，获取所需物品的社会过程。房地产市场营销的实质是以消费者对各类房地产商品的需求为出发点，房地产企业通过有效地提供住宅、写字楼、商业用房以及厂房、仓库等房地产商品和与此相关的服务来满足消费者的生产或生活、物质或精神的各种需求，从而获取利润的商务活动。

因此，市场营销的一般原理及其策略能在房地产领域得到很好的应用。同时，房地产市场营销又区别于一般市场营销而成为市场营销的一个分支，这是由房地产商品具有其独特经济特征及运行规律所决定的。

1.2.2 房地产市场营销特征

房地产市场营销的特征是由房地产商品特殊性决定的。总的来说，房地产市场是一个特殊的商品市场，房地产商品具有保障与商品兼具的双重属性，主要有以下特征：

1. 区域性

房地产市场的区域性主要是由房地产的位置固定性和性能差异性所决定的。不同区域的房地产价格水平、供求状况、交易数量等有极大差异，不同区域的房地产市场之间相互影响较小。

2. 交易复杂性

与一般商品不同，房地产市场交易的是相关房地产的产权，包括房屋所有权、土地使用权、房屋使用权等；根据交易的产权不同而形成不同的房地产市场，如买卖市场、租赁市场等。

3. 不完全竞争性

房地产市场参与者较少，且房地产交易价格及交易信息多为非公开的，使得买卖双方较难了解到真实的市场行情。此外，土地资源的相对稀缺性及其必须由国家经营的特性决定了房地产市场的有限开放。因而房地产市场竞争不充分，交易效率较低。

4. 供给滞后性

房地产开发周期较长，供给增加往往需要相当长的时间；由于房地产使用的耐久性，当市场上供过于求时，多余的供给也需要很长时间才能被市场消化。因此相对于需求的变动，房地产供给的变动存在着滞后性。房地产开发项目从申请立项到最后建成出售，是一个周期漫长、耗资巨大的经济活动，至少要耗时 1 年以上，一般情况需要 3～5 年，有的项目甚至耗时 10 年以上。

5. 高度金融关联性

房地产开发投入资金量大，对信贷的依赖性很强。没有金融的支持，房地产交易的规模将受到很大限制。金融政策、市场利率的变动对房地产市场也会产生很大影响。

6. 政府影响性

土地是国家重要资源之一，其分配和使用对经济发展和社会稳定都具有非常重要的作用，因而国家对土地的权利、利用、交易等都有严格的限制。政府一般通过金融政策、财政税收政策、土地利用计划、城市规划及环境保护等手段对房地产市场进行干预和调节。

1.2.3 房地产市场营销观念

基于市场营销的房地产市场营销观念，也经历了一系列销售观念变化，并非与商品经济与生俱来的，它是客观经济环境的产物。主要有：

1. 生产观念阶段

此阶段的房地产商认为人们普遍喜欢低廉的房产，于是他们找到密集的居住区或者商业地带，并尽最大可能把房子建得简单实用，以节省成本。因此那时的市场营销观念就是价格为主导的竞争。

2. 产品观念阶段

此时房产商开始认为顾客的需求并非局限于价格上，还有高质量、好性能和多样化的特色，于是开发商开始将注意力转移到产品本身的设计上。但是这个阶段忽视了消费者的实际需求，片面地追求建筑产品的品质，结果造成部分资源的浪费。

3. 推销观念阶段

此阶段房产商大多认为顾客总是处于被动地位，通常对产品的判断力不足，单纯以为用一整套行之有效的推销和促销手段来刺激人们的购买欲望。因此导致开发商在开发项目的时候没有详细周全的项目前期研究和可行性研究，只是关注销售环节。

4. 市场营销观念阶段

与推销阶段相比，市场营销阶段将企业和顾客在产品关系上单向的"推"转化到企业主导的"推"和"拉"结合的模式。在实践中，以营销观念为导向的开发项目，也确实取得了不同凡响的成绩。

1.3 房地产项目营销策划

1.3.1 项目策划

策划亦作"策画"，谋划或计谋，《后汉书·隗器传》"是以功名终申，策画复得"。又称"策略方案"和"战术计划"（Strategical Planning/Tactical Planning）是指人们为了达成某种特定的目标，借助一定的科学方法和艺术，为决策、计划而构思、设计、制作策划方案的过程。策划可以理解为有想法、通过证实符合实际、有明确执行计划、可以清楚地

表达展现并能够获得别人认同的这一系列具有逻辑思维的行为过程。

项目策划是一种具有建设性、逻辑性的思维过程，在此过程中，总的目的就是把所有可能影响决策的决定总结起来，对未来起到指导和控制作用，最终借以达到方案目标。它是一门新兴的策划学，以具体的项目活动为对象，体现一定的功利性、社会性、创造性、时效性和超前性的大型策划活动。

图 1-5　不同类型策划

1.3.2　房地产项目营销策划

房地产项目策划是指，通过对市场环境的调查和系统地分析，利用已经掌握的有关资料及手段，科学地、合理地、有效地推动项目的进程，并且提前判断房地产项目的顺利进展程度及效果，如图 1-6 所示。

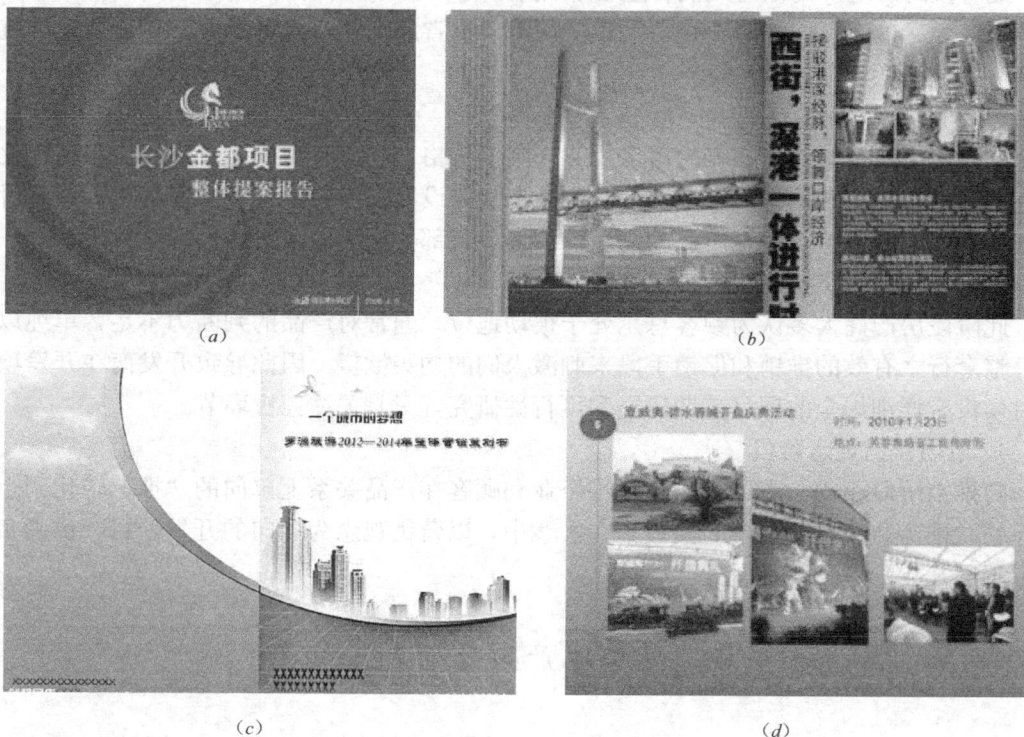

(a)

(b)

(c)

(d)

图 1-6　房地产项目常见策划

(a) 项目整体策划；(b) 项目产品策划；(c) 项目推广策划；(d) 项目销售策划

房地产项目营销策划主要包括了三部分服务内容：市场定位与产品策划，市场推广策划，项目销售策划（项目销售阶段）。

1.3.3 房地产营销策划原则

1. 客观性

房地产项目策划首先应具有客观性。策划人最易犯的错误就是：以自己的价值认同，以自己的鉴赏品位去取代目标客户的审美情趣和利益关注点，因而在项目的营销主题确立及其表现手法上，强调主观性，忽视客观性和中立性。特定的产品有特定的购买群体，他们的年龄、性格、家庭构成、文化程度、工作经历、婚姻经验、价值认可、个人爱好以及作为买家的特定心理，都有着他们自然存在的共性，而这些共性与我们策划人或卖家的相应体验与表现形式或诉求点有许多区别。因此，策划首先要在搞好市场调查的基础上，从客户出发，综合分析，投其所好，打动他们，而非打动了我们自己，他们却不屑一顾。

2. 差异性

策划的本质就是向日益细分的市场与客户强调单个产品的与众不同及度身定做的个性化特征。市场与客户的细分决定了产品之间的不同之处，在每一个环节上照顾客户共同关心的产品要素，从客户出发，在整个营销过程中突出对客户有意义的、与其他产品不同的细节，强调此产品与彼产品的差异性，就是策划的精髓所在。许多地方的房地产项目争夺的都是同一类客户，它们的价位、楼型、户型、外立面、售楼处包装、营销模式、广告诉求等大都处于同一思维和操作模式，有些方面甚至惊人的一致，存在严重的"同质化"倾向，这势必加剧狭小市场范围内的竞争，加大单个项目的投资风险。所以，项目的营销必须坚持差异性，突出产品自身特征，加强产品的易识别性。

3. 系统性

在充分市场调研基础上，把握推广项目的主卖点，确定项目推广全过程中的CIS系统和策划主题。营销过程不因一时的销售热线电话或售楼现场客户来访的数量、客户订房数量而随意改变策略，将一种经过充分讨论的策划主题贯彻到一定时间段。如果需要调整的话，只是不同阶段的文案和平面的表现形式有区别或有所侧重而已。

4. 可行性

以差异性为核心的营销不是为差异而差异，而是强调差异对于客户的实际意义，强调这些差异带给客户什么感受，没有这些差异客户会有什么消极反映。强调差异的可执行性，就是强调差异化营销信息的可传达性和受认同性，坚持每一处差异的创意都必须有合适的载体，有效地传达到客户的视野且受到客户的实际认同，以求与消费者的心理和预期达成契合。项目全过程的策划点都要有相应的媒体、营销地点、营销工具、具体执行人、资源、表现方式，且在一定的时间段里不折不扣地表现出来。

5. 可持续性

房地产项目的周期长，营销策划要贯彻全程营销理念，从前期策划开始直至项目完成，需要持续不断地信息供给，要明确策划的各个节点，营销的各个阶段互相呼应，节奏明晰，高潮迭起，每一阶段都有侧重，每一阶段都有持续的故事，每一阶段的营销推广都汇流到同一个核心策划主题。这样，客户对项目的印象就会逐渐加强，项目的销售就不会时冷时热，而是逐步叠加拉高的良性过程。

6. 整合营销

策划往往讲求"创意"，而"创意"最容易表现为思维上的"灵机一动"。这反映在策划工作的表现上往往可能是孤军突进。策划上的灵感与创意一定要结合总的诉求主题。客户最终选择产品的因素中，性价比是竞争胜出的关键，没有哪一个因素至关重要，就像没有哪一个因素可以被忽视。这就要求在各个策划的细节环环相扣、面面俱到前提下统筹安排和立体营销。广告地点动线、媒体发布的立体性配合、工程上的进展、设计上的优化、物业管理方面或某一批硬件设施的确定、价格上的变更，甚至可以配合相关政策法规的调整，统一指挥，规范布局，齐头并进、互相协调，目的一致，坚持整合推广理念，强调点线呼应、立体攻势、善始善终、环环相扣意义上的整合推广，这样才能避免单一营销活动的结果反应平平，费时费钱又费力而贻误市场良机。

7. 全程营销

策划程序上的末端工作就是销售策划，前期策划上的任一诉求点都将通过终端销售验证其效果。销售亦应纳入统一的总体策划思路中。策划的目的只有一个——促进项目成交，优化项目品牌。要想提高策划对项目销售的帮助程度，强化销售对策划思路的理解、配合与表现就像强调销售对策划的反馈一样至关重要。市场与信息的变化是永恒的，销售反馈而来的信息又是至关重要的客户信息，这就要求策划的适时调整，而不能一成不变，因为不能有一意孤行的销售执行，二者互为表里，彼此修正，紧密呼应，才是真正负责且科学的营销思维方式。

1.3.4　房地产营销策划作用

策划作为市场营销的重要手段、市场推广行为的纲领与灵魂，其最大作用在于对销售的推动和促进，加快项目销售进度和提高资金回笼速度。

营销策划就是在规划符合市场需求产品的基础上，快捷地找到与产品相符合的目标市场，通过有效的途径和手段，深入了解、把握目标市场的需要和购买心态，进而制定出贴近这些需求和心态的推广策略、销售策略，并用最合适的方式将产品及服务信息传递给目标客户，从而达到产品的自我销售，使推销成为多余。

1.3.5　房地产营销策划流程

房地产营销策划流程如图 1-7 所示。

1.3.6　房地产营销策划误区

随着我国房地产市场逐步由"卖方市场"向"买方市场"转变，市场竞争日趋激烈，房地产营销策划逐渐得到业界的广泛关注与相当程度的认可。房地产营销策划虽然开始从注重表面转向追求内涵，从杂乱无章趋向规范有序，但纵观目前许多策划行为，很多地方仍值得深思。不少开发商对房地产营销策划的认识仍停留于肤浅的表层，甚至由于理解的偏颇，而在实际运作中使营销策划走向误区，主要存在以下问题：

1. 过分夸大营销策划的作用

近几年来，由于缺乏系统专业的营销理论的指导，房地产营销业被蒙上了一层神秘的色彩，一部分营销策划者又在其中制造了一股策划崇拜风。

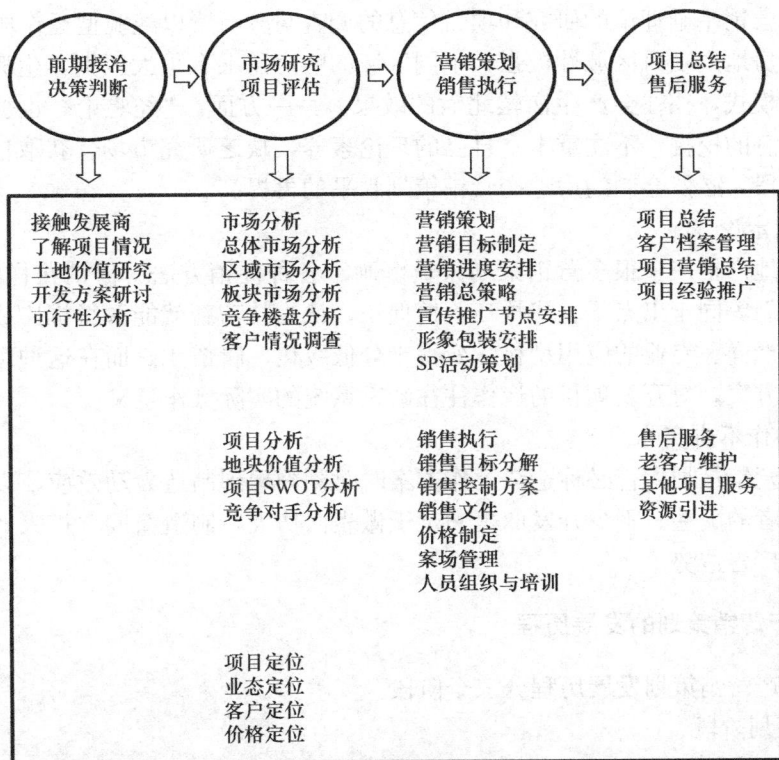

图 1-7 房地产项目营销策划主要流程

　　策划人为楼盘包装，然后适当地为自己包装，本无可厚非，但夸大事实，推行策划迷信，则会使房地产营销策划误入歧途。事实上，目前不少策划人所做的策划方案还远远低于高水平营销策划的要求，他们推出的更多只是概念和卖点，对销售的促进只起相对作用，而不是绝对作用；另一方面，卖点的收集和增加，让楼盘的形象有所改变和提高，同时也使楼盘的成本不断攀升。事实上，房地产营销策划只是房地产资源配置中的一种无形资产，而不是全部无形资产，更不是全部资产。营销策划虽然在市场竞争中已日趋重要，但如果片面地利用策划替代市场的潜心开拓，认为策划能包治营销百病，这不能不说是一个认识误区。

　　2. 忽视营销策划的作用

　　目前许多营销策划方案表面花花绿绿，实则空洞无物，中看不中用。不少开发商也大有上当受骗之感，认为"策划无用"。事实上，房地产营销策划根本不是一本洋洋洒洒的策划方案文本，而是结合所在楼盘，贯穿市场意识，寻找总结出的一种如何把握楼盘市场推广的行为方式。高水平的营销策划不仅可以减少房地产项目在配置资源时的交易成本，而且可以有效规避营销风险，它是一种周密而详尽的房地产市场运作谋略，是房地产营销战略与战术的恰当运用。"市场如战场，策划如指挥"，高层面的市场竞争已成为策划智谋的较量，谁稍有松懈，就会从房地产市场的顶峰跌入谷底。我们既要反对盲目迷信策划，又要避免走上"策划无用"的片面思维。

　　3. 营销策划的"经验论"

　　不少房地产策划人员往往坚持把过往项目的成功经验，照搬照套到新项目的营销策划中。他们忽视营销基础理论的研究和项目信息的调查与分析，以经验型运作居多。

事实上，房地产项目区域性极强，不同区域的购房需求有很大区别，生搬硬套个别项目的成功策划模式，往往会产生南辕北辙的效果。另一方面，"经验论"也会使不少策划人忽视市场信息的挖掘，不注重丰富自己的理论素养，缺乏研究市场、获取信息、加工信息的能力和手段，必然会制约房地产营销策划水平的再提高。

4. 技巧决定论

现在的房地产推广中很多营销策划人员沉湎于各种促销方法、促销花样的翻陈出新。他们把营销策划等同于出点子、找技巧、搞促销，认为技巧新就能取得推广成功，这实际是把一门相当严谨、专业的应用型科学变得十分低级化、庸俗化。而在这种思路指导下所设计与提供的方案，对开发项目的运作往往缺乏系统的实际操作意义。

5. 只讲炒作不讲实际

现在不少营销策划人言必称造势，作方案时时刻刻想到制造轰动效应，以求媒介的大力宣传及消费者的关注。不少开发商也满足于做表面功夫，制造新闻，扩大效应，大肆进行新闻炒作、广告造势。

1.3.7 房地产营销策划的发展历程

世界房地产营销策划发展历程分三个阶段。

1. 单项策划阶段

此阶段房地产策划的主要特点是运用各种单项技术手段进行策划，并在某种技术手段深入拓展，规范操作，取得了良好的效果。诸如把"架空层"作为新颖特色，让每户分享绿地的绿化理念，建筑群体变化丰富的空间设计，人车分流、动静兼顾的功能分区等。

房地产策划在实践中创造出典范项目并为企业创造可观的经济效益，引起了人们的极大兴趣和关注，以致出现对房地产策划和策划人的神化、无限夸大策划的作用等思潮，使以后房地产策划的发展受到不同程度的影响。

2. 综合策划阶段

此阶段房地产策划的主要特点是各项目根据自己的情况，以主题策划为主线，综合运用市场、投资、广告、营销等各种技术手段，使销售达到理想的效果。

此阶段产生的主要策划理论有"策划基本理论"和"全程策划理论"。"策划基本理论"的内容主要包括：策划的"四个"理论基础、策划的"生产力"本质、策划的"辩证"作用、策划的"三因"与"三性"原则、策划成功的"四出"目标和标准、策划的"十大"流程以及策划人的思维特征和素质等。

3. 复合策划阶段

此阶段房地产策划的主要特点是狭义地产与泛地产相复合，即房地产策划除了在房地产领域运用各种技术手段外，还可以运用房地产领域以外的其他手段。

此阶段的房地产策划思想以"泛地产"思想较有代表性。所谓"泛地产"，就是不局限于以"房子"为核心，是在某一特定概念下营造一种人性化的主题功能区域，"房子"在这里可能是主体，也可能成为附属的配套设施，这种功能区域的主题各有不同，如生态农业度假区、高科技园区、高尔夫生活村、观赏型农业旅游区等。"泛地产"思想是对"概念地产"思想的进一步发展，对此阶段的房地产策划影响很大。

综上可知，房地产营销策划是一项系统工程，它统筹所有房地产销售及宣传推广工作，是房地产开发商为了取得理想的销售推广效果，在进行环境分析的基础上，利用其可动用的各种外部及内部资源进行优化组合，制定计划并统筹执行的过程。一个新的楼盘的营销工作一般可以分为前、中、后三个时期，每一个过程与环节都很重要。一个楼盘想要搞得成功，必须具备全局性的营销观念，进行"整体营销"、"全程营销"。因此房地产营销策划不但包括房地产营销战略与战术分析，还在此基础上确立投资地点、物业主题、规划设计，处理残局以及物色好策划人员等一系列策划工作。

1.4 房地产产品介绍

1.4.1 土地

土地是房地产的原始资源，它是地球表面特定地段，由气候、土壤、水文、地貌、地质、动物、植物、微生物及人类活动和结果等要素所组成的，内部存在大量物质、能量、信息交换流通，空间连续，性质随时间不断变化的一个自然、社会、经济的综合体。由于有了人类活动，土地已经不单纯只是一个自然要素，与土壤不同，土地具备了丰富的社会属性。认识房地产产品，首先要认识土地。

1. 土地的属性

（1）土地的资源属性。作为人类赖以生存的基本物质基础，土地天然具有资源的属性，而且与大气、水、生物、矿产等单项资源相比，土地资源的特性是广泛的、综合的，能用来满足人类自身需要和改善自身的环境条件。另一方面，由于土地的不可移动性以及各地环境的差异，使土地的这种资源属性具有地理位置的固定性和区域的差异性。

（2）土地的生态属性。土地本身就是一个生态系统，由地表各自然地理要素以及人类和其他生物体之间相互作用、相互制约所形成的统一整体。同时，这个整体是在循环、变化之中的。从生态学角度看，土地具有对生物体的养育功能以及自身的净化功能。

（3）土地的工程属性。城乡建设的各种建筑物、构筑物都是以土地为基础，依托于土地而建造。地基承载力、地下水、地形、水文等要素综合作用，形成了土地的工程属性。土地工程属性的优劣直接决定作为建筑地段的适宜性及限制性，也影响了工程项目的造价。

（4）土地的资产属性。由于土地总量是恒定的，土地的位置是无法改变的，因此土地具有供给的稀缺性，即某一地区、某种用途的土地的总量是限定的，这就形成了稀缺的经济资源，造成供求上不同程度的矛盾，这就使土地具备了资产属性，这是房地产项目中土地成本构成的基础。

（5）土地的社会属性。在对土地的开发利用和占有的过程中，一方面形成了人与土地的关系；另一方面形成了人与人之间的关系。土地资源作为生产生活物质资料进入人类社会，就构成了社会生产力的物质要素，生产、生活离不开土地资源。在不同社会形态下，土地的社会属性最本质的内容是土地所有制性质。

（6）土地的权籍属性。土地的权籍属性包括土地的地权和地籍。其中地权即土地权属，主要指土地的所有权及使用权。土地所有权是土地所有者拥有的、受到国家法律保护的排他性专有权利；土地使用权指的是按法律规定，对一定土地进行利用、管理并取得收益的权利。地籍是对土地进行科学管理的基础，提供具有法律依据的、精确的、连续的空间位置、数量、质量等方面的基本资料，是调整土地关系、合理组织土地利用的基本依据。

2. 土地的工程要素

在一块土地上开发房地产产品，该地块自身的各种情况以及周边环境，都会对房地产产品的开发产生影响。其中，地块内外的诸多工程要素，影响着房地产项目的规划设计。

图 1-8 是某地块开发住宅房地产项目的规划设计条件图。从图中我们可以分析各工程要素是如何影响项目的规划设计的。

图 1-8 某地块规划设计条件图

（1）地块四至、面积及形状

地块四至是指地块边界东、南、西、北各个方向上与该地块相邻的其他用地、道路、湖泊（水库）、河流、堤岸等反映位置关系的实物。通常和宗地的权属界址线是一致的。地块的四至情况会影响该地块的建筑场地设计、出入口分布等。

地块四至范围线围合的面积，即地块面积。它和所开发房产项目的规模有关。就一个确定的开发项目来说，人均用地大致确定，因此地块的面积也就意味着该项目所能容纳的人数。对于住宅开发项目来说，则有小区、组团等的区别（详见第6章）。

相同的地块面积，因为地块形状的差异，该地块的利用效率也会大相径庭。通常，方正的地块要比狭长的地块利用效率高。并且，形状相对方正的地块，在布置小区公共配套设施和小区公共绿地时，由于服务半径不像狭长地块那么长，因而会相对容易。

（2）地形

同样位置、面积和形状的地块，地形的差异将导致两个开发项目走完全不同的路线。地块的地形情况会反映在地形图中，用不同的图例表现不同的地形地貌。影响房地产项目开发的地形因素主要有以下几个方面：

高程，即某一点的标高。地块的各部分高程以及地块与周边地块或道路的高程差。这会影响项目的建筑布置、道路布局、场地的竖向设计、地下管线走向以及建筑群体的天际线等。

坡度，即地表两点间垂直高差和水平距离的比。通过对地形图中等高线的分析计算，可以得出地块各部分的坡度。坡度的分析对建筑的分布、道路的走向很重要，也关系到节约土石方工程量。

坡向，简单讲就是地形坡面的朝向。由于我国地处北半球，因此坡向朝南为向阳坡，是建筑用地的最佳坡向。另外，对于住宅建筑来讲，与南向的向阳坡相比，北向坡向的建筑必须有相对较大的日照间距，以获取必要的日照，因此，北向坡向的地块，使用效率不如南向坡向的地块。

（3）区位条件

区位一方面指该事物的位置，另一方面指该事物与其他事物的空间的联系。对于房产开发项目来说，区位条件表现为空间区位和交通区位。

地块的空间区位分析，并不简单等同于它在城市中所处的位置，还包括它与周边地块、设施的联系。地块所在的位置、周边的大型公建设施、基础设施、公共绿地等，都是分析空间区位所要考虑的因素。

地块的交通区位分析，包括对地块周边道路情况的分析，如主次干道及支路的分布、交通性道路与生活性道路的分布等，还包括分析其他交通因素，如附近的公交及地铁站点、到达客运站、火车站、机场的便捷程度等。

（4）周边配套、环境及景观

地块周边配套主要是指公建设施配套，如商场、医院、学校等以及交通、水电、通信等基础设施。

地块周边的环境及景观因素，主要指公共绿地、湖泊河流等景观要素以及周边是否有污水、废气、废渣、噪声、异味等污染因素。

（5）土地使用管制

主要是指城市规划建设管理对该地块的使用限制，包括土地使用性质、土地使用兼容性、建筑限高、容积率、建筑密度、绿地率以及地块出入口、建筑风格色彩等的管制和限定。

（6）地质条件

地块地质条件包括工程地质、水文及水文地质。

工程地质条件主要包括地块的地质构造、地基土承载力、地层情况、有无不良地质现象等。

水文条件是指江河湖海及水库等地表水体的情况；水文地质条件是指地下水的情况，包括地下水分布、流向、地下水位、地下水质等要素。

地块的地质条件，主要影响地块的建设条件，也影响到项目今后的使用。对不良地质条件的处理，会影响建筑成本。

（7）基础设施及土地平整情况

地块基础设施，主要是指地块内给水、污水雨水排放、电力、电信、燃气、热力等设施；土地平整情况是指通过拆迁、土方工程对土地表层状况进行改造，拆除建筑物、构筑物以及存在较明显的土地不同位置的高差，以达到后续施工的要求。所谓"七通一平"即是指对地块的基础设施通达及土地平整的工程处理。

（8）经济技术指标

地块经济技术指标的统计，主要是对地块建筑密度、容积率、绿地率、停车泊位数等指标的计算，这反映了该地块的开发强度和设施配套的完善程度。各指标详见第6章。

1.4.2 建筑物

建筑是建筑物与构筑物的总称，是人们为了满足社会生活需要，利用所掌握的物质技术手段，并运用一定的科学规律、美学法则建造的人工物。

建筑物是指用建筑材料构筑的空间和实体，供人们居住或进行各种活动的场所。人们建造建筑物，或为了得到可以活动的空间，或为了获得某种建筑形象，或两者兼而有之。功能、技术和艺术是建筑物的三大要素。建筑的功能是人们建造建筑物的主要目的之一，即所建建筑物的用途和使用要求；建筑的技术是建造建筑物的手段，包括建筑材料、建筑的结构及构造、建筑的物理及设备、建筑工程施工技术等各项技术保障；建筑的艺术包括建筑群体和单体的体型、内部和外部的空间组合、建筑立面构图、细部处理、材料的色彩和质感以及光影变化等综合因素所创造的艺术效果。

1. 位置

建筑物的位置，是指建筑物在空间的所在的地方，包括平面位置和竖向位置两个方面。

建筑物的平面位置由坐标系给出。坐标系统用于确定地面上的点在该坐标系统中的平面位置和相对尺寸。规定南北方向为 X 轴，以北为正方向；东西方向为 Y 轴，以东为正方向，指定某点为原点（O），建立平面直角坐标系。1980 年国家大地坐标系确定我国中部的陕西省某地，位于西安市西北方向约 60km 处为大地原点，故称西安坐标系。

建筑物的平面位置由标高给出。地面上一点到大地水准面的铅垂距离，是该点的绝对高程，简称高程或标高。我国历史上形成了多个高程系统，不同部门不同时期往往都有所区别。目前常用的"1985 年国家高程基准"（属黄海高程），是以青岛验潮站1952～1979 年的潮汐观测资料为计算依据，确定的大地水准面。除了绝对高程外，在房地产项目设计时，也可假定任一水平面为基准面，得出各点相对于该基准面的高差，称为相对高程。

另外，位于某一空间位置的建筑物，其主立面朝向也是一个重要因素，特别是对居住建筑，朝南的朝向是一个必要条件。

2. 面积

建筑物的面积统计包括建筑基底面积和建筑面积。建筑基底面积指建筑物接触地面的自然层建筑外墙或结构外围水平投影面积。建筑面积是指建筑各层面积之和。建筑面积的计算规则可以依据国家标准《建筑工程建筑面积计算规范》GB/T 50353—2013。

除了这两种面积的统计外，房地产营销中还经常用到使用面积、辅助面积、结构面积、公用分摊面积等概念。使用面积，是指建筑物各层平面中直接为生产或生活使用的净面积的总和；辅助面积，是指建筑物各层平面为辅助生产或生活活动所占的净面积的总和，如楼梯、走道、厕所、厨房等；结构面积，是指建筑物各层平面中的墙、柱等结构所占面积的总和。公用分摊建筑面积是指每套（单元）商品房依法应当分摊的公用建筑面积，公用建筑包括电梯井、管道井、楼梯间、垃圾道、变电室、设备间、公共门厅、过道、地下室、值班警卫室等以及其他为整幢楼服务的公共用房和管理用房。

3. 建筑高度、层高

建筑高度，是指室外设计地面至建筑主体檐口上部的垂直距离，屋顶上的水箱间、电梯机房、排烟机房和楼梯出口小间等不计入建筑高度。

层高，是指上下两层楼面（或地面至楼面）结构标高之间的垂直距离。

4. 结构

建筑结构，是指在建筑物中，由建筑材料做成用来承受各种荷载或者作用，起骨架作用的空间受力体系。建筑结构因所用的建筑材料不同，可分为混凝土结构、砌体结构、钢结构、轻型钢结构、木结构和组合结构等。

5. 设备

建筑设备，是指安装在建筑物内为人们居住、生活、工作提供便利、舒适、安全等条件的设备。这些设备包括建筑内部给水系统、燃气及热水供应工程、建筑消防给水、建筑通风及高层建筑防排烟工程、供热工程、空气调节工程、电气照明及设备安装、检测与控制仪表、建筑智能化系统等。

6. 装饰装修

装饰装修，是指为保护建筑物的主体结构，完善建筑物的使用功能和美化建筑物，采用装饰装修材料或饰物，对建筑物的内外表面及空间进行的各种处理过程。在已有的建筑主体（毛坯房）上覆盖新的装饰表面，对已有的建筑空间效果的进一步设计，也是对建筑空间不足之处的改进和弥补，使建筑空间满足使用要求、更具个性的一种手段。

7. 经济技术指标

建筑物通常统计的经济技术指标包括：建筑基底面积、建筑面积、建筑高度、层数等。

1.4.3 构筑物

构筑物通常是指不具备、不包含或不提供人类活动场所的人工建造物，人们不直接在内进行生产和生活活动，如水塔、堤坝等。人们建造构筑物，通常是为了工程上的需要，而不会特意顾及美观的要求。

在房地产开发项目中，根据项目不同情况，常见的构筑物有围墙、桥梁、水池、挡土墙等。当然，由于一些构筑物所处位置的特殊性，如位于小区绿地中，或者位于通常的人们视线范围内，对它们的设计会兼顾其美学上的要求。某些构筑物甚至由于其给人优美的视觉享受，而成为一处独特的人造景点。

1.4.4 物业

物业一词，其含义为财产、资产、地产、房产、产业等。通常是指已经建成并投入使用的各类房屋及其与之相配套的设备、设施和场地。物业可大可小，一个单元住宅可以是物业，一座大厦也可以作为一项物业，同一建筑物还可按权属的不同分割为若干物业。物业含有多种业态，如办公楼宇、商业大厦、住宅小区、别墅、工业园区、酒店、厂房仓库等多种物业形式。

物业是房产和地产的统一，它主要包括以下几个要素：①已建成并具有使用功能的各类供居住或其他活动的屋宇；②与这些屋宇相配套的设备以及市政、公用设施；③屋宇的建筑（包括内部的多项设施）和相邻的场地、庭院、停车场、小区内非主干交通道路等。

根据使用功能的不同，物业可分为以下四类：居住物业、商业物业、工业物业和特殊物业。在房地产开发项目中，通常是居住物业和商业物业。

章节要点

本章主要讲述了市场、市场营销、房地产市场营销和房地产项目营销策划内涵、原则及要点，介绍了土地、建筑物、构筑物和物业的内涵与相互关系。基于房地产市场发展，房地产项目策划趋于全程化、个性化，包含从土地开始到最后的销售阶段直至物业管理服务，这些将在以后章节中逐一阐述。

复习思考题

1. 概念题

（1）市场营销 （2）房地产市场营销 （3）建筑物 （4）构筑物 （5）房地产营销策划

2. 简答题

（1）房地产营销策划要避免的误区？

（2）营销与推销的区别？

（3）何为全程营销？

3. 实训项目

（1）3～4人小组搜集当地不同类型经典物业，点评其物业特点与营销策划卖点，以PPT方式演讲。

（2）搜集土地和建筑物图片并描述其主要技术经济指标。

2 客户需求与行为分析

知识目标

1. 掌握房地产客户需求与消费心理的基础知识与剖析方法；
2. 掌握房地产客户需求挖掘与市场消费引导之间的动态关系；
3. 熟悉房地产项目的客户源与客户群的购买动机与购买行为；
4. 熟悉房地产行业特征、客户特性与客户关系管理的微妙性；
5. 了解客户需求与行为分析在房地产营销策划中的重要地位与作用。

能力目标

1. 能剖析房地产业终端消费者的个性特征及可能影响购买决定的关键因素；
2. 能从市场需要的角度去协助把握房地产产品和服务的开发与改良；
3. 能从客户的心理活动及决策过程帮助房地产企业做出市场促销策略。

工业革命后，随着商品经济的快速发展，市场竞争日益加剧，市场问题日益凸现。在此背景下，推销术和广告术登上了商品推销舞台，以刺激客户需求。与此同时，一些专家学者根据市场的需要，开始分析客户行为与消费者心理，研究客户需求与商品销售之间的关系。为帮助读者理解纷纭复杂的心理学及行为学概念在市场营销及房地产业的应用，本章将重点介绍客户需求、购买动机、消费行为、消费决策、影响房地产购买决策与行为的因素等。

【案例导入】

学习提示：下述案例描述了有关马航客机失联事件后，中国房企在海外房地产投资业的反馈与考量。请仔细阅读，并重点思考不可抗力事件对房地产客户群的心理暗示与影响，并思考有关对中国房企在海外市场的营销策略调整建议。

【案例 2-1】中国房企"躺枪"马来西亚

碧桂园不曾料到，去年凭借一个项目就成为马来西亚最大房地产开发商，今年却要面临马航事件带来的风险。因为 3 月 8 日的马航客机失联，这一突发事件的蝴蝶效应已波及布局马来西亚的中国房地产企业。在马中楼盘的消费主力军部分来自中国，去马来西亚旅游的人急剧变少，去马来西亚看房的人自然也就少了。

2012 年初，碧桂园与马来西亚一家地产商组成合营公司（碧桂园占 55％的股权），合作开发马来西亚加影和万挠两幅土地。这两个项目位于马来西亚的雪兰莪州，靠近吉隆坡，总建筑面积均超过 30 万平方米。由于股权限制，且对马来西亚当地的法律、政策环境不熟悉，项目进展缓慢。

与新加坡、澳大利亚相比，马来西亚的土地市场相对较为宽松，在马买地更便捷、更便宜，且马来西亚有大量华人，所以对中国的开发商具有较大的吸引力。数据显示，2013 年，马来西亚成为中国房地产海外投资的首选，在马来西亚的房地产投资占海外房地产投资总额的 37％。进入 2014 年，这种势头有增不减。目前，"走进"马来西亚的中国房企还包括富力地产、绿地集团、雅居乐地产和新华联等。和政府打交道是房地产开发商的必修课，而此次因马航事件处理中全球公众面前所显现的政府效率低下，让部分中国本有意愿去马置业的潜在客户驻足观望。

资料来源：第一财经日报［微博］吴斯丹 张焕 2014-03-28
http://finance.qq.com/a/20140328/000544.htm?pgv_ref=aio2012&ptlang=2052

2.1 客户需求分析

客户需求是指客户的需要、愿望以及期望。根据马斯洛需求理论，人的需求从低到高可以分为七层：①生理；②安全；③爱与归属；④尊敬；⑤求知；⑥求美；⑦自我实现。不同层次的需求定律，意味着企业应根据客户群的不同及客户需求的不同，生产或供应不同价值的产品和服务。

2.1.1 客户需求理论

销售就是"用产品和服务满足客户的需求"，而需求是产生一切销售的前提。成功的销售不仅限于说服客户，而是精确地定义客户需求，然后在此基础上有针对性地推介产品或服务，如此才能将消费者的需求和市场的供应良好地结合起来。只有清楚不同客户的不同需求，学会换位思考，设身处地为客户着想，销售才能有针对性地得到市场的共鸣。

卡诺三需求理论

卡诺教授（Noritaki Kano）将客户的需求分为以下三类：

必备性基本需求——为机构或企业必须对客户提供的产品或服务的基本保障性利益。倘若满足不了，客户会极度不满意；但即便满足了这些要求，客户满意度并不会因此节节攀升。

单向性期望需求——是指机构或企业为客户提供的变动性利益，能让客户的满意度与需求的满足度成比例对应变化。有时机构或企业给的折扣性优惠，会让客户超出期望值，并由此提升客户满意度。

吸引性兴奋需求——是机构或企业给客户的非承诺性利益，客户通常不会明确表达也不会过分期望。一旦机构或企业提供的产品或服务含有这类需求特征，客户满意度将会超比例提升；反之，客户满意度也不会显著降低。

通常情况下，必备性基本需求和吸引性兴奋需求不太会成为促成客户购买决策的重要依据。因为在客户的认知范围内，前者是必须包含的，应为产品或服务的基本标准；后者尚不在期望范畴之内，可以作为机构或企业的创新方向；而客户日常关注的则是单向性期望需求中的差异化组合。

然而，客户的需求往往具有多面性及不确定性，需要市场从业人员加以合理分析并给予良好引导。因为，有时客户的需求是明确的，有时客户的需求是暗示的。

"关键时刻" 理论

1986年，北欧航空公司前CEO卡尔松，提出了著名的"关键时刻"理论和"15秒钟理论"。随之企业界纷纷运用该理念，将经营模式以"产品"为导向转为以"客户"为导向。1993年，郭士纳担任IBM的CEO，就企业普遍存在的现状——要么忽视客户需求，要么自以为是地界定客户需求，从而丧失竞争优势，提出了"关键时刻行为模式"。

自20世纪90年代，在风靡企业界的业务流程再造中，企业家们逐渐意识到，闭门造车设定不了"关键时刻"。要想"创造满意的客户"，就要随时随地关注客户的基本需求，找出与客户接触的每一个节点，尽可能把握好与客户接触的每一刻，在"关键时刻"为客户提供他们真正的需要并营造良好的体验。

IBM公司提出的"关键时刻行为模式"包括四个步骤：

探索⇒

⇒提议⇒

⇒行动⇒

⇒确认

"探索"的核心任务是帮助客户澄清利益诉求和利益动机，帮助客户区分显性需求和隐性需求，重点发现客户的隐性需求；

"提议"的核心理念是"创造双赢"（实现企业利益和个人利益），是在先"诊断"客户真实需求的前提下，再"开方"提供适当建议满足客户的需求和期望；

"行动"就是将"提议"合理延伸，兑现落实承诺中的各项要素；

"确认"是了解有关行动是否达到或超越客户所期望得到的利益和价值。

具体地说，客户的需求是指通过买卖双方的长期沟通，对客户购买产品或服务的欲望、用途、功能、款式进行逐步挖掘，将客户潜在欲购买的模糊意念或认知具体化精确化，从而实现满足客户真正需求的目的。

客户需求理论对市场营销、促销与推销活动是颇有应用价值的。营销必须了解客户对象的需求层次及特点，促销计划的制定必须符合客户需求的变化规律。这一系列需求构成了房地产项目营销的信息基础。以"客户需求"为中心，要掌握"三个基本点"——卖给谁？卖什么？怎么卖？

研究分析客户的需求，①首先要圈定客户群，只有确切的客户群，我们才能有针对性地研究；②试着用客户的语言去表述或描绘客户所需的产品或服务；③尝试了解并理解客户的不同身份，且懂得客户的价值观；④以客户的立场体验感知他们的生活世界，并探索客户需求背后的深层次心理需求；⑤用客户的心态来看待剖析使用产品。

2.1.2　客户购买动机

客户在购买产品或服务时，一般从产品或服务的核心价值、形体产品和附加价值三个层次进行考量。当客户收入水平较低，或产品/服务处于投放的初期，或产品/服务在市场上供不应求时，客户可能会只重点关注产品/服务的核心部分。

定义客户需求，需从不同的角度来分析。对于已被圈入潜在消费范畴的客户，我们应：①全面掌握其对各种产品和服务的需求和满足状况，且根据其全面需要分析其生活习惯、消费偏好、购买能力等相关因素；②突出产品和客户需求的结合点，必要时给客户需求赋以独特定义与认识；③深入了解客户的生活、工作、交往的环节，才能更清晰地定义他对同类产品或服务的真正需求；④广泛接触客户，对比分析客户需求状况，满足客户差异化需求；⑤建议客户需求并征得客户的认同。

在定义客户需求的过程中，除了对其需求的层次进行综合剖析之外，还应从产品及服务的特质出发，做好：①调查分析——从事前开始，充分使用公司资料、客户档案，运用各种工具、各种关系、各种方法收集消费者的静态和动态信息，从既定资料信息中去伪存真、去粗存精，根据客户自身职业、工作环境、家庭同事、亲朋关系等进一步研判其具体需求的产品或服务类型、规格、模式、数量及品质等；②沟通试探——就特定的沟通情境设计沟通内容、方式、问题、策略，大胆推测客户的需求定义，试探对客户的分析与沟通结果是否掌握得当；③重复确定——重复客户对自己的试探性总结是否认同或有修正性定义，认知探索充分后确定客户需求；④展示等待——展示样品以清晰化定义客户需求，并耐心等待客户最终确认自己的需要。

2.1.3　客户需求分析方法

需求分析，是一个供应方和需求方相互沟通相互磨合的过程。而且，需求是动态的，只有先做好有关需求的分析，了解相关市场的发展趋势，做好有拓展性的产品与服务设计，才能从容地应对市场。分析客户需求的目的在于，在分析企业资料的基础上模型化，从而提出企业信息化解决方案并解答所提出的问题。

如图 2-1 所示，客户需求分析，不仅仅是挖掘到客户的需求，更重要的是还需深入分析，按逻辑找出客户的需求详情。简言之，即用某种逻辑和方法对客户的需求进行条理化的分析和表述。有时客户的需求本身会存在逻辑性矛盾，但客户自身并未意识到此类问题。这就意味着，在需求分析时，不能一味地被客户陈述牵着鼻子走。只有不断提问认证，才能从每一细节上找出客户真正合理的需求。

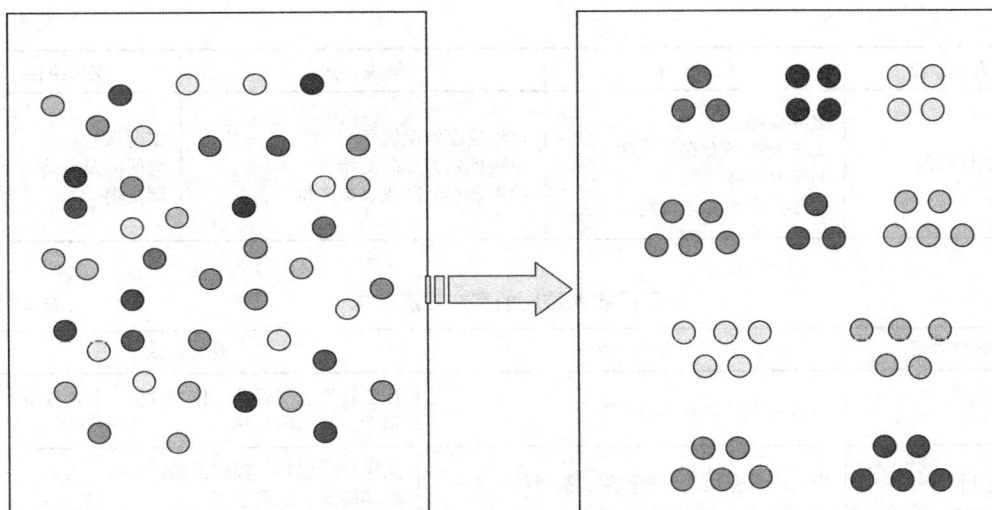

图 2-1　客户需求归类分析与表述图

客户需求分析，首先应注意客户资料的收集、整理和分类：

1. 直接收集有关客户情况描述的文档资料；

2. 资料的编码与分类：命名和注释，表单与制度、活页装订与独立归档；

3. 客户原始资料的引用与复印件的使用。

其次，应组织集体讨论客户的各种要求：

(1) 把客户的相关要求和期望分成几大类或几大组；

(2) 对各个要求的重要性进行评分；

(3) 将类或组放在分级结构中；

(4) 把结果集中在矩阵中，纵轴是客户要求，横轴是设计/程序特征；

(5) 对每个客户要求，确定每个设计/程序特征是否对要求产生影响，并且在肯定的情况下，确定它们之间联系的程度（高中低）。

然后，按功能模块分析目标细分市场的全部客户欲望与需要，建立驱动客户的需求集。

最后，按模型化流程确定所选细分市场的主要分界标准及促使客户选择相应产品或服务的主要差异化因素。

例如，表 2-1 和表 2-2 分析了不同阶段、不同收入层次的客户存在的隐性或显性住房需求。

不同人生阶段的客户住房需求　　　　　　　　　　　　　　表 2-1

人生阶段	住房需求	解决办法	支付路径
单身阶段	自身独立空间	与父母同住 租赁自住/合租 购房	缴纳生活费 月租金 月供
成家立业阶段	家庭保障 无子女 有子女 与父母同住	购房 继承父母用房 与父母同住 租赁偏少	月供 缴纳生活费 月租金

续表

人生阶段	住房需求	解决办法	支付路径
退休规划阶段	老年保障 无子女或子女在外独住 与子女同住 老年公寓或养老机构	自住或雇佣保姆 照顾孙辈为反向支持 购买老年公寓或机构床位	支付保姆费 力所能及劳动 倒按揭

不同收入层次的客户住房需求　　　　　　　　　　　表 2-2

客户阶层	例举对象	住房需求
富翁阶层	私营业主、企业经理人等	社会价值住房保障、体现身价、分散投资： 别墅、高品质公寓
富裕阶层	中高级公务员、白领阶层、高级技术人员	品质住房保障、投资需求： 高端楼盘、品质公寓
小康阶层	一般职员、公务员、教师	个人及家庭住房保障、部分投资需求： 中档公寓
温饱阶层	工人、小公司职员	个人及家庭基本保障： 经济适用房、一般楼盘

总之，先要调查收集具体用户最关心的问题，再根据这些核心议题来确立维度，并依据调查数据确定每个维度的权重。其次，要分析公司和竞争对手的产品和服务在当前（即现阶段）各个维度的评分值，然后画出相应的图表，进行有针对性的分类及差异化分析。最后，综上分析结果，可以就本公司或企业或机构的营销要素着手模块调整与整合。

（1）产品要素——包括了产品或服务的性能、功用、品质、包装、确保等系列模块，系统描述了客户对交付产品或服务感观及实际使用所期望的，如功用和特性、设计和保障、质量和外观等。如对包装的考量需要考虑客户对外形、样式、设计、集成、结构、颜色、图形、工艺等方面；对易用性要考虑客户对产品或服务的舒适、支持、人性化感觉、接近性、直观性等方面；对保证要素要反映产品或服务的可靠性、安保和质保，主要考虑客户在可预测的环境下客户所关注的性能确定与评价等。

（2）价格要素——反映了客户为一个满意的产品或服务直观感觉上可以接受或事实上能够支付的价格，总体涵盖技术、制造、物料、人力、专业、转换、市场、机会等成本和费用。与此同时，价格要素还要考虑安装、培训、服务、供应、能耗、折旧、处理等使用环节及后续支持的，涉及具体产品或服务的整个生命周期的成本。

（3）渠道要素——意味着产品或服务的可获得性，描述了客户有效便捷的购买过程。渠道要素需要很好地整合预售技术支持和产品或服务展示、购买渠道、供应商选择、交付时间、客户定制能力等。

（4）促销要素——影响购买决定的其他因素还要兼顾到口碑效应、第三方评价、顾问报告、企业形象、行业标准、法律法规和社会责任。凡此种种均要恰如其分地与促销计划结合，以传递妥帖的沟通信息，并达到恰当的促销效果。

对于已经进入马来西亚的房地产开发商来说，因为 2014 年 3 月 8 日的马航客机失联事件，当前不可避免地面临房产营销的转折点，势必要对营销策略进行相应的调整。以本章节开头的碧桂园为例，此前通过楼盘折扣将大批中国客户吸引去马，如今这种促销手段的效果将因马航事件大打折扣。碧桂园需要就马来西亚的本土客户着手针对性分析，筛选出碧桂园楼盘在马的目标消费群体，从而推出更多切合当地市场需求的营销举措。

客户行为信息可以反映客户行为特征，有关表现基本体现在购买时间、购买频率、购买数量及购买反应等行为载体，据此可对客户进行分类描述。客户描述信息将使企业更好地认识了解客户。同时，市场细分理论则让客户描述信息与客户行为信息之间建立相应的关联性，并使企业对客户进行恰当地分类。

2.2　客户行为模式分析

客户行为是所有营销工作的出发点，通过科学地分析潜在目标市场的客户消费行为，可以帮助企业实行产品或服务的创新和营销计划的落实。换言之，企业可以利用收集到的客户信息，观察和分析客户行为及具体需求，了解客户的思维模式和行为习惯，研究消费者在获取、使用、消费和处置产品和服务过程中所发生的心理活动特征和行为规律，从而有效地将所掌握的客户消费行为特征及规律贯穿到企业一系列的经营活动之中。如图 2-2 所示，互联网的出现，智能手机的发明，搜索引擎的着陆，明显地改变了人们的消费模式与决策行为。

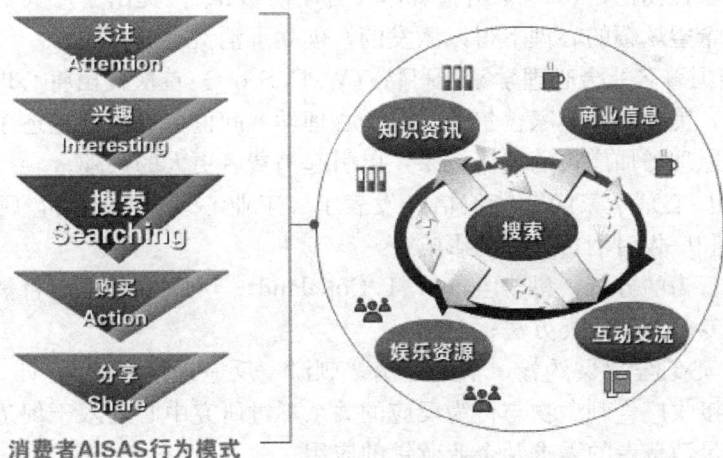

图 2-2　互联网时代搜索引擎导致的消费行为与决策习惯
摘自http://image.so.com

2.2.1　客户行为模式立论

在实际购买行为中，客户选购所需产品或服务时，往往会围绕产品与服务比较分析两组参数——即产品与服务所能送达的价值与选购相应产品或服务所需支付的成本，在经过分析比较后优化选择——价值最高成本最低的产品或服务——就是所谓的客户让渡价值最优化的产品或服务。因此，生产提供相应产品或服务的机构或企业要围绕客户让渡价值，努力研究目标市场客户的消费者行为，对客户行为模式进行尝试性探索及深入性分析。

图 2-3　客户让渡价值最优化之抽象图

了解客户让渡价值是研究客户行为模式的开端。客户让渡价值是指客户总价值与客户总成本之间的差异，而客户总价值是指客户购买某一产品与服务所期望获得的利益总值，包括产品、服务、人员及形象价值；客户总成本是指客户为购买某一产品或服务所耗费的时间、精神、体力以及所支付的货币资金，包括货币、时间、精神和体力成本。基于客户让渡价值，对客户行为的定义亦可有不同的切入点。图 2-3 形象地描绘了客户让渡价值最优化后客户的购买满足感，且以下阐述为对客户行为定义的不同立论观：

"决策过程论"——将客户行为定义为购买、消费和处置的决策过程；

"体验论"——视客户行为偏感性，在体验中购买、消费和处置；

"刺激—反应论"——在消费者与刺激的关系中研究客户行为；

"平衡协调论"——均衡消费者与营销者之间双方互动交换行为与结果。

早期从事客户行为与消费者心理研究的学者及代表作有：

美国社会学家凡勃伦，1899 年出版著作《有闲阶级论》，提出了广义的消费概念，认为过渡消费是在希望炫耀的心理下得以激发的，创立了消费心理研究；

1901 年，美国著名社会心理学家斯科特（W. D. Scott）首次提出将心理学理论应用于广告宣传；同时，美国心理学家盖尔的《广告心理学》问世，系统地论述了在商品广告中如何应用心理学原理增加广告的宣传效果，以引起消费者更大的兴趣；

1912 年，德国心理学家闵斯特伯格又发表了《工业心理学》一书，阐述了在商品销售中，橱窗陈列和广告对消费心理的影响；

基于消费者行为的分析，科普兰（M. T. Copeland）于 1923 年提出将消费物品分为便利品、选购品和专门品的分类方法；

"行为主义"心理学之父约翰·华生提出"刺激—反应理论活动"，即"S—R"理论，揭示了消费者在接收广告刺激物与行为反应的关系不过研究中心局限于促进产品销售及理论层面，而非满足消费者的需求及企业营销的应用；

著名学者麦克尔·R·所罗门，勾画了消费者行为学跨学科研究的范围——消费者行为金字塔。

客户的购买行为是指人们为满足需要和欲望而寻找、选择、购买、使用、评价及处置产品或服务时介入的过程活动，包括客户的主观心理活动和客观物质活动两个方面（菲利普·科特勒，2000）。客户的购买行为研究包括以下几个环节：

购买行为环节模式描绘：通过座谈会、深度访谈、行为观察等形式得到，并描绘定性的、系统的、感性的消费购买行为过程，系前期定性研究。但不论怎样，前期的定性研究是客户行为模式分析及建模的基础。

　　了解购买行为环节的关键影响因素：经定性和定量研究，掌握消费者在不同环节中促成消费及购买行为演变的关键因素。

　　确定购买行为环节的关键营销推动项：针对购买行为环节关键因素，对比品牌成败项，分析确定解决关键因素的营销推动行为。

　　评估目标品牌的客户行为表现：得到完整的不同阶段的消费者比例结构，从中明确品牌绩效的根本原因。

　　确定营销活动的实施策略：就品牌表现，按重要性和优先性原则做出行动计划，并予以评估。

　　客户的购买动机及行为受性别、年龄、收入、个性、用途、受教育程度、生活方式、社会环境等因素的影响。在多种多样的客户群里，客户的购买行为呈现以下六种类型：

　　价格型购买行为——价格型购买行为的客户对商品价格总体敏感。如图2-4的形象描述，其中部分客户偏好购买廉价商品，也就是说廉价会刺激这部分客户的购买欲望，即使无需求也会采取购买行动。还有部分客户特别乐于购买高价商品，认为高价商品质量可信，除了品质之外售后服务也有保障，且可以更好地满足自己对生活档次的追逐与需求。

图 2-4　低价上钩漫画图

　　理智型购买行为——理智型购买行为的客户习惯于反复考量、认真分析、多方选择。这一类型的客户通常综合性价比分析，不易被广告渲染影响，购买行为审慎。接待这类客户时，宜实事求是地给出全面的产品与服务及可能给客户创造的价值或受益信息。

　　冲动型购买行为——冲动型购买行为的客户常受广告宣传、商品陈列、样品展示等因素诱导消费。如图2-5所示，冲动型购买者在选购商品时依赖直观感受，很少理智分

图 2-5　冲动型购物狂漫画

析商品实用价值和价格，喜爱跟风或争相购买。突出的广告、精美的包装、抢眼的陈列等较容易吸引这类购买者。

想象型购买行为——想象型购买行为的客户往往根据自己对商品的想象或评价，然后展开丰富的联想，作为选购的依据。该类客户通常对商品有很高的鉴赏力，重视商品名称、造型、图案、色彩、寓意等，购买行为往往比较复杂，但他们的选购行为会在群体内引起关联效应。

习惯型购买行为——习惯型购买行为的客户通常根据自己的使用及购买习惯到自己熟悉的地点购买自己爱好的商品。他们一般忠于自己熟悉的品牌、商标、商品、经销商、购买地，购买行为果断迅速。

随意型购买行为——随意型购买行为的客户不追求商品的商标，不注重产品的外观，对商品缺乏固定的偏好，不愿为消费购买商品多耗精力。他们常常贪图方便，希望省时省事，需要时随机购买。他们当中部分人或许缺乏主见及购买经验，不知如何选择，简单仿效他人，易受卖方的建议或身边随从人员的意见影响。

客户的行为模式呈现同质性、异质性、稳定性和发展性。显然，在现实生活中，人们的购买行为模式并非一成不变。这与产品及服务的特性或多或少有直接或间接的联系。例如，购买一般生活用品，随意型、习惯型的客户较多；对于高档用品，多数客户侧重理智型；购置服装礼品，则以冲动型或价格型客户居多。若能了解客户的分类、掌握客户的需求，企业就能更好地赢得客户，并为客户提供最能满足他们需求的产品与服务。

2.2.2 客户分类及特征

根据 19 世纪 20 年代美国心理学家马斯顿博士（Dr. William Moulton Marston）的研究发现，人的行事风格和行为可由四种基本的性向因子以极其复杂的方式组合在一起。这就是所谓的 DISC 行为模式（见图 2-6），即支配型（Dominance）、影响型（Influence）、稳健型（Steadiness）、谨慎型（Conscientiousness）。

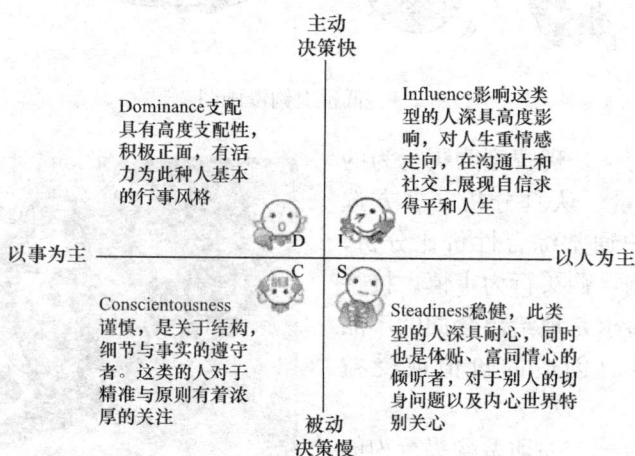

图 2-6　DISC 行为模式与决策习惯

摘自 http://image.so.com

市场，作为企业的生存命脉，需要优质的客户来支撑。而在市场运营的过程中，会碰到各种类型的客户，企业应根据客户类型的不同选择相应的营销方式。

在市场实践中，客户类型千姿百态。营销人员不可生搬硬套僵硬的法则，而应灵活运用，客观分析客户类型，对目标市场中不同的群体运用不同的营销策略。案例2-2就特别描述了至诚服务在营销中的重要作用，这同样适用于房地产业。

【案例2-2】[案例概述]

一天中午，餐厅里来了一位老先生，这位老先生自己找了一个不显眼的角落坐下，对面带笑容前来上茶、点菜的服务员小秦说："不用点菜了，给我一份面条就可以，就三鲜面吧。"服务员仍然微笑着对老先生说："我们饭店的面条口味不错，您请稍等，喝点茶，面条很快就会煮好。"说完，小秦又为客人添了点茶才离开。

10分钟后，热气腾腾的面条端上了老先生的餐桌，老先生吃完后，付了款，就离开了餐厅。

晚上六点多，餐厅里已经很热闹了，小秦发现中午的那位老先生又来了，还是走到老位置坐下，小秦连忙走上前去，笑语盈盈地向老先生打招呼："先生，您来了，我中午没来得及向您征询意见呢？面条合您的口味吗？"老先生看着面带甜美笑容的小秦说："挺好的，晚上我再换个口味，吃炒面，就肉丝炒面吧。"小秦给客人填好单子，顺手拿过茶壶，给客人添好茶，说："请您稍候。"老先生看着微笑着离开的小秦，忍不住点了点头。

用餐完毕，小秦亲切地笑着询问老先生："先生，炒面合您口味吗？"老先生说："好，好，挺好的。我要给我侄子订18桌标准高一些的婚宴，所以到几家餐厅看看，我看你们这儿服务真好，决定就放这儿啦。"小秦一听只吃一碗面的客人要订18桌婚宴，愣了一下，马上恢复了笑容，对老先生说："没问题，我这就领您到宴会预订处办理预订手续。"

【案例分析】

只吃一碗面的客人原来是为了给其侄子选择举办婚宴的餐厅，实为名副其实的体验式购买。而服务员小秦自始至终面带微笑地为他提供规范的服务，并没有因为其消费低而对他冷眼相看，结果客人当场预订了18桌高消费婚宴。可见不要忽视任何一位客户，对客户一视同仁地提供微笑优质服务，可以为饭店带来良好的口碑效益及经济效益。

2.2.3 房地产消费者行为分析

研究消费者购买行为，常用6W2H分析法，即研究客户行为的八项基本问题：

WHY：为何购买？即如何解释消费者的行为。通过分析购买动机的形成和表现，才能了解消费者的购买目的，从而采取相应的市场策略。购房动机最明显的有自住和投资。

WHAT：购买标的是什么？即阐释消费者的心理行为。通过分析消费者希望购买什么样的房屋，房地产开发企业就可以知道消费者需要什么样的产品，从而建造出消费者所需要的适合市场的产品。例如，客户是要购买毛坯房、简装房还是精装房？是经济适用房还是商品房？是购买一手房还是二手房？是希望小区公共配套有停车场（足够的停车位）、公共健身设施、小型花园、绿化景观？还是便利超市、游泳池、老年活动场馆、幼儿园？这些数据可以让房地产开发商了解消费市场的真正需要，并对楼盘产品及服务进行有针对性的开发和经营。

WHO：谁会购买？即由谁执行消费行为及消费者的特征辨析。从消费资源的角度分析，购房是综合成本最高（尤其是货币成本）、决策时间最长（时间成本）和决策参与人最多的行为。在购房过程中，购买者大多通过收集楼盘信息、电话或现场咨询、实地考察物业、专业人士或关联团体咨商后决策购买。其中，家庭会议是最常用的咨商决策过程，而最终决定物业购置的一般是家里最有权威的人。

WHERE：哪里购买？即在何处实施消费。选择房地产市场消费的购买地点，可以在相应的场合进行必要的广告宣传，也可以将一些如房屋产权办理等一些入户手续的代理机构请到售房现场，以缩短自房屋购买到入住的时间，提高办事效率。因为购房手续复杂，且比较耗时，但购房者希望花时间看到满意的楼盘，却又期望手续办理不要过于拖沓。

WHICH：挑选何种楼盘何种风格？即物业所需的最终解决方案抉择。

WHEN：何时购买？何时截止？即购买期限的设置。分析消费者何时会购买本公司的房地产产品，是关系到楼盘能否成功推向市场的关键。多数情况下，消费者买涨不买跌，即在房价持续上涨的时候产生购买意愿。

HOW：采取何种方式购买？即购买形式的设定。

HOW MUCH：房地产产品的购买需要长时间的资金积累，需花费多少——即购买成本一定是购房消费者急切关心的问题。

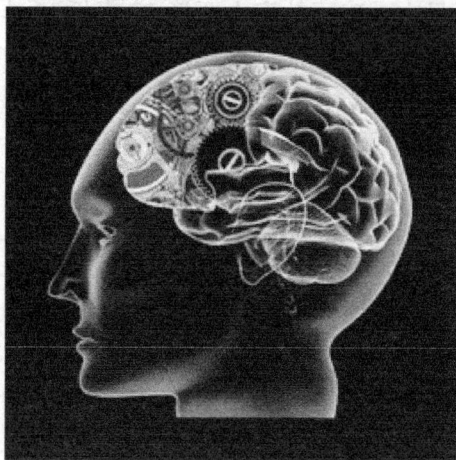

图 2-7 消费知觉认知记忆判断图

如图 2-7 所示，房地产消费者的消费心理过程涵盖感觉与知觉、记忆与想象、情感与态度。就感觉和知觉的心理学现象而言，房地产开发商可以有针对性地设定销售策略，如对楼盘品质的承诺、品牌形象的确立、口碑效应的建设、价格机制的调控、物业服务的跟进等。在记忆与想象的环节，房地产产品要引起消费者的注意，可以提高楼盘综合质素与服务、加强广告力度与频率、改进体验营销的策划与设计。若要激发消费者的情感性因素与积极购买的态度，则可以给购房者创建身心愉悦的购房氛围，如在楼盘的外观、定位（及社会地位的折射）、功能、环境等方面重点着手，并对购房者进行引导性宣传。

比如，对**生活在郊区、工作在城市**的购房客户而言：随着城乡二元化在基础设施、经济发展、福利配套的差异化逐渐减弱，人们开始趋向追求空气清新环保安宁的郊区生活。这种生活潮流与消费心理推动了一批落地在城市近郊、周边环境优雅、户型面积大或联排别墅的优质楼盘。

比如，对**渴望品质生活，关注品质楼盘**的购房客户而言：通常房地产开发商的品牌或楼盘品牌先入客户脑海中，如绿城、万科等。不过，对于购买比实际需求更大面积房产的好攀比客户，则属于优越感的虚荣心理。

比如，对**我想有个家、关注传统家文化**的多数中国人而言：传统习俗中，中国人对家庭的责任感与义务感很看重，而房子是家的归属地，所以不论是年轻人结婚、年长的要养老，几代人会储蓄甚至接济买房。只是年轻人会根据自身经济实力，偏向于购买设施合理、空间效果好、户型偏小的住宅；而工作半辈有余有自有住房或支付能力的老人，则更倾向于入住有医疗配套的老龄化社区或老年公寓。其中，也有希望给后代留下不动产基业的，乃属传承基业心理。对部分在乡镇、农村已拥有物业的客户不满足原有居住、使用需求，计划投资成熟物业来改善居家环境的，则为改善居住心理。

比如，对**投资理财、盘活资金型**客户：有钱进行投资的圈地心理，看地段看增值潜力，属于投资型房地产消费。但对保险产品的投资回报持不乐观态度，以房租养老心态强烈的购房或租房养老行为的，则另属于养老心理。还有，房价一涨再涨，即使房地产低迷过，但过去的经验表明往往是拐点，此时入市置业的，则偏于担心房价上涨心理。

在购买不动产物业的趋向中，以下几种为常见选购因素：

（1）环境格局设计
（2）地区位置便利
（3）设施配套管理
（4）价格选择
（5）品牌选购

从有关表现看来，大致可以将消费者的购房动机归纳为理性和感性两类。理性的购房动机可分为投资和自住（用）两大类。感性的购房动机可因求新求美、效仿或炫耀、权力象征、嗜好或癖好、健康和舒适刺激而成。

理性动机通常包括：

（1）求实适用，此时客户偏重产品的技术性能，而对外观、价格、品牌等考虑在其次。

（2）求廉经济，在条件大体相同的情况下，价格因素（促销、折扣、拍卖）往往左右客户的取舍，而客户总希望物业在规定的期限内正常发挥使用价值。

（3）优雅可靠，房地产开发商对楼盘的外观设计投资比例也愈来愈重，品牌楼盘的上乘质量让其具备更核心的竞争优势。所以，房企要在保证品质的前提下美化楼盘、广开销路。

（4）环保安全，随着科普环保的推广，客户对楼盘安全性的考虑愈来愈多，绿色环保楼盘恰巧符合这一购买动机。

（5）便利便捷，使用快捷、购买方便、省力省事，无疑也是人们希望的需求之一。

（6）售后服务，楼盘品质佳，还得有良好的售后服务配套支撑，实行产品质量保险等都成为企业争夺客户的手段。

感性动机通常包括：

（1）好奇异化，有些人专门追求新奇、时髦，总是充当先锋消费者，这类客户对经济实惠的房型不一定考虑。异化心理多见于青年人，他们不愿与世俗同流，总希望与众不同，标新立异的楼盘更适合这类群体。

（2）炫耀攀比，多见于功成名就、收入颇丰的所谓社会中高层人士。在他们的字典里，物业不仅要适用，还要展示个人实力、家庭地位及欣赏水平。他们多倾向于高档、名贵、复古楼盘。还有一批攀比比照的人群，希望跻身其中，照搬上述社会集团的生活习惯和方式，不论需求，不论价钱，也会购买。

（3）从众崇外，中国人比较注重圈子，每每希望与自认为归属的社会圈子同步，不愿突出，也不想落伍的心理支配着消费行为和购买对象。还有一些摩登人士则盲目崇拜舶来品，凡涉及欧美设计概念或沾点洋文的楼盘在国内有时甚是好销。

（4）尊重尊敬，不管我们是否对将客户定义为"上帝"有争议，但不可置疑的是，产品概念中服务过程中若让客户感到备受尊敬或尊重，这无疑会产生良好的销售氛围，且客户通常对有些产品的外延瑕疵或略微容忍。

案例 2-3 有趣地揭示了当前消费者转向海外置业的感性与理性并重的消费动机与心理。

【案例 2-3】跟随"李嘉诚"步伐女子抛国内房产 伦敦狂买 5 套房

"连李嘉诚都撤资到伦敦投资了"

卖掉北京房，买来伦敦房？近日，有市民追随李嘉诚的步伐，进行楼市"换仓"。该市民认为，长远来看北京房价肯定还是会涨，但是目前北京的房产增长点不明确了。而在国外投资房地产，则有着宜投资、宜自用等多重着数。

4 月 24 日，李女士在马来西亚忙着敲定她的第六笔房地产投资项目了。从 2010 年开始，她已经去过韩国、美国、加拿大、新加坡和英国投资买房。去年 11 月，在英国伦敦，她一口气买下五套房产，其中四套公寓用于投资，一套别墅用于孩子海外求学时自住。

庆幸动手够快

李女士说，"卖掉北京的房产去国外投资，因为在北京不如在国外挣钱了，长远来看北京房价肯定还是会上涨，但是就目前而言，北京的房产增长点不明确了。"她的下一步打算是，再投 2000 万元到海外房地产市场。

去年下半年李女士卖掉了一套位于北京小悦城（楼盘资料业主论坛）的房产，150万元买入、半年后 220 万元卖出，满意之余，李女士更多感到庆幸，"幸好去年卖掉了一套，放在今年就不好卖了"。

两个月前，李女士将自己位于慈云寺的另一套房产挂到房屋中介机构，却始终无人问津，"能拿得出这么一大笔钱去买房子、不在银行贷款的人毕竟太少。"她推断，紧缩的银行信贷导致今年北京房产市场有价无市。

去年，出现了很多像李女士这样未雨绸缪抛售房产的人，来自北京的张小姐除了诉诸中介，也曾多次找朋友帮忙，希望能尽快卖掉北京的三套房子，张小姐认为再放下去就不安全了。

国外房产宜投资宜自用

李女士是一名小企业主，经营着天然气管道铺设项目，企业规模最大的时候拥有200多名员工。但最近几年，国内经济调整，银根紧缩的金融环境让李女士有些担心，她开始寻找新的投资方式。

2010年她有了去海外投资房产的念头。她认为企业做到最后必须解决融资问题，需要投资来扩大生产，"但是国内贷款利率一直都很高"。李女士将目光投向海外。

除了融资难、贷款成本太高，李女士还发现自己身边有很多企业主的太太都带着孩子去海外生活，同时做一些房地产投资，既能陪孩子读书，又能轻轻松松挣钱。而她的小儿子也快上小学了，于是李女士也开始打听海外房地产投资，从2010年开始，她跑了好几个国家。

2013年11月，李女士找到一家英国本土的房地产开发企业，一次性买下了总价值3000万元人民币的五套房产。贷款买房是李女士在海外投资房产的一个原则，"用10%的首付款，也就是300万元撬动3000万元的资产，这种好事儿为什么不做？"李女士通过预约订购的方式以更优惠的价格买下了位于伦敦市的四套公寓，在供小于求的伦敦住宅市场，新开的楼盘往往需要预约才能抢到。短短两个月，280万元人民币入手的公寓就卖到了320万元。

李女士认为，放弃国内房产市场转向海外是正确的选择，"连李嘉诚都撤资到伦敦投资了"。

资料来源：http://news.msn.soufun.com/2014-04-28/12654052.htm

购买动机是消费者从事某种购买活动的内部驱动力，消费者为满足某种需求，产生了购买活动的欲望和意念。购买动机推动了购买行为，上述案例揭示了该客户两点非常明显的动机——从理性上说，偏投资理财；从感性上说，偏从众崇外。然而，总体上说，客户的购房意愿和动机十分复杂，很难捉摸，购房决策及购买行为还受一系列因素制约。

2.3　客户购房行为影响因素分析

如图2-8所示，客户的消费购买决策过程需经历：①认知需要；②搜索信息；③评估选择；④购买决定；⑤购后评估五个阶段。

首先，客户要意识到自己的需要并明确自己的需求后，才会进一步选择并购买。在这个起始阶段里，客户将明晰自身即时的现实状态与理想状态的差距，并会逐步想方设法消除这一差距。事实上，有许多因素可以激发客户深入挖掘认知自身的潜在需要。例如，房产广告或许可以激发目标消费群对购置新居、改善生活或投资置业的需要，从而放弃旧公寓、小户型、筒子楼等。

客户对自己的需要有清晰的认知后，便会自觉地进行信息搜索，为购买决策作铺垫。除非是反复购买的商品或服务，因信息早已了如指掌，可能会忽略这一环节。由于房产的物业价值高，一般情况下，消费者可从多种渠道，如亲朋好友、大众媒介、楼盘展销会现场展示等处搜集信息。

在评估选择阶段，客户通常只围绕自身偏好的消费品牌圈圈点点，决定性因素因房源种类、客户感觉、生活方式、消费态度、实际需要等相应变化。例如，一般收入的家庭或个人购房，常常会关注物业的功能，即是否能解决家庭成员的日常起居需求；但大型公司收入颇丰的高管，则会相对关注楼盘的品牌及折射的生活品质等。

经过信息搜集及产品评价等过程后，客户将理性过滤，再作出相应的购买决定。当然，实际消费或购买，或因各种原因延迟或

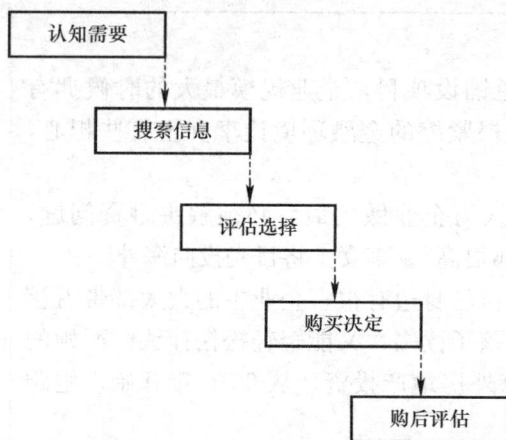

图 2-8 客户消费购买决策过程

取消，其决策过程有可能停滞。但一旦做出真正的购买决定，房产企业后续必须要及时配合完成合同签订、付款交易、楼盘交付等事宜。

房产交割完毕后，客户还会进行购后评估。在初期使用过程中，客户会以购前期望为参照，对照实物进行检查可能存在的问题，或者理性地衡量置业满意度。

影响客户购房行为的主要因素包括消费者自身因素（家庭状况）、社会文化因素（社会阶层、社会角色、关联群体）、开发商品牌（企业形象）和楼盘品质及配套服务因素（楼盘价格）等。

2.3.1 客户自身因素

客户自身因素包括消费者的经济状况、职业地位、年龄性别和家庭生命周期。

1. 消费者的经济状况——即消费者的收入、存款资产、借贷能力

消费者的经济状况好坏直接决定了客户的消费水平和购买能力，并影响着客户的消费层次和范围。客户经济状况良好，可产生较高层次的消费需求，从而购买较高档次的产品和服务。相反，若客户经济状况较差，则只能优先满足衣食住行等基本生活需求。

2. 消费者的职业地位

由于受教育程度的差异、文化层次的不同及所从事职业的不同，人们的价值观念、消费需求与习惯也不尽相同。如在我国，农民受传统消费习俗影响最深，消费观念多趋于节俭、保守，在心目中把房子看成命根子，购买计划性趋强。工人的消费水平受收入所限，购买规律性明显，且购买态度与物业添置方向明确。知识分子则由于文化修养及理想信仰等因素影响，其消费心理注重智力投资，追求商品的品位与内涵，知性成分与理性成分结合。

若剖析职业差异，大学教师和时装模特对楼盘的消费需求差异化明显，前者会更倾向于文化内涵与实用性，而后者或许会关注楼盘外观与时尚性。与此同时，职业地位不同也会影响消费与购买，身在高位的客户自然会倾向于能彰显其职业身份与地位的品牌住宅产品与物业服务。

3. 消费者的年龄性别

不同年龄阶段的消费者因生理、心理及社会地位、经济收入的差异，也各有各阶段的消费特征。如青年人的消费心理趋向追求时髦、新颖，喜欢自我表现及突兀地购买商品，

购买决策容易冲动、感性或基于直觉判断。中老年人则追求合理、实用，追求身心健康，理性消费为主。

不同性别的客户，其消费行为也有很大差异。女性的消费心理往往重视外观形象，对商品敏感，自我意识与自尊心强，选购商品细致，求安全，购买决定、消费方式易受他人影响，容易产生攀比心理，相对缺乏理性，购房时则感性成分掺杂较多。例如，我爱我家的"女人当家"就是针对江南女性在当前置业中的主导地位而推出的。相对于女性消费者而言，男性消费者一般购买目标明确，注重商品的质量、实用性，购买决策果断，不喜欢耗时，多趋于理性购买。

4. 家庭生命周期

一个家庭的生命周期从建立到不断发展，可经历初婚期、生育期、满巢期、空巢期、解体期，是影响家庭消费的重要因素。在不同的生命周期阶段，个人知觉、信念、动机等均会或多或少地干预产品购置，即消费对象和消费层次上会有不同的表现。

（1）初婚期的家庭，一般消费支出、消费档次、消费范围会偏高偏多，消费观念超前，经济回报信心高，敢于借贷还贷，但户型结构、居住环境、配套服务与中老人不同，通常有时尚、新潮、个性化等需求。

（2）生育期家庭的消费重点会慢慢从家庭物品和夫妇自身往孩子身上转移，再加上中国的独生子女政策，父母特别关注孩子的教育问题，此时学区房成了投入重点。

（3）满巢期的家庭，子女长大成人，融入社会，有了工作与收入，家庭的总体消费能力提升。这一阶段对家庭生活品质的提升性消费增加，改善性住房消费偏多，且更注重房屋布局的合理性与实用性。

（4）空巢期的家庭，人口数量减少，夫妇的负担减轻，消费重心从孩子转移回夫妇自身。而在老年期，则会关注小区的保健活动配套及老年公寓等，让老年人方便、安心的居住空间，用卫生间、家庭轮椅等特殊服务。

（5）解体期的家庭，出现夫妻离异或一方过世，多数情况下留存方会在生活方式和经济条件上发生急剧变化，原有的消费习惯亦会跟着改变。根据经济状况不同，各种不同档次的单身公寓及养老公寓应运而生。

下述有关文章简要地阐述了在中国传统文化情境中当地老人的储蓄水平、潜在的消费心理及可能对养老置业消费的决策影响。

中国老人消费心理及中国式的养老消费行为

根据有关研究中心调查，当前中国城市老年人中 42.8% 拥有储蓄存款。另据调查，2010 年，我国老年人退休金总额达 8383 亿元；2020 年，退休金总额将达 28145 亿元；到 2030 年，退休金总额将达到 73210 亿元。目前，老年人可用于购买老年用品的支出已达 4000 亿元。就经济能力而言，中国城市老年人群的消费能力相对稳定。

不过，在中国人的传统观念里，"养儿防老"可以很好地维系中国人的"恋家"情结。过去，养老院是孤寡老人和五保户的居所，养老机构参差不齐层次偏低，老人去养老院的意愿普遍偏低。例如，宁夏老龄委对 3128 名老年人的调查显示，92.6% 的人愿意选择居家养老；在其他有些省份，老年人选择居家的意愿比甚至高达 98%。由于绝大多数老年人有很强的意愿选择居家养老，养老机构如何整合营销提高入住率是非常尖锐的议题。

与此同时，一些老人担心入住养老公寓后，会担心：1）给别人造成自己被子女遗弃的印象；2）与高危老人为邻，人际关系尴尬；3）养老公寓生活受限、单调、缺少活力、服务不周、饭菜不佳、情绪不好。诸如此类的担忧，多半与中国的人情面子、亲情忠孝等传统文化元素有关。

然而，反观发达国家，他们 60 岁以上老年人的身体健康比高过 60%，中国老年人的健康水平却只有 43% 左右。我国老年多病问题突出，这很好地印证了中国老人会选择入住养老公寓的动机调查。受调查的老人分别将：1）获得及时的护理和医疗援助；2）减轻子女等家庭成员的照顾负担；3）享受晚年生活，追求更好的生活品质；4）摆脱孤单（寻求与他人交流），或不愿与子女同住的比例依次列为他们选择养老公寓的主要原因。

不可忽视的是，中国老年人的消费观念相对节俭保守。不过，随着"50 后"与"60 后"的经济实力更趋殷实，消费观念比起父辈将更为开放。他们中部分群体，或替父母，或为自己，对养老的认知会考虑品质为先。而对处于社会中坚力量的"70 后"来说，疲于奔命地忙于事业使照顾老人变得十分奢侈。刚刚步入社会开始打拼的"80 后"，似乎游走在"房奴"和"啃老"之间，他们的父母反过来要给小辈贴补。

尽管可用于支付中国老人养老的钱包的确鼓了，但事实上，中国正在经历工业化城市化进程，城乡二元结构虽逐渐并轨但依然影响深远，中国人对"家"有着特殊的依赖，因计划生育家庭结构日趋小型化，中国的养老金保障制度还有待完善，中国老人对"品质生活"的定义与西方发达国家之间可能存在天壤之别。

这些切切实实存在的差异，均将实实在在地影响着中国老人选择何种养老模式，如何评估养老产品，以何种比例消费养老服务。在中国推出养老项目，所需考虑的因素及元素（含区位、空间、室内配备、活动设施、餐饮、照护、周边配套、价格、费用及其他支持等）需系统地深入调研分析，并有机地落实到项目策划与筹划中去。

Source：中国养老地产和健康护理简讯，2014 年 5 月刊

另外，其他诸如消费者的性格观念，每个人特有的心理素质，如强势、冷热、内外向、保守激进，会反射在消费购买行为中。如有些人在置业时表现得缩手缩脚，有些人则在置业时显得大胆自信。

2.3.2 社会文化因素

能影响消费者置业决策的因素包括参考群体、社会地位与社会角色及文化、亚文化、社会阶层等一系列社会文化因素。其中，文化是人类欲望和行为基本性的决定因素，对消费心理与行为有广泛和深远的影响。这尤其体现在对消费观念的影响及消费习惯的塑造上。

广义地说，文化是指人类社会历史实践过程中创造的物质财富和精神财富的总和；狭义地说，文化是一种社会意识形态和行为方式，系人们在长期生活实践中建立起来的价值观念、道德观念以及其他生活习俗和行为准则，包括文学、信仰、艺术、教育、法律、道

德、宗教、社会习俗、行为规范等内容。

其次,大文化中还蕴含着小文化,即所谓的亚文化群。亚文化是因相同的生活经历和背景而具有共同价值体系的人群,如民族亚文化群、宗教亚文化群、地理亚文化群。亚文化往往是一种生活模式,既享有与主文化共同的价值和观念,又有自己独到的一面。不同的信仰、偏好和禁忌,赋予了人们特定的认同感和影响力,左右着其社会成员的思想和行为,群内的成员联接在一起,享有特定的价值观、选购风格与消费行为。

再者,流行文化是一种被当时所接受的或者当时被认为是应当的文化。跟语言不同,流行文化具有极强的时效性。流行文化推动着人们消费观念的改变,消费观念的改变反过来又进一步推动流行文化的挺进。引导流行消费可重点在广告宣传、示范体验、巧用政策等环节突破。

关联群体是指对客户的购买态度和行为具有直接或间接影响的组织、团体和个人等,如在日常生活中经常走动的亲戚、朋友、同学、同事、邻居等。房子是价值不菲但购买频率不高的产品,往往是由夫妻双方,在咨商关键参考人(或群体)后,共同做出购买决定的。

此外,影响客户购房行为的社会因素还包括政府政策、环境改变等。下述报道经典地展示了政府政策和环境改变对消费者购房的强烈影响。

楼市之惑:小调整还是大崩盘?

仅仅两个多月,从港媒到外资投行野村、瑞银、瑞信和摩根士丹利,纷纷加入到唱空中国楼市的行列。虽然有业内大佬斥崩溃论危言耸听,但接下去楼市会是什么走向,很多业内人士抱着"走一步看一步"的谨慎态度。

种种迹象表明,今年国内楼市冷却的速度远超预期。国家统计局公布的数据显示,2014年1~3月,全国商品房销售量价齐跌,房地产开发投资、新开工面积、土地购置面积等核心数据均不好看;据中国指数研究院监测,4月,全国100个城市中近半数房价环比下跌。据上海易居房地产研究院监测,国内30个典型城市新建商品住宅成交面积为1266万平方米,环比减少4.7%,同比减少21.0%。

同时,华尔街日报中文网启动了"中国楼市泡沫是否开始破裂"的投票,一夜间2150人参与投票,其中45%的人认为已经开始破裂,41%的人认为即将开始破裂,仅15%的人认为没有泡沫,不会破裂。今年3月,在多个东部城市拥有楼盘的李明,果断决定降价促销。"在江苏一个地级市卖了7500万,但是基本没赚到钱。"然而,随着三四线楼市不断走弱,价格出现降了再降的势头。据克而瑞研究中心提供的数据,截至今年3月底,沈阳商品住宅存量为1463万平方米,同比增加48%,消化周期达到15.1个月,同比上升69%。此外,沈阳土地的消化周期为2.08年,在二线城市中排名靠前。

业内的另一个看法是,三四线楼市情况堪忧,二线楼市分化加剧,一线楼市相对坚挺。但今年部分二线城市房价"失守",一线城市楼市成交量大幅下滑,出乎不少人的意料。去年楼市地市热火朝天的浙江杭州,如今迅速坠入降价漩涡不能自拔。5月5日,杭州市区土拍现场,杭政储出〔2014〕10号和11号两幅地块都只有一家单位报名,最终均加价100万元直接成交。一线城市似乎也无法独善其身。据中国指数研究院监测，4 月，北上广深四个一线城市商品房成交面积环比涨跌幅分别为－20％、－27％、－14％、7％；1～4 月，北上广深商品房成交面积分别下降 50％、20％、10％、33％。

虽然地方政府打响救市枪，自 4 月以来，江苏无锡、天津等地纷纷出台楼市新政，通过调整限购范围、放松户籍限制、提供财税支持等各种手段，希望为房地产市场松绑。但 4 月底，新华社发表了题为《楼市明显降温政府淡定面对》的文章。文章认为，在宏观经济出现下行压力之时，不轻易出台政策刺激房地产市场，不放松楼市既定的调控政策，宁愿承受市场理性回归带来的代价，也不重复以前的老路——在不少业内专家看来，这些做法正是将房地产此前的"兴奋剂"角色逐步拉回到"产业带动"的原始功效上，是房地产"支柱"作用的本位回归。

然而，中国的城市化进程还远未结束，在这之前，中国房地产市场中长期的价格曲线是波浪上升的，即每一轮的波谷比上一轮的波谷高，每一轮的波峰比上一轮的波峰高。楼市何去何从，在卖家心急如焚如热锅上的蚂蚁之时，买家的心理至少还可淡定地持续观望……

Source：（第一财经日报）
http://finance.qq.com/a/20140507/006881.htm?pgv_ref=aio2012&ptlang=2052

二手房降价蔓延：4 月份北京 87％房源挂牌价下调

历时 5 个月，李静（化名）终于将位于北五环外北苑一带，面积为 48m² 的房子卖出去，但最终成交价比她最初挂牌价整整降低了 32 万。

最初挂牌时，她的心理预期底价是 240 万，但挂牌价挂了 260 万。清明前后还有人想以 240 万购买，但她没同意，拖到最后谈定成交的价格为 228 万。李静的房源由于地段尚好，又属于学区房，出售相对容易。而与李静同期挂牌的同栋楼另一业主，由于市场低迷，已经决定"不卖了"。在楼市降价预期不断强化的背景下，观望情绪抬头，一些购房者选择延迟入市，以期房价有所下跌，楼市向买方市场转变。中原监测数据显示，4 月份 6 个重点城市二手房成交总量较 3 月缩减约 1 成，市场活跃度的降低使得价格压力加剧。

通州一位二手房中介工作人员告诉 21 世纪经济报道记者，目前大部分购房者都在观望，如果想在 1 至 1 个半月内卖出去，必须降到市场最低价。市场的寒意在五一期间表现更为明显。据链家地产市场研究部统计，2014 年五一假期（5.1—5.3），北京市二手住宅网签量仅为 31 套，与去年同期下降了 82％，为近 6 年来最低。此外，4 月北京市二手住宅总成交量仅为 7616 套，为近 11 个月（除去春节月）以来最低水平。从链家地产所监测到的房价指数看，自 1 月以来，北京二手房挂牌价持续下调。其中，4 月下调幅度最大，为 2.2％，降价房源占比逐渐扩大。4 月份，87％的房源都对挂牌价进行了下调。

市场下调将持续：楼市购房心理向来是"买涨不买跌"。在二手房市场降价逐渐蔓延的背景下，购房者越发犹豫起来。据 21 世纪不动产门店走访调查发现，不少刚需客户表现出了较浓的观望态度，新房和二手房成交量的冷淡，让他们更加不敢入市了。消费者的观望，反过来又加重了楼市交易的僵局。过去几年的情况表明，如果楼市持续上涨，购房者会毫无顾忌地"抢购"，唯恐房价不停上涨，迟了就更吃亏；而当楼市陷入观望，价格稍微有所下调，购房者会错过最佳购买时期，以为房价还会继续下降。

21 世纪不动产市场发展中心总监分析，从全国情况看，一线城市楼市比二三线城市要相对坚挺，尚未出现大的降价现象，但购房者期待降价的心情比较强烈，市场情绪一触即发。某全国知名房企副总裁对未来房地产市场趋势的悲观看法，经网络传播开来，影响非常大。极少数城市小心翼翼地放松限购措施，未能扭转整个楼市继续向下调整的形势。

有观点表示，宏观经济仍未走出低谷，房地产信贷持续偏紧，部分城市楼盘降价，观望情绪蔓延，这几个综合因素是导致今年以来商品房成交量不振的原因。二季度的走势将在很大程度决定全年的楼市表现，目前来看，5 月份表现仍不乐观。

Source：21 世纪经济报道
http://finance.qq.com/a/20140508/011207.htm?pgv_ref=aio2012&ptlang=2052

影响消费者购买行为的主要因素，除消费者自身因素、社会文化因素之外，还有企业和产品因素。

2.3.3　企业和产品因素

房地产开发企业的品牌知名度及形象以及所供应的楼盘品质、价格和促销等均会影响消费者的置业决策。在过去的很长一段时间内，绿城、万科、绿地等国内知名品牌以其毫不动摇的房企导航指引着消费者对楼盘物业的购置。

随着近期的降价风暴（见下表转述报道），品牌楼盘的价格也在滑铁卢中走向下坡。只是，明降还是暗降则多半取决于房企开发商的营销策略，还有是否兼顾消费者的置业心理。虽然媒体有呼声说 2009 的楼市拐点不一定再现，但在实惠的价格诱惑前，也不排除有部分消费者心理再度蠢蠢欲动，持票购楼。

降价风暴刮至一线城市　楼市"避风港"地位沦陷

近日，北上广深四大一线城市全部失守，均出现房企降价出货的现象。"今年全国楼市整体表现十分低迷，降价潮也从年初的二三线城市向一线城市蔓延。"中国房地产学会副会长陈国强向《华夏时报》记者表示，此轮调整是市场内部供求关系和经济基本面发生变化，而不是因为楼市调控。

位于深圳宝安区固戍附近的富通 V 都会项目，近日因每平方米降价 2000 元遭到业主维权。该楼盘一位内部人士向记者透露，实际上，从 3 月份开始，该项目就开始降价促销，但怕业主闹事，一直处于高度保密状态。3 月底，本报曾报道深圳两个小房企开发的楼盘水木丹华、鸿威森林暗降 3000 元/平方米。此外，今年"五一"期间，深圳万科广场的中介销售人员开始举着 9 折的销售牌子在路边揽客。

实际上，北上广深四个一线城市里，出现新盘降价的不止深圳一地。"五一"期间，万科广州在售四大楼盘万科峯境、万科东荟城、万科欧泊、万科兰乔圣菲都推出了不少特惠单位，多者达数十套。其中，万科位于白云新城的高端项目万科峯境，在"五一"期间推出了 20 套特惠单位，均价 3.5 万元/平方米。而去年万科峯境开盘后的均价一直在 4 万元/平方米左右，相比之下这些特惠单位的均价便宜了 5000 元/平方米。业内人士认为，作为房企龙头的万科在广州、深圳推出特价房，实则已成市场降价的潜台词。

而一度被认为是"房价避风港"的北京、上海在此番楼市降价潮中也未能幸免。有媒体报道称，"五一"期间，K2 地产在北京通州的老项目清水湾推出部分现房特价房源，售价仅为 1.7 万元/平方米。这一价格不仅比北京市住建委网站记录的 2012 年 8 月最后一次取证时 2.1 万元/平方米的平均价格下降 20%，与当前该小区二手房业主报价 3.2 万元/平方米的价格相比，更相当于腰斩。而在 4 月底，上海浦东金大元御珑公馆以 7.2 折"甩卖"。在徐汇滨江、浦东外高桥均出现中高端楼盘以"特价房"形式降价销售的情况。深圳坪山区的某项目营销总监告诉记者，深圳区域分化比较明显，如坪山新区，区域内的容量不足，本地客户投资意愿不强，但楼盘供应量较多，目前已经明显供过于求，"不降价都不行"。

有业内人士预计，开发商加速推盘形成的销售竞争压力与持续下行的楼市预期中，北京等一线城市市场供过于求的形势仍将无力扭转，而房企近两年大举拿地、激进扩张所致的负债率走高，难以背负高库存造成的资金沉淀，未来楼盘打折促销现象将会增多，整体市场价格也存在进一步下探的可能。

Source：宏观经济华夏时报
http://finance.qq.com/a/20140508/005830.htm?pgv_ref=aio2012&ptlang=2052

此方唱多，那方看空

于楼市未来走向，房企大佬之间观点迥异的争论从未停止过。最近万科副总裁毛大庆的"发言风波"再次将楼市崩盘论推上了舆论浪尖，更引来郁亮、任志强［微博］等房地产业内名嘴先后发声。一边是万科总裁郁亮"房地产行业已进入下半场"的楼市预警，一边是任大炮"2014 不买房就需再等 30 年"的看涨言论，地产大佬们的激辩让后市走向变得更加难以预测。

资料来源：宏观经济中国新闻网

引自某位潜在消费者的微妙心态

买，还是不买，价格会不会继续下跌？杭州楼市目前普遍存在的观望心理也反映在陈辉（化名）身上。陈辉初步选定了万科地产位于杭州滨江区的万科·璞悦湾楼盘。4月26日，该楼盘将推出6号楼，户型皆为90m²的三房，且都为装修成品，总价180万元，如果抢到特价房，只要160多万元，但陈辉还是犹豫不决。

保定楼盘开始提价 业界提醒投资房产需理性

"京津冀一体化"的政策春风让保定楼市成为近日各大媒体追逐的对象。一则"4名北京人包楼"的消息，更是在保定房地产圈儿和市民中引起热议。近日，包括丽景蓝湾在内的多家保定房地产项目开发商接受公开采访，表示"包楼说"纯属夸张，目前保定房价上涨比较理性。

"包楼说"纯属夸张

此前有媒体报道，"保定盛合嘉园和丽景蓝湾C区被4名北京人包楼"。保定开发商在第一时间进行了辟谣。盛合嘉园项目销售经理表示，"绝对是炒作，看到售楼部有京牌车就大惊小怪，也太没有常识了。"

据介绍，盛合嘉园二期业主目前有近百户北京人，在售楼部看到京牌车很正常，"实际上，这几天从北京来的咨询者反而比以往要少。"

由卓正集团开发的丽景蓝湾项目也用数字说明了传言的漏洞。卓正集团项目企划部经理王倩表示，该项目所剩房源本来就不足200套，而且还有两栋楼没开盘，所以"包楼"消息肯定不属实。"现在来保定投资的北京人是很多，但不止北京人，承德、内蒙古、石家庄等地客户也都有成交。"

保定楼盘最高提价700元

"京津冀一体化"真的为保定楼市带来了实际成交量吗？

"目前已经有很多楼盘开始提价了，两天的时间，某楼盘涨了700元。"搜房网保定区负责人对北京晨报记者表示。搜房网数据显示，自"京津冀一体化"概念提出后，几天内，保定有16个楼盘涨价，涨幅从每平方米100元到700元不等。其中，盛和嘉园小区2月均价为6800元/平方米，而3月份的均价已涨到7500元/平方米。

据介绍，保定近一周的销售套数在2000套以上，销售额保守估计在10亿元以上。而受政策影响，保定楼市最受益的是高铁片区和北部新城片区。

谨防重演通州暴涨暴跌

中原地产首席分析师张大伟表示，在北京楼市出现调整迹象之际，承接北京溢出投资需求的周围区域市场不太可能比北京更热，而以往也没有出现过环北京周边区域房地产市场与北京楼市发展不同步的现象。京津冀一体化规划是长期利好，但对楼市自住房影响有限。投资者应谨防通州在2010年至2011年出现的市场暴跌风险在京津冀重演。

隆基泰和实业集团商业地产部经理牛新科则对北京晨报记者表示，"目前保定租房市场饱和，在无外地客群涌入的情况下，房源空置率较高，且租金不高，以两居为例，基本租金在 900 元到 1300 元。"

张大伟表示，短期炒作不利于区域房地产市场的健康发展，购房者应该理性置业。目前很多河北区域没有成型的二手房市场，即使房价出现上涨，也很难变现。

Source：中新网
http://news.sctv.com/cjxw/lsdc/201403/t20140327_1860782.shtml

房地产客户需求与行为分析应从客户的根本需求入手，然后解读客户的购买心理动机与消费行为，并结合房地产的产品与服务特性，剖析购买房产决策的关键因素。

6W2H 分析法是研究消费者购买行为的常用方法，即研究客户行为的八项基本问题——WHY：购买原因；WHAT：购买目标；WHO：购买者；WHERE：购买地点；WHICH：购买抉择；WHEN：购买时间；HOW：购买方式；HOW MUCH：购买费用。

复习思考题

1. 简答题

(1) 什么是关键时刻行为理论？如何使用关键时刻行为理论挖掘客户需求？

(2) 了解客户需求的渠道与方法有哪些？

(3) 什么是客户购房的感性动机与理性动机？感性动机和理性动机有何区别？

(4) 影响房地产购买决策的主要因素是什么？请逐项举例说明。

2. 实训项目

澳洲某高端养老公寓投资方拟面向中国上海高端养老市场进行产品与服务设计，为提高市场竞争力，也为在良好引进澳洲高星级养老服务模式的同时，切合中国老人对品质生活的需求。现在，该公司的中国分部委托你做一个面向江、浙、沪的老年公寓的需求分析，并请撰写需求分析报告，以供其中国分公司参考。

3　房地产市场营销环境

知识目标

1. 了解市场营销环境基本内涵；

2. 熟悉微观市场、宏观市场营销环境的主要构成及其特征；

3. 了解和掌握营销基础理论。

能力目标

1. 能运用 SWOT 分析方法对房地产市场环境进行简单分析；

2. 能进行简单的市场营销方法的选择和组合。

【案例导入】

万达的危机

迄今为止，万达集团可以说是中国商业地产领域运作最成功、影响力最大的、最值得学习的企业之一。王健林先生通过二十多年坚韧不拔的"韬光养晦"，一举打造了迄今为止中国最值得骄傲的商业地产版图，让人感慨。

在举国皆为万达唱赞歌的时候，我却认识到——万达的危机。

万达的危机在哪里？

我认为，万达的成功事实上是地产战略的成功。万达从早期的先知先觉、集中力量抢占一、二线城市黄金商业地段打造万达广场，到现阶段利用万达品牌效应低价拿地于新城市中心打造都市综合体，万达商业地产战略一直打的都是地产牌，它的商业经营能力多年以来一直没有得到本质上的改善和提升，它仍然是一个房地产企业。

早期的万达广场通过引入商业巨头，如沃尔玛超市、百盛百货、红星美凯龙家居，以合作伙伴的商业优势来弥补其经营能力的不足。但现在的万达广场已经不满足于只拿到这些著名的主力店微薄的租金，而想取而代之，甚至赚取商业经营过程中产生的现金流利润。为此，万达于近年内陆续打造了万达国际影院、万千百货、大歌星 KTV、大玩家游戏机中心这些服务于万达广场的商业经营企业。王健林希望学习亚洲 SM 集团的施至成先生，实现从地产企业到"商业＋地产"企业的华丽转身。

然而，在万达大举扩张的同时，我认为王健林先生并没有着力于去改善企业的根本基因，去改变并强化其企业的商业血统。万达集团组建的万千百货、万达国际影院、大歌星KTV、大玩家游戏机中心是否具有真正的商业竞争力？这些企业是否具有适应商业经营的产权和管理制度？是否实现了优秀人才、人才架构的营造和积累……？我认为，万达集团目前在这一方面做得很不够，这一系列危机在土地增值效应的掩盖下甚至没有得到王健林先生足够的重视！

在遍布全国的万达广场管理体系中，我所看到一个很不正常的现象就是——迄今为止，我所认识的每一个万达广场总经理均是由物业管理经理晋升而来的。作为万达体系物业管理系统出身的总经理，其忠诚度较高，但巨大的缺陷在于其群体普遍固化的管理思维方式，从事商业经营管理工作缺乏应变性和灵活性，由于知识结构和经验的缺乏使其对商业经营方面的了解知之甚少，万达的项目总经理甚至有些像万达体系内的"一部傻瓜相机"。我认为，从商业经营管理的需要出发，这对于万达的长远发展战略来说是无法接受的。

1500 年前，曹操指挥 80 万水军直指江东双雄孙权、刘备，意图一统天下。为了克服北方士兵不习水战的缺点，曹操命令所有船只首层套上铁环，让大船航行长江如履平地。但是，船只在实现了稳定性的同时却丧失了灵活性，结果被周瑜利用一场大风让 80 万大军灰飞烟灭。我认为，作为商业经营企业，尤其是万达集团现阶段位于新城区、人气不旺地段的购物中心，主力店的吸客能力已经被自有主力店削弱，需要依靠强大的经营能力推动商场进入良性运作，如果万达广场项目总经理缺乏商业经营的能力以及因此设计的职责、权力制度，而成为一部由北京总部操纵的"傻瓜相机"，就是万达集团把商业经营想得太简单了、太乐观了，它的后面，蕴藏着无法预知的危机。

目前，中国各地商业发展瞬息万变，区域商业竞争格局风起云涌，这种变化的格局不可能在 20 年内风平浪静，而是有一个长期的、渐进的、此起彼伏的发展过程。万达集团虽然在全国建立了一个可见的商业地产版图，但万达目前仍远远未达到"南面称孤"的气候。未来竞争环境的预期演变和现实市场环境的一再变化，使分布在全国各地的万达广场不可能依靠远在北京的万达中央集权就进行良好的管理，并使其获得良好的经营业绩。

目前的中国商业地产格局远未成型，商业地产发展仍任重道远，"刘备"、"孙权"式人物和各路诸侯纷纷涌现，天下英雄逐鹿中原，鹿死谁手尚未可知，我认为，这就是万达的危机。

（作者：广州道本商业地产首席执行官　段宏斌）

请分析，房地产企业所面临的市场环境有哪些？哪些市场环境能导致企业的营销成功，哪些环境不利于企业的发展呢？

3.1　房地产市场营销环境

房地产企业的市场营销活动是在一定的社会经济环境中进行的。营销环境的变化，对企业而言，既有机会又有威胁。房地产企业要对市场环境进行分析研究，并对影响房地产开发经营的各种因素及其作用予以确定、评价，并作出反应，从而使房地产企业能够制定正确的营销战略、目标计划、行动策略、决策措施等，以保证房地产市场营销的顺利进行。房地产市场营销环境分析是整个营销活动的首要环节。

房地产企业作为独立的房地产商品生产者和房地产商品交换者，与其他企业一样，都是在不断变化的社会经济环境中运行的。房地产市场营销环境的变化，使企业机会与挑战并存。房地产企业市场营销活动的成败，不仅受到外部环境因素的影响，还受企业内部条件的制约。房地产企业在开展市场营销活动时，要使企业内部资源和外部环境相匹配，及时把握和利用环境提供的机会，以在竞争中赢得先机。如：商业地产的龙头企业万科，就是看准了国内商业地产综合体的发展前景，在商业地产板块成为了全国的标杆。旅游地产的龙头企业华侨城，则是抓住了国内旅游市场环境变化的脉搏，成为了旅游地产的龙头老大。

3.1.1 房地产市场营销环境的含义

任何企业总是在特定的社会经济和其他外界环境条件下生存与发展的，美国著名营销学家菲利普·科特勒认为"市场营销是个人或集体通过创造并同别人交换产品和价值以获得其所欲之物的一种社会过程"，而市场营销环境是"影响企业的市场营销管理能力，使其能否卓有成效地发展和维持与其目标顾客交易及关系的外在参与者和影响力"。因此，我们说房地产市场营销环境是指影响房地产企业生存和发展的各种内部条件和外在因素的总和，如图 3-1 所示。

房地产市场营销环境是随着社会经济的发展而发展变化的。

房地产市场营销环境各因素也在不断地发生变化。

房地产市场营销环境各因素之间是相互影响和制约的。

房地产市场营销环境既给房地产企业带来机会，也带来威胁。

房地产开发企业市场营销环境的内容广泛而又复杂，不同因素对营销活动各个方面的影响和制约也不尽相同，同样的环境因素对不同企业的影响和制约也不同。一般来说，房地产企业的营销环境由宏观环境和微观环境构成。

宏观环境（Macro environment）是指间接影响房地产企业市场营销活动的各种因素，包括人口环境、经济环境、自然环境、技术环境、政治法律环境和社会文化环境。宏观环境对企业的营销活动虽是间接影响，但它却是给企业造成市场机会和环境威胁的主要因素，它对房地产企业营销活动的影响是广泛而深远的。对于房地产企业高层领导而言，宏观环境的分析和判断决定了企业的发展和出路。

微观环境（Micro environment）是指直接影响房地产企业服务其目标市场能力的各种因素，包括企业本身、消费者、供应商、营销中间商、顾客、竞争者以及社会公众等。微观环境对房地产企业的营销活动具有直接影响，微观环境中的各种行为者都是在宏观环境中运作并受其影响的。

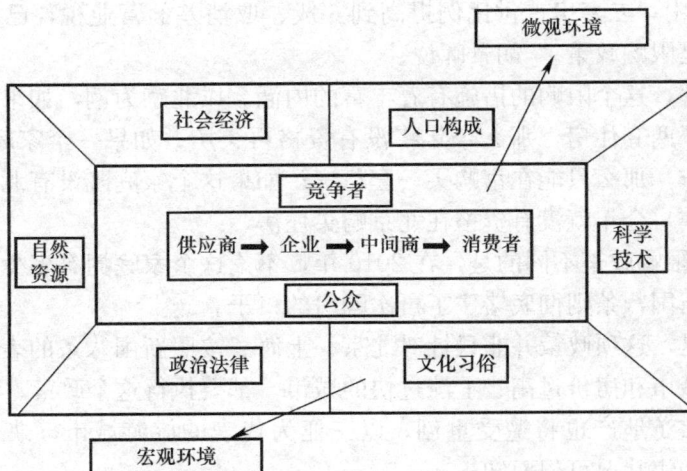

图 3-1　企业市场营销环境图

【阅读材料】

限购政策全面升级新国八条引发地产业震荡

调控已经成为房地产市场的常态。就在距离春节还有 8 天的时候，一只重拳再次砸向这个让人欢喜让人忧的市场。

2011 年 1 月 26 日，国务院总理温家宝主持召开国务院常务会议，研究部署进一步做好房地产市场调控工作。

当天晚上 19 时许，会议内容公开，8 条针对房地产市场的调控措施正式出台。这个被称为新国八条的地产新政为今年房地产市场定下了基调。

"从来没见过这么严厉的政策。"我爱我家房地产经纪公司控股公司副总胡景晖说。胡景晖告诉记者，看来这一轮的房地产宏观调控只能成功不能失败了。

限购是国八条奏效的关键

如果说之前的调控总是难抑需求的话，此次的新国八条则从各个层面做出了限制，试图改变社会对房子的需求。

"2011 年各城市人民政府要根据当地经济发展目标、人均可支配收入增长速度和居民住房支付能力，合理确定本地区年度新建住房价格控制目标。"这是对今年的新房价格作出限制。

"调整个人转让住房营业税政策，对个人购买住房不足 5 年转手交易的，统一按销售收入全额征税。"

这一条取消了住房营业税优惠，对商品房销售作出限制。在此之前，未满 5 年的普通住房如果转手交易，采取的是差额征收营业税的方法。

新国八条规定，"对贷款购买第二套住房的家庭，首付款比例不低于 60%，贷款利率不低于基准利率的 1.1 倍。"提高首付比例，是对住房贷款需求作出限制。

"各直辖市、计划单列市、省会城市和房价过高、上涨过快的城市，在一定时期内，要从严制定和执行住房限购措施。"这一条，对购买住房作出限制。

"限制"，毫无疑问地要成为今年房地产市场的主基调。

"在新国八条中，二套房首付比例提高到 6 成、取消差额营业税，已经不算是大的冲击了，最要命的是限购政策。"胡景晖说。

按照他的理解，这个限购的措施有着丰富的内涵。以北京为例，如果一个有北京户口的家庭已经拥有了两套住房，那么今年将没有资格再买房；如果一个家庭没有北京户口，但在北京长期工作，那么只能在京购买一套住房；如果这个家庭既没有北京户口，也没有人在北京长期工作，今年就没有资格在北京购买住房。

与 2010 年的限购政策不同的是，在 2010 年，不论这个家庭拥有多少套住房，都允许其再购买一套。新国八条则彻底堵住了再次购房的口子。

值得注意的是，这项政策并非只针对北京、上海。按照新国八条的表述，直辖市、计划单列市、省会城市和房价过高、上涨过快的城市，都要执行这个政策。

不仅如此，旅游地产也将遭受重创。以三亚为代表的旅游城市，缺少了外地人的购买，其商品房的销售状况可想而知。

"毫无疑问，此次新政力度最大的，就是限购政策。"北京大学房地产研究所所长陈国强也这样对记者说，2010 年，共有 14 个城市加入限购的行列；新国八条一出来，基本上就扩展到全国了。

陈国强告诉记者，不仅限购的城市范围扩大，购房的门槛也被提高，这些都将对住房需求、投资性需求产生影响。

地方政府无路可退

新国八条的横空出世，已经在房地产业内引发了地震。不少房地产经纪公司都认为，这八条，条条致命，未来的房地产市场行情将很难再现去年下半年的火爆。

那么，为何现在出台如此严厉的调控措施？

北京大学房地产研究所所长陈国强认为，这几年房地产调控看不到明显成效，中央对房地产调控的决心更加坚定。此外，2010 年 12 月的房地产市场数据，也是推动中央"下猛药"的重要原因。

统计数据显示，2010 年 12 月，全国房地产市场销售面积接近 2.2 亿 m^2，占全年交易量的 20％以上。

在房地产市场，12 月份历来都是销售最为清淡的一个月。从这些年的数据看，12 月份的平均销售面积大概为五六千万 m^2，而在 2010 年 12 月，销售面积翻了好几番。

"这个数据创下这么多年来房地产市场的一个纪录，而且随着交易量的快速增长，房价也出现明显的快速上升，在二三线城市尤为明显。"陈国强告诉记者，2010 年，通货膨胀是全国上下都关注的问题，而房价的上涨则与通胀形成了相互推动的关系。

2010 年 12 月 26 日，国务院总理温家宝在中央人民广播电台与听众对话时曾表示，中央有信心让房价回到合理位置。

与以往调控措施不同的是，新国八条还把对地方政府的责任追究明确提了出来。这一点在新国八条中占据了两条。

按照新政要求，各城市人民政府要根据当地经济发展目标、人均可支配收入增长速度和居民住房支付能力，合理确定本地区年度新建住房价格控制目标，并于一季度向社会公布。

如果未如期确定并公布本地区年度新建住房价格控制目标、新建住房价格上涨幅度超过年度控制目标或没有完成保障性安居工程目标任务的省（区、市）人民政府要向国务院作出报告，有关部门根据规定对相关负责人进行问责。执行差别化住房信贷、税收政策不到位，房地产相关税收征管不力以及个人住房信息系统建设滞后等问题，也纳入了约谈问责范围。

这就等于说，如果地方政府没有在今年将房价控制住，将不得不面对被问责的尴尬。

调控政策怎样落实

"调控政策再怎么严厉，得不到真正的执行还是没有用。"胡景晖告诉记者，从限购的政策看，落实起来还需要做很多工作。比如说，怎么确定购房家庭的真假？有没有足够的数据能够判断出一个家庭拥有多少套住房？而民政部门与房管部门的数据目前还没有联通。

胡景晖表示，从中央的政策看，是一定要取得调控的阶段性成果。

"地方政府无疑是调控的核心，调控能否取得明显成效，取决于地方政府的政策执行意愿与能力。"陈国强说，此次新政中，地方政府的责任被重申，他们面临更大的压力去推动政策的执行。

陈国强认为，如果新国八条能得到地方政府的严格执行，那么今年的房地产市场预期肯定会受到影响，市场需求肯定会减少，房价将失去上涨的基础，价格回调的预期将会增强。

"对房地产开发企业来说，今年肯定会比以往艰难。从现在开始，这些企业应该更加现实地制定经营策略，要把去库存化、尽快回笼资金摆在更加重要的位置上。"陈国强说。

（资料来源：中国《新闻周刊》2011/1/29 9：30：38）

3.1.2 房地产市场营销环境的特点

房地产市场营销环境是一个多因素、多层次而且不断变化的综合体，它具有以下一些特点：

1. 客观性

房地产市场营销环境是客观存在的，任何房地产开发企业和房地产项目都是存在于一定的外界环境中，而房地产开发企业所处的社会经济和其他外界环境条件在一定时期内总是特定的，是企业所不可选择、不可控制的。

2. 系统性和相对分离性

系统性是指房地产市场营销环境的各种构成要素之间不是孤立存在的，而是相互联系、相互影响的，一个因素的变化会导致其他许多相关因素的变化。房地产市场营销环境是一个系统，在这个系统中，各种因素相互作用和制约，这是由于社会经济现象的出现，往往不是由某一单一因素所决定的，而是一系列相关因素共同影响的结果。例如，一个国家的体制、政策与法律会影响该国经济和科学技术的发展速度和方向，继而会改变社会的某些风俗习惯；同样，科技和经济的发展又会引起政治和经济体制的相应变革，或促使某些法令和政策的相应变更。因此，它们对企业的营销活动并非单独产生影响，而是综合发挥作用的，这种复杂的相互影响也使企业的外部环境更加难以把握。因此，除了对各个环境因素进行分析外，还要注意分析系统内它们之间的相互关系和关联性。

同时，在某一特定时期，营销环境中的某些因素又彼此相对分离。各因素对房地产企业营销活动的影响大小不同，这不仅表现在不同房地产开发企业受不同环境的影响，而且表现在同样一种环境因素的变化对不同企业的影响也不相同。例如，在和平时期，经济、科技和自然因素对企业营销活动的影响大，而在战争时期，政治和军事因素对营销活动的影响大。另外，由于房地产项目是不可移动的商品，因此，房地产市场的营销环境比其他市场营销环境受到更强的地域性的影响，不同地区的房地产企业和房地产项目的市场营销环境是不同的。这种外界环境因素的相对分离性，决定了房地产开发企业必须采取不同的营销策略才能应付这种情况，同时，也为房地产企业分清主次环境因素提供了可能性。

3. 动态性和相对稳定性

房地产市场的营销环境不是一成不变的，市场环境的变化是一个动态的过程。主要表现在其组成因素的状况及其变化都随社会状况的变化而不断变化。但是这些变化在一定时期内，又是相对稳定的。房地产企业必须根据不同时间段所处的不同环境来做出判断和决策。比如，改革开放初期，房地产企业所面临的环境与现在房地产调控时期，房地产企业所面临的环境就完全不同。这是房地产市场环境的动态性。但相对每个时期，其外部环境又是稳定的，这就是房地产市场环境的稳定性。

4. 环境的不可控性与企业的能动性

环境因素分为三类：第一类是企业不可控制的因素；第二类是企业可以施加影响的因素；第三类是企业可以控制的因素，如企业本身。房地产企业面临的市场环境是不可控制的，但是房地产企业是可以发挥自身的能动性，去适应市场并影响市场，如图 3-2 所示。

5. 层次性和差别性

环境因素是个多层次的集合。第一层次是最里层的，是房地产企业所在的地区环境；第二层次是房地产企业所在城市或省的政策法令、规划要求等因素；第三层次是整个国家的政策法规、社会经济等因素，包括国情特点、全国性的市场条件等。不同房地产企业的外界环境存在着许多的差别。

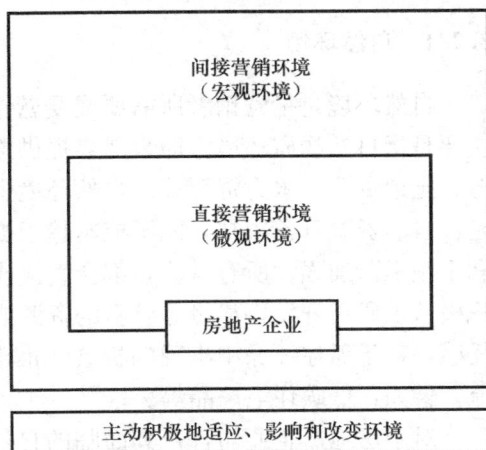

图 3-2　环境的不可控性与企业的能动性

3.1.3　营销活动与营销环境

市场营销环境通过其内容的不断扩大及其自身各因素的不断变化，对企业营销活动发生影响。首先，市场营销环境的内容随着市场经济的发展而不断变化。21 世纪初，西方企业仅将销售市场作为营销环境；其次，市场环境因素经常处于不断变化之中。环境的变化既有环境因素主次地位的互换，也有可控性质的变化，还有矛盾关系的协调。随着我国社会主义市场经济体制的建立与完善，市场营销宏观环境的变化也将日益显著。

营销环境是企业营销活动的制约因素，营销活动依赖于这些环境才得以正常进行。这表现在：营销管理者虽可控制企业的大部分营销活动，但必须注意环境对营销决策的影响，不得超越环境的限制；营销管理者虽能分析、认识营销环境提供的机会，但无法控制所有有利因素的变化，更无法有效地控制竞争对手；由于营销决策与环境之间的关系复杂多变，营销管理者无法直接把握企业营销决策实施的最终结果。此外，企业营销活动所需的各种资源，需要从环境许可的条件下取得，企业生产与经营的各种产品，也需要获得消费者或用户的认可与接纳。虽然企业营销活动必须与其所处的外部和内部环境相适应，但营销活动绝非只能被动地接受环境的影响，营销管理者应采取积极、主动的态度能动地去适应营销环境。就宏观环境而言，企业可以以不同的方式增强适应环境的能力，避免来自环境的威胁，有效地把握市场机会。在一定条件下，也可运用自身的资源，积极影响和改变环境因素，创造更有利于企业营销活动的空间。

3.2　房地产企业外部环境

房地产企业的外部环境就是指房地产企业所面临的宏观营销环境。宏观营销环境是由那些间接影响房地产企业营销的各种因素构成的，包括自然环境、人口环境、经济环境、技术环境、政治法律环境、社会文化环境等。

49

3.2.1 自然环境

自然环境是指营销者所需要或受营销活动所影响的自然资源。营销学上的自然环境，主要是指自然物质环境，即自然界提供给人类各种形式的物质财富，如矿产资源、森林资源、土地资源、水力资源等。自然环境也处于发展变化之中。当代自然环境最主要的动向是：自然资源日益短缺，能源成本趋于提高，环境污染日益严重，政府对自然资源的管理和干预不断加强。所有这些，都会直接或间接地给企业带来威胁或影响。因此，企业必须积极从事研究开发，尽量寻求新的资源或代用品。同时，企业在经营中要有高度的环保责任感，善于抓住环保中出现的机会，推出"绿色产品"、"绿色营销"，以适应世界环保潮流。譬如，低碳住宅产品等。

对于房地产企业而言，其面临的自然环境主要有：地理位置、地质地貌、自然风光、气温气候等。

地理位置作为衡量房地产价值大小的首要条件，是一个关键因素。地质地貌决定了开发建设的难易程度。而自然风光则是产品打造的重要卖点。当地的气温气候，对于某些度假物业而言则是影响其销售的重要因素。比如：海南的旅游地产，正是利用了当地的气温气候等条件，以此作为卖点。

【阅读材料】

海南旅游该做减法了

最近去海南岛三亚，看到海棠湾对面的蜈支洲岛上又上马了一个五星级酒店，这已经是该湾区将近第十个建设和规划中的五星级酒店了。其实把蜈支洲岛作为公共资源保护起来，完全可以提高海棠湾的整个旅游品质。

牛岭是海南省亚热带和热带分界洲的标志性山脉，整个五指山最靠近海洋的位置就在这个山岭，牛岭完全可以作为一个珍贵的地理标志物留存，结果在这个牛鼻子似的隆起的山脉上，一个大财团也开发了个酒店，破坏了景观的协调性。

而五指山最重要的是热带雨林景观生态系统，现在也被开发了。观赏景观被占用，当地生态系统遭到破坏。如果当初规划时把旅游的落脚点放在五指山市，游客开车去周边热带雨林旅游，则是既可以带动整个城市的经济发展，又有利于景区的自然生态系统保护的。

这就是现在的海南岛，一个"大干快上"的建设工地，经济开发的热情难以抑制地膨胀，大量开发低价值房产项目吸纳岛外人口集聚，盲目打造旅游景点提高当地国土空间开发强度，这是与"国际旅游岛"的建设目标背道而驰的。

海南省生态旅游资源丰富，热带海滨、原始森林、地热温泉遍布全岛，有开发价值的旅游资源有就200多处。就是这样一块天生丽质的净土，却被不科学的规划、无节制的开发破坏了。

目前，海南旅游最重要的不是应该发展什么，而是要做好约束性科学化的规划，这对于国际旅游岛建设至关重要。

比如作为重要的滨海旅游资源，海岸线的开发与背后山体的一体建设是决定该地区未来旅游价值高低的一个核心取向。而目前海南岛海景房的设计却尽可能地靠近海岸线，使对应的海洋和沙滩资源私有化了，单体局部房地产的利用效率高了，而公共利用效率低了，临海岸线一字排开的高大海景房把背后的土地整体开发变成低档的土地，沿岸的旅游开发同背后的城镇建设不能很好地融为一体。像夏威夷岛的开发模式，原则上建筑尽可能远离海岸线，使海岸拥有一定的公共开敞空间，供不同类型的游客和当地民众充分享受。

同时应注意的是山体矮坡的开发，一定得是以稀松低矮的单体建筑为主，尽可能地把它掩映在丛林当中，使在海岸线看到的山体还是自然的山体，而不要在山上出现大型的不协调的建筑影响视觉享受。同时，一线的海景和整个城市是贯通的，而海南岛只要是优势的海岸资源都是以高档的酒店开发为主体，不合理地割裂了这种有机结合。

海南岛的开发，成在优越的自然生态条件，败也将源自对自然生态环境的破坏。建议在大开发中，实施最严格的生态环境保护措施，持续满足国际旅游岛建设对生态质量和资源禀赋的高标准和严要求，永葆海南自然生态优势。

（资料来源：樊杰　中科院地理科学与资源研究所研究员
中科院可持续发展研究中心主任）

3.2.2　人口环境

人口环境是指人口的数量、分布、年龄和性别结构等情况。人口环境既是企业生产经营活动必要的人力资源条件，又是企业的产品和劳务的市场条件，因而是企业生产经营的重要外部环境。与房地产市场相关的人口因素主要包括人口数量、人口年龄结构、人口流动与迁移、家庭规模和结构等。每一个房地产企业必须根据人口环境情况，结合自身优势来选择目标市场。

1. 人口数量

在收入水平和购买力大体相同的条件下，人口数量的多少直接决定了市场规模和市场发展的空间，人口数量与市场规模成正比。由于我国人口基数大，每年有1000多万新增人口。地区人口总量决定了对房地产的需求上限，但人口总量的增长并不意味着住房市场的增长，除非这些市场具有充足的购买力。如果一个地区的居民家庭收入水平普遍不高，而同时人口增长速度过快，则家庭收入中很大一部分要用于食品等最基本的需求方面支出。即地区人口过快增长，有可能导致该地区的恩格尔系数上升、住房消费支付能力降低或延缓对住房消费的需求。

恩格尔系数（Engel's Coefficient）：食品支出总额占个人消费支出总额的比重。19世纪德国统计学家恩格尔根据统计资料，对消费结构的变化得出一个规律：一个家庭收入越少，家庭收入中（或总支出中）用来购买食物的支出所占的比例就越大，随着家庭收入的增加，家庭收入中（或总支出中）用来购买食物的支出比例则会下降。推而广之，一个国家越穷，每个国民的平均收入中（或平均支出中）用于购买食物的支出所占比例就越大，随着国家的富裕，这个比例呈下降趋势。

2. 人口年龄结构

人口的年龄结构直接关系到房地产市场需求量以及企业目标市场的选择。我国早些年份的人口年龄结构为金字塔形，这意味着比较年轻的人口结构。20世纪90年代以后，人口金字塔的底座已经缩小，顶尖变宽，人口金字塔形状趋向于倒金字塔形。但是在完成这个转化之前，中国现阶段人口金字塔图形接近于一个橄榄形——劳动年龄人口比重较大。

具体来说，人口年龄结构的变化将表现出如下特征：

（1）接受基础教育年龄人口比重将会缩小；

（2）劳动年龄人口比重略有增大；

（3）人口老龄化进程迅速，老年人口比重不断上升。

人口年龄结构对房地产需求有两个方面的影响：一方面，区域人口结构的变化导致需求主体年龄结构的变化，进而引致对住房产品在面积、户型、配套设施等方面的需求变化。对营销者而言，人口比重最大的年龄组构造了房地产市场营销的环境。

另一方面，区分不同年龄结构的支付能力与人口比例，对住宅开发定位也有明显的指导作用。

3. 人口流动与迁移

一般说来，某地区人口的大量迁出意味着该地区需求的锐减；而地区人口的大量迁入则往往导致该地区需求总量的上升，包括对房地产的需求。近年来，由于城市化进程的加快，我国人口从农村流向城市的速度也越来越快，这是一个社会发展的必然现象。我国每年有大量的人口从农村涌向城市，由内地落后地区涌向沿海发达地区。地区人口的流动与迁移，必将导致房地产需求结构的变化，这对房地产开发、城市经济建设是一个机遇和挑战。

4. 家庭规模和结构

住宅消费的主体是家庭而非个人，因此家庭规模与结构是影响和决定住宅规模和结构的直接因素，住宅套型的变化和发展要适应于家庭规模与结构的变化与发展，这是住房消费行为的一般规律。

我国家庭结构变化的总体趋势可以概括为：以核心家庭（夫妇与未婚子女组成的家庭）为主要形式，丁克家族（夫妇自愿不生育的家庭）和单亲家庭（父母分居组成的家庭）的比重将有所上升，空巢家庭（老年人不与后代一起生活的家庭）日趋增加。

因此，考虑家庭规模小型化，并结合人民生活水平不断提高的趋势，在住房规划时选择以二室二厅为主的套型，适当配置一室一厅、二室一厅和三室一厅的住房，可取得良好的社会效益。

3.2.3 经济环境

影响房地产发展的经济环境主要是国民经济发展水平、经济周期和城市化进程的速度。城市化进程包含两大变革：一是城市生活方式的兴起，即城市化的过程；二是城市生活方式向全国范围的辐射和扩散，即郊区化过程。城市化进程对地价上涨和房地产业的发展具有强烈持久的作用，也影响到各类房地产的长期趋势，进而影响房地产各类市场波动。

1. 消费者信贷情况

消费信贷是银行向消费者购买价值较大、使用期较长的耐用消费品发放的贷款。目前，我国商业银行办理的消费贷款主要有汽车消费贷款和个人住房贷款。

2. 家庭收入、支出结构

营销者将家庭收入结构分为五种类型：很低的收入、大部分低收入、两极分化、存在低中高不同的收入、大部分中等收入。家庭的收入结构不同，房地产市场的需求特征和特定产品的有效购买力也就不同。

2006 年 5 月，国家颁布 "70/90" 政策以前，房地产开发商提供的住房产品多为大户型、大面积、精装修的高档住宅，这是由两极分化导致的，高收入群体的住房购买力很高，房地产开发的利润很高。

"70/90" 政策：从 2006 年 6 月 1 日起，各大城市新开工项目中，套型建筑面积小于 90m² 的房屋比重不得少于 70％。

3.2.4 技术环境

1. 与建筑有关的新材料、新工艺、新设备的技术革新

现在的置业者将会把更多的精力放在房屋使用时的舒适度和享受性上。此外，节能减排、土地资源的集约利用等也成为行业的硬性要求。

2. 信息技术的发展

信息技术改变了房地产的传统观念，也改变了房地产开发活动的过程，不仅可以提高房地产项目的分析与评估手段，也可以影响房地产的投资价值和决策，甚至还可以影响房地产的交易规模与交易过程。

房地产投资决策的传统信条 "第一是地段、第二是地段、第三是地段" 将会被 "第一是信息、第二是交通、第三是地段" 的信条所代替。

3.2.5 政策环境

1. 财政政策

财政政策包括财政收入政策和财政支出政策。财政收入政策主要是通过税率的调整来调节国家、企业和个人收入的分配关系。财政支出政策主要是确定国家预算支出的总量和支出结构。

2. 货币政策

货币政策是指中央银行通过调整贴现率、调整法定存款准备金率和公开市场业务等手段，来调节货币供给。对房地产市场的调节主要是利用利率工具，以控制商业银行对房地产业的信贷投向和信贷规模。

3. 产业政策

政府以制定计划和产业投资指引目录及其他行政干预手段来影响房地产周期波动。在房地产业发展初期，产业政策对市场的波动具有至关重要的影响。政府调节房地产业的产业结构工具包括：房地产产品供给结构管制、政策性资金控制、上市政策、外资投向指引等。

4. 区域发展政策

同一个国家，在同一个宏观环境下，各地区的经济发展和房地产消费并不是完全一致的。政府往往通过对不同地区的经济发展给予优惠政策，如经济特区政策、沿海经济发展战略等，刺激某些地区超前、超速发展，这对各个地区的房地产业的发展必然产生巨大影响。

5. 土地政策

国家对商品房开发用地一般实行土地出让政策。我国目前城市土地实施统一储备、统一出让制度，使地方政府垄断了土地一级市场，开发商获取土地只能通过一种渠道。土地进入土地出让的竞拍程序后，其唯一的规则是价高者得，这在无形之中推高了土地价格，

且竞拍的方式极易过分推高地价，使开发商拿地成本大幅提高，近些年频频出现的"地王"现象足以说明问题。

此外，政府为稳定市场结构会阶段性的调整某类土地的供给政策。如鉴于城市土地资源的日益稀缺和普通住宅的缺乏，我国政府近年来已经取消别墅类用地的供应。

6. 住房政策

住房制度改革主要是指国家和政府在住房方面的投资决策和住房分配政策的改变，这将对房地产开发商的利益有着很大的影响。

7. 户籍制度

我国城市化正处于强劲发展趋势中，户籍制度的重大突破势必在较长时期内，持续提升农业人口对城市和城镇的住宅需求，支持房地产业在较长时期内保持快速发展。

3.2.6 文化环境

文化环境是指企业所处的社会结构、社会风俗和习惯、信仰和价值观念、行为规范、生活方式、文化传统、人口规模与地理分布等因素的形成和变动。社会文化环境是影响企业营销诸多变量中最复杂、最深刻、最重要的变量。社会文化是某一特定人类社会在其长期发展历史过程中形成的，它主要由特定的价值观念、行为方式、伦理道德规范、审美观念、宗教信仰及风俗习惯等内容构成，它影响和制约着人们的消费观念、需求欲望及特点、购买行为和生活方式，对企业营销行为产生直接影响。

影响房地产企业的文化环境因素主要有：社会人口受教育程度和职业、家庭单位与人数、民族与宗教、价值观念、人与自然的关系等。

3.3 房地产行业内部环境分析

房地产行业内部环境主要是指房地产企业的市场微观营销环境。房地产企业的市场微观营销环境是在房地产开发经营的整个营销过程中形成的。房地产开发企业的生产经营活动，首先需要材料、设备供应商向企业提供各种生产资源和设备。企业利用这些资源按照目标市场的需求进行研发设计，并进行开发建设。然后，将完成的项目通过市场营销部门或中介销售公司推向目标市场。在整个完整的营销环节中，房地产企业还必须与竞争对手进行市场的争夺。因此，在房地产行业内部，影响企业发展的主要因素有：房地产开发企业、材料供应商、营销中介、消费者和竞争对手。在整个房地产开发销售环节中，还应该包括设计院和银行的参与。其中，银行在房地产企业的开发过程中扮演了重要的角色。

3.3.1 房地产企业

房地产企业是指从事房地产开发、经营、管理和服务活动，并以营利为目的进行自主经营、独立核算的经济组织。部分房企 2011 年销售业绩见表 3-1。

房地产企业的类型可以从两个角度进行划分。

第一个角度是从经营内容和经营方式的角度划分，房地产企业主要可以划分为房地产开发企业、房地产中介服务企业和物业管理企业等。

房地产开发企业是以营利为目的，从事房地产开发和经营的企业。主要业务范围包括城镇土地开发、房屋营造、基础设施建设以及房地产营销等经营活动。这类企业又称为房地产开发经营企业。

房地产中介服务企业包括房地产咨询企业、房地产价格评估企业、房地产经纪企业等。

物业管理企业指以住宅小区、商业楼宇、大中型企事业单位等大型物业管理为核心的经营服务型企业。这类企业的业务范围包括售后或租赁物业的维修保养、住宅小区的清洁绿化、治安保卫、房屋租赁、居室装修、商业服务、搬家服务以及其他经营服务等。

第二个角度是从经营范围的广度划分，房地产企业可以划分为房地产综合企业、房地产专营企业和房地产项目企业。

房地产综合企业是指综合从事房地产开发、经营、管理和服务的企业。

房地产专营企业是指长期专门从事如房地产开发、租售、中介服务以及物业管理等某一方面经营业务的企业。

房地产项目企业是指针对某一特定房地产开发项目而设立的企业。许多合资经营和合作经营的房地产开发公司即属于这种类型。项目企业是在项目可行并确立的基础上设立的，其生命周期从项目开始，当项目结束时企业终了，这种组织形式便于进行经营核算，是房地产开发企业常用的一种形式。

各房企 2011 年 1-11 月销售业绩表　　　　　表 3-1

房企	销售金额（亿元）	同比上升（%）	销售面积（万平方米）	同比（%）
万科	1157	16	1015	23
恒大地产	791	66	1202	59
保利地产	676	18	598	−4
中国海外	664	39	522	11
碧桂园	394	29	627	12
龙湖地产	356	29	—	—
绿城	307	−34	131	−46
中建国际	303	21	—	—
华润置地	301	51	254	29
世茂房地产	285	5	222	0
雅居乐	280	10	272	20
富力地产	263	−6	202	−7
金地集团	262	8	193	−5
远洋地产	239	31	186.3	—
融创中国	176	144	114	73
保利香港	143	42	188	44
佳兆业	135	58	203	165
恒盛地产	128	28	151	72
合景泰富	109	—	—	—
首创置业	101	−3	108	9

3.3.2 房地产开发商的供应商

房地产开发商的供应商是指向各个房地产企业提供开发经营所需要的各种资源的企业、组织和个人。包括提供的建筑设计方案、原材料、设备、能源、劳务等。供应商对房地产公司的营销业绩影响很大，其提供材料的质量、数量和价格都将直接影响房屋的质量、价格、销量和利润。

对所有供应商进行评估，可以将供应商分成交易型、战略型和大额型。一般来讲，交易型是指为数众多，但交易金额较小的供应商；战略型供应商是指公司战略发展所必需的少数几家供应商；大额型供应商指交易数额巨大，战略意义一般的供应商。

3.3.3 营销中介

营销中介是指协助企业促销、销售和配销其产品给最终购买者的企业或个人，包括中间商、营销服务机构和辅助机构等。

1. 中间商

房地产销售中间商指把产品从房地产开发商流向消费者的中间环节或渠道，主要是指房地产销售代理商、二手房销售公司等。

中间商对企业营销具有极其重要的影响，它能帮助企业寻找目标顾客，为产品打开销路，为顾客创造地点效用、时间效用和持有效用。一般企业都需要与中间商合作，来完成企业营销目标。为此，企业需要选择适合自己营销的合格中间商，必须与中间商建立良好的合作关系，必须了解和分析其经营活动，并采取一些激励性措施来推动其业务活动的开展。

2. 营销服务机构

营销服务机构指企业营销中提供专业服务的机构，包括广告公司、广告媒介经营公司、市场调研公司、营销咨询公司、财务公司等。

这些机构对企业的营销活动会产生直接的影响，它们主要任务是协助企业确立市场定位，进行市场推广，提供活动方便。一些大企业或公司往往有自己的广告和市场调研部门，但大多数企业则以合同方式委托这些专业公司来办理有关事务。为此，企业需要关注、分析这些服务机构，选择最能为本企业提供有效服务的机构。

3. 辅助机构

辅助机构是指那些不直接参与房地产营销活动流程，但却对房地产企业的开发经营活动起到促进和服务作用的那些企业和机构。包括：运输机构、银行、信托机构、信用公司、保险公司、估价事务所、公证处、律师事务所等机构。

3.3.4 消费者

房地产市场的消费者是指那些希望购买并有能力购买房地产产品的人。消费者的需求是房地产企业研发设计和营销策划的前提和核心。对于房地产企业而言，消费者是一个重要并且关键的环节，谁赢得了消费者，就赢得了市场。

3.3.5 竞争者

对于一个企业来说，广义的竞争者是来自于多方面的。企业与自己的顾客、供应商之间，都存在着某种意义上的竞争关系。狭义地讲，竞争者是那些与本企业提供的产品或服务相类似、并且所服务的目标顾客也相似的其他企业。从营销学的角度分析，房地产企业在市场上面临着四类竞争者：

1. 愿望竞争者

愿望竞争者指提供不同的房地产产品以满足消费者不同需求的竞争者。例如，消费者要在北京市投资一套住宅，他所面临的选择就可能有高档住宅、甲级写字楼、商业用房、度假物业等，这时高档住宅、甲级写字楼、商业用房、度假物业的开发商之间就存在着竞争关系，成为愿望竞争者。

2. 普通竞争者

普通竞争者指提供不同的产品以满足相同需求的竞争者。例如，消费者要在北京市三环以内要选择一套三居室的住宅，他所面临的选择就可能有绿地的楼盘、万科的楼盘、金科的楼盘等，这时绿地、万科、金科等几个房地产企业之间就存在着竞争关系，在满足需求方面是相同的，他们就是普通竞争者。

3. 产品形式竞争者

产品形式竞争者指生产同类但规格、型号、款式不同产品的竞争者。如别墅产品中的独栋别墅与联排别墅，就构成产品形式竞争者。另外同为普通住宅，由于户型、面积、设计风格的不同，而存在的竞争也构成产品形式的竞争。

4. 品牌竞争者

品牌竞争者指生产相同规格、型号、款式的产品，但品牌不同的竞争者。例如，消费者要在北京市三环以内要选择一套三居室的住宅，他所面临的选择就可能有绿地的楼盘、万科的楼盘、金科的楼盘等，这时绿地、万科、金科等几个房地产企业之间就互为品牌竞争者。

3.3.6　公众

公众是指对一个组织的目标实现具有实际或潜在利害关系和影响力的一切群体和个人。企业在满足需求目标市场时，要与其对手进行竞争，因此必须知道受益的广大公众是否接受他们的营销方式。房地产企业面临的公众主要包括以下几类：

1. 融资公众

融资公众是指影响企业获取资金能力的组织。如银行、投资公司、股票经纪公司、保险公司、信托公司、基金公司等。房地产企业可通过发布经营年报、财务业绩报表等方式来获取这些组织的信任，获得贷款。

2. 媒介公众

媒介公众主要是指报纸、杂志、广播、电视、互联网等具有广泛影响力的大众传播媒体。企业若能经常性地得到这些媒体的报道，对树立企业良好的社会形象、提升企业知名度和美誉度、扩大产品的销售等方面具有重要的作用。

3. 政府公众

政府公众是指辅助管理房地产企业的有关政府部门，主要有地方建委、规划局、土地局、房管局、工商局、税务局、物价局、审计局等部门。公司在制订营销计划时，必须充分考虑政府政策，同政府有关部门协调好关系，取得政府的支持。

4. 群众团体

群众团体是指消费者组织、环境保护组织及其他群众团体。房地产销售以后，可能因质量、价格等问题遇到消费者组织的质询。在项目开盘时，开发商也常常会组织一些看房团，到项目进行了解。因此企业应努力取得这些团体的信任和好感，以帮助自己树立良好的公众形象，提高企业的知名度。

5. 地方公众

地方公众是指房地产企业或项目工程所在地附近的居民和社区组织。如当地的居委会、街道办事处、学校、医院、邻里单位和居民等。公司在营销活动中，要避免与周围公众发生冲突，应指派专门人员负责处理这方面的问题。当地公众对房地产公司和公司楼盘的态度以及由此产生的口碑，会呈放射性地向周围地区发展，对楼盘项目的销售影响较大。

6. 一般公众

一般公众是指与房地产企业经营活动无关的公众。他们虽然不能以组织的方式对企业采取行动，但他们对企业产品及其生产经营活动的态度却会影响企业在公众心目中的形象。因此，房地产企业可以通过积极参与城市发展建设，向慈善事业捐赠等方式在一般公众心中树立良好的公众形象，争取潜在的消费者。

7. 内部公众

内部公众主要是指企业内部人员，包括从企业高层到一线岗位的所有员工。对于内部公众，企业应当采取各种激励措施，包括物质和精神奖励，使其保持心情愉快，这样他们才能努力工作，周到服务，使得客户满意，企业才能真正地树立美好形象。

【阅读材料】

"潘式"营销

潘石屹、任志强、王石是房地产企业界最著名的三个人，代表三种迥然不同的类型与风格。王石幽默、坦诚，是正面形象的代表；任志强狂傲、语言犀利，是舆论眼中叛逆的代表；潘石屹平和、亲切、不张狂，多年来收获更多的是高知名度带来的广告效应。

"电影版《喜羊羊与灰太狼》创造了票房奇迹，爆发出巨大的商业价值，中国动漫业正处于'不差钱'时代。但由于刚刚起步，稀缺创意人才，尤其是既懂管理又懂营销的'潘石屹'！"《动漫周刊》主编钟路明在第五届中国国际动漫节上如是说。可见，潘石屹的个人品牌、营销魅力已经超越了地产界。

"说我善于表演，其实质是商业需要。不出去表演就没有人知道你，房子就卖不出去，我从不掩饰自我营销背后的商业目的。"潘石屹坦诚地对《成功营销》记者说道。

在 SOHO 中国总部朝外 SOHO 11 层，记者再次见到潘石屹，他仍然面带"潘式"笑容，让人能感受到他对媒体的坦诚和尊重。

"对待媒体最主要的原则是坦诚。只要足够坦诚，媒体和社会公众就会理解你。多年来，我对媒体的敬畏之情始终未变。再小的报纸也有成千上万的读者，只要有可能就会尽量满足媒体的采访要求，就会像祥林嫂一样，一遍又一遍讲述自己的童年往事、创业史、人生观、世界观、财富观、地产观、艺术观……"

此外，潘石屹在自我营销过程中还勇闯娱乐界。从 2001 年至今，先后接拍摩托罗拉、IBM、索尼、LG 电视广告片；出演电影《阿司匹林》男主角；把自己作为 SOHO 现代城的形象代言人，印在户外广告牌上。

高曝光率和知名度带来的广告效应让潘石屹常常成为公众人物，现在的他可能不是中国最大的房地产商，但绝对是名气最大的房地产商之一，他已经成为中国地产界的一个符号。作为商人，他无疑是成功的，但同时也是商人中的另类，确切地说是一个"叛逆者"。在很多人眼中，潘石屹的个人品牌已经超越公司品牌。

对于这一点，潘石屹持默认态度，他坚信新兴的品牌与创造个人魅力密切相关，很多时候这是一条推广的捷径。而在推广过程中，宣传永远是"潘式"营销理念中的第一位。

一直以来，潘石屹负面新闻不断，在一系列危机面前，潘石屹"化腐朽为神奇"的营销能力彰显无疑，他是货真价实的危机营销高手，最具代表性的便是"挖人事件"和"氨气事件"。"挖人事件"发生在 SOHO 中国最辉煌的 1999 年，潘石屹曾经的合作伙伴邓智仁利用潘的"末位淘汰"制度导演了包括 4 位销售副总监在内的 36 名现代城销售人员集体跳槽事件，企图将潘置于死地。对此，潘第一时间组织全公司部门经理级以上的员工与"起义销售队伍"谈话，迅速构建新的销售队伍。与此同时出版《SOHO 现代城批判》一书，以坦诚、谦虚的语气描述事件过程，尽显大将风范。

人们往往同情弱者，一篇篇表扬报道，不但让人们了解潘石屹的困境，还让人们知道其房产的优势，一度出现夜间排队领号购房的热闹场面，创下年销售额 18 亿元人民币的最高纪录。

"氨气事件"同样彰显潘石屹异于常人的危机营销能力。2000 年 1 月初，现代城 2 号楼两户业主投诉房间有异味。在主动查清事故原因后，潘发了一封道歉函，表明将承担所有责任，无条件退还业主全部房款，双倍支付银行定期存款利息，并且在全国范围之内征集解决氨气问题的办法和设备。在此事件中，不但无客户提出退房要求，而且潘的诚信度升级，成为最后的赢家。

"潘式风格"：四两拨千斤

虽然潘石屹很早就是房地产媒体圈追逐的对象，但跳出房地产媒体圈主攻大众传媒则是 2001 年的事，源于一次突发奇想。

"我的小孩非常喜欢看《米老鼠和唐老鸭》，我们夫妇俩便给他买光盘，然后是唐老鸭的衍生产品：卡片、文具、玩具、书包等陆续摆满了小孩的房间。我就想：一个虚构的卡通人物能够跨越国界受此欢迎，看来人物的影响力是巨大的，那么我应该不比卡通人物差，干脆我就做大众眼中的'唐老鸭'吧。"潘石屹说。

此后，潘石屹便成了所有媒体的座上宾，他从不放弃任何向媒体"宣传自己"的机会，只要记者约采访，基本上都能成功。

就在潘石屹马不停蹄地自我宣传的同时，也形成了独树一帜的营销风格。

直白又强调故事性，有着四两拨千斤的效果。譬如"挖人事件"，潘石屹第一时间想到的是：一定说实话，告诉媒体真相，不能让心怀鬼胎的人通过新闻发布会对我进行人身攻击。于是潘连夜书写《现代城的四名销售副总监被高薪挖跑了》一信，凌晨 3 点写完后交代推广部经理并交代不惜一切代价在报纸上发表。当天，《北京青年报》、《北京晨报》、

《北京晚报》、《精品购物指南》等几家京城有影响力的媒体都以半个版面刊登此信。随后引起轩然大波，现代城一夜之间成为北京最知名的楼盘，潘也因此摇身一变成了业界竞相效仿和学习的典范。

升级：进军文化界

看过《SOHO小报》的人一定认为这是一本文集，如同《读者》、《意林》等。

但事实上，《SOHO小报》是一本企业内刊，前身是《现代城客户通讯》，专为现代城的期房业主通报工程进度、施工情况等。2002年前后，由于期房变现房，很多客户不开封便扔进垃圾桶。这一点绝对刺激了潘石屹的神经，这根本不符合事事要求标新立异、引人眼球的潘氏作风。于是经过定位、名称、内涵等争论后，《SOHO小报》诞生了。

为了使《SOHO小报》同样彰显"潘式风格"，潘石屹自己也投入了很多精力和时间，从这点上说，潘石屹绝对是高产作者。

自"老徐"率先开博客后，潘石屹于2005年3月进军网络文化界，成为"博主"。

目前，其博客点击率接近6000万。

如此受追捧与潘石屹个人知名度有一定关系，但更重要的是：没有任何一位地产商人或知名人士像潘那样勤奋地写博客，其更新速度之快足以与日报记者相提并论。

现在很多网民已经养成每天阅读潘石屹博客的习惯，并以在第一时间抢到"沙发"为荣，能够拥有如此众多且忠实的"粉丝"是一件非常"了不起"的事，这再次证明了"潘式营销"无可匹敌的魅力。

（资料来源：《成功营销》2009年9月）

3.4 影响房地产市场营销环境因素分析

房地产市场营销环境因素主要是指上面谈到的宏观环境因素和微观环境因素。也可以称之为企业外部环境因素和企业内部环境因素。本节主要介绍房地产市场营销环境分析的方法及其运用。

3.4.1 市场营销环境分析的方法—SWOT分析法

市场营销环境分析是企业制订正确的市场营销战略和营销决策，有效地进行销售管理和控制，达到预期销售目标的前提条件。市场营销环境分析通常采用的方法是SWOT分析法。

1. SWOT分析法的含义

SWOT分析方法是一种企业战略分析方法，即根据企业自身的既定内在条件进行分析，找出企业的优势、劣势及核心竞争力之所在。其中，S代表Strength（优势），W代表Weakness（弱势），O代表Opportunity（机会），T代表Threat（威胁），四项因素中，S、W是内部因素，O、T是外部因素。按照企业竞争战略的完整概念，战略应是一个企业"能够做的"（即组织的强项和弱项）和"可能做的"（即环境的机会和威胁）之间的有机组合，如图3-3所示。

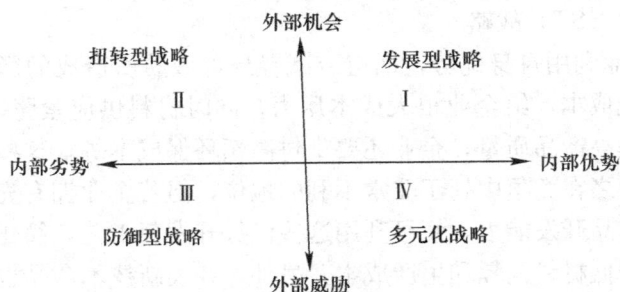

图 3-3 SWOT 分析图

2. SWOT 分析具体步骤

SWOT 分析主要是从"优势—劣势—机会—威胁"四个方面进行分析。从竞争角度看，对成本措施的抉择分析，不仅来自于对企业内部因素的分析判断，还来自于对竞争态势的分析判断。成本的优势—劣势—机会—威胁（SWOT）分析的核心思想是通过对企业外部环境与内部条件的分析，明确企业可利用的机会和可能面临的风险，并将这些机会和风险与企业的优势和缺点结合起来，形成企业成本控制的不同战略措施，如图 3-4 所示。

（1）分析企业的内部优势、弱点既可以是相对企业目标而言的，也可以是相对竞争对手而言的。

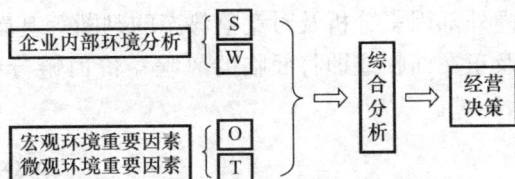

图 3-4 SWOT 分析思路

（2）分析企业面临的外部机会与威胁，可能来自于与竞争无关的外部环境因素的变化，也可能来自于竞争对手力量与因素变化，或二者兼有，但关键性的外部机会与威胁应予以确认。

（3）将外部机会和威胁与企业内部优势和弱点进行匹配，形成可行的战略。

3. SWOT 分析的四种组合

（1）优势—机会（SO）战略

SO 战略是一种发展企业内部优势与利用外部机会的战略，是一种理想的战略模式。当企业具有特定方面的优势，而外部环境又为发挥这种优势提供有利机会时，可以采取该战略。例如良好的产品市场前景、供应商规模扩大和竞争对手有财务危机等外部条件，配以企业市场份额提高等内在优势可成为企业收购竞争对手、扩大生产规模的有利条件。

（2）弱点—机会（WO）战略

WO 战略是利用外部机会来弥补内部弱点，使企业改劣势而获取优势的战略。存在外部机会，但由于企业存在一些内部弱点而妨碍其利用机会，可采取措施先克服这些弱点。例如，若企业弱点是原材料供应不足和生产能力不够，从成本角度看，前者会导致开工不足、生产能力闲置、单位成本上升，而后者造成的加班加点会导致一些附加费用。在产品市场前景看好的前提下，企业可利用供应商扩大规模、新技术设备降价、竞争对手财务危机等机会，实现纵向整合战略，重构企业价值链，以保证原材料供应，同时可考虑购置生产线来克服生产能力不足及设备老化等缺点。通过克服这些弱点，企业可能进一步利用各种外部机会，降低成本，取得成本优势，最终赢得竞争优势。

（3）优势—威胁（ST）战略

ST 战略是指企业利用自身优势，回避或减轻外部威胁所造成的影响。如竞争对手利用新技术大幅度降低成本，给企业很大成本压力；同时材料供应紧张，其价格可能上涨；消费者要求大幅度提高产品质量；企业还要支付高额环保成本等，这些都会导致企业成本状况进一步恶化，使之在竞争中处于非常不利的地位，但若企业拥有充足的现金、熟练的技术工人和较强的产品开发能力，便可利用这些优势开发新工艺，简化生产工艺，提高原材料利用率，从而降低材料消耗和生产成本。另外，开发新技术产品也是企业可选择的战略。新技术、新材料和新工艺的开发与应用是最具潜力的成本降低措施，同时它可提高产品质量，从而回避外部威胁造成的影响。

（4）弱点—威胁（WT）战略

WT 战略是一种旨在减少内部弱点，回避外部环境威胁的防御性技术。当企业存在内忧外患时，往往面临生存危机，降低成本也许成为改变劣势的主要措施。当企业成本状况恶化，原材料供应不足，生产能力不够，无法实现规模效益，且设备老化，使企业在成本方面难以有大作为，这时将迫使企业采取目标聚集战略或差异化战略，以回避成本方面的劣势，并回避成本原因带来的威胁。SWOT 分析运用于企业成本战略分析可发挥企业优势，利用机会克服弱点，回避风险，获取或维护成本优势，将企业成本控制战略建立在对内外部因素分析及对竞争势态的判断等基础上。而若要充分认识企业的优势、机会、弱点及正在面临或即将面临的风险；价值链分析和标杆分析等均能为其提供方法与途径，见表 3-2。

SWOT 分析矩阵

表 3-2

企业外部机会与威胁	企业内部优势与劣势	
	优势（S）	劣势（W）
	1. 2. 3.……	1. 2. 3.……
机会（O） 1. 2. 3.……	SO 战略 依靠内部优势 利用外部机会	WO 战略 利用外部机会 克服内部劣势
威胁（T） 1. 2. 3.……	ST 战略 利用内部优势 规避外部威胁	WT 战略 减少内部劣势 回避外部威胁

【阅读材料】

SWOT 个人分析步骤

近来，SWOT 分析已广被应用在许多领域上，如学校的自我分析、个人的能力自我分析等方面。比如，在利用 SWOT 对自己进行职业发展分析时，可以遵循以下五个步骤：

第一步，评估自己的长处和短处；

第二步，找出您的职业机会和威胁；

第三步，提纲式地列出今后 3~5 年内您的职业目标；

第四步，提纲式地列出一份今后 3～5 年的职业行动计划；

第五步，寻求专业帮助。

从战略管理教学的角度看，许多战略管理教科书仍然使用 SWOT 分析作为全书的布局，人们对 SWOT 分析耳熟能详，凡案例分析大多必用之。在企业管理咨询领域，有众多战略咨询报告以此为分析工具。那么 SWOT 分析是不是一个完善的分析工具？它存在哪些问题和缺陷？

3.4.2 房地产项目 SWOT 分析实践

1. 房地产项目的 SWOT 矩阵构造

首先，对整个项目及市场进行调研，找到影响项目决策的各种因素。然后，将这些因素按照对轻重缓急或对企业的影响程度进行排序，构造出 SWOT 矩阵。在排序的过程中，将那些对企业决策有直接的、重要的、久远的影响因素优先排列出来。而将那些间接的、次要的、不急的、短暂的影响因素排列在后面。某地产项目的 SWOT 分析见表 3-3。

某地产项目的 SWOT 分析矩阵　　　　　　　　　　　　　　表 3-3

S（优势）	W（劣势）
地段：位于商业与居住之间相交的成熟地段 交通：处于高速路入口，交通便利 配套：距离幼儿园、小学和重点中学 15 分钟的路程 产品：欧式风格，小高层洋房 工程形象：楼盘处于现楼状态 户型：户型多样，布局合理	规模：项目规模较小 自身配套：项目内部配套较少，绿化较少 户型：以 100m² 以上户型为主，面积偏大 卖场：卖场形象较差 片区：位于老城区，不属于热点片区
O（机会）	T（威胁）
商业配套：大型超市将极大地吸引客户的关注。 教育配套：可通过重点中学的宣传扩大客户群 营销：通过中低价位，刺激销售	竞争：大规模楼盘的推出对小楼盘造成竞争压力 区内竞争：区内项目即将推出将直接冲击本项目 销售时机：开盘时正处于房地产调控最严厉的时期，销售压力较大

2. 制定行动对策

在完成环境因素分析和 SWOT 矩阵的构造后，便可以制定出相应的市场对策。制定市场对策的基本思路是：发挥优势因素，克服弱点因素，利用机会因素，化解威胁因素；考虑过去，立足当前，着眼未来。

在一个项目没有开始之前，一般都要对项目的地理环境、人文环境、政治环境、竞争环境、经济环境等因素进行 SWOT 调研和分析。各种因素在同一个项目中可能表现为优势，也可能表现为劣势。可能会成为机会，也可能会是威胁。但在策划分析并拿出解决方案后，劣势同样可以转化为优势，威胁可以转化为机遇。如有的开发商们集中在 CBD 地区开发一些高容积率、低绿化率的项目。而有的开发商却针对有车一族，到郊区开发低容积率、高绿化率的项目。尽管地理位置并非处于 CBD 地区，在区位上处于劣势。但他们迎合了部分人们想远离城市喧嚣，回归大自然需求。具体的行动制定做法如下：

（1）WT 对策（最小与最小对策）

当企业处于最不利方面，只能采取"避短"战略，寻找环境中的其他机会。即考虑劣势因素和威胁因素，目的是努力使这些因素的影响都趋于最小。

（2）WO 对策（最小与最大对策）

当企业本身缺少内部实力来利用这种机会时，企业将面临"避短"和"补短"两种战略选择。即着重考虑劣势因素和机会因素，目的是努力使劣势影响趋于最小、机会趋于最大，使劣势不成为机会的障碍。

（3）ST 对策（最大与最小对策）

当企业虽然有长处，但外部环境不利时，企业应避开这种威胁，寻找外部环境中的有利机会。即着重考虑优势因素和威胁因素。目的是努力使优势因素影响趋于最大，使威胁因素影响趋于最小，用优势抵消威胁。

（4）SO 对策（最大与最大对策）

当外部环境机会与企业优势正好相一致时，可以制定最有利的战略，发挥企业长处，取得优势。即着重考虑优势因素和机会因素，目的在于努力使这两种因素都趋于最大。

由此可见，WT 对策是一种最为悲观的对策，是处在最困难的情况下不得不采取的对策；WO 对策和 ST 对策是两种苦乐参半的对策，是处在一般情况下采取的对策；SO 对策是一种最理想的对策，是处在最为顺畅的情况下十分乐于采取的对策。

【阅读材料】

SWOT 分析在房产项目策划中的应用

房地产公司营销策划人员在搜集了投资地块基本资料、地块周边环境资料、地块周边重大投资项目资料、政治和经济环境资料、房产市场销售情况和竞争楼盘资料予以分析之后，就可以进行产品定位工作。

产品定位分为四个步骤：SWOT 分析、制定目标、策略选择及产品规划。

一、SWOT 分析

SWOT 是指优势（Strength）、劣势（Weakness）、机会（Opportunity）和威胁（Threat）。优势通常包括：地块方整、大规模社区、周围环境幽雅高贵、生活机能设置完备、公共设施充足、景观视野良好、学校优良等。劣势通常包括：地块狭小、附近有令人厌恶的设施、地处旧城区附近建筑物老旧、道路条件差交通不便、市场吸纳量不足等。机会通常包括：房型与面积多寡、施工期的长短、整体规划的幽静或热闹、容积率的高低、地价高低、公设比高低、停车位的有无等。威胁通常包括：附近竞争楼盘的多寡、产品价格竞争的强弱、附近现房的量与价格的干扰等。

例：某楼盘 SWOT 分析

（一）优势

1. 本项目地块完整，面积广大，两面临路，在产品设计上可充分发挥上述地块优势，气势宏伟。

2. 本项目地段优势明显，距某名校和某商圈不远，临近规划中的地铁站及新增绿化带，未来可望形成附近社区主要的休憩和消费场所，附近住宅及商业有巨大发展潜力，可作为本项目营销的重点诉求。

3. 本项目规划为住宅楼，房型和面积多样化，施工期长，针对本地区中高收入自住或换房客户为诉求对象，在付款方式上一次性付款较其他楼盘折扣高，有利本项目目标客源的掌握。

4. 本项目生活机能设置完备，可作为广告策划点的设施有：学校、大卖场、商圈、警署等。

5. 本项目地块面积大，在可建地块日渐稀少的今天，更显弥足珍贵，可塑造大型住宅社区的良好形象。

6. 本项目闹中取静，基地深达百米，临路车少幽静，具备优越的居家环境。

（二）劣势

1. 本项目临路条件差，道路狭窄，影响一个大型社区人员、车辆的进出。

2. 本项目未临区域主干道，周围道路狭小，车辆进出不便，影响现场交通动线引导。

3. 本项目所在区域虽临近拟建中的地铁车站，但周围城市发展及旧城改造步伐较慢，周边仍有工业厂房，对本项目地段及生活环境的诉求有负面影响，不利于产品高级感的塑造。

4. 本项目位置偏离市中心，不利于吸引市中心的客户。

（三）机会

1. 本项目规划为多层和小高层的住宅小区，房型和面积多样化，施工期长，针对中高收入以上自住或换房客户为诉求对象，在付款方式上一次性付款较其他楼盘折扣高，有利于本项目目标客源的掌握。

2. 本项目以优越的企业形象及施工品质为号召，容易博得客户对本产品及施工品质的认同与信赖，有利于本项目的营销诉求。

3. 本项目营销手段与众不同，鸭子划水式的酝酿造势在正式开盘前已打下了良好的客源基础。

4. 本项目区域内人口稠密，商机蓬勃，换房客户与第一次购房者大有人在。

（四）威胁

1. 本项目所在地区已推出及酝酿中的大小竞争楼盘多，价格竞争激烈，且整体市场供过于求的情况日益严重，较不利于本项目价位的创新塑造。

2. 本项目户数规模及总销金额庞大，虽在地段和产品规划上与附近竞争楼盘有所区隔，但诉求对象亦多重叠，客户易被市场瓜分，不利于本项目目标客源的掌握。倘若市场吸纳量不如预期，势必影响本楼盘的消化，增加销售风险。

3. 由于市场供应量太大，膨胀过快，客户对房价上涨的抗性日益强烈，加之政府透过媒体频频打压，并陆续推出平抑房价的措施，使客户普遍持观望的心态，市场交投停滞不前。因此，在现阶段价位走高不易的情况下，宜采取保持稳健的价格策略，以应对市场景气与否的不确定性。

二、制定目标

通常在 SWOT 分析后，发展商会对项目设定一个目标（Objective）。这一目标，主要是针对财务目标而言，通常包含了利润目标、销售目标两种。有时，还会包含一些次要目标，如公司声誉的创造、对社会的回报等。但无论如何，对主要目标的确定，是产品定位成功的充分条件。

三、策略选择

在目标清楚之后，我们就可以依照项目所拥有的机会、公司所拥有的资源和制定的目标，发展出适当有效的策略类型。策略类型大致分为以下三种：①全面成本领先策略。即努力降低造价和销售费用，如以比所有竞争对象更便宜的价格开盘销售；②差别化策略。

即努力塑造出一种特殊的产品，而不采用低价竞争的方式，以创造较高的利润；③集中化策略。即努力针对某些特殊的顾客群设计产品（例如只设计单一房型面积），避开与其他产品的竞争。此一策略可与上述两类同时并行，即又可分为全面成本领先集中和差别化集中两种形态。

为了使销售目标顺利达成，策略的选择是极为重要的，也是产品定位的必要前置作业。通常差别化策略是比较常被采用的策略形态，尤其是差别化集中策略，可说是目前市场的主流。以下的例子即为一种较为典型的产品定位的表现形式。应用差别化策略的产品规划表现方式：

（一）特殊的空间规划

1. 真正的多重安全保障：以有保障的治安规划来吸引人，绝不是大杂院。
2. 多用途的空间规划：以车库、景观阳台、储藏室的设计，强调多功能居家空间。
3. 经济实用的房型：二房至五房的选择，满足多层面的客源。
4. 精致的复式设计：顶楼部分均以复式处理，让平面设计多样。
5. 宽敞明亮的地下室停车场。

（二）特殊的材料选择

1. 建材设备：可选定几种设备装修作为备选，客户可依需选择，使客户感受到对自己的房子有参与感。
2. 进口欧式整体橱柜：附送高级橱柜及配件，如烤箱、微波炉、洗碗机等，以提高住房的高级感。

四、产品规划

产品规划中，包含楼层高度规划、各楼层用途规划、房型规划、各户面积及户数比规划、庭园规划、大堂规划、进出动线规划、建材设备规划、停车位配置规划等内容。

产品规划的一般表现方式为：本项目由于基地完整，面积广大，两面临路，纵深长达百米，属于住宅用地，采用住宅大楼规划设计。为求合乎建筑规范及增加产品美观，建议规划重点如下：采用中庭花园住宅大楼，地下二层，地面二层以上全部规划为平面住宅，顶楼为复式设计；地面一层除临路具有商业价值采用商铺规划外，采用部分开放空间设计作为住户共用的休闲设施；讲究立面造型，使用高级建材，尽可能创造庭院及露台，使生活空间多变；采用智能安全系统，增加社区安全感，提高产品竞争力。

通过以上案例说明了如何在房地产营销策划阶段，将 SWOT 分析方法应用于产品定位之中。但应注意，文中所论及的优势、劣势、机会和威胁等内容，其重点都是针对相对性的项目而言，即本项目与其他竞争楼盘的相对性内容。对于较绝对或是较宏观的内容，如政治经济形势、人民币升值压力、中国加入 WTO 等，都不应放在 SWOT 分析之内，因为这些与产品定位的相关性较弱。

（资料来源：上海房地 2003 年第 1 期 朱 斌 上海东方金马房产有限公司）

章节要点

房地产市场营销环境是指影响房地产企业生存和发展的各种内部条件和外在因素的总和。房地产营销环境主要是指宏观环境和微观环境。

SWOT 分析方法是一种企业战略分析方法，即根据企业自身的既定内在条件进行分析，找出企业的优势、劣势及核心竞争力之所在。其中，S 代表 Strength（优势），W 代表 Weakness（弱势），O 代表 Opportunity（机会），T 代表 Threat（威胁），其中，S、W 是内部因素，O、T 是外部因素。

复习思考题

1. 简答题

（1）房地产市场营销环境是什么？
（2）什么是房地产营销微观环境？
（3）什么是房地产营销宏观环境？
（4）什么是 SWOT 分析方法？

2. 实训项目

仔细阅读下面的案例，用 SWOT 分析方法分析万达的优势、劣势、机会和威胁分别是什么？

万达的三大核心竞争力

一、订单地产与商业合作伙伴

万达曾经在上海做了一次招商会，推出 10 个万达广场的新项目，现场来了 1000 多个商家，很多都是老总亲自来的。万达已与 7 家不同业态的主力店签约成为"紧密型合作伙伴"，万达去哪他们就跟到哪。而万达的战略合作伙伴有 30 多家，都是国际和国内的知名公司。此外，万达还有一大批中小店企业伙伴，像必胜客、肯德基、麦当劳以及一些地域性商家。

万达走到任何地方投资，最少有几十家大小主力店跟进，这意味着 80％以上的租赁面积有保证，这就是订单地产的优势。

南京万达曾有个案例：南京建邺项目位于河西新城，其核心区有一个几百亩的商业项目，在万达进来之前，建邺区已经和五六家国内外企业谈判，规划方案都已经做了。结果万达向区里一汇报方案，并邀请相关负责人到上海万达广场、北京万达广场看过之后，他们当场拍板，其他企业不谈了，只跟万达合作。

2007 年 12 月，王健林在对万达员工做业务培训的时候说过一句话，"万达商业地产花了 7 年时间学会做订单"。订单模式不仅解决了先租后建、个性化定制等问题，更节省了万达与各个商家的谈判时间，并保障每一个万达广场的商家都可以同时开业，万达将这种情况称之为"满场开业"。

"订单地产"有四大社会效益：

1. 每个商业广场能为社会新增近万个就业岗位；
2. 每个商业广场能为项目所在城市每年增加几千万元甚至超亿元的税收；
3. 一站式综合购物中心，能够全方位满足群众的购物需求；
4. 每个万达商业广场均成为城市标志性建筑。

"订单地产"更重要的是对行业的贡献。

第一、引导行业减少盲目投资。"订单地产"由零售商决定在哪建购物中心，如果旁边500米有一个相同业态的购物中心，他就不会再在这儿租赁经营，这就可以避免重复投资。

第二、减少资源浪费。房地产占用了中国多数的资源，如果购物中心建起来之后招不到租户，就会导致资源浪费。而"订单地产"是先租后建，避免了租不出去的现象。

第三、减少金融风险。"订单地产"最重要的是现金流有保证，有稳定租金收入还本付息。另外"订单地产"容易做信托基金，走直接融资的道路，减少对银行的依赖。

正因为"订单地产"对行业的贡献，2003年、2004年，中国商业联合会、中国商业网点建设协会的评比中都把"订单地产引领商业地产投资方向"作为商业领域年度十大新闻。万达集团董事长也被评选为"2005 CCTV经济年度人物"，这也是自2001年以来房地产界惟一获此殊荣的企业家。

同时，"订单地产"商业模式以及万达的企业创新得到了社会各界的关注和认可，王健林先后被中央电视台经济频道、清华大学、北京大学、复旦大学、大连理工大学等机构和高等院校邀请作以"订单地产和企业创新"为主题的演讲。

二、全程产业链成为万达第二大核心竞争优势

万达的第三代购物中心开发能力、也就是城市综合体的开发能力成为万达的核心竞争优势。城市综合体包括购物中心、公寓、写字楼等功能单元，能够给城市带来就业、税收、品牌等综合效益。万达通过对"订单地产"模式不断地完善，具备了操作超大规模城市综合体项目的能力，从而极大地增强了市场竞争力。比如万达在南宁开发的南宁万达商业广场，开业后迅速成为南宁市最具影响力的商业中心。2006年，南宁市决定以万达商业广场为中心，整合周边商业资源，构成广西壮族自治区最大的商圈，并把这个商圈称为万达商圈。万达企业品牌形象因此得到有效提升。

前期：万达商业规划研究院，是全国唯一一家商业规划院。

中后期：对项目中期的成本、销售等的控制，以及对后期的运营管理，万达目前成立了国内首家冠名为商业管理的公司，在全国范围内管理着12家购物中心，公司整体通过了三标一体化认证。

如今，万达拥有着国内唯一的完整商业地产产业链。

三、强大的执行力为万达的第三核心竞争力

万达集团把企业文化作为企业最核心的竞争力。

万达企业文化发展有三个阶段，第一阶段讲究诚信经营，强调老老实实做事，老老实实做人。第二阶段强调社会责任。随着企业发展壮大，注重当好企业公民，诚信纳税，扶贫济困。第三阶段提出"国际万达、百年企业"，这一阶段企业文化的核心是追求卓越，要成为世界级的企业。

万达企业文化最核心的内容，一是企业愿景："国际万达、百年企业"；二是企业价值观："人的价值高于物的价值；企业的价值高于个人的价值；社会价值高于企业价值"；三是企业核心理念："共创财富、公益社会"。

万达的企业文化有着良好的群众基础，是在员工投票的基础上产生的。集权管理为其管理的核心思想；其特征表现为军事化管理，因此万达有着强大的执行力，最突出地表现在一个项目的开发周期平均在18个月左右。

（资料来源：段宏斌　节选自图书《商业地产学万达》）

4 房地产市场调查

知识目标

1. 掌握房地产市场调查的目的意义与研究设计；
2. 掌握房地产市场调查的信息收集与数据分析；
3. 熟悉房地产市场市场调查的特殊逻辑与范畴；
4. 熟悉房地产市场调查的结果应用与决策依据；
5. 了解房地产市场调查的方法论基础。

能力目标

1. 能贯彻房地产市场调查的意图，并选用合适的调查方法；
2. 能对房地产市场调查项目进行问卷设计及抽样；
3. 能撰写房地产市场调查的计划提案与调研报告；
4. 能运用 Excel 表格处理调研数据。

本章意在给房地产营销与策划入门者了解有关房地产市场调查的目的意义、研究设计、信息收集、数据分析、结果应用等调研过程。除此之外，房地产专业的学生（尤其是营销方向的学生）还应熟知行业特征，在通用市场调查学识的基础上，抓住房地产市场调查的特殊性，有的放矢地贯彻市场调查的目的与意图，有智有谋地运用适用的调查方式与方法，有理有据地帮助业内高管，做出更合乎市场动态发展的营销决策。

【案例导入】

【案例 4-1】 房产作为高参与度货品的市场调查特性

我们对日常饮用的饮品，如雪碧、可乐、橙汁等，通常无须尝试，会毫不犹豫地在需要时购买。如此果断的购买决策，几乎很少有客户要求事先体验，诸如此类的商品则可概括为客户低参与度货品。相反，购前客户参与体验要求相对较高的货品通常会比较昂贵，且购买频率偏低，但客户往往会积极主动地搜寻与货品有关的信息，以规避购买风险或避免购买决策失误。鉴于此，房产地产等物业往往是客户寄予高参与度、高体验后，才会做出理性的购买。

从市场的角度演绎，高参与度货品的潜在客户一般会渴求体验式营销。作为常识意义上的认知，对高投入货品担心潜在的风险隐患，或会为自己决策的匆忙懊悔遗憾，多半是客户及其周边参考成员不愿看到的。再说，这也是人的本能，物品价格越高或价值越大，消费者在选择或决策购买时也会越谨慎。因而，有些跨国公司在销售代理签完上百万的订单后，会教代表们请大客户边吃边聊，让客户觉得所购之物的确物有所值，让客户吞下售后定心丸。

客户对大众消费品及高昂物品在购前形成较为鲜明的对比，对不同货品的消费购买决策及心理暗示机制，就房地产市场提出了令人深思的启示。作为高额且升/贬值不可确定因素太多的货品，房地产业推出的物业产品及延伸服务，有其行业的特殊性，又加上中国传统文化与物业捆绑的"家"情结，相关市场调查是否该考虑调研设计与方法的独到之处呢？

资料来源：部分摘自卡尔·摩尔（Karl Moore）和尼克·帕瑞克 Niketh Pareek，2006，p. 163。

4.1 房地产市场调查概述

市场调查并不是孤立的，也不仅仅单指市场信息的收集。笼统地说，市场调查是组织、发现与挖掘客户的需求过程，是市场营销学科的分支，是有规划的系统调研工程。同理，房地产市场调查也是指运用科学合理的方法，围绕调查目的有计划地收集、记录、整理、分析有关信息资料（如消费者购买和使用商品的动机、状况、观点与意见等），并就所获得的市场知识加以评估、总结和汇报。本节主要对房地产市场调查的定义范畴、作用意义、流程内容、提案报告、伦理道德等展开论述。

4.1.1 房地产市场调查的定义范畴

市场调查的主要目的是为了有效的销售决策。确切地说，就是解决针对商品或劳务在销售环节中存在的问题，或为了寻找市场机会而客观地识别和研究市场传播信息。因为商品或劳力从生产者到消费者手中的程序可长可短，供应链中涉及多种多样的商业数据和资料，极有必要进行市场采集、筛选记录、整理分析，从而了解商品的当前市场和潜在市场。

市场调查的范围非常广，可涵盖政治、经济、社会、文化、技术、制度等各种宏观因素的调研，也可覆盖如供应商、公众、中间商、公司、客户、竞争对手等多种微观因素的调查。

同样地，有了房地产市场的过往今时的动态信息，房地产市场调查可以据此研判将来的市场走势。

广义的房地产市场调查，把市场看作由各种市场要素构成，是房地产产品与服务体系交换关系的总和，其市场调查范围不再限于消费者购买行为，而是将调查的触角延伸到房地产市场营销的所有要素内容。广义的房地产市场调查收集各种市场交易数据，从有关数据分析中解读客户的置业需要（如是否确实有需要？需要何种物业？刚性需求落在何处？改善性住房需求又在哪里？投资性住房需求又是指哪些客户？），或从市场交易和供应情况来观察客户置业的具体需要及价格承受能力。一般来说，刚性住房需求的市场弹性相对较小，而改善性住房需求和投资性住房需求往往随着市场、舆论、价格的变化而变化。

狭义的房地产市场调查是将市场理解为房地产的产品及服务的消费对象，对其目标市场的消费者及其购买行为实行调查研究。例如，若要展开住房市场购买力的市场调查，只有对一定数量的人员分层抽样，如将年龄结构分段调查，才能分析目标消费群体物业购买力的实情。

对房地产而言，市场调查是了解、认识、准入或开发市场的有效方法和手段。为了让房地产经营者对市场做出更有效的判断与决策，有关市场调研者要用思辨的哲学观、科学的方法论、恰到好处的研究设计与方式方法，有目的、有计划、有系统地收集、记录、整理、分析、研究本行业的方方面面及各种市场影响因素，最终得出有借鉴价值的市场依据与结论。

由于不动产（即土地和房屋）的地域归属性与位置固定性，房地产市场调查也不免带有区域性质或地域烙印。房地产市场调查，也将根据物业的分布特征，周而复始地循环调研，从单个楼盘到区域市场，从微观到宏观，再从宏观因素研究回归到具体的区域项目分析上，从而切实地帮助经营者了解市场。

总而言之，市场调查主要牵涉到客户情况、市场情况、竞争境况、市场环境与市场影响因素等。根据麦尔康·迈克唐纳德（Malcolm McDonald）和麦克麦（Mike Meldrum）（2013）最新阐述，表 4-1、表 4-2 列出了十大市场调查主题和常见市场调查领域：

十大市场调研主题   表 4-1

市场份额	市场潜力
市场特征	销售业绩
商务趋势	经济预测
竞争产品	定价研究
产品测试	信息系统

资料来源：麦尔康·迈克唐纳德（Malcolm McDonald）和麦克麦（Mike Meldrum），2013，p. 138

总而言之，市场调查主要牵涉到客户情况、竞争境况、市场环境与市场影响因素等，具体见表 4-2。

市场调查的覆盖领域   表 4-2

客户	客户行为 客户需求 客户反应 客户信仰 客户特征	环境	政治环境 经济环境 社会文化环境 技术环境 制度环境 市场趋势
市场	市场规模 市场结构 市场动态 市场关系 市场趋势	影响	市场份额 市场渗透 市场范畴 市场形象 市场服务
竞争	市场份额 市场定位 市场目标 市场优/劣势		

资料来源：麦尔康·迈克唐纳德（Malcolm McDonald）和麦克·麦（Mike Meldrum），2013，p. 138

现代营销理论认为，企业在制定产品策略、价格策略、渠道策略、促销策略时，必须在专业市场调查的基础上进行。从营销组合及公司的战略运营角度来看，房地产市场调查主要涉及下述领域：

　　1. 房地产产品与服务调研：新楼盘（产品与服务）设计、开发和测试；楼盘（产品与服务）改良；

　　2. 房地产营销传播调研：楼盘产品（服务）广告测试、启用媒体调研、报纸刊登曝光率调研、现场替代性销售技术测试、房地产展会或赞助商评估效果调研；

　　3. 房地产营销价格调研：帮助建立市场导向的定价策略调研，不同价位导向的消费者和不同产品与服务之间的关联性调研，房地产细分市场与价格定位的关系调研；

　　4. 房地产营销渠道调研：房地产自销渠道调研，房地产中介委托代理的数量与销售绩效的关联性调研；

　　5. 房地产公司品牌调研：评估欲并购兼并房地产公司是否符合品牌兼容性，评估房地产公司自身品牌的优劣势，房地产品牌投资组合分析，房地产公司品牌形象调查；

　　6. 房地产行业市场调研：商务地产行业市场调研、住宅楼市场调研、老年公寓市场调研；

　　7. 房地产国际市场调研：欧美国际住宅市场对比调研、中欧商业地产市场比较研究。

4.1.2　房地产市场调查的作用和原则

　　市场调查的作用不可小觑，其关键意义在于，充分掌握市场信息，让企业实现可持续经营与发展。只有通过市场调查，才能了解消费者具体的产品与服务需要（如品种、品名、品质、品牌、规格、包装、数量、频率、售后保障等），进而组织生产经营。符合消费者需求的产品或服务容易广开销路，也容易让企业达到预先设定的市场经营目标。即便在政府层面，很多国家也很重视房地产市场的信息收集与分析。如图4-1所示，日本2009年就开始通过问卷调查预运营"房地产数据库建设"。

　　日本国土交通省于2009年度预定开始运行"房地产数据库建设"。该数据通过之前收集发表的写字楼、公寓的交易价格和房地产经营的收益信息，对房地产市场的透明性、信赖性进行了调查，加强国内外房地产投资的稳定性，促进激活

图4-1　日本房地产市场数据库建设

房地产市场。问卷的地产覆盖三大都市圈和其他主要都市的事务所（札幌市、仙台市、广岛市、福冈市）、店铺以及租赁住宅，以具有一定规模的房地产从业者、大厦管理者、房地产管理公司等约17,000家为调查对象，从年初开始邮送调查问卷。调查囊括房屋的属性、收益、费用、管理费用、租赁费用等。此次问卷调查的结果按地域、规模差得出平均收益、费用、租赁费用等指标。

资料来源：日中世纪，2009年1月

　　随着房地产市场由卖方市场向买方市场转变，房地产企业越来越重视市场调查。为客户提供房地产市场调查与分析服务，也越来越成为房地产专业服务机构的核心业务内容。

1. 房地产市场作用

(1) 有助于了解房地产市场状况，如现有客户、竞争对手、潜在客户、潜在竞争对手、宏观/微观市场环境等；

(2) 有助于预测房地产市场潜力、了解房地产市场渗透度；

(3) 有助于房地产企业确定投资方向、提升房地产投资回报率；

(4) 有助于房地产企业适时进行产品更新换代；

(5) 有助于投资者制订营销开发计划，挖掘房地产市场新机会，降低房地产市场经营风险；

(6) 有助于项目投资者实施价格策略，有助于房地产企业改善经营管理效益；

(7) 有助于持续开发房地产市场竞争性优势。

而通过对市场环境和消费者行为的调查，房地产企业可将取得的与市场营销相关的信息资料，与本企业相关职能部门的信息资料汇总分析，以推动下述工作：

(1) 分析研究房地产产品/服务的生命周期走势，确定研制设计房地产新产品新服务，整顿或淘汰房地产老产品老服务，就不同产品/服务不同生命周期阶段制定相应的市场营销策略；

(2) 根据目标消费者对房地产产品/服务价格变动的不同反应，在合乎国家土地与房产政策和税收制度的前提下，研究本房地产产品/服务的宜销价格，制定本房地产企业产品/服务的售价策略（含新楼盘/服务定价，老楼盘/服务调价）；

(3) 策划房地产楼盘促销方案，优化房地产企业和产品/服务形象，强化广告宣传、推进公共关系、开展营业推广、改善销售服务，综合运用各种促销策略、手段和方法，提高楼盘销量；

(4) 在考虑房地产市场及产品/服务等综合因素的基础上，在尽可能减少中间环节、降低销售成本与控制财务成本的原则下，慎重合理筛选分销渠道，使房地产企业有效扩大其市场份额，提高市场渗透度，增加市场盈利能力。

2. 房地产市场调查原则

(1) 调查资料的准确性、时效性

所调查的资料必须真实、准确地反映市场客观实际，当然调查资料的准确性或多或少地取决于市场调研人员的专业水平与客观态度。

所调查资料应能反映最新市场状况，调研人员应尽可能在短时间内扩展所需市场资料和信息的收集范围，减少调查的耽搁或延误，提高所收集的市场资料的时效性。

(2) 调查主题的全面性、针对性

根据市场调查的目的不同，应全面系统地收集有关市场信息，如政治因素、经济因素、社会文化因素、国际大环境大气候因素、天然条件或自然环境因素、区域促进性或限制性因素、整体市场的物业开发量、物业吸纳量、物业需求量、物业空置率、物业平均价格水平、消费者消费心理与行为特征及实际消费能力、竞争对手供应与售价状况等；

对于特定房地产项目的市场调研，还应确切把握不同客户群体间的细微差异，如不同物业的目标客户群各异，不同客户群体对房屋的偏好各异，不同收入家庭对房价的敏感度各异，不同职业的个人对楼盘的环境与配套需求各异等。

（3）调查方法的创造性、创新性

市场调研的创造性应贯穿于整个项目的调研设计和实施过程中，如雇佣有创意与现代市场意识的调研人员，尽量摈弃传统的市场观，抛开先入为主的思维逻辑与方法论，创造切实可行的调研渠道。

创新性思维是市场调研很有价值的特性，也是调研人员的营销知识、调研技术、思维能力的综合体现，采用创新的调研手段与方法，是有前瞻性的市场调研最有力的保障。

4.1.3 房地产市场调查的议项内容

市场调查的主要议项内容包括国内外市场环境调查、市场需求容量调查、消费者和消费行为调查、市场竞争状况调查、市场营销因素调查等。对房地产市场调查而言，其主要调查内容包括房地产市场环境调查（含社区环境调查）、房地产市场需求及消费行为调查、房地产市场营销组合综合调查、房地产市场竞争状况调查等。

1. 房地产市场环境调查

房地产市场环境调查是指对政治环境、经济环境、人口资源环境、社会文化环境、技术发展环境和社区环境等方面的调查。

（1）政治法律环境调查

1）国家、省、市有关政府制定的房地产开发经营的方针政策，如房改政策、开发区政策、房地产价格政策、房地产税收政策、房地产金融政策、土地制度和土地政策、人口政策和产业发展政策、税收政策，或关于发展住宅产业、绿色环保、节能低碳的鼓励性或奖励性政策等；

2）政府制定的与房地产经营有关的法律法规，如环境保护法、土地管理法、城乡规划法、建筑法、城市房地产管理法、房地产开发经营管理条例、破产法、反不正当竞争法、保险法及土地、房屋征收与补偿条例等；

3）有关国民经济社会发展计划、发展规划、土地利用总体规划、城市建设规划、区域规划、城市发展战略等；

4）政局稳定性，如党政人事变动、战争、罢工、暴乱等各种不稳定因素调查。

（2）经济环境调查：通常情况下，经济环境与市场潜力直接关联。经济发展速率快，居民收入水平持续高涨，消费者的购买需求自然激增，购买力自然提升。同时，一个国家或地区的基础设施完善，投资环境良好，也有利于吸引投资性房产需求。经济环境调查时包括：

1）国民经济产业结构、主导产业、国内生产总值（或地区生产总值）及其年增长速率；

2）项目所在地的经济结构、人口就业状况、就学条件、重点开发区、同类竞争物业情况（如供给情况、供给趋势、供给速度和效益）；

3）项目所在地区的物价指数、平均利率、贷款政策、通货膨胀率；

4）项目所在地的城乡居民收入水平、人均可支配收入、城乡居民储蓄存款额、居民消费结构和消费水平；

5）项目所在地的对外开放程度和国际经济合作情况、对外贸易和外商投资发展情况、进出口税率及股票市值涨跌幅情况；

6）项目所在地区的基础设施情况、通信条件、交通运输情况、能源建材供应情况、技术协作条件等；

7）与特定房地产开发项目类型和开发地点相关因素的其他调查。

（3）人口资源环境：人口是构成市场的关键要素。人口基数越大，收入越高，市场需求量就越好。当然，地理分布、民族种类、城乡地域、年龄结构、迁移流动均会影响市场需求。人口环境调查的内容包括：

1）人口规模、人口结构、人口增长率；

2）人口地理分布、人口密度、民族分布、人口迁徙流动情况；

3）出生率、结婚率；

4）家庭规模、家庭结构等。

（4）社会文化环境：综合分析研究社会文化环境对人们生活方式的影响，有助于了解特定群体消费者行为的特殊性，进而正确细分市场和选择目标市场群体，从而制定合适的营销策略。社会文化环境调查的内容包括：

1）宗教信仰；

2）当地传统价值观、审美观与风俗习惯（及文化价值与审美观的变迁）；

3）受教育程度；

4）从业状况及职业分布；

5）社会阶层及不同阶层分布特征。

（5）技术变革环境

1）新技术、新工艺、新材料、新能源的发展趋势和变革节奏；

2）新产品的技术现状和使用新技术、新工艺、新材料的变革趋势；

3）新产品的国内外先进水平及技术差异等。

（6）社区环境调查：社区环境调查是房地产商品与服务特有的属性，优良的社区环境，是房地产产品与服务价优的基础。社区环境调查内容包括：

1）社区繁荣程度、购物条件；

2）文化氛围、居民素质；

3）交通和教育的便利、安全保障程度；

4）卫生、空气和水源质量；

5）景观设计与其他支持配套等。

2. 房地产市场需求容量和消费行为调查

通过市场需求容量的调查，便于企业掌握国内外市场需求动向和分析需求供应情况。由此结合本企业的市场份额，预测本企业的销售量，研究如何保持或提高本企业市场份额，进而制定市场营销策略，进一步开拓新的市场。同时，调查目标消费群体的有关情况以及他们的消费心理与购买行为特征，可以帮助了解消费者的消费心理与消费习惯，理解购买者的购买偏好与购买动机等，把握目标市场的细分和筛选，推出更有针对性的营销策略及营销活动。

（1）市场需求容量调查

1）消费者对某类房地产的需求动向、总需求量及其饱和点；

2）房地产市场需求发展趋势、现存的或潜在的市场需求量、社会拥有量及库存量等；

3）同类产品或服务在市场上的供应量或销售量以及供求平衡状况；

4）与同类竞争产品的市场份额比较调查；

5）本行业及关联行业的投资动向调查；

6）市场营销策略的调整与变化以及相关调整对本企业和竞争对手楼盘销量的影响等；

7）房地产市场需求影响因素调查，如国家关于国民经济结构和房地产产业结构的调整和变化。

（2）有关消费者特征和消费心理行为调查

1）消费者类别调查，如个人/组织、性别/年龄、职业/爱好、受教育程度/文化水平、民族/地理区域等；

2）消费者的构成、分布及消费需求的层次状况；

3）消费者购买力调查，如收入水平、收入变化、财务或存储状况、消费水平、购买能力与投向、消费结构、信誉状况等；

4）消费者的购买欲望和购买动机调查，如消费者的购买意向、影响消费者购买动机的因素、消费者购买动机的类型，即什么因素会影响购买者的消费与购买决策，或哪些因素会导致消费者不愿购买，不论是否有意愿购买，他们对其他同类竞争产品或服务的消费态度又是如何等；

5）本产品或服务的主要购买者、购买决策者、忠实消费者及消费者的购买习惯调查，如购买时间、地点、模式、数量、品牌、渠道、支付方式等购买行为调查；

6）本产品或服务的主要使用者、新产品或新服务的首用者调查。

3. 房地产市场营销组合调查

营销组合是公司经营的命脉，了解本公司的产品/服务、价格、渠道、促销等因素的市场反馈或内部革新，可以帮助企业提高重组核心竞争优势。有关房地产市场营销组合的调查包括：

（1）地产产品调查

1）房地产市场现存产品/服务的数量、质量、结构、性能、市场生命周期等调查；

2）现有房地产租售客户和业主对房地产的环境、功能、格局、售后服务的意见及对某种房地产产品的接受度调查；

3）房地产新产品、新技术、新工艺、新材料的出现及其在房地产产品/服务上的应用情况调查；

4）本房企产品/服务的销售潜力及市场占有率调查；本房企楼盘建筑设计及施工企业的有关情况调查。

（2）地产价格调查

1）影响房地产价格变化的因素，特别是政府价格政策对房地产企业定价的影响调查；

2）房地产市场供求情况的变化趋势调查；

3）房地产商品价格需求弹性和供给弹性的大小变化调查；

4）开发商各种不同的价格策略和定价方法对房地产租售的影响调查；

5）国际、国内相关房地产市场的价格参考调查；

6）开发个案所在城市及街区房地产市场价格调查；

7）价格变动后消费者和开发商的反馈调查。

（3）房地产促销调查

1）房地产广告的时空分布及广告效果测定；

2）房地产广告媒体使用情况的调查；

3）房地产广告预算与代理公司调查；

4）房地产人员促销的配备状况调查；

5）房地产公关活动对租售绩效的影响调查；

6）房地产营业推广活动的租售绩效调查。

（4）房地产营销渠道调查

1）房地产营销渠道的选择、控制与调整情况调查；

2）房地产市场营销方式的采用情况、发展趋势及其原因调查；

3）房地产租售代理商的数量、素质及其租售代理的情况调查；

4）房地产租售客户对租售代理商的评价调查。

4. 房地产市场竞争情况调查

了解竞争对手的产品服务、市场份额、价格渠道等市场信息，可以帮助企业认清自身的核心竞争力，并及时调整竞争性营销策略。有关房地产市场竞争对手的情况调查包括：

（1）竞争对手基本情况调查，如主要竞争对手的名称数量、所处地理位置、项目分布、项目开发能力、同区域同类型产品的供给量和在市场上的销售量，本企业和竞争对手的市场占有率等调查；

（2）竞争对手的产品/服务调查，如竞争对手产品或服务的品牌品质、核心定位、主要用途、规格式样、楼盘设计、室内布置、建材设备、物业服务、销量状况、楼盘售价、竞争性新产品的投入时机和租售绩效等调查；

（3）竞争对手的楼盘定价政策与市场策略调查；

（4）竞争对手广告播出、广告费用、广告策略调查；

（5）竞争楼盘销售渠道使用情况的调查和分析；

（6）竞争对手未来发展趋势分析、新品开发与企业的优势特长（含经营管理）调查等方面内容。

以上所有的市场调查最终是为房地产产品与营销决策服务的。但在不同阶段，房地产市场调查的调研内容可侧重点不同。

地块选择阶段：项目投资环境及背景状况调查与研究；

可行性研究阶段：项目整体及市场可行性研究；

土地招拍获取阶段：区域土地成交价格动态跟踪调查与研究；

项目定位阶段：项目整体与市场定位研究；

项目策划阶段：区域市场动态跟踪研究、项目案名及概念测试调查研究、项目产品测试调查研究；

产品销售阶段：物业案场销售策略调查研究；

物业管理阶段：业主满意度调查研究。

而且，根据马斯洛的需求层次论，人们对住房的需求也是不断演变的。在起始阶段，人们对住房的要求或许仅是遮风挡雨、安顿休息。随着生活水平的提高、经济条件的改善，人们对住房进而提出功能性要求，如厨卫配备、房间布局、朝向位置等。随着科技的发展、材料的创新，人口家庭结构的变化，除了完善住房功能之外，还应考虑空间效果、家具装修、自然和谐等。

4.2 房地产市场调查方法

市场调查有多种技术方法手段，具体执行时因调查个案而设定。市场调查方法可按市场调查的范围分类设计，即分为专题性市场调查和综合性市场调查；也可按市场调查的功能分类设计，即分为探测性调查、描述性调查、因果性调查和预测性市场调查；或按调查对象的选择方法来划分，则有全面普查、重点调查、随机抽样、非随机抽样等；或者在市场调查执行时，按调查对象所采用的具体方法分为访问法、观察法、实验法。下面简要介绍每一类调查法的设计原则与应用利弊。

4.2.1 房地产市场调查方法设计

市场调查的设计要与项目实际结合。根据市场调查的任务范畴需要，房地产市场调查可以着手专项调查（即专题性市场调查）或综合性调查（即综合性市场调查）；根据市场调查的主旨目的，房地产市场调查可设计为探测性调查、描述性调查和因果性调查；根据市场调查所需信息资料的收集和分析方法需要，房地产市场调查可进行定性或定量研究，或者集定性和定量研究中的某些方法手段，扬长避短、优势互补，为最后的调查结论打下良好的方法论基础。

1. 专题性市场调查和综合性市场调查

专题性市场调查，简称专题调研。专题调研，主要是指围绕解决某个具体的市场营销问题，而着手进行某一主题调研。对房地产市场调查来说，有关的调研主题可以是房地产楼盘产品调查、房地产物业服务满意度调查、房地产价格机制调查、房地产广告调查、房地产展览会或现场展示活动效果调查、房地产销售代理调查等。专题调研针对性强，成本低，实施较为灵活，是房产行业常见调研方式。

与专题性市场调查不同，综合性市场调查是为了了解更全更广的市场状况，从而对市场的各个方面展开广泛的调研。综合性市场调查涉及面广，耗时长，人力物力财力投入高，参与人员要求非常专业，实施难度略高，房企仅在非常必要时才组织实践。

2. 探测性市场调查、描述性市场调查、因果性市场调查

探测性市场调查又可称为非正式调查，一般用于当所需研究问题有待明确、涉及研究范围有待清晰、调查内容暂时无法确定的状况。当使用探测性市场调查找出问题的症结后，调研人员可以再深入研究，进一步明确调查重点，选定调查对象，寻找调查时机，选择调查方法。

描述性市场调查通常已确立所需调查的问题，一般在资料收集后对资料信息开始甄选、审查、记录、整理、汇总，然后全面深入地分析研究。比如，房地产公司意欲将目标消费群体的消费行为（如群体属性、分布特征、购买契机、购买方式等）或将本公司产品在市场上的占有率、市场潜力、销售渠道等研究清楚，则可通过描述性市场调查获得。

描述性调查系属于基础性的市场调查，一般不作结论性表述。描述性市场调查常基于二手资料，或开展抽样调查、固定样本连续调查、观察调查等。

因果性市场调查，旨在解释研究对象存在或发生变化的内在原因，或其与外部因素的相互联系和制约关系。例如，在房地产市场调查中，企业经营决策者需要了解楼盘售价和楼盘销售之间的因果关系，即通过降价是否可以刺激销量激增；或欲知晓楼盘广告与销售业绩之间的因果关系如何，看现场广告到底是否可以促进消费者的购买冲动；又或想了解销售代理的唯一性与楼盘销售业绩的因果关系，明晰增加销售代理是否能够促进销售业绩的改善。如此种种的因果关系假设问题，可以通过因果关系市场调查来研究证实。

3. 定性研究和定量研究

定量的研究，是从随机选样中获取数据或信息，由此分析而得出相关市场结论。定量研究的目的，系旨在建立为今后市场预判相对精确的理论模型。在定量研究中，问卷调研是最常用的方法。根据事先设计好的问卷，调研人员实施调查。

定性的研究，恰好与定量研究相反。当定量研究需要大量数据支撑时，定性的模型研究需要更直接的研究方法——直接提问调研对象，在一系列问答中，让他们充分表达个人的看法或意见。

因此，定性研究往往用于探索性的市场调查，且在调查前没有成型的理论框架；而定量研究必须在理论假设的基础上，用问卷调查去求证命题的真伪。定性研究的常用方法有座谈法、访谈法和观察法。

表 4-3 简要地描述了定性研究与定量研究在调查方法论设计与应用上的基本差异。

定性研究与定量研究的方法对比　　　　　　　　　　　　　表 4-3

定性研究	定量研究
开放式问题居多	讲究数据统计和数值衡量
动态、灵活	一般采取分层抽样或对比研究
讲究挖掘与理解深度	问卷调查可在将来时段重复并对照有关结果分析
触及消费者的创新性	
数据库一宽、深	触及个人响应性
理性渗透，答案略粗浅	较少依赖调研者的调查技巧
可成为营销团队或创新管理团队富足的灵感来源	避免个人研究倾向性失误

资料来源：戈登（Gordon）和兰梅德（Langmaid）（1988），摘录于迈克尔·贝克（Michael J. Baker），2003，p. 175

4. 全面普查和重点调查、随机抽样和非随机抽样法

全面普查是指对市场进行全面普查，可获得非常全面的数据，能正确反映市场实际。对房地产公司来说，对调查对象总体所包含的全部个体，如把相关区域的人口、年龄、家庭结构、职业、收入分布情况系统调查后，将是非常有利于开发决策的。但是全面普查工作量大，调查周期长，人力、物力、财力投入可观，一般只在较小范围内采用，所以通行的做法是借用国家权威机关的普查资料。

重点调查是以总体中有代表性的单位或消费者作为调查对象，进而推断一般结论。由于被调查的对象数目减少，人力、物力、财力投入及调查时间也大为降低。但由于调查对象有样本性，调查结果往往会存在相应误差，调查结果也会受限于环境变化。

随机抽样调查是在总体中随机任意抽取个体作为样本进行调查，根据样本推断出一定

概率下总体的情况。随机抽样在市场调查中应用非常普遍。随机抽样调查可分为三种：

一是简单随机抽样，即总体中所有个体都有相等的机会被选作样本；

二是分层随机抽样，即对总体按某种特征（如年龄、性别、职业等）分组（分层），然后从各组（各层）中随机抽取一定数量的样本；

三是分群随机抽样，即将总体按一定特征分成若干群体。

非随机抽样法是指选抽样本时不随机选取，而是先确定选样标准，然后再选抽样本数。也就是说，每个样本被选的机会并不相等。非随机抽样也分为三种具体方法：

一是便利抽样，也称为随意抽样调查法，市场调查人员根据最方便的时间、地点任意选择样本，如在街头任意找行人询问其对楼盘的看法和印象。

二是判断抽样，市场调查人员根据自己的以往经验来判断个体样本的组成。适用于样本数目不多、样本间的差异较为明显的调查。

三是配额抽样，即通过控制特征将样本空间进行分类，然后由调查人员从各组中任意抽取一定数量的样本。例如房地产公司需要调查消费者购买潜力，要了解中低收入的消费者购房欲望，可根据收入与年龄将消费者进行分类，如按收入分为高、中、低档，年龄划为 25 岁及以下、26～35 岁、36～45 岁、46～55 岁、56 岁及以上五组，调查人数为 500人，在对每个标准分配不同比例后，得出每个类别的样数。

4.2.2 房地产市场调查方法实践

在市场调查实践中，最常用的就是问卷调查法、访谈法、观察法、实验法。其中，问卷调查法可以通过多种形式展开，如电话调查、邮寄调查、个人访谈、焦点人群（即座谈法）、网上调查等。访谈法又可以按照是否有前置问卷或者问题设计的不同分为结构性访谈或非结构性访谈，个人访谈和深度访谈等。

问卷调查法是市场调查中最基本的方法，又称为直接调查法。问卷调查法以询问的方式收集资料，以被询问人的答复作为调查资料依据，即将事先准备好的调查事项，以不同的方式向被调查者提出询问。问卷调查法一般包括：①意见询问—希望调查对象对所询问的事项提出自己的意见和评论性的见解；②事实询问—只要求调查对象据问题据事实回答；③阐述询问—用来深入了解调查对象的购买行为、购买动机等内在心理活动。

调查问卷设计好之后，按问卷内容传递方式与载体的不同，又可分为访谈调查、电话调查、邮寄调查、留置问卷调查、网上调查等具体方法。

1. 访谈调查

在基于问卷的访谈调查中，调查人员与被调查人员的接触方式也可不同。一是被调查人员可集中在一起，但各自在规定时间内答卷，答卷时鼓励充分表达个人意见，但彼此不能交换看法。二是市场调查人员可以走出去，或者将被调查人员请进来，或者召开座谈会，大家面对面就有关问题交流，可进行一次或多次调查，大家可以畅所欲言，应答者的回答也可以当场记录。

访谈调查是最常用的市场调查方法之一。这种调查方式的优点在于面对面访谈形式灵活，谈话氛围轻松，反应快，回答详细、可靠、准确，可以弥补调查问卷中可能遗漏的要点，对重点调查对象还可进行个别谈话，深入调查。面对面调查样品容易控制，允许较长的问卷，还可以观察被调查人的言行态度，对调查提纲及时修改补充，因此比较适合于调查比较复杂的市场问题。

深度访谈通常是一对一的，可以与现有客户或潜在客户面对面进行。在深度访谈中，可以有问卷、有测量，也可以用开放式问题询问相关观点或意见。

访谈调查的主要缺陷是耗时长，成本高，覆盖面不够广泛，因个人原因容易产生偏见，与受访对象难以产生协作效应，调查结果或会受制于调查人员的专业水平与主观意见。

2. 电话调查

电话调查法是市场调查人员借助电话来了解消费者意见的方法。在房地产市场调查中可以定期询问重点住户对楼盘的设计、功能、质量、设备、环境、服务的反馈意见与改进措施等。

电话调查法的优点是成本低，不受区域限制，反应快速，可按拟定的问卷询问，统一处理，能触及平时不易接触到的被调查对象。

电话调查法的缺点是不易取得被调查者的信任与协作，通话时间不能过长，仅限于简单询问，无法显示照片、图表等背景材料，不易获取个人资料。

3. 邮寄调查

邮寄调查又称通信调查，是将设计好的问卷寄给被调查人，由被调查人按调查表的要求填写并放在贴好邮票的信封中寄回。

邮寄调查法的优点在于，调查成本低、区域广，被调查人回答问题时无所拘束，提供的答案较为真实可靠，避免调查人员的主观偏见。

邮寄调查法的缺点是问卷回收率低，回收时间长，一旦被调查者误解问题或由别人代答，调查人员没有机会解释也无法识别，就失去了调查的真实代表性。

4. 留置问卷调查

留置问卷调查法结合了面谈法与邮寄调查法，调查者将设计好的问卷交给被调查人，并说明填写要求，被调查人填好后，再由调查人员定期收回。留置问卷调查法的优点在于，回收率高，被调查人有较充裕时间作答，避免误解，提高作答的质量。其缺点是所需费用较多，时间较长。

5. 网上市场调查

在当今网络时代，市场调查的发展趋势是网上调查（邮件或网站）。一是事先选好调查对象，通过邮件发送进行；二是潜在的调查对象可自行选择网站，然后在网站上完成问卷调研，一旦问卷调研完成，电脑会自动启动分析系统。这种高效的调查手段也被许多调查项目应用，其优点是调研效率高、调查费用低、调查数据容易处理、不受地理区域限制。

4.2.3　房地产市场调查问卷设计

通常情况下，作为一项了解市场消费者期望和购买行为的调查，其规模越大，结果也就越可能令人信服。但是由于人力、物力的限制，还有调查技术条件的限制，使得我们不得不考虑调查的规模。然而，不论是面对面的访谈，或是走街访市的调研，在懂得优选合适的调查样本之前，调查人员必须掌握问卷设计的要素与访谈技巧。

科学地设计调查问卷，有效地运用个人访问技巧是市场调查成功的关键，问卷设计的科学性和艺术性与市场调研的质量息息相关。一份良好的调查问卷涉及模块分割、提问内容及提问措辞的使用、提问顺序与技巧及版式陈列。在将所有问卷分发给大范围的受调研人员之前，最好进行必要的测试和修改，以及时矫正初次设计的问卷中可能潜在的会导致调研结果失败的缺陷问题。

在房地产市场调查时，调查问卷的设计可根据以下步骤：

一是根据市场调查的目的，明确列出调查问卷所需收集的主要信息，如房地产公司需要了解在所投资区域的消费者的收入水平及消费水平、购房兴趣及住房标准等。

二是按照所需收集的信息，写出系列问题并确定问题类型。接上述例子，如房地产公司要深入了解目前该区域的房产政策、金融政策、人口分布、年龄结构、家庭结构、住房情况、工资奖金、储蓄情况、可支配现金流、购房欲望、设计要求、环境要求、建筑套型等。

三是按照问题的类型与难易程度，排好题型（单选填充、多选填充、是非判断、多项选择等）及次序。

四是选择一些调查对象请他们做题，然后召开座谈会或个别谈话征求意见，让调查问卷得到初步测试与反馈。

五是按照前述测试结果，对问卷进行修改，最后完善调查问卷。

（1）问卷设计的原则与注意事项摘要

1）问卷应有抬头，每一个问题只能包含一项内容；

2）问题宜从易到难、问题宜短不宜长、问题与问题之间要衔接顺畅；

3）首个问题应激起受众的兴趣，重要的问题宜在问卷的三分之一处出现；

4）问题不宜重复，不宜用引导性问题，不宜使用过于直截了当的问题；

5）提出的问题宜与被提问对象的知识或经历有一定的关联性；

6）问题答案不宜过多，问题的含义不要模棱两可，避免混淆受众的思绪；

7）问卷中不宜提品牌名称、不宜提无礼冒犯之问；

8）问题措辞宜通俗易懂、不宜使用短语或俗语、避免意思含糊的措辞或太过专业的术语比如容积率、框架结构、剪力墙结构、筒中筒结构等；

9）避免有情绪对抗或情绪反应的问题或措辞；

10）有关提问对象的年龄、地址、称谓、姓名、职业、收入等宜在问卷的尾部出现，除非很有必要在访谈伊始获得相关个人信息。

（2）问题类型

开放式问题；非引导性题；判断是非题；多项选择题；计量题（如0-10；0-100）。

（3）答案记录

写下数字；打勾或打错；在正确的答案下标注下划线；在不正确的答案后打叉；用事先预设的符号抒写；用数字或字母；开放式问题后应有足够的空间记录口头陈述的答案。

（4）问卷长度

A4纸正反两面（室内问卷调研）；

A4纸单面（街头调研）；

不超过1小时（访谈）。

（5）问卷评估

每个问题的词句是否清晰？

是否有和问卷设计的原则冲突？

每一问题是否只和一个因素相关？

每个问题是否会导向解决问题的答案？

每个问题是否不再含糊，足以让调研者和调研对象理解一致？

是否包含足够潜在的答案？

录音安排？

每个问题的答案形式是否能交叉转换到同一或其他问卷？

每个问题的答案形式是否能允许他人对照现有资料核查？

问卷格式可以参照表 4-4 及问卷示例样张（表 4-5）。

问卷格式　　　　　　　　　　　　　　　　　　　　　表 4-4

问卷信息详述			
问卷编号	问题	答案	编码详情

问卷样张　　　　　　　　　　　　　　　　　　　　　表 4-5

第一部分：你对这个楼盘的总体看法是什么？			
1.	值得购买	A B C D E	不值得购买
2.	整体策划很棒	A B C D E	整体策划很糟
3.	能激起我对生活的热情	A B C D E	不能激起我对生活的热情
4.	整体环境好，有智能化的概念	A B C D E	整体环境差，没有智能化的概念
5.	物业服务很好	A B C D E	物业服务不好
6.	很享受入住	A B C D E	不享受入住
第二部分：你对在该楼盘内所置物业的具体评估是什么？			
7.	小区楼盘布局不错	A B C D E	小区楼盘布局太烂
8.	单元户型设计很不错	A B C D E	单元户型设计很糟糕
9.	色泽风格前卫时髦有时代感	A B C D E	色泽风格落后守旧缺乏时代感
10.	卧厨卫很好地满足居住需求	A B C D E	卧厨卫不能满足居住需求
11.	露台阳台恰到好处	A B C D E	露台阳台不值一提
12.	单元智能化配备详尽	A B C D E	单元智能化配备很差
第三部分：你对在该楼盘内小区配套的具体看法是什么？			
13.	楼盘内小区配套很好	A B C D E	楼盘内小区配套很差
14.	楼盘内绿化地带足够	A B C D E	楼盘内绿化地带奇缺
15.	楼盘内娱乐设施足够	A B C D E	楼盘内娱乐设施奇缺
16.	楼盘内运动设施足够	A B C D E	楼盘内娱乐设施奇缺
17.	楼盘内餐饮配套足够	A B C D E	楼盘内餐饮配套奇缺
18.	楼盘内引入商家合理足够	A B C D E	楼盘内引入商家不合理且稀少

	第四部分：你对在该楼盘周边环境的具体看法是什么？		
19.	楼盘周边环境总体很好	A B C D E	楼盘周边环境总体很差
20.	楼盘与周边环境呼应相得益彰	A B C D E	楼盘与周边环境呼应格格不入
21.	周边环境安静宜居	A B C D E	周边环境嘈杂不宜居
22.	周边有医护配套	A B C D E	周边没有医护配套
23.	周边公共交通便利	A B C D E	周边公共交通缺乏
24.	周边与风景区或市区距离适宜	A B C D E	周边与风景区或市区距离不当
	第五部分：你对在楼盘内物业服务的具体看法是什么？		
25.	物业工作人员的服务态度很好	A B C D E	物业工作人员的服务态度很差
26.	与物业人员的沟通很好	A B C D E	与物业人员的沟通很糟糕
27.	物业服务能及时满足	A B C D E	物业服务非常滞后
28.	物业服务能及时征询业主意见	A B C D E	物业服务不能及时征询业主意见
29.	物业服务有提供增值服务	A B C D E	物业服务没有提供增值服务
30.	物业服务的智能化水平高	A B C D E	物业服务的智能化水平低
	第六部分：请在下面填上你的评述意见。		
31.	于你而言，该楼盘（含物业服务）的优点是什么？		
32.	于你而言，该楼盘（含物业服务）的缺陷是什么？		
33.	于你而言，该楼盘（含物业服务）该如何改进提升？		
	第七部分：你的个人信息		
34.	性别 男『』 女『』		
35.	年龄 ＜30『』 30～40『』 40～50『』 50～60『』 ＞60『』		
36.	月收入 ＜5000『』 5000～10000『』 10000～15000『』 15000～20000『』＞20000『』		
37.	职业 工人『』 教师『』 管理『』 其他『』		
38.	家庭人口：1『』 2『』 3『』 4『』 5『』 其他『』		
39.	该楼盘系我第一次置业？ 是『』 否『』 第几次？2『』3『』其他『』		

最后，要注意使用问卷的核查清单，并注意调研过程中的提问方式。有时，直接提问效果不见得理想，反而尝试间接询问能得到更接近事实真相的答案。例如，房地产公司为楼盘销售推出的广告效果调查，与其直接询问被调查者的看法意见，还不如用迂回方式去了解他们当中到底有多少人知晓该楼盘情况。

4.3 房地产项目市场调查实施

通过上述讨论，已经知道了市场调查内容十分丰富，方法多种多样。为了保证调查质量，使市场调查工作顺利进行，在进行市场调查时，需要确定市场调查的问题及目的，然后再制定调查计划，着手调查设计，展开初步调查和现场调查，逐步收集信息资料，最后对资料进行分析和报告撰写，具体可参照图示流程，如图4-2所示，以解决问题为导向的市场调查在计划过程中通常涉及下述步骤：

（1）确切定义营销问题；

（2）提炼并细化有关市场或营销的核心问题；

（3）创建搜索所需市场事实及信息依据的计划；

（4）收集市场事实或信息依据的执行计划；

（5）根据界定的市场问题，分析和解读有关信息事实；

（6）在报告中总结调查结果。

对于房地产市场调查的实施，本节重新分段阐述，归纳为计划准备阶段、组织实施阶段及分析总结三大阶段。

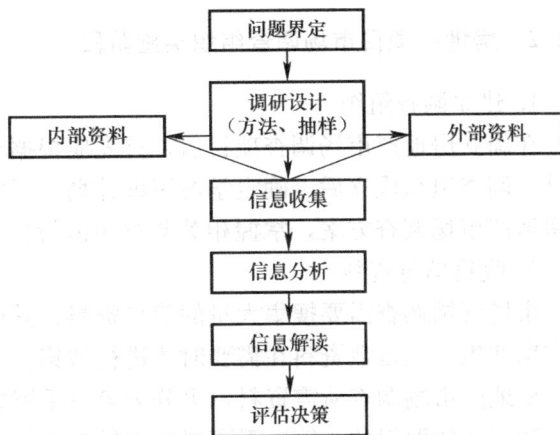

图 4-2　市场调查的步骤和流程

资料来源：部分摘自杰夫·兰卡斯特（Geoff Lancaster）和保罗·雷诺兹（Paul Reynolds），2005，p. 53

4.3.1　房地产项目市场调查实施的准备阶段

1. 提出问题、明确目标

市场调查中最重要的作用之一就是帮助经营人士明确需要解决的问题，为房地产营销决策提供信息与后续营销执行导向服务。只有问题明晰之后，才能提出调研计划和研究设计方案，从而获取切合市场实际的充足数据。在定义调查问题的过程中，还需要确定项目研究的总目标和分目标。

确定调查目的是进行市场调查时应首先明确的问题。问题确立了，目的确定了，市场调查的风向标就不会迷失了。

2. 拟定调研计划书

明确了研究问题和方向后，市场调研人员应拟定调研计划书。拟定调研计划书包括制订调查方案和工作计划。

调研计划书应切实可行，要对调查对象、调查范围、调查内容、调查方法、调研经费预算、调研日程安排等给出明确的界定。调查方案设计的内容如下：

（1）为完成房地产市场调查专项任务需要收集什么样的信息资料？

（2）如何运用数据分析问题？

（3）如何获得回应并证明假设的答案？

（4）用什么方法/哪里取得信息资料？

（5）如何评估方案设计是否可行？说明调查费用预计多少以及如何支配？

（6）方案进一步实施还要准备些什么具体工作？

房地产市场调研工作计划是指在某项专题或综合调查项目开启之前，对组织领导、人员配备、项目考核、工作进度、完成时间和费用预算等做出安排，使调查工作在计划中有序地完成。

3. 确定调研路径

根据调查目的的不同，可以采用控测性调查、描述性调查、因果性调查和预测性调查。

时机与观察对象及观察性质，注意人员观察中的内容分析与道德问题；

（3）实验法：注意实验方案设计的基本问题，注意道德事项与实验效度。

4.3.3 房地产项目市场调查实施的分析总结阶段

1. 数据的分析与解释

在大多数调查研究中，数据分析会涉及对数据的编辑、编码和制表程序，而对采用的抽样方法进行统计检验是一种独特的抽样过程和数据搜集工具。编辑就是纵览问卷表，以保证问卷的完整性与连续性；编码就是对问题加以编号，使资料更好地发挥分析作用；制表就是根据指标对观察到的数据进行分类和交叉分类。统计检验常用于某些特殊的研究，可以在数据搜集和分析之前就进行，以保证所得到的数据与意欲研究的问题密切相关。

数据处理与分析通常可以通过 Excel 表格完成，具体操作将在下节阐述。

2. 撰写和提交调查报告

调查报告是市场调查工作最后交付的成果，撰写调查报告时应真实客观地反映房地产市场调查工作的最终结果。作为调研过程的最后一环，调查人员仍然要高度重视。调查报告的撰写要涵盖项目背景（如市场、公司、产品服务等概述）、调查目的（含主要和次要目标及相关问题）、方法论（含问卷设计与选样方法）、调查对象、调查步骤、调查进度（如完成日期及阶段性报告时间或关键决策日期）、资料来源、信息分析、调查结论和建议方案，需要时针对工作进度阐明调查费用与税赋，辅以公司详情、参与人员、商业用语及保密说明。调研报告的内容必须紧扣调查主题，突出调查发现与项目的收益重点。

房地产市场调查报告的结构形式可多样化，一般由内容摘要、报告主体、结论建议与附件组成。摘要部分围绕调查课题介绍调查项目的基本状况、基本问题与基本发现；主体部分应概述调查主旨，详细说明调查所运用的方法，详细分析并阐述调查结果；附件部分主要用来注明资料出处、资料汇总、统计表，或对报告主体再解释再论证的辅助资料。

撰写调查报告应做到：

（1）客观真实、准确完整；

（2）简明扼要、重点突出；

（3）文字精练、用语中肯；

（4）结论建议俱全、要点明确清晰；

（5）附件附图、便于参阅；

（6）条理清楚、印制美观。

最后，调研报告应按时提交给决策者，并以书面和口头汇报的形式适时沟通报告要点，必要时进行调研回访。

3. 总结反馈

在各阶段工作告一段落后，房地产市场调查小组应及时总结，传承宝贵经验，反馈可持续改进相关调研工作的建议和意见，以促进今后团队建设，提高专业调查水平。总结反馈的主要内容包括：

（1）调查方案的制订是否合理？

（2）调查问卷的设计是否符合研究实际？

（3）调查方式、方法和调查技术值得推广吸取的经验教训是什么？

（4）实地调查中仍有需要追踪调查的问题吗？

（5）调查人员的绩效如何？

在房地产市场调查的全过程中，研究步骤不可能一成不变。实际运用时，比如，在研究问题的界定上，在收集数据的过程中，可能会因预算酌情调整。

4.4 Excel 表在房地产项目市场调查中的应用

问卷调查后的数据处理是指运用科学的方法，将调查所得的原始资料按调查目的进行审核、汇总与加工，使之系统化与条理化，并以图表方式反映调查对象总体情况的过程。

Excel 表格可以帮助我们把各种调查所得的数据资料归纳为反映总体特征，并在此基础上得出调研结果。Excel 处理调查问卷数据比较直观，数据录入简单易查，是统计的好方法。

4.4.1 数据整理分析主要步骤

1. 分类

分类是指对调查完成后的问卷收集后进行登记和编号。这是数据处理的第一步，首先设计表格，表格上项目一般包括调查人员、调查地区、调查实施的时间、实发问卷数、上交问卷数、合格问卷样本数等。

2. 编校

编校是指对问卷资料按易读性、一致性、准确性和完整性等标准进行检查、鉴别和筛选，以保证调查问卷的有效性，数据的完整和准确。

3. 整理

对调查数据进行计算机整理。调查的数据，在计算机中将答案转变成代码，代码通常用数字表示，也可以用字母。

4. 制表与绘图

制表与绘图就是利用 Excel 表进行数据分组处理。首先在整理基础上制表，表的结构有标题、横标目、纵标目和数字。然后根据表的内容绘制柱形图、圆饼图、折线图等。通过制表和绘图，对问卷数据统计处理，以表明市场的总体结构，表明统计指标不同条件下的对比关系，反映市场发展变化的过程或趋势，说明总体单位按某一标志的分布情况，显示现象之间的相互依存关系等。

4.4.2 Excel 表在数据统计分析中的操作

调查问卷中问题一般分为单选题、多选题和主观题，主观题不易用表格处理，本章节只涉及单选题和多选题的处理。

以简化的浙江省养老状况和养老模式问卷为例：

（1）制表

根据问卷设计，问卷中主要涉及三大部分内容：被调查者基本信息、养老状况和养老模式，我们依次建立 3 张工作表并命名，如图 4-3、图 4-4 和图 4-5 所示。

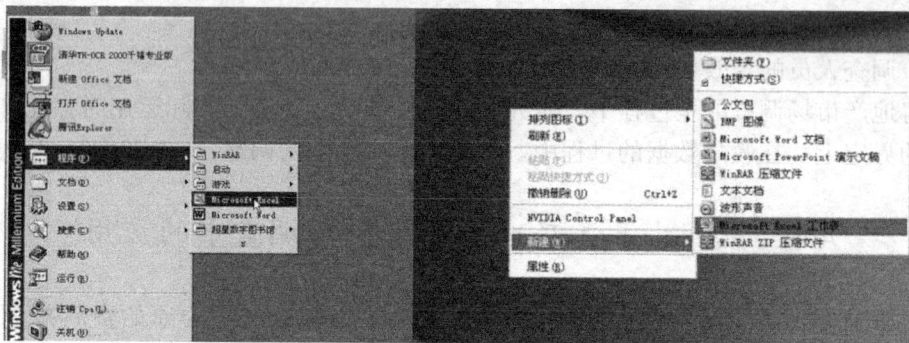

图 4-3　新建工作表

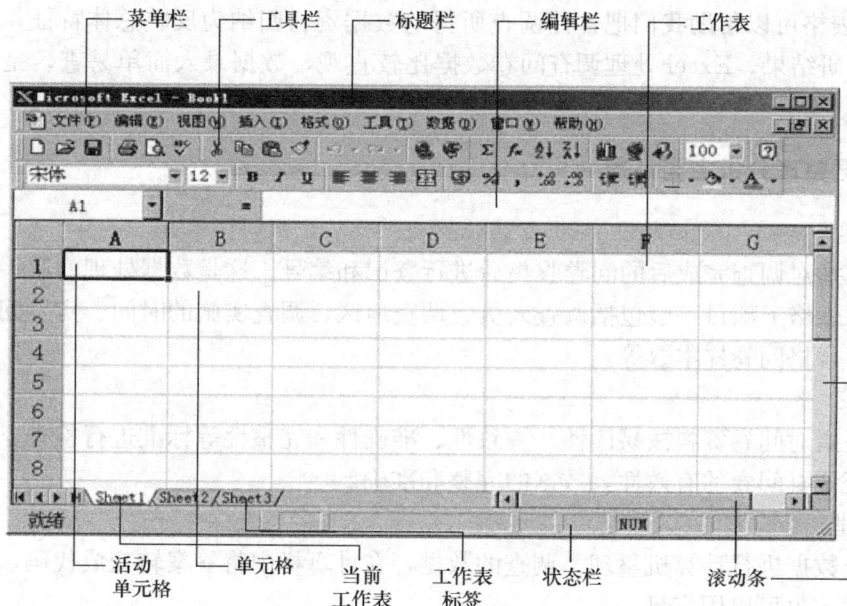

图 4-4　Excel 工作表操作界面

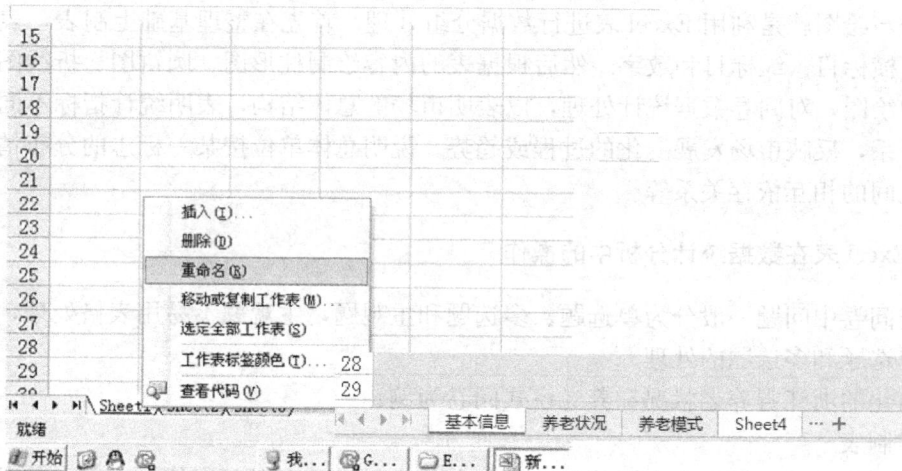

图 4-5　重命名工作表

2. 录入原始数据

我们选取其中的两道问题：

(1) 您的家庭属性：①单身、②夫妇俩

(2) 您的收入来源是（多选题）：

①政府救助 ②退休金 ③养老保险 ④子女补助 ⑤理财等收入 ⑥其他（请注明）

假设问卷共 10 份，单选答案分 1、2，多选答案分 1、2、3、4、5、6，分别录入如图 4-6 所示。

	A	B	C	D
1	问卷编号	问题一（单选）	问题二(多选)	
2	1	2	12	
3	2	1	15	
4	3	2	34	
5	4	2	25	
6	5	1	123	
7	6	1	26	
8	7	1	134	
9	8	2	256	
10	9	1	236	
11	10	2	245	
12				
13	统计			
14	总问卷数：	10		

图 4-6 录入原始数据

3. 统计各题答案

(1) 统计单选题

使用自动筛选功能，点中数据区域的任意单元格，然后菜单下拉-数据-筛选-自动筛选，点中 B1 单元格中的下拉按钮，选 1，此时可在状态栏中看到“在 10 条记录中找到 5 个”如图 4-7 所示，将 5 填入 B17；然后再筛选 2，筛选完改成“全部”，以免影响其他题目的筛选。

	A	B	C
1	问卷编号	问题一（单选）	问题二(多选)
3	2	1	15
6	5	1	123
7	6	1	26
8	7	1	134
10	9	1	236
12			
13	统计		
14	总问卷数：	10	
15			
16		个数	百分比
17	问题一1	5	
18	问题一2		
19			
20	问题二1		
21	问题二2		
22	问题二3		
23	问题二4		
24	问题二5		
25	问题二6		

Sheet1 / Sheet2 / Sheet3

在 10 条记录中找到 5 个

图 4-7 统计单选题

(2) 统计多选题

多选题无法直接模仿单选题的统计方法，在使用自动筛选功能前需将多选题的答案数据转化为文本格式，使用“数据→分列”命令将数字转化为文本，之后再多选题右边的下拉按钮中选“自定义”，如图 4-8 所示，选“包含”，右边输入 1 或 2 或 3 可计算出相应的个数，如要求只含 15，不包括 135、153，可选择等于 15；若要求 15，但可包含 135、153 等，可选择等于“＊1＊5”。

(3) 计算百分比

如以单选为例，在 C17 输入“＝B17/＄B＄14”回车，得出小数，之后向下拖填充，接着把单元格格式改为百分比就行了。

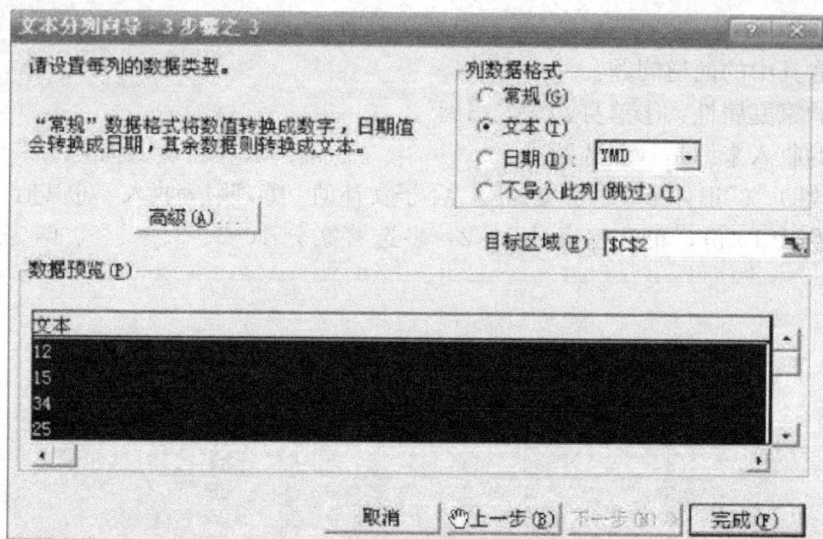

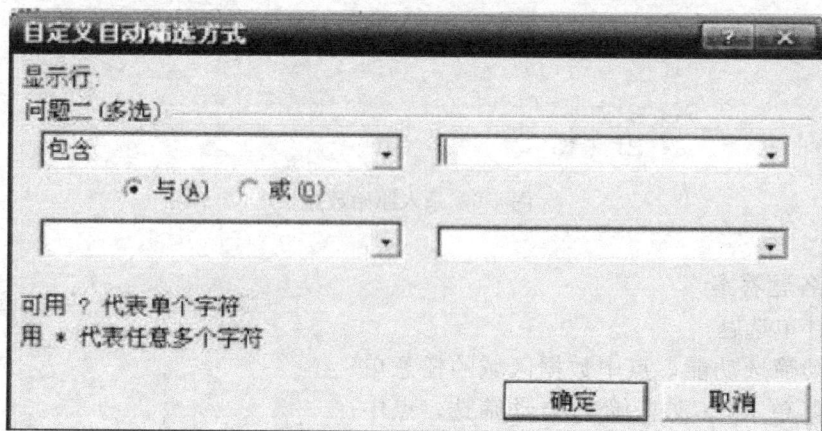

图 4-8　统计多选题

章节要点

　　房地产市场调查是指围绕调查目的有计划地收集、记录、整理、分析、评估和总结有关消费者购买和使用房地产产品及服务的动机、状态与反馈意见等市场信息。

　　房地产市场调查主要涵盖房地产市场环境调查（含社区环境调查）、房地产市场供应与需求调查、房地产客户和消费行为调查、房地产市场营销组合调查、房地产市场竞争状况调查等。房地产市场调查目的明确后，应懂得选用或并用第一手资料和第二手资料的信息收集、分析和归纳。

　　问卷设计要围绕市场调查的目的规划所需收集的信息与问题类型。一份良好的问卷应包括：①有抬头；②一个问题一项主题；③问题排列从易到难；④问题措辞简练意思明了；⑤问题与问题之间有逻辑地衔接；⑥问题答案不宜过多。问卷还应采集被调查者个人信息。

复习思考题

1. 简答题

（1）定性研究和定量研究的基本区别是什么？在房地产项目市场调查中，何时适用定性研究？何时适用定量研究？

（2）市场调查中问卷设计的最基本原则是什么？

（3）房地产市场调查时抽样如何分类？各种抽样方法的主要依据有哪些？

2. 实训项目

保利集团在杭州城西银泰附近的楼盘于今年年初交付，其中有一幢楼的业主认为楼盘交付状态与合同所载状况有出入，并就此提出异议。请结合该公司背景情况，设计一份有关楼盘交付后业主对物业的满意度调查问卷。

5 房地产项目 STP 战略

知识目标

1. 理解房地产市场细分的含义、标准、方法、原则；
2. 掌握房地产市场细分、目标市场选择、市场定位的步骤和策略。

能力目标

1. 能进行房地产市场细分；
2. 能初步进行房地产市场定位。

【案例导入】

房地产营销的 STP 战略营销

一、STP 战略

现代营销战略的核心为 STP 战略，即目标市场营销管理战略。所谓 STP 战略是指按照目标市场营销过程中的细分市场（Segmenting）、选择目标市场（Targeting）产品及市场定位（Positioning）三个步骤，在房地产项目前期策划中引入营销策划概念，制订出与房地产项目延向性一致的全程营销策划方案。

房地产营销应用 STP 战略的目的就是要为项目的营建，在设计、建设、营销、服务、管理等方面提出比竞争者更有效地满足顾客需求的实施细则，从而为开发项目的整体概念准确地建立起一整套价值体系，力求通过产品差异化战略，最大限度地避免竞争、超越竞争，使开发商及其产品在消费者面前树立良好的品牌形象，最终达到良好的销售目的。

应用 STP 战略，营销策划在项目立项时即着手进行市场需求调研，正确确定目标市场的需求和欲望，利用差异化、避免竞争等营销理论，推出既比竞争对手更能有效地满足市场需求又是独一无二的特色楼盘。

二、STP 战略的实际应用

策划一个有效的房地产营销方案，首要的任务就是发现和了解房地产目标市场，而市场细分则是选择和了解目标市场的前提和基础。以住宅项目为例，房地产市场细分参数可以分为四类：家庭参数、地区参数、心理参数和行为参数，其中以行为参数划分消费群体是创建细分市场的最佳起点。ZH 房地产策划中心为 D 市"宅语缘"高尚住宅项目做的成功策划，正是从行为参数进行整个项目营销方案的策划的。

D 市属于房地产开发四线城市，但 D 市具有高速有效的物流体系和东北最大服装批发市场，这意味着 D 市拥有诱人的市场和低廉的劳动力市场。所以，各大商家纷纷进入 D 市，房地产更是有大量外资抢入，行业的竞争日益激烈，竞争的层次不断升级。

"宅语缘"项目位于 D 市南部，附近楼盘以桃源山庄为主，经桃源山庄多年的开发，该地段已聚集相当的人气和居住知名度；该地段临近商业繁华地带，电脑城、家具城、水果批发市场、服装批发市场荟萃于此；且该地段环境幽雅，坐拥两山，闹中有静，拥有天然的巨大绿地，覆盖率高达 60％，山中成片天然古木是 D 市现有楼盘中绝无仅有的。

经过对市场细分的研究，从消费群体追求利益的行为出发，界定出"宅语缘"项目的目标消费群及其市场特征是：区域内服装市场业主、果品批发市场业主、电脑大市场业主、通信市场业主、南区附近购房者、以及自身具有文化艺术气质的经济能力较强的阶层为主体消费群体；潜在消费群体的年龄大约在 35 岁到 55 岁之间；家庭结构已进入中年期，人口简单，居住空间之娱乐性与休闲性较大；他们追求高档次的住宅小区，追求品位，但同时他们又是商人，有着强烈的"物有所值"消费心理。

同时，本案策划中心根据市场调查，细分出市场消费者的购房倾向和要求，具体包括：环境规划的高标准，各种生活配套要齐全，各种活动场地、场所要足够；在规划时要有超前意识，使小区更具现代化气息，特别要注意智能化；在楼盘外立面的设计上要新颖，色调要协调，风格要跟上潮流；潜在业主们的消费倾向于入住全封闭式的小区；高绿化率，几乎所有的目标市场消费者认为高绿化率是十分必要的，这部分消费者对住宅环境的要求已经越来越高；小区及其周围的配套设施的基本要求为学校、幼儿园、菜市场、超市、医院、篮球场、网球场、图书馆、棋牌室等一应俱全；对物业管理的要求较高，希望提供保安、清洁卫生、房屋维修、园林绿化和一些特色服务（如家政、订购车票、托儿、托老服务等）。把选定的细分市场与开发产品比较发现，小高层和联排别墅的产品形式基本符合以上细分市场的需求。

在选择目标市场以后，策划中心用德尔菲法对目标市场进行预测，汇总调查资料和数据，设计出预测市场发展趋势的 12 个问题，并向十余名专家问卷咨询，信息反馈后再进行下轮的咨询，然后对预测结果进行统计分析，最终确定了细分市场以及相关概念为：各种专业市场的业主或经营者、自身具有文化艺术气质、经济能力较强的阶层；与之相适应的产品定位为：优良的居住环境和自然山水，浓郁的艺术氛围，精良的物业管理，高档的建筑形式（小高层和联排别墅）。

确定了产品以后，营销策划的重要内容是寻找项目的核心价值，从而在目标用户中确立与众不同的市场地位。首先，"宅语缘"的核心价值定位是打造"都市文化艺术之都"——"宅语缘"是 D 市有艺术修养的、有文化品位的、向往艺术的人的部落。其次"宅语缘"确定了以"家在身旁"作为项目的另一个价值点，"宅语缘"毗邻电脑城、手机大市场、家具城、水果批发大市场、服装批发市场，在此工作的人若选择了"宅语缘"，劳累了一天后就不需匆匆往家里赶，因为家就在身旁。阶层居住区概念是本案的核心价值。

三、STP 战略应用的关键点

在应用 STP 战略制定房地产营销方案时，需要注意以下问题：

1. **房地产市场细分参数的选择，要注意其社会经济用途。**案例中对参数的选定是从住宅市场的角度划分类型的。对住宅市场细分参数，就要对家庭参数进行分析研究，其内容主要有：家庭户数；家庭结构，包括规模、类型和代际数；家庭收入与消费结构等。虽然房地产是一个区域性市场，但它的购买力并不局限在本区域内，而且房地产区位环境具有三重性质，即自然地理、经济地理和人文环境。因此在细分房地产市场时应充分考虑消费者需求对地域环境的评价和偏好。影响消费者行为的一个主要因素是心理因素，除了由需要引起动机这一最重要因素外，生活方式也是重要的内容。行为参数是消费者对房地产产品的认识、态度、使用和反应，这是市场细分中最有效的细分参数。

2. 对目标市场的选定，关键的一步是对项目的投资决策和投资组合的研究，也就是项目的可行性研究。可行性研究的内容包括自然、法律、技术和财务四方面，同时满足四方面可行性要求的目标市场，才是我们可以选择的目标市场。在选定目标市场以后，还需要采用不同的方式（如德尔菲法）对这个市场需求进行预测和风险分析，最终确定目标市场。

3. 房地产产品是由核心产品、形式产品和附加产品三者构成的复合体，营销策划主要从其核心产品和附加产品方面进行差异化定位。产品定位的原则通常是先整体规划后具体单元，先弱势空间后强势搭配，先重点设施后细微局部，先差异化后同质性。

总之，应用 STP 战略为准确、迅速和有效地制定房地产营销策划方案提供了完整的途径。

5.1　房地产项目市场细分

市场细分也称市场区划，是现代营销学中的一个重要概念。所谓房地产市场细分，是指房地产企业在"目标市场营销"观念的指导下，依据一定的细分变数，将房地产市场总体细分为若干具有相似需求和欲望的房地产购买者群体的过程。

市场细分（Market Segmentation）是美国市场营销学家温德尔·斯密（Wendell Smith）在 20 世纪 50 年代中期提出来的，这是他在总结了企业营销活动实践经验的基础上提出来的新概念。这个概念提出来后，受到工商企业家和理论界的重视，已成为市场营销理论的重要组成部分。

5.1.1　房地产市场细分的概念、必要性和作用

1. 房地产市场细分的概念

房地产市场细分就是在市场调研的基础上，依据消费者的需要和欲望、购买行为和购买习惯等方面的差异，把房地产市场整体划分为若干消费者群的市场分类过程。每一个消费者群就是一个细分市场，每一个细分市场都是具有类似需求倾向的消费者构成的群体。

房地产市场细分，是依据顾客需求的差异性来决定的，所以，造成顾客差异性的主要变量因素就是市场细分化的标准。以这些变量为依据来细分市场就产生出地理细分、人口细分、心理细分和行为细分四种市场细分的基本形式。

需要注意的是，这里的房地产细分市场的概念包括三层含义：一是房地产市场细分与目标市场营销观念必须是一致的。目标市场营销是市场细分的根本目的，市场细分是确定目标市场的基础和前提；二是房地产市场细分的依据是一定的细分变量，这些细分变量反映了房地产消费者的需求特点和状况；三是房地产市场细分与一般的房地产市场分类不同。一般的房地产市场分类是从房地产实体的角度来进行的。如，按产品形式分，可将房地产市场分为房产市场和地产市场；按使用性质分，可以将房地产市场分为住宅市场和非住宅市场（商业用途）等。而房地产市场细分是从购买者的角度出发，根据购买者的需求差异来进行划分的。如根据购买者的购买能力来划分，房地产市场可分为高端房地产市场、中低端房地产市场等。

在理解房地产市场细分这个概念时，还应该注意以下几点：

（1）房地产市场细分必须建立在房地产市场基本分类的基础上。市场细分一般是以某类商品市场作为对象进行细分的，只有这样，市场细分才有意义。

（2）房地产购买者一般不是一个人，而是一个家庭或单位。因此，进行按细分变量进行市场划分时，应以家庭或单位作为基本单位。

2. 房地产市场细分的必要性

将房地产整体市场划分成若干个细分市场，首先，是由于消费者需求的差异性所决定的。在房地产市场上，每个消费者由于各自条件不同及客观环境的差异，他们在购买房地产产品时，在动机、欲望和需求上存在着一定的差异。这种差异性的存在，使得房地产企业只能把需求大体相似的消费者划归同一群体，从而以相应的楼盘产品和服务去满足该群体消费者的需求。

其次，市场细分，还是由于消费者需求的相似性所决定的。每一个细分市场，之所以成为相对独立，且比较稳定的市场，这是因为在该群体的消费者中，有着相似的购买行为和购买习惯。这种相似性又使不同消费者需求再次聚集，形成相类似的消费群体，从而构成了具有一定个性特征的细分市场。

再次，市场细分，还受到各房地产企业的营销能力的限制。任何房地产企业，其经营范围、经营能力总有一定限度，它不可能为市场提供所有消费者需要的全部产品，而只能使自己的营销活动限定在力所能及的范围内，只能去生产和经营某一方面或几方面的楼盘产品，去满足某一部分消费者的一个或几个方面的需要，这就要求房地产企业将复杂、多变的整体市场进行细分，同中求异、异中求同，发挥自身的优势，更好地满足消费者的需要。

由此可见，房地产市场需求的差异性和相似性，房地产企业经营能力的局限性，是市场细分的客观基础。正是因为有了房地产市场需求的差异性和房地产企业营销能力的局限性这一矛盾，同时，又存在整体市场需求的差异性和细分市场的相似性，才使房地产企业进行市场细分有了必要性和可能性。

应当指出，市场细分不同于市场分类。一般市场分类是以企业为中心，从区别市场特征出发，进而划分出不同的市场。例如，按商品的用途不同，可将市场划分为消费品市场、生产资料市场和服务市场等。而市场细分则是立足于消费者，以消费者的需求差异为中心，其目的是为了更好地满足消费者对商品和服务的需要。

所以，市场细分，不是对商品进行细分，而是对不同需求的消费者进行细分。

3. 房地产市场细分的作用

房地产细分市场不是根据房地产产品品种、产品系列来进行的，而是从消费者的角度进行划分的，是根据市场细分的理论基础，即消费者的需求、动机、购买行为的多元性和差异性来划分的。市场细分对房地产企业的项目开发、营销起着极其重要的作用。

（1）有利于选择目标市场和制定市场营销策略

房地产市场细分后的子市场比较具体，比较容易了解消费者的需求，房地产企业可以根据自己经营思想、方针及营销力量，确定自己的服务对象，即目标市场。针对着较小的目标市场，便于制定特殊的营销策略。同时，在细分的市场上，信息容易了解和反馈，一旦消费者的需求发生变化，房地产企业可迅速改变营销策略，制定相应的对策，以适应市场需求的变化，提高企业的应变能力和竞争力。

（2）有利于发掘市场机会，开拓新市场

通过市场细分，房地产企业可以对每一个细分市场的购买潜力、满足程度、竞争情况等进行分析对比，探索出有利于本企业的市场机会，使企业及时做出开发决策和计划，进行必要的产品研发设计储备，掌握产品更新换代的主动权，开拓新市场，以更好适应市场的需要。

（3）有利于集中人力、物力投入目标市场

任何一个企业的资源、人力、物力、资金都是有限的。通过细分市场，选择了适合自己的目标市场，房地产企业可以集中人、财、物及资源，去争取局部市场上的优势，然后再占领自己的目标市场。

5.1.2 房地产市场细分的原则和标准

1. 房地产市场细分的原则

房地产企业进行市场细分的目的是希望通过对顾客需求差异进行定位，来取得较大的经济效益。众所周知，房地产产品的差异化必然导致房地产开发成本和营销费用的相应增长，所以，房地产企业必须在市场细分所得收益与市场细分所增成本之间做一权衡。由此，我们得出有效的细分市场必须遵循以下原则：

（1）可衡量性

这是指用来细分市场的标准和变量及细分后的市场是可以识别和衡量的，即有明显的区别，有合理的范围。如果某些细分变数或购买者的需求和特点很难衡量，细分市场后无法界定，难以描述，那么市场细分就失去了意义。一般来说，一些带有客观性的变数，如年龄、性别、收入、地理位置、民族等，都易于确定，并且有关的信息和统计数据，也比较容易获得；而一些带有主观性的变数，如心理和性格方面的变数，就比较难以确定。

（2）可进入性

这是指房地产企业能够进入所选定的市场部分，能进行有效的促销和分销，实际上就是考虑营销活动的可行性。一是房地产企业能够通过一定的广告媒体把楼盘产品的信息传递到目标市场众多的消费者中去；二是楼盘产品能通过一定的销售渠道抵达目标市场。

（3）可盈利性（规模性）

这是指细分市场的规模要大到能够使企业足够获利的程度，使企业值得为它设计一套营销规划方案，以便顺利地实现其营销目标，并且有可拓展的潜力，以保证按计划能获得理想的经济效益和社会效益。

（4）有效性

即细分出来的市场，其容量或规模要大到足以使企业获利。进行市场细分时，企业必须考虑细分市场上顾客的数量以及他们的购买能力和购买产品的频率。如果细分市场的规模过小，市场容量太小，细分工作烦琐，成本耗费大，获利小，就不值得去细分。

（5）对营销策略反应的差异性

指各细分市场的消费者对同一市场营销组合方案会有差异性反应，或者说对营销组合方案的变动，不同细分市场会有不同的反应。如果不同细分市场顾客对产品需求差异不大，行为上的同质性远大于其异质性，此时，企业就不必费力对市场进行细分。另一方面，对于细分出来的市场，企业应当分别制定出独立的营销方案。如果无法制定出这样的方案，或其中某几个细分市场对采用不同的营销方案没有大的差异性反应，便不必进行市场细分。

2. 房地产细分市场的标准

市场细分的基础是顾客需求的差异性，所以凡是使顾客需求产生差异的因素都可以作为市场细分的标准。房地产市场细分是根据一定的细分变量来进行的，这些细分变量反映了房地产购买者的需求和欲望，构成了房地产市场细分的标准。由于房地产市场的基本分类是不同的，每一类市场上购买者的购买目的和购买特点存在显著差别，这就必然形成了每一类房地产市场具有显著的不同的细分变量。

（1）住宅市场细分的标准

住宅市场的细分标准可以概括为地理因素、人口因素、消费心理因素和消费行为因素四个方面，每个方面又包括一系列的细分变量，见表 5-1。由于消费者购买住宅的时候，不仅仅考虑居住这一单一功能，还要考虑其他因素才会购买。因此，进行住宅市场细分时，需要考虑多种变量。房地产开发商也需要根据自己的目标客户群和自身的项目定位进行变量的选择和市场细分。

住宅市场细分标准及变量一览表   表 5-1

细分标准	细分变量			细分市场类型	
地理因素	地理位置	本地购买者		如北京市	朝阳区、海淀区、东城区等
		外来人口购买者	本省购买者	如重庆市	渝北区、渝中区、北部新区等
			外省购买者	北京、上海、广州、深圳等	
			其他地区购买者	港澳台地区消费者市场	
				其他国家或地区消费者市场	
	区域环境	自然环境	自然资源、地形、地质、气候条件等	优等市场、中等市场、劣等市场	
		经济地理环境	基础设施、公共设施等	优等市场、中等市场、劣等市场	
		人文地理环境	文化氛围、居民素质、社会治安等	优等市场、中等市场、劣等市场	
人口因素	性别	女性、男性		根据这些人口因素，可以将目标市场细分为不同的细分市场	
	年龄	25 岁以下、26～35 岁、36～55 岁、56 岁以上			
	职业	职员、公务员、教师、军人等			
	文化程度	初中、高中、本科、硕士等			
	家庭规模	单身、2 人、3 人、4 人以上			
	家庭收入	高收入、中等收入、低收入			
	家庭生命周期	单身、新婚、满巢、空巢、寡巢			
	家庭代际数	一代户、两代户、三代户、四代户及以上			
	民族	汉族、少数民族			
	宗教	佛教、基督教、伊斯兰教等			
	国籍	中国、外国			

续表

细分标准	细分变量		细分市场类型
消费心理因素	生活方式	时尚、朴质	根据这些心理因素，可以将目标市场细分为不同的细分市场
	个性特点	内向与外向、低调与张扬、开放与保守	
	价值观念	求实型、求新型、求美型、求廉型、求名型	
	社会阶层	富豪阶层、富裕阶层、中产阶层、工薪阶层	
消费新闻因素	购买时间	淡季、旺季	根据这些行动因素，可以将目标市场细分为不同的细分市场
	购买动机	自住、投资、投机	
	购买次数	首次置业、二次置业、多次置业	
	对产品的态度	狂热、喜欢、无所谓、不喜欢	
	追求利益	追求方便、注重环境、看准物业、重视子女教育	

1）地理环境因素

以地理环境为标准细分市场就是按消费者所在的不同地理位置将市场加以划分，是大多数企业采取的主要标准之一，因为这一因素相对其他因素表现得较为稳定，也较容易分析。地理环境主要包括区域、地形、气候、城镇大小、交通条件等。由于不同地理环境、气候条件、社会风俗等因素影响，同一地区内的消费者需求具有一定的相似性，不同地区的消费需求则具有明显的差异。

按照国家、地区、南方北方、城市农村、沿海内地、热带寒带等标准来细分市场是必需的，但是，地理环境是一种静态因素，处在同一地理位置的消费者仍然会存在很大的差异。因此，企业还必须采取其他因素进一步细分市场。

2）人口因素

指各种人口统计变量。包括：年龄、性别、婚姻、职业、收入、收教育程度等。这是市场细分惯用的和最主要的标准，它与消费需求以及楼盘产品的销售有着密切联系，而且这些因素又往往容易被辨认和衡量。人口状态包括的内容见表5-2。

按人口状态标准细分市场　　　　　　　　表 5-2

	主要变量	营销要点
性别	男、女构成	了解男女构成及消费需求特点
年龄	婴儿、儿童、少年、青年、成年、老年	掌握年龄结构、比重及各档次年龄的消费特征
收入	白领和蓝领；高收入、中高收入和低收入者	掌握不同收入层次的消费特征和购买行为
家庭生命周期	单身阶段、备婚阶段、新婚阶段、育儿阶段、空巢阶段、鳏寡阶段	研究各家庭处在哪一阶段、不同阶段消费需求的数量和结构
职业	工人、农民、军人、学生、干部、教育工作者、文艺工作者等	了解不同职业的消费差异
文化程度	文盲、小学、中学、大学等	了解不同文化层次人群购买种类、行为、习惯及结构
民族	汉族、满族、回族、蒙古族等	了解不同民族的文化、宗教、风俗及不同的消费习惯

3）消费心理因素

在地理环境因素和人口因素相同的条件下，消费者之间存在着截然不同的消费习惯和特点，这往往是消费者的不同消费心理的差异所致。尤其是在比较富裕的社会中，顾客购房已不限于满足基本居住需要，因而消费心理对房地产市场需求的影响更大。所以，消费心理也就成为房地产市场细分的又一重要标准。

① 生活方式。生活方式是人们对消费、工作和娱乐的特定习惯。

由于人们生活方式不同，消费倾向及需求的商品也不一样。

② 性格。不同性格的消费者对住宅的样式、装修、风格、房屋结构、小区环境等方面的要求不同。如开发商针对某些消费者推出精装房、公寓式小户型住宅等。都是根据消费者的性格来进行开发设计和营销的。不同消费者的需求类型见表5-3。

不同性格消费者需求类型   表5-3

性格	消费需求特点
习惯型	偏爱、信任某些熟悉的品牌，购买时注意力集中，定向性强，反复购买
理智型	不易受广告等外来因素影响，购物时头脑冷静，注重对商品的了解和比较
冲动型	容易受商品外形、包装或促销的刺激而购买，对商品评价以直观为主，购买前并没有明确目标
想象型	感情丰富，善于联想，重视商品造型、包装及命名，以自己丰富想象去联想产品的意义
时髦型	易受相关群体、流行时尚的影响，以标新立异、赶时髦为荣，购物注重引人注意，或显示身份和个性
节俭型	对商品价格敏感，力求以较少的钱买较多的商品，购物时精打细算、讨价还价

③ 品牌忠诚程度。消费者对企业和产品品牌的忠诚程度，也可以作为细分市场的依据，企业借这一细分可采取不同的营销对策，见表5-4。

顾客忠诚程度细分表   表5-4

忠诚程度类型	购买特征	销售对策
专一品牌忠诚者	始终购买同一品牌	用俱乐部制等办法保持老顾客
几种品牌忠诚者	同时喜欢几种品牌，交替购买	分析竞争者的分布，竞争者的营销策略
转移忠诚者	不固定忠于某一品牌，一段时间忠于A，一段时间忠于B	了解营销工作的弱点
犹豫不定者	从来不忠于任何品牌	使用有力的促销手段吸引他们

4）消费行为因素

行为因素是细分市场的重要标准，特别是在买方市场和消费者收入水平提高的条件下，这一细分标准越来越显示其重要地位。不过，这一标准比其他标准要复杂得多，而且也难掌握。

① 购买习惯。即使在地理环境、人口因素等条件相同的情况下，由于购买习惯不同，仍可以细分出不同的消费群体。如购买时间和购买地点，就是根据消费者产生需求欲望的时间和地点来细分市场。

② 寻找利益。消费者购买商品所要寻找的利益往往是各有侧重的，据此可以对同一市场进行细分。一般地说，运用利益细分法，首先必须了解消费者购买某种产品所寻找的主要利益是什么；其次要了解寻求某种利益的消费者是哪些人；再者要调查市场上的竞争品牌各适合哪些利益以及哪些利益还没有得到满足。

通过上述分析，房地产企业能更明确市场竞争格局，挖掘新的市场机会。

（2）生产营业用房市场细分标准

上述住房市场的细分标准有很多都适用于生产营业用房市场的细分，如地理环境、气候条件、交通运输、追求利益、对品牌的忠诚度等。但由于生产营业用房市场有它自身的特点，房地产企业还应采用其他一些标准和变量来进行细分，最常用的有：最终用户要求、用户经营规模、用户地理位置等变量。

1）按用户的要求细分

产品用户的要求是生产营业用房市场细分常用的标准。不同的用户对同一产品有不同的需求，如房地产开发企业根据用户不同将市场细分为商业楼盘市场、工业楼盘市场、文化娱乐楼盘市场等。因此，房地产企业应针对不同用户的需求，提供不同的产品，设计不同的市场营销组合策略，以满足用户的不同要求。

2）按用户经营规模细分

用户经营规模也是细分生产营业用房市场的重要标准。用户经营规模决定其购买能力的大小和对产品的要求。按用户经营规模划分，可分为大用户、中用户、小用户。企业应按照用户经营规模建立相应联系机制和确定恰当的接待制度。

生产营业用房主要面向生产经营等企业单位，常见的细分变量见表 5-5。

生产经营用房市场的细分变量表　　　　　　　　　　　　　　　　表 5-5

细分变量	最终用户细分	产品用途细分	顾客规模细分	追求利益细分
细分市场	加工制造	工业大厦	大客户 中客户 小客户	价格 质量 建筑风格 地段 绿化 设计 物业管理
		标准厂房		
		专用厂房		
	商业	百货大楼		
		购物中心		
		步行街		
		产权式酒店		
		批发市场		
		裙楼商业		
		社区商业		
		写字楼		
	金融业	银行大楼		
		证券大楼		
		普通储蓄所		
	宾馆业	普通宾馆		
		星级宾馆		
		别墅式宾馆		
	文化娱乐业	艺术展览馆		
		娱乐中心		

以上从住宅市场和生产营业用房市场两方面介绍了具体的细分标准和变量。为了有效地进行市场细分，应注意以下几点：

① 动态性。细分的标准和变量不是固定不变的,如收入水平、城市大小、交通条件、年龄等,都会随着时间的推移而变化。因此,应树立动态观念,适时进行调整。

② 适用性。市场细分的因素有很多,各企业的实际情况又各异,不同的企业在细分市场时采用的细分变量和标准不一定相同,究竟选择哪种变量,应视具体情况加以确定,切忌生搬硬套和盲目模仿。

③ 组合性。要注意细分变量的综合运用。在实际营销活动中,一个理想的目标市场是有层次或交错地运用上述各种因素的组合来确定的。如化妆品的经营者将 18~45 岁的城市中青年妇女确定为目标市场,就运用了四个变量:年龄、地理区域、性别、收入。

3. 房地产市场细分的步骤和方法

(1) 房地产市场细分的步骤

房地产市场细分过程可分为七个步骤:

1) 选择本企业房地产产品的市场范围。企业经营目的确定后,必须选择适合本企业产品的市场范围,这是市场细分化的前提和基础。为此,房地产企业应考虑自身拥有的资源和实力,深入、细致地调查和研究市场,分析市场需求动向,明确企业经营方向和经营范围。

2) 列出市场范围内消费者的现实和潜在需求。房地产企业必须全面调查消费者市场,归纳不同情况的消费需求,根据消费需求的差异性,选择合理的市场细分方法。

3) 初步细分市场。设定可能的细分市场,作出估计和判断,为正式市场细分做准备。

4) 筛选初步细分市场。确定本企业细分市场应考虑因素,明确哪些是重要因素,删除无关紧要或不现实的因素,剔除不合时宜的本企业产品以及企业没有条件开拓的细分市场,筛选出最能发挥本企业优势的细分市场。

5) 为细分市场命名。企业可根据各个被选中的细分市场的消费者典型特征,用形象化语言,描述各可能细分市场。

6) 目标市场。分析各个细分市场的可行性、营销机会和竞争情况,根据对市场潜在需求量和潜在销量的研究和预测,初步确定各细分市场的销售状况,估算其潜在利润,为选择目标市场提供依据。

7) 根据选定的目标市场,提出合适的营销策略。根据目标市场消费者的消费心理、行为动机和购买行为等特点,确定适当的营销策略。

(2) 房地产市场细分的方法

市场细分的标准是动态的,不同的企业在市场细分时应采用不同标准,企业在进行市场细分时,可采用一项标准,即单一变量因素细分,也可采用多个变量因素组合或系列变量因素进行市场细分。下面介绍几种市场细分的方法。

1) 单一变量因素法。就是根据影响消费者需求的某一个重要因素进行市场细分。如按收入变量将房地产市场细分为高端市场和中、低端市场。

2) 多个变量因素组合法。就是根据影响消费者需求的两种或两种以上的因素进行市场细分。比如年龄、职业、工作地点等变量组合细分市场。

3) 系列变量因素法。根据企业经营的特点并按照影响消费者需求的诸因素,由粗到细地进行市场细分。这种方法可使目标市场更加明确而具体,有利于企业更好地制定相应的市场营销策略。比如从人口、地理、心理、行为等方面选取系列因素逐步细分市场,对客户定位和营销策略选择比较有意义。

【阅读材料】

海尔产品细分市场的案例分析

市场细分分得好有三条好处：一个是获得消费者高度的忠诚度；一个是保护企业利润；一个是容易获得成功。海尔进入美国市场它的主流产品是什么？冰箱，但不是大冰箱，如果大家到美国或者是看美国电影也可以看到，他们厨房的冰箱非常大，这与他们的生活习惯有关，他们每星期只开车购物一次，开车购物的时候恨不得把一星期的食品买好了，回来放在冰箱里面，所以一定要冰箱很大。可是海尔的冰箱不是大冰箱，是小冰箱，那么小冰箱要进入这个市场，怎么办呢？就要市场细分，就是要找到一个缝隙产品，现在海尔小冰箱在美国学生群体中有相当数量的买家，因为它符合市场需求。

定制营销让企业更有竞争力

最近，海尔推出的"定制冰箱"，所谓定制冰箱，就是消费者需要的冰箱由消费者自己来设计，企业则根据消费者提出的设计要求来定做一种特制冰箱。比如，消费者可根据自己家具的颜色或是自己的喜好，定制自己喜欢的外观色彩或内置设计的冰箱。他可以选择"金王子"的外观，"大王子"的容积，"欧洲型"的内置，"美国型"的线条等，从而能最大限度满足顾客的不同需求。

对于这一举措的市场反应，下面的数字提供了有力的说明：从 2000 年 8 月海尔推出"定制冰箱"只一个月时间，就从网上接到了多达 100 余万台的要货订单。这个数字的涵义是什么？1995 年，海尔冰箱年产量首次突破 100 万台，不到 5 年时间，现在定制冰箱一个月便刷新了这个记录，相当于海尔冰箱全年产销量的 1/3。

定制营销，有"个性"的营销

希望自己购买的产品能显示出自己独特的个性，这就要求企业生产的产品品种丰富，不相雷同。于是，定制营销应运而生。

定制营销，是指企业在大规模生产的基础上，将每一位顾客都视为一个单独的细分市场，根据个人的特定需求来进行市场营销组合，以满足每位顾客的特定需求的一种营销方式。现代的定制营销与以往的手工定做不同，定制营销是在简单的大规模生产不能满足消费者多样化、个性化需求的情况下提出来的，其最突出的特点是根据顾客的特殊要求来进行产品生产。

定制营销的优点

1. 能极大地满足消费者的个性化需求，提高企业的竞争力。对此，海尔的"定制冰箱"服务已充分说明这一点。

2. 以销定产，减少了库存积压传统的营销模式中，企业通过追求规模经济，努力降低单位产品的成本和扩大产量来实现利润最大化。这在卖方市场中当然是很有竞争力的。但随着买方市场的形成，这种大规模的生产产品品种的雷同，必然导致产品的滞销和积压，造成资源的闲置和浪费，定制营销则很好地避免了这一点。因为这时企业是根据顾客的实际订单来生产，真正实现了以需定产，因而几乎没有库存积压，这大大加快了企业资金的周转速度。同时也减少了社会资源的浪费。

3. 有利于促进企业的不断发展，创新是企业永葆活力的重要因素。但创新必须与市场及顾客的需求相结合。否则将不利于企业的竞争与发展。传统的营销模式中。企业的研发人员中通过市场调查与分析来挖掘新的市场需求，继而推出新产品。这种方法受研究人员能力的制约，很容易被错误的调查结果所误导。

而在定制营销中，顾客可直接参与产品的设计，企业也根据顾客的意见直接改进产品，从而达到产品、技术上的创新，并能始终与顾客的需求保持一致，从而促进企业的不断发展。

定制营销是极致化的市场细分，成本和复杂性大大增加，对企业要求很高，不适合大多数企业，尤其是房地产企业。

海尔产品细分市场还有如下实例：

1. 海尔根据消费者夏天洗衣次数多、单次量少的特点，推出了省水省电型的"小神童"系列洗衣机；

2. 海尔改善洗衣机通水装置，解决了四川农民提出的洗衣机既洗衣服又洗地瓜；

3. 海尔进军日本市场时，细分市场，推出小型的、适合单身白领使用的洗衣机。

5.2 房地产目标市场选择

5.2.1 房地产目标市场的概念

房地产目标市场是指房地产开发企业期望并有能力占领和开拓，能为企业带来最佳营销机会与最大经济效益的，具有大体相近需求、企业决定以相应商品和服务去满足其需求、为其服务的消费者群体，是房地产企业决定要进入的那部分细分市场。

5.2.2 房地产目标市场应具备的条件

目标市场选择是否恰当，是房地产开发企业项目成败的关键。某个或某几个细分市场要想成为该企业的目标市场，需要具备以下条件：

1. 有一定的规模和发展潜力

企业进入某一市场是期望能够有利可图，如果市场规模狭小或者趋于萎缩状态，企业进入后难以获得发展，此时，应审慎考虑，不宜轻易进入。当然，企业也不宜以市场吸引力作为唯一取舍，特别是应力求避免"多数谬误"，即与竞争企业遵循同一思维逻辑，将规模最大、吸引力最大的市场作为目标市场。大家共同争夺同一个顾客群的结果是，造成过度竞争和社会资源的无端浪费，同时使消费者的一些本应得到满足的需求遭受冷落和忽视。

2. 细分市场具有足够市场吸引力

细分市场可能具备理想的规模和发展特征，然而从赢利的观点来看，它未必有吸引力。波特认为有五种力量决定整个市场或其中任何一个细分市场的长期的内在吸引力。这五种力量分别是：同行业竞争者、潜在的新参加的竞争者、替代产品、购买者和供应商。

3. 符合开发商的目标和能力

某些细分市场虽然有较大吸引力，但不能推动企业实现发展目标，甚至分散企业的精力，使之无法完成其主要目标，这样的市场应考虑放弃。另一方面，还应考虑企业的资源条件是否适合在某一细分市场经营。只有选择那些企业有条件进入、能充分发挥其资源优势的市场作为目标市场，企业才会立于不败之地。

5.2.3 房地产目标市场的模式

1. 单一市场模式

这是一种典型的集中化模式。无论是从产品角度还是市场角度来看，企业的目标市场高度集中在一个市场面上，企业只生产一种产品，供应一个顾客群。许多小企业由于资源有限，往往采用这种模式。而一些新成立的企业，由于初次进入市场，缺乏生产经营经验，也可能把一个细分市场作为继续发展、扩张的起始点。如图5-1所示（注：P 代表产品，M 代表市场，下同）。

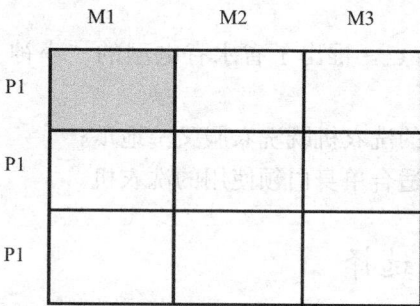

图 5-1　单一市场模式

2. 产品专业化模式

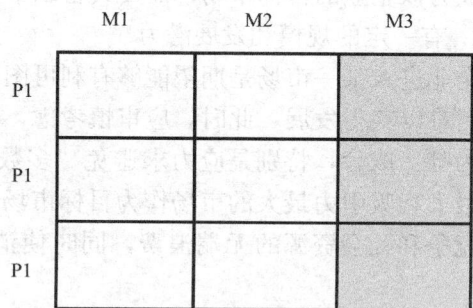

企业生产一种产品，向各顾客群体销售。通信企业便是这样，服务的宗旨是普遍服务，面对的是社会各阶层所有的用户。然而，单从产品的角度来看，虽然有不同的业务，但都起到了传递信息的作用。采用这种模式，企业的市场面广，有利于摆脱对个别市场的依赖，降低风险。同时，生产相对集中，有利于发挥生产技能，在某种产品（基本品种）方面树立较好的声誉，如图5-2所示。

3. 市场专业化模式

企业面对同一顾客群，生产和销售他们所需要的各种产品。采用这种模式，有助于发展和利用与顾客之间的关系，降低交易成本，并在这一类顾客中树立良好的形象。当然，一旦这类顾客的购买力下降，企业的收益就会受到较大影响，如图5-3所示。

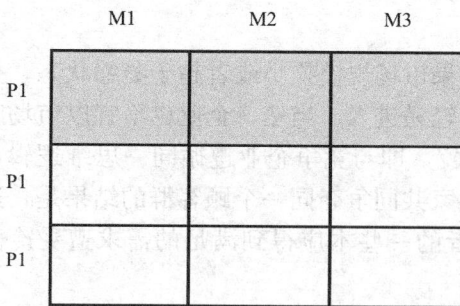

图 5-2　产品专业化模式　　　　图 5-3　市场专业化模式

4. 选择性专业化模式

企业在对市场详细细分的基础上，经过仔细考虑，结合本企业的长处，有选择地生产几种产品，有目的地进入某几个市场，满足这些市场面的不同要求。实际上，这是一种多角度经营的模式，可以较好地分散企业的经营风险，但是，采用这种模式，应十分谨慎，必须以几个细分市场均有相当的吸引力为前提，如图5-4所示。

例如：海尔集团，原来以生产冰箱著称，现在已形成集团化、多角度经营的模式，除系列化电器外，结合互联网技术进入智能家居、智慧社区领域。打造"e－home"住宅新模式。

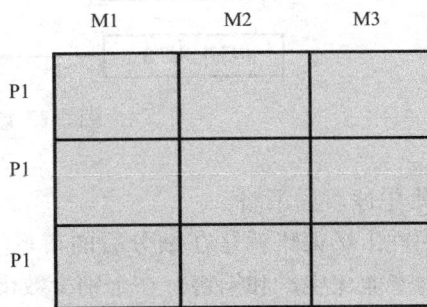

5. 全市场覆盖模式

企业为所有细分以后的各个细分市场生产各种不同的产品，分别满足各类顾客的不同需求，以期覆盖整个市场，如图 5-5 所示。

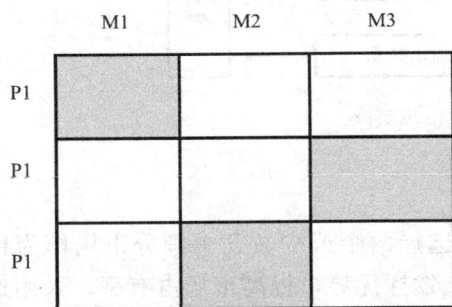

图 5-4　选择性专业化模式　　　　图 5-5　全市场覆盖模式

全市场覆盖模式适合大型房产集团，且随着市场细分越来越极致，此种模式存在成本高、细分市场窄小、风险高等缺点，目前采用的较少。

5.2.4　房地产目标市场选择策略

选择目标市场，明确企业应为哪一类用户服务，满足他们的哪一种需求，是企业在营销活动中的一项重要策略。为什么要选择目标市场呢？因为不是所有的子市场对本企业都有吸引力，任何企业都没有足够的人力资源和资金满足整个市场或追求过分大的目标，只有有目的性地选择有利于发挥本企业现有的人、财、物优势的目标市场，才会有理想的经营效果。

1. 无差别性市场策略

无差别市场策略，就是企业把整个市场作为自己的目标市场，只考虑市场需求的共性，而不考虑其差异，运用一种产品、一种价格、一种推销方法，吸引尽可能多的消费者。这种策略的优点是产品单一，容易保证质量，能大批量生产，降低生产和销售成本。但如果同类企业也采用这种策略时，必然要形成激烈竞争。所以，无差别策略适合市场初期，目前基本淘汰，如图 5-6 所示。

图 5-6　无差异市场策略

2. 差别性市场策略

差别性市场策略就是把整个市场细分为若干子市场，针对不同的子市场，设计不同的产品，制定不同的营销策略，满足不同的消费需求。这种策略的优点是能满足不同消费者的不同要求，有利于扩大销售、占领市场、提高企业声誉。其缺点是由于产品差异化、促销方式差异化，增加了管理难度，提高了生产和销售费用。目前只有力量雄厚的大公司采用这种策略，如图 5-7 所示。

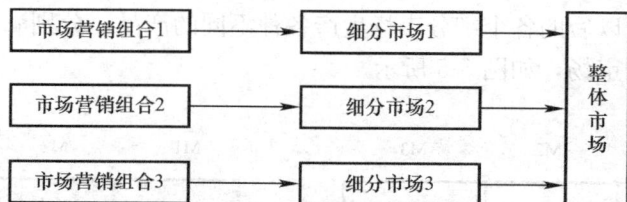

图 5-7　差别性市场策略

3. 集中性市场策略

集中性市场策略就是在细分后的市场上，选择两个或少数几个细分市场作为目标市场，实行专业化生产和销售。在个别少数市场上发挥优势，提高市场占有率。采用这种策略的企业对目标市场有较深的了解，适合目前的房地产市场，也是多数企业采用的策略，如图 5-8 所示。

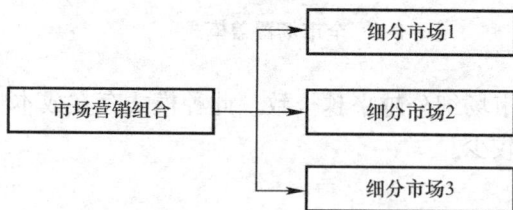

图 5-8　集中性市场策略

5.2.5　影响房地产企业目标市场策略选择的因素

上述三种目标市场策略各有利弊，企业到底应采取哪一种策略，应综合考虑企业、产品和市场等多方面因素予以决定。

1. 企业资源或实力。当企业生产、技术、营销、财务等方面势力很强时，可以考虑采用差异性或无差异市场营销策略；资源有限，实力不强时，采用集中性营销策略效果可能更好。

2. 产品同质性。指在消费者眼里，不同企业生产的产品的相似程度。房地产的不可移动性决定了产品的同质性较低，因而更适合于采用差异性或集中性营销策略

3. 市场同质性。指各细分市场顾客需求、购买行为等方面的相似程度。市场同质性高，意味着各细分市场相似程度高，不同顾客对同一营销方案的反应大致相同，此时，企业可考虑采取无差异营销策略。反之，则适宜采用差异性或集中性营销策略。

4. 产品所处生命周期的不同阶段。产品处于投入期，同类竞争品不多，竞争不激烈，企业可采用无差异营销策略。当产品进入成长期或成熟期，同类产品增多，竞争日益激烈，为确立竞争优势，企业可考虑采用差异性营销策略。当产品步入衰退期，为保持市场地位，延长产品生命周期，全力对付竞争者，可考虑采用集中性营销策略。

5. 竞争者的市场营销策略。企业选择目标市场策略时，还要充分考虑竞争者尤其是主要竞争对手的营销策略。如果竞争对手采用差异性营销策略，企业应采用差异性或集中性营销策略与之抗衡；若竞争者采用无差异策略，则企业可采用无差异或差异性策略与之对抗。

6. 竞争者的数目。当市场上同类产品的竞争者较少，竞争不激烈时，可采用无差异性营销策略。当竞争者多，竞争激烈时，可采用差异性营销策略或集中性营销策略。

【阅读材料】

浅谈龙湖"枫香庭"的目标市场定位

龙湖枫香庭坐落于重庆江北洋河大道，毗邻海洋公园。总体外观形象及户型已面市，极具现代感。从户型比例上看，此次推出的户型以三室两厅106m² 为主力户型（规划图预测），最小面积86m² 两室两厅单卫，最大户型约170m² 左右四室两厅。

其目标市场，摒弃了所谓热销的一室一厅，而追求"三口之家"这样一个看似"细分"而又"庞大"的主力市场。从我国的人口出生高峰的年份中，我们可以发现，70 年代末至80 年代初为人口出生高峰期，这一阶段出生的人群现已处于"婚龄"，或已经有一个小孩。从追求舒适的角度讲，他们需要三室两厅或两室两厅的住房；对于那些没有结婚的子女家庭来讲，受计划生育政策的影响，大多数的家庭都只有一个小孩，而父母都希望自己的子女能留在自己的身边，因此，三室两厅也就成为他们的理想之选。当然这要建立在有足够经济基础的条件上。

从市场细分的角度上讲，目前市场上10 万平方米以上的小区均采用"一网打尽"的目标市场定位策略，这样会造成：①目标受众不明确；②产品同质化，市场竞争加剧；③不利于产品形象的塑造。因此，龙湖发展商在考虑到市场竞争因数的条件下，采取了舍弃单身贵族而抓取三口之家的道路，避免与周边市场锁定同一目标市场，陷于同质化竞争。

从产品设计上看，选择三室两厅（130m² 以下）户型作为主力户型无疑是一明智之举。记得几年前的某个楼盘曾提出"130 定律"来引导市场，结果获得了不少客户及发展商的认同。而今，市场上的三室两厅大多均集中于130m² 及以上，而"小三房"正是市场的一大空白点，基于这个前提，弥补市场空白，获取买家认同。

（资料来源：搜房网）

5.3　房地产项目市场定位

目标市场范围确定后，房地产企业就要在目标市场上进行定位了。市场定位是指企业全面地了解、分析竞争者在目标市场上的位置后，确定自己的产品如何接近顾客的营销活动。

5.3.1　房地产项目市场定位的含义、作用和内容

房地产项目如何定位决定了一个地产项目的成败。相当数量的地产项目在建筑、设计、销售招商等准备工作都做得很好，但是最终楼盘还是以失败而告终。究其原因，定位错误或者有偏差是一个很重要的原因。

1. 房地产市场定位的含义

房地产市场定位就是房地产企业根据目标市场上同类产品竞争状况，针对顾客对该类

产品某些特征或属性的重视程度，为本企业产品塑造强有力的、与众不同的鲜明个性，并将其形象生动地传递给顾客，求得顾客认同。市场定位的实质是使本企业与其他企业严格区分开来，使顾客明显感觉和认识到这种差别，从而在顾客心目中占与众不同的有价值的位置。

需要指出的是，市场定位中所指的产品差异化与传统的产品差异化概念有本质区别，它不是从生产者角度出发单纯追求产品变异，而是在对市场分析和细分化的基础上，寻求建立某种产品特色，因而它是现代市场营销观念的体现。

2. 房地产市场定位的作用

首先，房地产市场定位有利于建立房地产企业及产品的市场特色，是参与现代市场竞争的有力武器。在现代社会中，许多房地产市场都存在严重的供大于求的现象，众多生产同类产品的开发商争夺有限的顾客，市场竞争异常激烈。为了使自己的产品获得稳定销路，防止被其他开发商的产品所替代，房地产企业必须从各方面树立起一定的市场形象，以期在顾客心目中形成一定的偏爱。

其次，房地产市场定位决策是房地产企业制定市场营销组合策略的基础。房地产企业的市场营销组合要受到企业市场定位的制约，例如，假设某企业决定生产销售优质低价的楼盘，那么这样的定位就决定了：产品的质量要高；价格要定得低；广告宣传的内容要突出强调企业产品质优价廉的特点，要让目标顾客相信货真价实，低价也能买到好产品。也就是说，房地产企业的市场定位决定了企业必须设计和发展与之相适应的市场营销组合。

3. 房地产项目市场定位的主要内容

房地产开发项目市场定位的内容主要包括以下几个方面：

（1）确立开发理念。基于企业的价值观，为体现企业文化，发挥企业的竞争优势，确定开发的指导思想和经营模式，使得项目定位有利于企业的长久发展，有利于品牌建设；

（2）明确用途功能。在市场定位时应根据城市规划限制条件，按照最佳最优利用原则确定开发类型，对土地资源进行综合利用，充分挖掘土地潜能；

（3）筛选目标客户。在市场调查的基础上，以有效需求为导向，初步确定项目的目标客户，分析其消费能力，为产品定位和价格定位做好基础工作；

（4）进行项目初步设计。在市场资料的基础上，根据土地和目标客户的具体情况，编制初步设计任务书，委托规划设计部门进行项目的初步设计，进一步确定建筑风格、结构形式、房型、面积和建筑标准等内容；

（5）测算租售价格。参照类似房地产的市场价格，运用适当的方法，综合考虑房地产价格的影响因素，确定本项目的租售价格；

（6）根据企业经济实力和项目投资流量，分析和选择适当的入市时机，充分考虑到风险和利益的辩证关系，提出可行的营销策划方案，保证项目的顺利进行。

5.3.2 房地产目标市场定位的程序和方法

1. 房地产目标市场定位的程序

房地产开发项目的市场定位包含项目区位的分析与选择、开发内容和规模的分析与选择和开发项目租售价格的分析与选择等。具体来说，主要按以下流程进行：市场调查→土地条件→分析和确定潜在客户群→产品定位（户型、面积、档次等）→租售价格定位→征询意见→方案调整→成本与费用测算→预测租售收入和租售进度→经济评价→确定最后方案。

2. 房地产目标市场定位的方法

目标市场定位的方法可以归纳为如下几种：

（1）以特定的产品特性来定位。对于新产品，产品的某些特性往往是竞争对手无暇顾及的。这种定位往往容易收效。

（2）根据特定的产品用途来定位。如果使老产品找到一种新用途，也是为该产品创造定位的好方法。

（3）根据特定的产品使用者定位。企业常常试图把某些产品指引给适当的使用者或者某个细分市场，以便根据那个细分市场的特点建立起恰当的形象。

（4）根据特定的产品档次定位。产品可以定位为与其相似的另一种类的产品档次，或者强调与其同档次产品并具有某些方面的差异特点。

（5）对抗另一产品的定位。可以在暗示另一产品的不利特点的基础上进行定位。如一家饮料厂生产无色饮料来定位，以暗示有色饮料的色素对人体健康不利。

5.3.3 房地产目标市场定位的策略

企业进行目标市场定位，一般有三种战略可供选择。

（1）发掘战略

即通过发掘市场上未重叠的新区来定位。当企业对竞争者的位置、消费者的实际需求和自己的产品属性等进行评估分析后，发现现有市场存在缝隙或者空白，这一缝隙或者空白有足够的消费者而作为一个潜在的区划而存在。并且企业发现自身的产品难以正面匹敌，或者发现这一潜在区域比老区域更有潜力。在这种情况下可以采取发掘定位战略。

（2）跻身战略

当企业发现目标市场竞争者众多，但是细加分析，发现该区划内市场需求的潜力很大，而且企业也有条件适应这一区划环境，企业就可以采用跻身战略，进入该区划，与众竞争者分享市场。

（3）取代战略

即把对方赶下现在的市场位置，由本企业取而代之。采用这一战略定位，企业必须比竞争对手具有明显的优势，必须提供更优于对方的产品，使大多数消费者乐于接受本企业的产品，而不愿意接受竞争对手的产品。

5.3.4 防止定位错误

前面已经分析过，企业应该针对其目标市场找出几个较重要的差异性，然而当企业对其品牌所拥有利益推广得越多时，将越容易使人产生不信任感，而且也越容易失去其清晰的定位形象。反之当然也不行。因此，作为企业来说定位时应该注意避免以下的错误：

（1）定位不明显。有些企业定位不够明显，往往使得顾客心中只有模糊的形象，认为它与其他企业并无差异。

（2）定位过于狭隘。有些企业恰好相反，过分强调定位于某一狭隘区划，使顾客忽视了企业在其他方面的表现。

（3）定位混淆。购买者对企业的品牌形象相当混淆。造成这种情况可能是因为企业宣传产品的利益太多了，也可能是企业的品牌定位过于频繁。

（4）有疑问的定位。由于企业没有注意品牌的整体形象，造成一些矛盾的定位宣传。

5.3.5 房地产开发项目市场定位中存在的主要问题及原因

1. 市场定位工作的主体发生偏差

虽然市场定位的工作主体有房地产企业、中介咨询企业、高校和研究机构及个体业主等，但由于我国房地产咨询业还处于初创萌芽期，实际上这项工作大部分是由个人或少数与委托方有关联的咨询机构完成，缺少公正性、科学性，市场定位工作流于形式，更多的是为决策者的结论提供依据，工作一般仅限于房型的选择、租售价格的预测等部分内容，同时，从业人员的素质参差不齐，导致市场定位工作处于低水平状态，没有针对性。不能根据特定的对象进行科学的调查、资料收集和分析，仅根据经验作分析、判断，对于一些关键的数据进行处理用来满足分析的需要。

2. 运用差异化战略"模仿有余而创新不足"

差异化包括产品差异化、形象差异化和市场差异化等，"差异化是房地产企业的第三利润源泉"的观点已渐渐为业内人士所认可。但在市场定位时，常常会出现这样两种情况：一种是过分强调"差异化"，脱离地块条件和区域环境，片面强调"个性化"，忽视区域房地产市场的物业特点、生活习惯，往往会导致滞销；另一种情况是"简单拷贝，适当修改"，从建筑立面、平面布置，到室外绿化、景观布置，从营销广告、营销策略，到开发理念、企业文化，往往都是房地产市场上以往一些热销楼盘的翻版，缺少创新，随大流。不同的仅仅是项目名称、建筑色彩、地段等，这样的市场定位形成了房地产市场的"一般化"局面。

3. 偏离市场定位的理论和原则，片面强调"概念式定位"

部分房地产企业在进行市场定位时，不是根据市场定位的理论和原则进行工作，而是热衷于做概念，甚至出现了"软住宅"的定位概念。一条臭河成为"水景"，还未立项的地铁成为"交通便利"的工具，虚拟的"生活方式"成为卖点，"媒体炒作"成为市场定位的重要环节。在某种程度上，这种"虚、空、媒体化"的概念定位方式已影响到房地产市场的健康、规范发展。

4. 目标客户群不明确或目标市场需求判断错误

由于市场调查方法、调查范围和掌握资料不全面，对地块条件和区域环境分析不透，对房地产市场细分化认识不够，对开发能力和市场影响力估计过高，对房地产市场的"同质化"产品可能带来的影响度估计不足，对目标客户群动态变化的程度无法把握，同时对在一定经济条件下社会的消费趋势和消费能力的分析预测发生偏差，从而导致在市场定位时的目标客户群的筛选发生错位，不能形成有效客户群和有效供给。

【阅读材料】

浅谈房地产营销的市场定位
——以万科金色城市为例

在现代企业市场营销中，为了满足不同阶层，不同客户群体对产品的需求，准确的市场定位已成为了营销过程中必不可缺的重要环节。不同风格，差异化的产品往往是为了让更多目标客户的需求得到最大的满足。在房地产市场营销中，针对市场，从市场中发现产品的最佳切入点，使产品在置业群体中引起共鸣，并使客户产生强烈的购买欲望，这一市场分析与定位的过程也已经成为房地产公司有效实现销售、获取项目的目标利润和品牌声誉的重要手段。

万科金色城市项目位于浦东新区北蔡地区，是一个紧靠中环，占地约达 110 万 m^2 的巨型城市综合体。距陆家嘴金融贸易区约 12.5 公里，人民广场约 15 公里，张江高科技园区约 8.5 公里，位居大浦东的正中央，便捷到达各个区域。我去实习的时候，万科的一期已经销售一空，一期主要以 90m^2 的小户型为主，内部装修简约大气，朴实无华，当时的房地产市场受政策的影响还不是太强烈，所以在 2010 年一经开盘，便销售一空，随之开盘的是二期，主要以 140m^2 的精装房为主，且总体建筑面积远远大于一期，万科把它定位为美式别墅级居所，装修标准达到 4000 元/m^2，特设的新风，采暖，饮水，厨房，智能安保系统等均按照国际级高端宅邸选配标准严格甄选，整个房间的布局合理紧凑，功能齐全，给人一种温馨舒适的感觉，同时这种户型的价格也被定在了一个同地段相对较高的价位 3.1 万/m^2 左右。刚去的时候了解到这两种户型的差异后我便产生了疑惑：为什么90m^2 的小户型那么畅销，即便是在告罄以后还有不少购房者来咨询，而万科却选择重新设计户型风格与销售路线，而不是选择去复制之前的成功呢？这样难道不会影响项目的总体进程么？然而就在开盘一个月后，我就改变了之前的想法，二期的皇冠户型精装房在2010 年 10 月份政府开始着手调控房地产市场的背景下，依然取得了较好的销售业绩，而半个月的实习也让明白了在一路飘红的销售业绩后面隐藏着的玄机，那便是以万科这一知名品牌为依托的准确的市场分析与定位。

正所谓角色决定行为，正是因为不同意义的社会角色决定了万科的营销是要有针对性的，而不是胡子眉毛一把抓。众所周知，自万科全国全面收缩，专注于做住宅地产后，从长远的战略考虑做出了一个重要的选择：只做一个群落的城市平台，那就是中产阶层。选择中产阶层的优势也是显而易见的，这一类群体经过岁月的积累已经具有了一定的支付能力，所以风险较小，虽然富豪的支付能力更强大，但这类群体毕竟是少数的，就像大众是目前全球最大的汽车商而不是劳斯莱斯一样。另外，中产阶层对于万科的品牌文化及设计风格有一定的认同感与信任感，我想这应该是万科选择中产的阶级的关键因素。

回归到万科的金色城市，我开始慢慢地理解到了这一点，一期的户型虽小，但在本质上却有二期血脉相连的，而二期更是一期的加强版：美式的设计风格，欧式的厨房，还有带着落地窗的书房，这在富豪眼中小气，在理性群众眼中奢侈的居所恰恰满足了中产的物质和精神上的需求，小区内部约 200 万 m^2 都市生态绿地，典雅的景观设计号称是一场与环境的坦白对话，再环视楼盘的地理位置，仅靠中环，陆家嘴 25 分钟车程，淮海路 CBD20 分钟，同时楼盘周边汇聚了御桥商业街，宜家全球最大门店，红星美凯龙旗舰店，OFFICE 高级办公区以及 SHOPPING MALL 购物中心，这些环境平台的搭建给了居住者一种仿佛真实的居住在另外一个城市—金色城市的感觉。正是因为这种感觉，这种体验，满足了中产阶级对生活的幻想，从而使他们愿意拿出多年的积蓄，毫不犹豫地把家选择了这里。令我感触最深的是当我带着这类客户看样板房时，他们不会因为价格过高而在样板间里挑剔找茬，而是会久久的站在阳台上，看着里面的布局，沉思些许后说出一句：这就是我想要的房子。我想这不仅仅是对户型设计的肯定，更是对开发商，对万科极大的肯定。

（资料来源于网络）

5.4 房地产项目 STP 战略的实际应用

5.4.1 房地产产品 STP 战略的具体运用

策划公司、开发商将楼盘产品进行有目的性、有选择性、有针对性的销售或推介的一种客户定位。其目的探讨产品的市场可行性如何？产品潜在客户是谁？对产品进入市场如何把握？产品的市场受众面究竟有多大？等等。一切都围绕着市场转，找准楼盘的市场定位。从而找出产品进入市场最佳切入点，消费群中引起共鸣，产生强烈的购房愿望。下面，就三个方面来探讨房地产产品的 STP 战略的具体运用方法。

1. 销售目标定位

销售目标定位是通过明确的目标选择，为开发商进行哪一种产品定位的决策打下基础。

房地产开发的最终目的是销售，对楼盘整个营销来说销售目标的定位是基础。销售目标定位应依据客户的层次、能力、不同需求的差异和项目特殊性所决定。房产作为商品，有着一般普通商品没有也不可能存在的特性，如不可移动性、产品价值的保值和增值性、产品的耐用性、其售价的昂贵性等。

2. 楼盘产品定位

一个楼盘的建造有规模之分，有产品档次之分，购买层次更是不一样。因而，产品的定位显得尤为重要，必须在消费群体或潜在客户中树立起楼盘的特殊形象。

楼盘产品定位说起来容易，做起来却很难，因为房地产产品不同于一般商品，其生产周期和销售周期较长，这就要求在楼盘开发过程中对本身产品的设计需有一定超前性，不因为市场的变化使产品变得过时或滞销。

同时，由于房地产产品市场定位需受硬件和软件两大因素的影响，硬件一般包括规划指标，如：控高、容积率、密度、绿化率、停车泊位比例等全部由政府规划所决定，具有不可更改性。软件包括：资金、材料、工期、技术、施工等不确定因素的变数影响。

所以，产品定位因项目的档次、价格、区域、品质等综合性价比因素而有很大差异。楼盘开发，由于投资大，又存在相应风险和市场不确定因素，使开发商小心翼翼，因而对楼盘产品定位显得较为慎重，必须在前期市场细分和目标市场选择基础上结合项目实际进行。

3. 价格定位

除了销售目标定位和楼盘产品定位外，市场营销中，价格定位同时也是一个足以影响房产开发项目成败与否的重要因素。

楼盘价格定位，应该依据市场最为现实的走势，从全程营销的角度，对项目确定一个既有利于本身产品尽快销售和迅速回笼资金的目标；也能在市场中通过个案的特殊优势和与众不同的亮点发掘，对楼盘个案进行出人意料的价格定位，进而对项目整体营销产生积极的影响。

实际操作中，销售、产品和价格定位相互影响，不可分割。如在多层住宅销售中，往往是顶层和底层较为难卖，但是如果发展商采取买顶层送露台，卖底层送花园，则效果大不一样。小高层电梯房的销售中，已有开发商将难卖的底层改作错层，并将进出总门改为向南开，从底层花园进入房间，这样的设计受到客户的欢迎，而且在楼价上也比原来传统北向出入口的设计容易被客户接受。

5.4.2 STP 战略需要充分考虑的几个因素

STP 战略最主要的是根据自身条件开发适销对路的产品，以下几点必须充分考虑，才能做出最优选择。

1. 开发商实力

包括资金、人才、经验等。资金实力在房地产开发中被普遍认同，但人才、开发经验等其他软实力还没有被众多开发企业所重视。

2. 土地条件及规划条件

在考虑土地自身条件的优劣势后，地块的一些规划条件必须充分考虑，在条件允许的情况下，进行合理调整。

3. 针对 20 万平方米以上大项目，必须对宏观经济运行进行分析

很多开发企业普遍认为宏观经济的发展与宏观经济的分析离自身项目很远，与自己项目的相关性不大。但大型开发项目周期至少需要三年以上，那么整体宏观经济的运行和发展对项目的影响是非常大的，也是开发企业在项目定位时必须充分考虑的重要方面。

4. 客户群调查

目前普遍应用的问卷微观调查方法并不完全适合客户需求的调研判断，"与客户接触"交流的结果才是最有效最直接的判断基础。

5. 单方利润/总利润率/资金风险

房地产市场定位需要考虑的因素很多，作为开发企业项目运作最核心的单方利润率、总利润率和资金风险这三方面问题是公司最机密的问题。项目定位关系到项目的成败，顾问公司必须与开发商深入交流，进行规模论证，模拟选择，可行性研究等，才能策划项目正确的市场定位。

【阅读材料】

广州某楼盘的 STP 分析

（一）项目资料

本项目位于广州天河区。天河区位于广州市东部，东与黄埔区相连，南濒珠江，西南接东山区、北连白云区。总面积 147.77 平方公里，人口 41.8 万。天河区交通四通八达，是广州市连接珠江三角洲及粤北粤东地区的要通。全区有中山大道，黄埔大道等 63 条主要干道，广深高速公路共穿东西，广州火车东站和地铁号线天河终点位于区内。天河区是广州著名的科研高教区，有超过 22 所大专院校，34 家科研院所，15 所中学、1 所职中、61 所小学、95 所幼儿园。区内社会保障事业发展较快。

由于城市中心东移，天河区作为新兴区域，也就成为了广州市商品楼集中地。天河区楼盘分布相对集中，主要分布在以天河北、员村、天汕路、东圃为中心的集中区域。

（二）市场细分（S）

针对目标客户的情况，将目标市场细分如下：

1. 购买阶层

1）自用：大众市民（含拆迁户），有能力而又确实希望置业的。

2）安居保值：高薪收入阶层（含个体户及现时租屋人士）。因为楼宇的价值会随通胀而上升，而租房的租金则如流水般而去，住宅置业既能保值又可安居。

3）换屋计划：不满意现时居住条件且有能力供屋的人士，房改房的原居者。

4）投资客：投资者是每个有潜力楼盘的目标买家群，针对本项目，被吸引的多是中小型投资者。

2. 年龄层次：

中青年人为主（30～50 岁）。

3. 家庭结构：

三～五口之家为主。

4. 收入区分

中高等级。

5. 经济结构

现有存款 10 万元以上。

6. 消费等级

10 万～50 万元。

7. 消费水准

精品型消费。

8. 购屋心态

1）环境偏好——治安良好，相对恬静，且有安全保障之住家；

2）休闲享受——各项休闲娱乐设施近在 800 米半径以内之理想住家；

3）商品偏好——喜欢家居户数少，出入人员较单纯；

4）地段偏好——交通网络四通八达，方便快捷；

5）旧屋换新屋。（含房改房客户）。

9. 购屋动机：

自住为主，投资为辅。

（三）目标客户选择（T）

1. 区内的买家

分析：员村附近区内人口密集，道路狭窄，整体环境缺乏大型园林绿化，绿化率低。对于欲改善环境的买家及家中有安度晚年的老人家的客户，本案住宅是他们置业首选。

2. 区域居民的子辈

分析：这批人在当地生活较长时间，生活圈子几乎固定在此，对该区感情深厚，而现有条件已难以满足其生活需要，想买大屋改善环境，同时出于孝敬老人的前提下，在同区就近购房，既能更好照顾老人，又能享受独立居住的自由便利。

3. 区域居民的亲属、朋友

分析：此类客户受该区域的亲属、朋友的口碑宣传，对小区向往；同时在此地置业，方便同自己亲属、朋友进行充分的沟通，接触和联络，还享受其优越住宅环境。

4. 外来人口在该地置业

分析：此类在该区域中占主流，他们注重本案的综合素质，周围的自然环境以及周围的配套设施，对新环境适应性较强，反而对区域感情不太考虑。此外，对于外来人士而言，群居意识是影响他们选择居住地点的重要因素之一，如广东潮汕地区的人士在这方面表现尤为突出。

5. 在城东工作的工薪族人士

分析：附近繁荣的金融中心、商业网点以及该区工厂聚集，造就了一批在该区工作的工薪族，此类阶层人士对置业概念注重经济实惠，环境优雅，交通方便，同时享受现代生活居所，改善生活水平。

6. 在天河区及附近区域经商的小商户

分析：他们拥有一定的经济实力，乐意在经营范围的附近置物业，既方便居住，亦能随时照顾生意，一举两得。优质的生活环境有助于改变他们不定向的居住习惯。

7. 同城其他区域人士进驻

分析：其他区域如东山区、白云区、黄埔区人士，欲改换生活环境，选择新规划的东部城市中心作为置业对象，同时享用新规划带来的新设施新配套。

8. 因拆迁而不得不迁移的广州人

分析：由于不满现时的拆迁安置区域，想通过拆迁重新另寻居所地方，新规划区域为此类人之首选。

9. 资金充裕，已购楼宇的投资者

分析：这部分人也许在天河区购过楼，随着近年来购楼经验的丰富，他们也可能看中项目前景好，具有较大的升值潜力，买来自住或投资以求大回报。

（四）项目总体定位（P）

总体定位：代表市心城北地标性多功能高层个性大厦。

多功能大厦：集现代商铺、商务办公、和高层高住楼为一身，有机结合，互不影响，产权结构独立。各功能之间的基础设施在共用的基础之上存在着相对的独立性和分户性。从各个方面、各个角度、各种需要极大的满足不同形式入住者的最终使用目的。

少量的公共建筑，如幼儿园、物业管理房、商店等；在商业类房地产开发项目中，则以商店、写字楼等公共建筑为主。

2. 按建筑的高度或层数分类

民用建筑按照其建筑高度或者建筑层数，可以分为低层、多层、高层、超高层建筑。其中住宅建筑按层数划分，其他建筑按高度划分见表 6-1、表 6-2。

住宅建筑按层数分类

表 6-1

类别	低层	多层	中高层	高层	超高层
层数	1～3 层	4～6 层	7～9 层	10 层及 10 层以上	高度>100 米

除住宅之外其他民用建筑按照建筑高度分类

表 6-2

类别	低层和多层建筑	高层建筑	超高层建筑
建筑高度	≤24 米	>24 米 （不包括建筑高度>24 米的单层建筑）	高度>100 米

3. 按建筑的耐久年限分类

根据建筑物主体结构确定的建筑耐久年限，可以把建筑物分为四个等级：

一级：耐久年限在 100 年以上，适用于重要建筑和高层建筑；

二级：耐久年限为 50～100 年，适用于一般建筑；

三级：耐久年限为 25～50 年，适用于次要建筑；

四级：耐久年限小于 15 年，适用于临时性建筑。

4. 按建筑的承重结构分类

根据建筑物中承重构件（基础、柱、梁、楼板、屋架、承重墙）的结构体系，可以分为：

木结构建筑，以木材作为主要承重构件，一般层数较低，通常在 3 层以下。传统建筑中用得较多，现代建筑中某些别墅、园林建筑中还会用到。

砖或石结构建筑，以砖或石材作为主要承重构件，一般层数较低，通常在 3 层以下。这类建筑便于就地取材，造价省，节约钢材水泥，但自重大，抗震能力弱。

钢筋混凝土结构建筑，其承重构件如梁、板、柱、墙、屋架等，是由钢筋和混凝土两类材料构成。其围护构件如外墙、隔墙等是由轻质砖或其他砌体做成的。特点是结构适应性强，抗震性好，防火性能好，可塑性强，耐久年限长，目前被广泛采用。钢筋混凝土结构的种类有框架结构、框架-剪力墙结构、剪力墙结构、筒体结构、框架筒体结构和筒中筒结构。

钢结构建筑，其主要承重构件均是用型钢等钢材构成。钢结构建筑的力学性能好，自重轻，抗震性能好，并且施工工期短，但建筑成本较高。在高层及超高层或大跨度的公共建筑中采用较多，并且逐年增长。

混合结构建筑，其承重构件采用两类或两类以上的材料的。例如由承重砖墙、木楼板、木屋架共同构成的砖木结构建筑；由钢筋混凝土柱梁板、承重砖墙共同构成的砖混结构建筑；由钢屋架、钢梁、钢筋混凝土柱共同构成的钢混结构建筑等。其中砖混结构建筑在民用建筑中应用广泛。

6.1.2 建筑工程设计

建筑工程设计是指设计一幢建筑物或一个建筑群的全部工作，由建筑设计、结构设计、设备设计三部分组成，有时也把这三部分统称为建筑设计。

1. 建筑设计

从专业分工的角度，建筑设计专指建筑工程设计中建筑师承担的那部分设计工作。它是指根据设计任务书，在满足城市规划的相关条件下，对场地内外环境、气候条件、建筑功能、结构施工、建筑设备、建筑经济和建筑美观等各方面做全面的分析，解决建筑内部外部空间的组合，使建筑功能、空间组合、流线组织达到协调和统一。建筑设计作为整个设计的主导和先行部分，控制着设计的全过程，与结构、设备等相关技术协调整合，最终使整个设计满足适用、经济、美观。具体来讲，建筑设计需要解决建筑内外部的空间组合关系、艺术效果，以及建筑细部节点的构造方式。因此，建筑设计包括建筑空间环境的组合设计以及建筑的构造设计两部分内容。

(1) 建筑空间环境的组合设计

通过对建筑物内部外部空间的限定、塑造和组合，综合解决建筑的功能、技术、经济、美观等方面的问题，利用形式美的基本规律，按照人的使用要求，合理协调建筑本身与内外部物质环境、城市景观、历史文脉、文化环境等的关系。建筑的空间设计表达成果具体包括建筑总平面设计、建筑平面设计、立面设计、剖面设计。

(2) 建筑构造设计

建筑构造设计是研究建筑各部件的构造组成，包括墙体、楼地面、地下室、楼梯、屋顶、门窗、装饰构件等，确定材料和构造方式，以解决建筑的功能、技术、经济和美观等问题。构造设计需要根据建筑功能需要，遵循安全、耐久、美观、节约的设计原则，利用新材料、新工艺、新技术，达到设计要求，并使施工方便、工期缩短。建筑的构造设计表达成果具体包括大量的建筑详图和做法说明。

空间环境的组合设计中总平面以及各层平面、剖面、立面的设计是同步思考、共同推进并相互制约与协调的过程，顺序可以根据具体的设计内容交叉进行，各有侧重。空间环境设计与构造设计，虽然内容和要求不同，但总体目标和要求是一致的，在不同的设计阶段，重点突出某些方面的设计。

2. 结构设计

结构设计根据建筑设计的要求、经济合理、施工方便，选择一套安全、切实可行的结构布置方案，进行结构方案设计、结构计算及构件设计，一般由结构工程师完成。结构设计一般根据建筑设计的要求进行设计，它是建筑方案得以实现的基础，同时也会限定或者发展建筑设计的创意或思路，尤其体现在一些大型公共建筑如体育馆（场）、大剧院、超高层建筑、电视塔等设计中。

3. 设备设计

工程设计需要各相关专业的密切配合，根据工程的复杂程度专业可增减，一般包括给排水专业、电气专业（复杂时分为强电或动力、弱电专业）、暖通专业等。其中设备设计包括给水排水、电气照明、动力、弱电、采暖通风等专业的设计，一般由相关的专业工程师完成。各工种的设备设计贯穿于建筑设计的整个过程，从方案阶段、初步设计阶段到施工图设计阶段。

6.1.3 常用建筑名词

（1）基础，建筑最下面的部分，埋在自然地坪以下，承受房屋的全部荷载，并把这些荷载传到下面的土层—地基。基础要求坚固、稳定，能够抵抗冰冻、地下水的侵蚀。

（2）墙，有非承重墙和承重墙之分，非承重墙有分隔、围护空间的作用，承重墙除此之外还是房屋的竖向承重构件，承受楼地层和屋顶传给它的荷载，并把这些荷载传给基础。根据墙所在位置的不同，还可分为外墙和内墙，外墙同时也是房屋的围护结构，能抵抗风、雨、雪、太阳辐射热的作用，并具有保温的性能；内墙用于分隔建筑物水平方向的内部空间，要求坚固、稳定、耐久，并且具有保温、隔热、隔声等性能。

（3）柱，房屋的竖向承重构件，和承重墙一起，承受楼地层和屋顶传给它的荷载，并把这些荷载传给基础。

（4）梁，房屋的水平承重构件，搁置在梁或承重墙上，承受上部荷载。

（5）楼地层，楼地层是房屋的水平承重和分隔构件，包括楼层和首层地面两部分。楼板把建筑空间在垂直方向划分为若干层，并将其所承受的荷载传给墙或柱。首层地面直接承受各种使用荷载，并把荷载传给下面的土层，所以楼地层要求坚固、耐磨、防潮、防水。

（6）楼梯，楼房建筑中联系上下各层的垂直交通设施，在平时供人们上下楼层，在处于火灾、地震等事故状态时，供人们紧急疏散。

（7）屋顶，建筑顶部的承重和维护部分，屋顶的承重作用是承受屋顶的全部荷载，并把这些荷载传给墙或柱。屋顶的维护作用一是阻隔雨水、风雪对室内的影响，并将雨水排除；二是防止冬季室内热量散失，夏季太阳辐射热进入室内。因此要求屋顶具有防雨雪侵袭、防太阳辐射、隔热保温等作用。

（8）门窗，门和窗均属围护构件。门的主要功能是交通出入、分割和联系内部与外部或室内空间，有的兼起通风和采光作用。窗的主要功能是采光和通风，要求具有隔声、防风沙、保温等功能，同时也能起到美化立面的效果。

（9）开间与进深，开间是指一间房屋左右方向的面宽，即两条横墙间或横向轴线之间的距离；进深是指一间房屋进入方向的深度，即两条纵墙间或纵向轴线之间的距离。

（10）层高与净高，层高是指本层楼（地）面到上一层楼面的高度；净高是指房间内楼（地）面到顶棚底或其他建筑构件底的高度。

（11）建筑高度，指室外地坪至檐口顶部的总高度。

（12）建筑面积，指建筑物各层面积的总和。

（13）建筑施工图，包括总平面图、平面图、立面图、剖面图和构造详图。表示建筑物的空间组合、外部形状，以及装修构造施工要求等。

（14）结构施工图，包括结构平面布置图和各构件的结构详图。表示承重结构的布置情况，构件类型，尺寸及构造做法等。

（15）设备施工图，包括给排水、采暖通风、电器等设备的平面布置图、系统图和详图，表示上下水、暖气管道管线布置。卫生设备及通风设备等的布置，电器线路等的走向和安装要求等。

（16）建筑的一些常见部位的名称，见图 6-2。

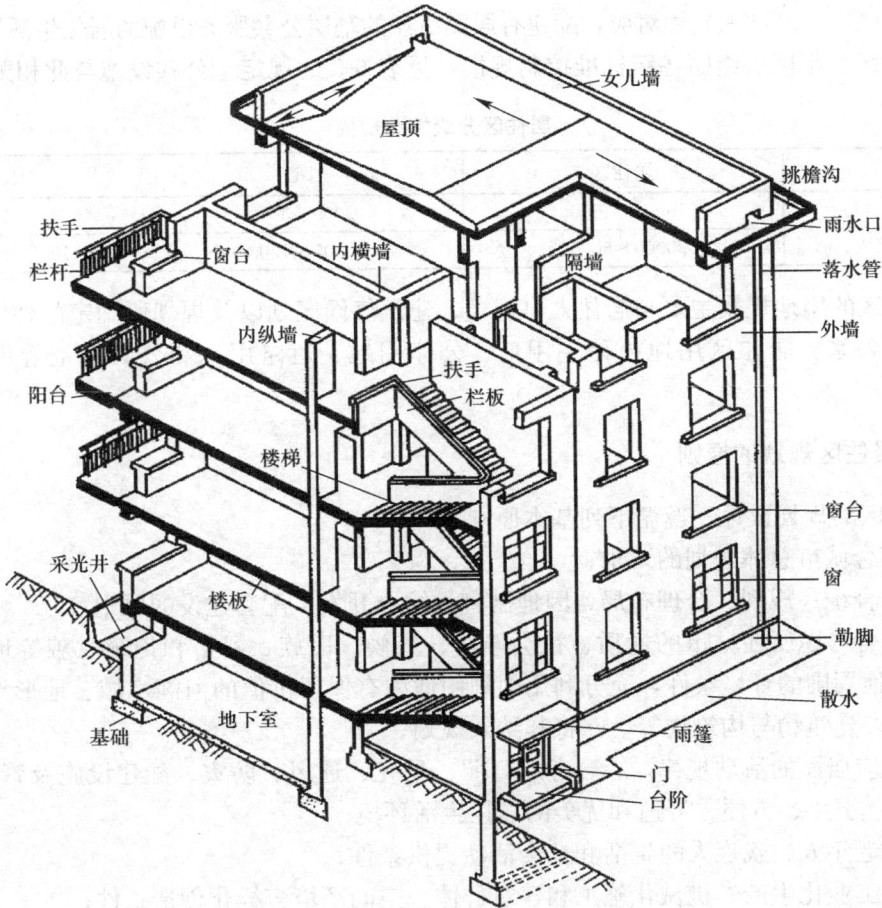

图 6-2　建筑各部位名称

6.2　房地产项目规划设计

　　房地产项目的规划设计，即对房地产项目进行总平面布置，或称之为建筑场地设计。对于住宅类开发项目，又称之为居住区规划。房地产开发项目的规划设计有自己的内容，商业地产类开发项目，与住宅类开发项目相类似。以下以住宅类开发项目的规划设计即居住区规划为主，分析其内容与要求。

6.2.1　居住区的规模分级

　　居住区按居住户数或人口规模可分为居住区、小区、组团三级。居住区，泛指不同居住人口规模的居住生活聚居地和特指被城市干道或自然分界线所围合，并与居住人口规模（30000～50000 人）相对应，配建有一整套较完善的、能满足该区居民物质与文化生活所需的公共服务设施的居住生活聚居地。小区，指被城市道路或自然分界线所围合，并与居住人口规模（10000～15000 人）相对应，配建有一套能满足该区居民基本的物质与文化生活所需的公共服务设施的居住生活聚居地。组团，指一般被小区道路分隔，并与居住人口规模（1000～3000 人）相对应，配建有居民所需的基层公共服务设施的居住生活聚居地。

居住区、小区、组团各级标准控制规模，见表 6-3 的规定。公共设施与此相配套。

居住区分级控制规模 表 6-3

	居住区	小区	组团
户数（户）	10000～16000	3000～5000	300～1000
人口（人）	30000～50000	10000～15000	1000～3000

居住区的用地规模主要与居住人口规模、建筑气候区划以及规划所确定的住宅层数有着直接的关系。居住区用地由住宅用地、公建用地、道路用地和公共绿地等四项用地构成。

6.2.2 居住区规划的原则

居住区的规划设计，遵循下列基本原则：

1. 符合城市总体规划的要求；
2. 符合统一规划、合理布局、因地制宜、综合开发、配套建设的原则；
3. 综合考虑所在城市的性质、社会经济、气候、民族、习俗和传统风貌等地方特点和规划用地周围的环境条件，充分利用规划用地内有保留价值的河湖水域、地形地物、植被、道路、建筑物与构筑物等，并将其纳入规划；
4. 适应居民的活动规律，综合考虑日照、采光、通风、防灾、配建设施及管理要求，创造安全、卫生、方便、舒适和优美的居住生活环境；
5. 为老年人、残疾人的生活和社会活动提供条件；
6. 为工业化生产、机械化施工和建筑群体、空间环境多样化创造条件；
7. 为房地产项目的商品化经营、社会化管理及分期实施创造条件；
8. 充分考虑社会、经济和环境三方面的综合效益。

6.2.3 居住区规划的内容与成果

居住区规划设计的具体内容应根据城市总体规划要求和建设基地的具体情况确定，不同的情况需区别对待。具体的规划设计图纸及文件成果包括现状分析图、规划编制图、工程规划设计图以及形态规划设计意向图等。

1. 现状分析图

基地现状图、区位图：包括地形分析、人工地物、植被、毗邻关系、区位条件等。

2. 规划编制图

总平面图（图 6-3）：包括各项用地界线确定及布局、住宅建筑群体空间布置、公建设施布点及社区中心布置、道路结构走向、静态交通设施以及绿化布置等。

规划分析图：包括规划组织结构与布局、道路系统、公建系统、绿化系统、空间环境等分析。

建筑选型设计方案图：包括各类型住宅的平、立面图、主要公建平、立面图等。

3. 工程规划设计图

竖向规划设计图：包括道路竖向、室内外地坪标高、建筑高程定位、室外挡土工程、地面排水等。

工程规划设计图：包括给水、污水、雨水、燃气、电力电信等基本管线的布置，采暖区增设供热管线以及工程管线综合。同时考虑不同地区和不同需要预留一定埋设位置。

4. 形态意向规划设计图或模型

包括鸟瞰图（图6-3）或轴测图；主要街景立面图；社区中心、重要地段以及主要空间结点的平、立面设计、透视图。

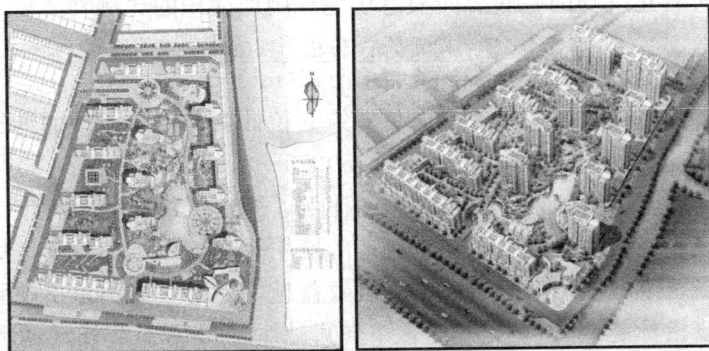

图 6-3 某小区总平面图与鸟瞰图

5. 规划设计说明及技术经济指标

规划设计说明：包括规划设计依据、任务要求、基地现状、自然地理、地质、人文条件，规划设计意图、特点、问题、方法等。

技术经济指标：包括居住区用地平衡表；面积、密度、层数等综合指标；公建配套设施项目指标；住宅标准及配置平衡、造价估算等指标。

6.2.4 居住区的规划控制指标

规划控制指标从量的方面衡量和评价一项规划的经济、社会等综合效益，也是一个房地产开发项目评审报批的重要依据。居住区规划的规划控制指标包括土地平衡和主要经济技术指标两部分。城市规划对居住区的用地范围、建筑密度、容积率、绿地率、建筑限高等有严格的限定。

1. 用地范围

对居住区用地范围的控制主要包括征地界线、用地红线、建筑红线。

征地界线，是由城市规划管理部门划定的供土地使用者征用的边界线，其围合的面积即征地范围。根据我国的建设用地使用制度，土地使用者或建设开发商可以通过土地的行政划拨、土地出让或拍卖等方式，在缴纳有关费用并根据相应程序办理手续后，领取土地使用权证，取得国有土地一定期限内的土地使用权。征地界线并不意味着该界线内的土地可以全部用于项目开发和建设，还要受到若干因素的限制。某些情况下，征地界线内还包括代征城市道路用地、公共绿地等。

用地红线，也称建设用地边界线，是征地界线内实际可用于项目开发建设的边界线。

如果征地界线内无城市公共设施用地，征地界线即用地红线；如果征地界线内有城市道路用地、公共绿地等城市公共设施用地，则征地界线扣除城市公共设施用地后的范围线即用地红线。

建筑红线，也称建筑控制线，是场地内允许建造建筑物的基线。通常情况下，考虑到场地内建筑物与周边地块建筑物之间的防火间距、相邻场地建筑物的最低日照要求、安排道路及绿地等要求，城市规划会要求场地内的建筑物后退用地红线一定距离。建筑红线是后退距离后，场地内建筑物布置的最大范围线。

2. 建筑密度

是指场地内所有建筑物的基底总面积占场地总用地面积的比例（%），即：

$$建筑密度 = \frac{建筑基底总面积(m^2)}{场地总面积(m^2)} \times 100\%$$

其中的建筑基底总面积按建筑的底层总建筑面积计算。建筑面积的计算规则可按照国家标准《建筑工程建筑面积计算规范》GB/T 50353—2013。

建筑密度指标表明了场地被建筑物占用的比例，即建筑物的密集程度。这一指标反映了两个方面的含义：一方面，反映了建筑场地的使用效率，该指标越高，场地内用于建造建筑物的土地越多，土地使用效率越高，经济效益越好；另一方面，反映了场地的空间状况和环境质量，该指标越高，场地内的室外空间越少，可用于室外活动和绿化的土地越少，通常情况下场地的环境质量越差。

3. 容积率

是指场地内总建筑面积与场地总用地面积之比，是一个无量纲数值，没有单位。通常在计算容积率时，场地的总建筑面积仅指场地地面以上的建筑，而不包括地下建筑的面积。

$$容积率 = \frac{总建筑面积(m^2)}{场地总用地面积(m^2)}$$

容积率指标是控制场地开发强度、衡量场地开发经济效益、评价场地环境质量的一个综合性的关键指标。容积率高，说明单位面积的场地内建造了更多的建筑，土地的经济效益好。但是，容积率过高也反映了场地内建筑物密集，日照、通风、绿化等的效果不好，环境效益降低。在控制性详细规划中或者在土地出让时，规划管理部门会给出场地的容积率控制指标，作为开发项目的规划设计条件，必须严格遵守。

4. 绿地率

是指场地内绿化用地总面积占场地总用地面积的比例（%），即：

$$绿地率 = \frac{绿地用地总面积(m^2)}{场地用地总面积(m^2)} \times 100\%$$

场地内的绿化用地主要包括：公共绿地、专用绿地、防护绿地、宅旁绿地以及其他用于绿化的用地，其中包括满足当地植树绿化覆土要求、方便居民出入的地下或半地下建筑的屋顶绿地，但不包括屋顶、露台上的绿化以及墙面的垂直绿化。

绿地率指标是保证场地环境质量的一个关键指标，与建筑密度等指标反向相关。

5. 建筑限高

建筑限高是指场地内建筑物的高度不得超过一定的控制高度。对于城市一般地区，建筑高度是指自建筑物散水外缘处的室外地坪至建筑物顶部女儿墙（平屋顶）或檐口（坡屋顶）的高度，局部突出屋面的楼梯间、电梯机房、水箱间、烟囱、空调冷却塔等突出物不计入建筑高度内。对于建筑保护区或建筑控制地区，上述突出部分计入建筑控制高度，即按建筑物室外地面至建筑物最高点的高度计算。

6. 对场地建筑的其他控制

除了上述几方面的要求外，城市规划中对场地的限制机动车出入地段、配建车位等也有相应的指标控制，在场地设计中也应同时予以满足。在街景、街区的城市设计时，对场地的主入口方位、建筑的主要朝向、体量、色彩等方面都有相应要求，在居住区规划中也应予以考虑。

6.3 房地产项目产品定位

引例：如果在杭州市有块面积 5000m² 的住宅用地，分别由不同的人进行产品定位，有的人可能会尽量节约和控制基底面积，采用开放设计，在限高范围内建造单栋高层板式建筑，以创造高层空间价值；有的人可能会将可建多栋低层建筑，规划矮胖型建筑物，一方面把握临街店面商业价值，一方面节省建设成本；有的人可能规划数栋建筑，高矮参差，既能丰富造型，又能视栋别用途作弹性规划。不论基于何种原因，产品定位的最终结果势必在每块土地上产生或高或低、或胖或瘦、或单栋或多栋的建筑物，而所谓的容积率利用，就是指如何将每块土地的总可建建筑面积利用到极致。同样一块土地，因为目的不同，可能进行不同的产品定位。

6.3.1 产品定位内涵

房地产项目定位是指房地产项目在国家和地区相关的法律、法规和规划的指导下，根据本项目所在地域的经济、政治、人文和风俗习惯等，依据项目本身自有的特点和对市场未来发展趋势的判断，结合项目自身特有的其他制约因素，找到适合于项目的客户群体，在客户群体消费特征的基础上，进一步进行产品定位，包括住宅项目、商业项目、写字楼项目和工业项目等。

营销大师菲利普·科特勒在《营销管理》中概括："定位就是对公司的产品进行设计，从而使其能在目标顾客心目中占用一个独特的、有价值的位置的行动。"定位又包括市场定位、产品定位、价格定位和客户群定位等。

6.3.2 产品定位原则

1. 先外后内

先外后内原则是指先决定外部整体规划，再考虑内部（具体单位）的原则。在实际操作中，可以先决定空间用途，再考虑栋别或楼别配置；然后先确定整体容积率的分配、栋别或楼别配置，再出入动线、各楼层或各单元空间的联系方式。

2. 先弱后强

先弱后强原则是指在整体价值前提下，优先考虑地块的劣势，通过规划设计，运用搭配组合技巧，弱化劣势或将劣势转化，充分发挥地块的边际效应。如地下室的动线、采光、空间功能发挥，不规则户型设计等。

3. 先实后虚

先实后虚原则是指产品定位时先考虑实用性，以提高产品性价比。

4. 先分后合

先分后合原则是指优先考虑个体，如单元楼层区分、平面面积区分、单元造价控制等，然后再整体。先分后合原则使开发商适应变化无常的市场，有助于开发商更经济地保持产品规划或调整的弹性。在配合客户"买得起"的总价需求下，提供结构安全，空间好用，价格合理的产品。

5. 先专后普

土地的不可移动性注定了房地产项目的地域特性，房地产行业没有相同的物业只有相似的物业。所以，房地产项目产品定位应先考虑项目的异质性。产品异质化或特殊性程度必须考虑项目所在地的市场特性、供需状况及各种目标客户群的相对规模与购买力。定位项目产品时应评估各种专门化的可能性及市场接受程度，以创造产品的附加价值及利润空间。不论特殊化或专业化，都必须把握重点，注意市场"门槛效应"，进行产品定位时切忌盲目地为特殊而特殊。

6.3.3 产品定位技巧

1. 容积率配置技巧

（1）空间价值与容积率利用的关系。若是商业气息浓厚的区域，一楼店面价值可能数倍于高楼层的价值，因此总可建建筑面积应尽量分配于低楼层；反之，商业气息弱的区域，则可以考虑向高楼层建筑靠近。

（2）建筑成本与容积率利用的关系。越是高耸或造型特殊的建筑，其建安成本越高，因此要权衡所增加的成本及可能创造的空间价值，以决定最佳容积率利用原则。

（3）建筑工期与容积率利用方式的关系。例如两栋10层的建筑与单栋20层的建筑，前者的工期将比后者节省许多，而工期将直接影响投资回收的速度及经营的风险。

（4）市场接受度与容积率利用方式的关系。例如在高楼层建筑接受意愿不高的区域，若考虑作高层建筑的规划，就要开展详实的市场调研并谨慎评估市场风险。

（5）周围建筑物状况与容积率利用方式的关系。例如项目处于一片低矮建筑物区域，可考虑向高层建筑发展，成为此区域的标志性建筑物；或向中层发展，以获得较好视野；或规划低矮建筑，以低密度低容积率为卖点。考虑了以上各种主、客观限制条件及特定目的后，最后就要真正进行容积率的分配，以使容积率能作最充分、合理的利用。

2. 公共设施的定位技巧

在一般购房者的观念中，总希望所购买的房子，其公共设施所占的比例越低越好，因为公共设施会增加公摊面积，降低得房率。房地产营销策划中也常见诉求高得房率或低公共设施比的广告策略。那么如何区分不同类型公共设施的功能、效益以及配比呢？

（1）具有保值效果的公共设施。常见如宽敞的门厅、走道等，这些设施的积极功能在于确保不动产的价值及未来的增值潜力。尤其对于使用频率高、使用人数多的办公室、商场或小套房等产品，这种公共设施尤其重要。

（2）具有实用性质的公共设施。这类主要有停车位、健身房、游泳池或公共视听室等。这类公共设施的实惠在于它的公共性，例如任何个人想拥有一个私人游泳池都是奢侈的事，但是通过公共设施的分摊，却使整幢建筑或整个社区的住户都能长期经济地拥有及使用游泳池。

（3）具有收益机会的公共设施。一般有地下室的商业空间，停车位，或其他可供非该建筑住户付费使用的设施等。由于这种设施的使用可收取租金或使用费，对于分摊设施的购买者而言，相当于购买有收益的长期投资标的，不仅可补贴管理费，同时也较易维护整体建筑的品质，在使用价值高的地段是颇为适当的设施定位。

（4）对环境有改观的公共设施。如绿地、花园等，虽增加投入，但这种投入可以从因环境改变物业升值中得到回报。

事实上，越是先进的国家如欧、美、日等国，越倾向于以包含私有面积及公共设施的整体规划，来衡量建筑特的品质及价值，而我国在不断追求提高居住水准的潮流下，也必然将朝这种趋势发展。公共设施的规划将越来越受到重视，产品定位者若能适当掌握各种公共设施的功能，可使公共设施空间发挥"小兵立大功"的作用。

3. 楼层用途的定位技巧

不同的人对各楼层空间的需求不同，也就是各个楼层事实上是不同的市场，具有个别的供需情况、用途特性、交易性质及空间价值等，而这些差异的存在，能给予从事产品定位的人发挥创意的机会。

通常房地产产品的立体空间可以有以下四个：

（1）顶楼空间。顶楼不论在采光、通风、视野及私密性方面，都比其他楼层更具有得天独厚的条件，又由于每栋楼只有一个顶楼楼层，这种相对稀有性使得顶楼常设计为跃层或复式等大面积产品，也常出现供不应求的情况。

（2）临街门面。门面通常是指建筑物的一楼至二楼，这种产品的价值在于它与外界环境的临近性（例如临路的店面、办公室）或者有将外界环境内部化的机会（例如拥有庭院的住宅），这种地利条件及稀有性，使得门面市场的价值远高于其他楼层，设计更有创意，而且还常出现求过于供的现象。

（3）地下空间。地下空间有时具备独立功能及用途（例如作为商场或停车位），有时则可能成为其他楼层的连带产品（例如作为一楼的私有地下室，或其他楼层的共有设施空间）。近年来，地下空间利用越来越受重视，开发程度越来越大。

（4）中间层空间。中间层包括建筑物的二楼以上直至顶楼以下的楼层。这个空间各楼层之间的相对条件差异有限，而其所占有的空间比例又最大，因此一般所称不动产市场景气与否，多半是指中间层市场的供需状况而言。

4. 利用定位提升产品价值的方法

（1）妥善运用规划，以平衡供需失调现象。例如在商业气息浓厚的黄金地段，借助一楼带动二楼或地下室合并规划，以增加门面市场的供给量；或顶楼采取楼中楼设计，能满足更多的顶楼市场需求者，都是创造更高价值空间的好方法。

（2）明确区分不同楼层市场，以针对需求设计产品。例如，门面市场重视临街性，在规划上需注意维持眼好动线及联外机会；顶楼设计追求通风、采光及视野等条件，因此须注意栋距开窗、隔热等设计。

（3）合理利用容积率，以改变传统空间观念。例如拉高建筑物高度，超越邻近建筑物高度；增加高楼层面积，以塑造"准顶楼"空间（即指与顶楼具备同样采光、通风条件的高楼层）；或利用二叠或三叠规划，使得有"天"（顶楼）有"地"（一楼）的空间增加。

6.3.4 产品定位注意事项

（1）产品要有明确的竞争条件或特色，才能脱颖而出，刺激客户的购买意愿。

（2）要结合销售、规划及财务等功能，以强化产品定位的竞争空间。例如有的公司的产品力求缩短工期，增加价格竞争的条件；有的规划工期长的高层建筑，并配合宽松的付款条件，以吸引投资性客户等，所以，定位原则应结合项目实际宏观和微观环境进行。

（3）不要受限于销售及短期获利的目的，在市场条件不佳的不景气情况下，有必要慎重评估销售的意义及条件。事实上，由于土地资源的日益昂贵稀有，采取只租不售、整体经营，甚至避开市场环境低迷阶段的养地等方式，也不失为适应不景气市场环境的明智之举。

（4）产品应保留调整的弹性。尤以景气低迷时，销售速度慢、阻力大，任何一种产品定位都可能遭遇市场阻力，因此应预留调整的弹性。例如小单元面积分隔或合并的弹性，商业或住宅用途转换的弹性，以及选择性销售（如分栋、分期销售）的弹性等。

很少有一种产品能像房地产一样，闲置一段时间后，不但未损及价值，反而可借市场、需求及投资风气之机，而有大幅度的增值。所以有很多发展商对于只租不售的产品才会那么热衷，因而其前提是现金量要克扣，才能在损失收入的情况下，独自负担所有的土地及营建成本，然后静待增值，伺机出售再获利。而如果有财务压力的话，则宜诉求周转速度快的产品，通过此类产品，一来可灵活应用资金，二来则可提高投资报酬率。

6.3.5 产品定位实务

1. 定位前的调研

（1）土地基本情况：地块主要技术经济指标和地块的地性、地形等；

（2）地块所在城市政府未来的区域规划，板块基本情况；

（3）当地市场的实际情况、人文、经济状况、竞争态势，区域房地产市场基本情况及发展趋势

定位是对项目在市场营销过程中的战略、策略、战术等一系列概念问题的明确界定，具有排他性，定位是突出事务最典型、最主要、最关键的特性或核心，因此定位也是整个项目营销体系中最基本的也是最具决定性的要素。

2. 产品定位主要内容

产品定位最准确的就是突出自己最大的卖点或独特销售点。定位的要素不宜过多最多不能超过三个。针对具体项目，房地产产品定位首先要结合项目规划设计要求，说明本项目的定位档次，并对该档次定位提出设计上的具体支撑建议。在此前提下进行以下产品定位内容：

（1）项目开发主题

1）项目主题及开发理念

阐明项目开发主题和理念：如生态社区、体育主题、山水城主题、滨海主题等，表现

出符合市场需求和客户偏好的项目的独特性或差异化，并符合项目地块及规模的自身特点。

基于项目开发主题的明确，提出对建筑风格和园林景观的要求。

2）项目档次定位

结合项目规划设计要求，说明本项目的档次定位。并对该档次定位提出设计上的具体支撑建议。如："高品质中高档"定位，需要从市场认识角度提出高品质的具体标准，如：高绿化率、高档建筑用材、高车位配比、大楼间距等。

（2）项目开发节奏及价格建议

1）项目分期建议

根据细分市场历年供求水平和公司经营要求，明确本项目开发节奏。主要包括分期数、各期开发时间、开发位置、规模和主力产品（包括商业、会所、车位等安排）等。

2）项目价格建议

项目整体均价及分期价格走势建议。包括住宅产品（分产品类型）和其他可售物业（商业、会所、车位等）销售均价。

整体均价及分产品建筑形式均价建议。包括多层、小高层、别墅等住宅产品及商业、会所、车位等其他可售物业。

（3）产品建议

1）建筑形式选择及构成建议（结合设计的可行性研究方案说明）

结合市场供求状况、地块容积率要求和客户偏好，选择项目整体的建筑形式及构成比例。并重点明确开发产品的建筑形式和构成。

对建议方案的规划和指标进行说明。

建议在市场、设计均可行的前提下，选择3种产品配比方案（分相同容积率与不同容积率两种情况）进行经济策略，并说明确定其中一种方案的原因。

2）住宅户型及面积选择

结合市场现状和目标客户需求，明确项目分期户型及面积配比，详见表6-4与图6-4。

项目产品定位表

表6-4

户型					
面积区间					
预计单价					
户数比例					
面积比例					
总价区间					
目标客户					
总户数					
户均面积					

产品定位——单体设计

户型布局

东端边单元价值高、售价高，设置四居；中部价值均好，价格适中，设置舒适型三层；地块西部价值低，受外界干扰较大，设置紧凑三居和二居。

一期紧凑+舒适户型：4000元/平米；40-60万元/套

二期紧凑+舒适户型：4000-4200元/平米；45-65万元/套

三期景筑大宅：4400元/平米；55-90万元/套

户型	二居	三居		四居		合计
	实用型	紧凑型	舒适型	实用型	舒适型	
面积范围	90-110	110-130	140-160	180-200	>200	
户型数量	406	860	652	198	132	2248户
套数比例	18.0%	38.0%	29.0%	9.0%	6.0%	
面积比例	约12.9%	约33.7%	约32.6%	约11.9%	约8.9%	

图 6-4 产品定位设计图

3）商业设施建议

明确商业和住宅的关系，确定商业设施的功能和经营模式，并初步提出商业业态、面积及价格（或租金）建议。

重点说明商业位置、规模、经营模式、经营内容和经营计划等。

4）会所设施建议

分析细分市场会所供应和经营情况，结合目标客户偏好及本项目开发要求，提出会所设施的经营模式以及位置、规模、档次、建筑风格、功能设置等建议。

5）车位设置建议

分析细分市场车位供应和经营情况，结合目标客户车位实际需求及本地块车位规划要求，提出本项目车位配置数量及车位/户数比；并说明车位配置形式（如：地面临停、地下车库、架空层停车等）。

6）其他配套建议

主要说明配套类别、面积及到位时间等。如：教育配套、交通配套、医疗或健康设施、银行、邮局等。

（4）卖场建议

1）售楼处与样板房

售楼处位置、大小；

外部售楼通道（人行、车行）位置；

内部售楼通道与样板房、会所及园林等区位的连接；

售楼处与项目发展后期关系。

2）售楼示范区

说明售楼示范区位置、大小及作用等。

（5）经济测算

1）说明在拟定容积率、拟定产品组合情况下的获利情况，并以不同容积率、不同产品组合获利情况分析来辅助说明拟定容积率、产品组合的合适性。分析时可以参考表6-5。

项目经济测算表　　　　　　　　　　　　　　表6-5

功能	多层	小高层	高层	别墅	商业	车位	合计
容积率							
面积（m²）							
比例							100%
开发成本（元/m²）							—
销售均价（元/m²）							—
项目利润（万元）							—
可研报告开发成本（元/m²）							—
可研报告销售均价（元/m²）							—

总容积率：　　　　　　　；楼面地价：

2）产品盈利能力测算

结合"房地产项目可行性研究"，分析在拟定容积率及产品类型下的项目整体获利情况，可参考表6-6。

项目财务测算表　　　　　　　　　　　　　　表6-6

经济指标	单位数值（元/m²）	项目总额（万元）	可研报告总额（万元）
销售收入			
开发成本			
总投资			
项目利润			
净利润			
内部收益率			
销售净利率			

3）成本控制

基于售价说明整个项目的成本控制范围，使之可满足项目效益要求。

6.4 房地产产品策划

6.4.1 房地产产品整体概念

房地产产品整体概念：凡是提供给市场的能够满足消费者某种需求或欲望的任何有形建筑物、土地和各种无形服务或权益。

有形的物质形态主要指土地和建筑物及其附属设施；无形的非物质形态主要是指房地

产的权益、心理上的满足感、给消费者带来的附加利益、楼盘形象、品牌等。具体来说，房地产产品整体概念划分为三个层次的内容：核心产品、形式产品、延伸产品。相关内容见图6-5。

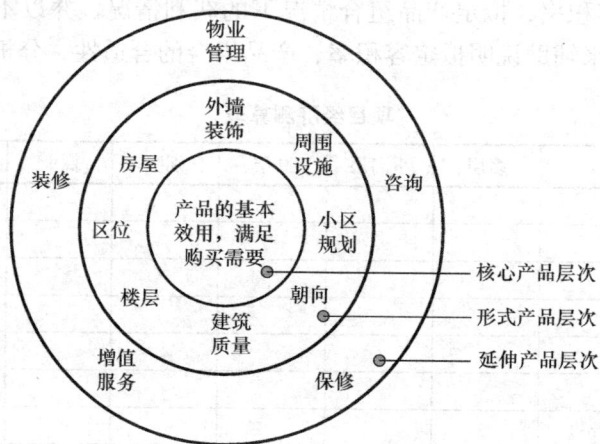

图6-5　房地产产品整体概念

6.4.2　房地产产品策划策略

房地产产品策划首先应该在规划许可前提下根据项目实际和市场需求，主要有：

1. 产品策划应该和目标顾客群定位（目标市场）相吻合

2. 产品策划还应该顺应和引导消费时尚

产品规划要与目标顾客群相吻合，并不是简单地迁就客户，而是应该善于挖掘和满足客户的潜在需求。

3. 产品规划应该兼顾实际销售的需要

产品规划的功能配置不都是多多益善，具体规划时应该考虑到竞争对手的状况。

6.4.3　房地产产品策划

1. 建筑风格

建筑风格是一个建筑物的个性或独特特征，是建筑的一种方式、类型或表达方法。对建筑而言，通过风格体现两种效果：美观和识别。以下为常见建筑风格示例，见图6-6。

2. 户型设计

户型是房地产实现其功能和价值的直接载体，房地产产品创新首先表现为户型的创新，能否设计出迎合购房者需求的户型，对销售效果、开发商品牌和楼盘档次都会产生很大的影响，是决定房地产开发成败的关键之一。

户型设计应首先市场调查了解目标客户群需求与欲望，在项目总体定位前提下，确定户型大小、户型类别和户型类别分布。户型好坏没有统一的标准，设计能市场认可、具有前瞻性和较强生命力、符合社会发展趋势的户型是策划的重要任务。

普通住宅户型主要有一室一厅、二室一厅、三室一厅、三室二厅、四室二厅和配套厨房、卫生间等。非普通住宅在具备居住功能基础上增加了舒适、娱乐、健身等设计。

别墅—中式庭院建筑　　　　　　　　　别墅—西式建筑

高层住宅—ART DECO建筑风格

图 6-6　不同风格建筑示例

3. 户型设计实务

（1）功能分区

一般户型都具有以下不同的功能分区：

1）公共活动区：供起居、交流用，主要包括客厅、餐厅、玄关等。

2）私密休息区：供处理私人事务、睡眠休息用，主要包括卧室、书房等。

3）辅助区：居家生活辅助空间，主要有厨房、阳台、卫生间、储藏室等。

（2）设计原则

1）动静分开

客厅、餐厅、厨房、音乐房、活动室需要人来人往，活动频繁，而主要为休息睡觉之用的卧室显然需要最大程度的静谧，因此应将它们严格分开，确保休息的人能安心休息，要走动娱乐的人可以放心活动。

2）公私分开

家庭生活的私密性必须得到保证，不能让访客在进门后将业主家庭生活的方方面面一览无余。这就要求不仅需要将卧室（主卧、父母房、儿童房）与客厅、餐厅、音乐房进行区位分离，而且应注意各房门的方向。

3）主次分开

主人房不仅应朝向好（向南或向景观）、宽敞、大气，而且应单独设置卫生间，应与父母房略有距离分隔。如设有工人（保姆）房，则应与主要家庭成员的房间和活动区域有所分离。如蓝色钱江项目专设的保姆电梯、保姆通道等。

4）干湿分开

厨房、卫生间等易带水、易脏、走动频繁的房间应与卧室分开。可以的话卫生间也应干湿分开，保持房间的整洁。

（3）设计要点

1）客厅（含玄关、阳台）

客厅是活动中心，户型设计重要一环。普通住宅中大厅小卧仍是户型设计的主要方向。根据总面积的不同，客厅的开间一般应在 3.8～5m 之间。而在通常情况下，进深与开间之比不超过 1.5。客厅的设计要保证客厅的独立性和空间利用效率。

玄关原指佛教的入道之门，现在泛指厅堂的外门。设玄关的目的有三：一是为了保持住宅的私密性；二是为了起装饰作用；三是方便出入更衣换鞋挂帽的功能空间。玄关在目前的户型设计中越来越受到重视，如果户型有缺陷，可以通过装修设计玄关。

而阳台几乎是一套房子里唯一可以与外界自然环境交流的空间，最好与客厅相连。由于不封闭的阳台计入 50% 面积，这是开发商提高户型得房率的重要措施，也是营销的卖点。近年来，错层阳台、退台式阳台成为户型设计的一大亮点，见图 6-7。

错层阳台 　　　　　　　　　　退台式阳台

图 6-7　新型阳台

2）主卧

主卧是消费者关注重点，设计重点注意：

卫生间：主卧一定要有独立卫生间。主卧卫生间面积还应比公共卫生间大，功能也应更完备。

位置：独立性、私密性是主卧的主要要求。

面积：舒适型的卧室一般要在 14m² 左右，比较豪华的主卧面积要在 18m² 左右。主卧中利用飘窗、八角窗等设计带有休闲阅读的区域，延伸卧室功能，见图 6-8。

窗户：采光、通风、眺望。

辅助功能：在主卧中可考虑设置独立的衣帽间、独立的梳妆间。

3）餐厅

客厅与餐厅的连接是个问题。连通会使整个厅显得开阔一些；错开或隔断使功能区分更清楚细致一些，但通风性差一些，面积利用率也会降低。所以，目前通常是大户型客厅与餐厅分开，120m² 左右的客厅和餐厅利用装修分隔客厅和餐厅，对小户型则采取"模糊双厅"，见图 6-9。

飘窗设计　　　　　　　　　　八角窗设计

图 6-8　窗户设计

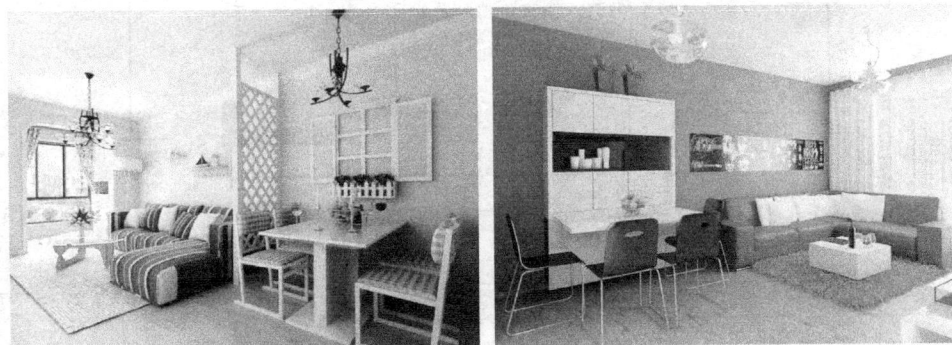

客厅与餐厅隔断设计　　　　　　　小户型双厅设计

图 6-9　客厅与餐厅设计

4）厨房、卫生间

一套住宅厨房卫生间设计往往能由小见大，是消费者越来越重视的关注点。而厨房是家居生活中最主要的污染源，噪声、油烟油污、残渣剩饭、清洗污水等集中于此，因此应远离卧室、客厅，尽量避免拎着菜过客厅，也就是说厨房应尽可能靠近户门；厨房与卫生间又是住宅中的水管集中地，因此从施工成本、能源利用、热水器安装问题考虑，厨房应与一个卫生间相邻设置，但要避免穿过厨房进入洗手间或洗手间门直接开向厨房或正对卧室。目前设计中厨房与卫生间面积比重趋于增大。

（4）评价示例

【例 6-1】

点评：图 6-10 所示是一套单身公寓型户型，面积虽小，但功能齐全。设计特点：

户型方正实用，结构紧凑；

功能分布合理，增加居住舒适度；

主卧落地凸窗，增加室内景观度；

$3.6m^2$ 大阳台，"小"家"大"享受。

【例 6-2】

点评：因为有 70/90 政策，89m² 是很常见户型（见图 6-11），适合首次置业的新婚

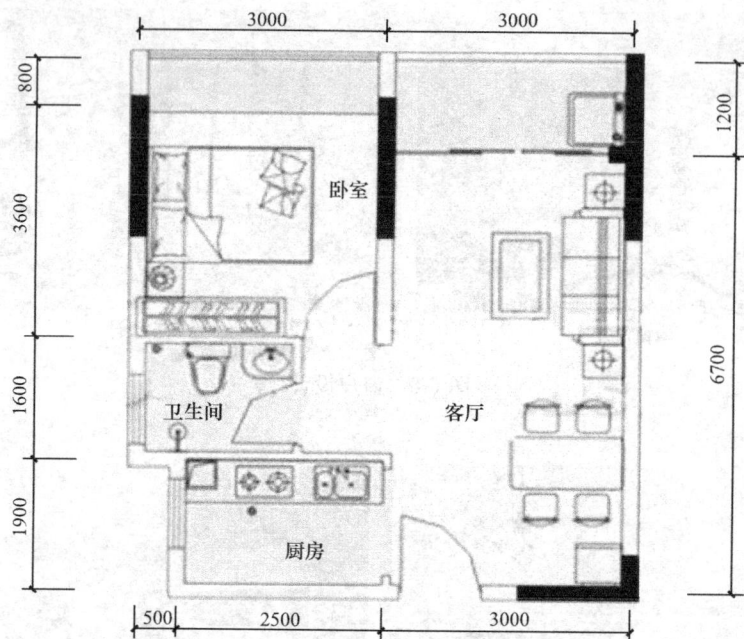

图 6-10　47m² 1室2厅1卫1厨

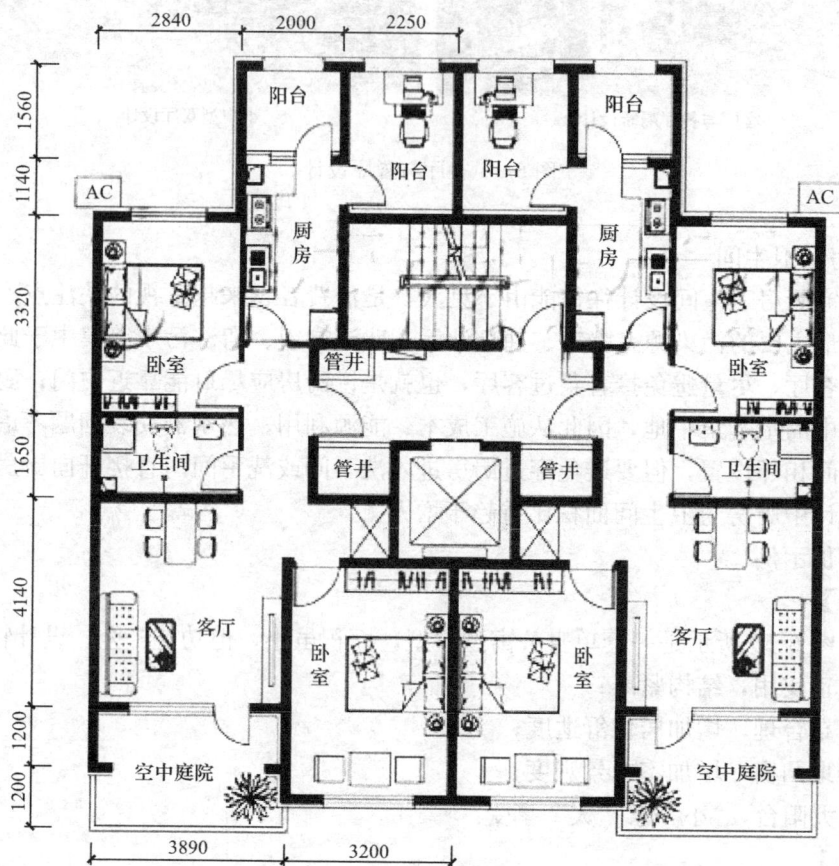

图 6-11　89m² 2室2厅1卫1厨（一梯两户）

族、已婚丁克族和 3 口之家。该户型设计特点：

厨房内附带两个景观阳台为其最大特色，为提供储藏室或者佣人房预留空间；

客厅连接空中庭院，使紧凑型的客厅增大有效面积；

主卧入口处收纳空间处理过渡自然，有效利用空间。

【例 6-3】

点评：图 6-12 所示是一套较大户型的普通住宅，适合经济相对宽裕的首次置业或改善型家庭。设计特点：

入户花园的设计是本案最大的亮点，也是目前三房设计中比较前卫和新颖的设计理念。它不仅为户主提供了一块贴近自然的闲适空间，更为整个户型附加了一种生态的居住环境。

室内布局合理，功能分区明显，无论在采光和通风的处理上，还是在室内通道的安排上，都有细致之处。在主卧内另设一化妆间别具匠心。

不足：北向左侧次卧在采光上有些不足，如果厨房门开在花园中更为理想。

【例 6-4】

点评：图 6-13 所示是一套目前很流行的 LOFT 户型，建筑面积约 $46m^2$，赠送面积就约 $30m^2$，买一层送一层，居家办公皆宜，深受 SOHO 一族喜爱，具有较高性价比。设计特点：

布局紧凑，方正实用。大限度提离了空间使用率；

楼下设有客厅、餐厅和厨房，并有长 4.5m 的观景大阳台；

夹层为一卧室与洗手间、如果住户需要，夹层还可以间隔成两个房间；

楼上楼下功能分区清晰明确，动静、干湿区域科学分隔，南北对流，通风采光良好。

4. 景观设计

景观设计基本原则：

（1）主题突出，与建筑风格协调；

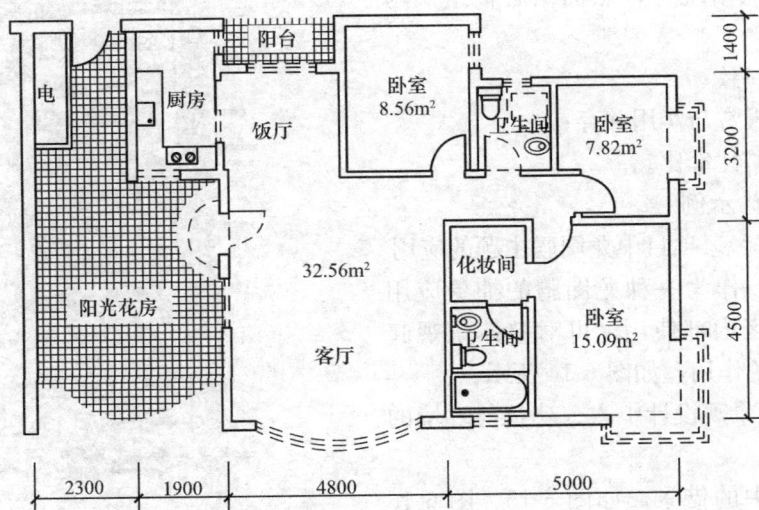

图 6-12　128m² 3 室 2 厅 2 卫 1 厨

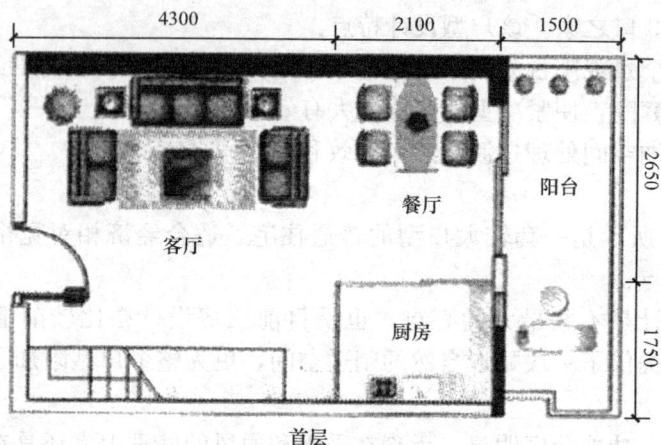

4300 2100 1500

2650

阳台

餐厅

1750

客厅

厨房

首层

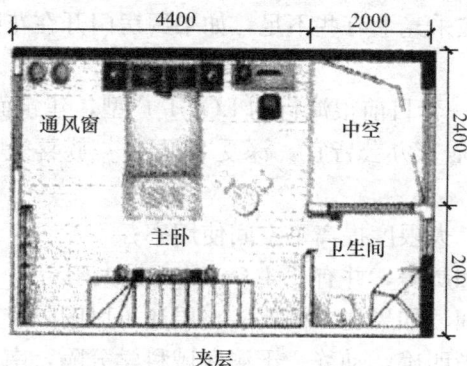

4400 2000

2400

通风窗 中空

200

主卧 卫生间

夹层

图 6-13 46.28m² 1 室 1 厅 1 卫 1 厨

（2）与周边环境协调；

（3）整个风格统一，点面结合，组团与集中结合；

（4）色调一致；

（5）注重观赏与实用并存；

（6）较高的性价比。

5. 景观设计示例

【例 6-5】 ××项目中龙图腾主题的应用

龙形水系：作为一种龙图腾的抽象应用方式，可在小区内部使用，可对整体景观起到一个连续性的作用，如图 6-14 所示。

【例 6-6】 景观设计中人、建筑与环境的和谐。

景观设计中的借景，如图 6-15、图 6-16所示。

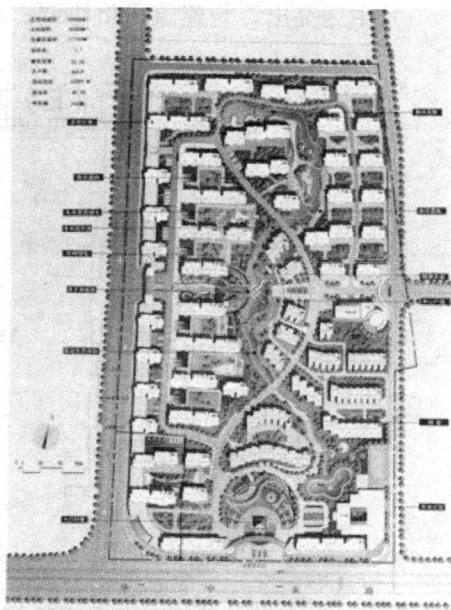

图 6-14 ××项目中的龙形水系

图 6-15

图 6-16

章节要点

本章主要讲述民用建筑基本术语、类型、功能和特点，住宅区项目规划设计要点和房地产产品定位原则、技巧，房地产核心产品、形式产品和延伸产品组成了房地产产品整体。本专题同时图文并茂介绍了住宅小区建筑设计、产品策划、户型设计和景观设计要点和技能。

复习思考题

1. 简答题

（1）民用建筑分类？

（2）房地产产品定位原则？

（3）房地产产品整体概念？

（4）户型功能分区与设计原则？

2. 实训项目

点评以下户型设计优点和不足。

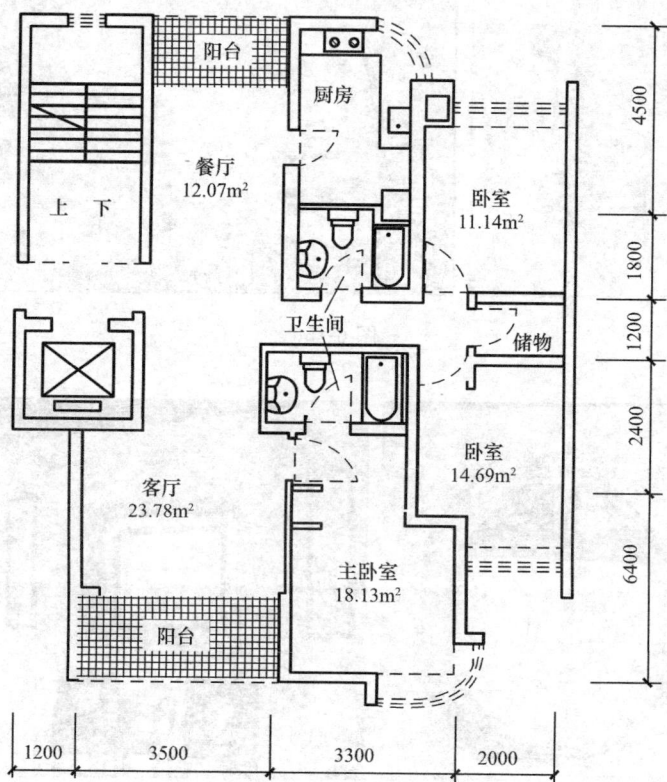

图 6-17　115m² 3 室 2 厅 2 卫 1 厨

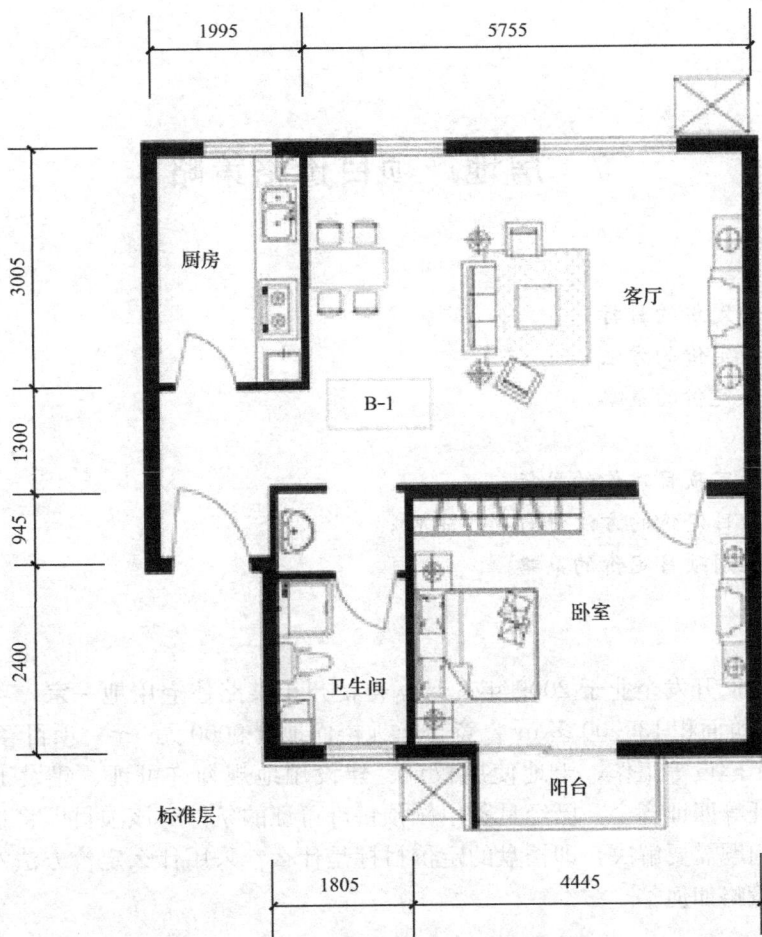

图 6-18　73m² 2室1厅1卫1厨

7 房地产项目价格策略

知识目标

1. 了解项目定价的目标；
2. 掌握项目定价的方法；
3. 了解项目定价的策略。

能力目标

1. 能合理确定项目定价的目标；
2. 能根据项目定价的方法进行简单定价；
3. 能简单运用项目定价的策略。

【案例导入】

浙江某房地产开发企业于 2009 年 6 月竞得杭州市某路住宅用地一宗，项目占地面积 35800m²，总建筑面积 130000 多 m²，竞得土地楼面地价 9000 元/m²。项目经过产品定位、规划设计、施工建设等工作，土地使用权证、建设用地规划许可证、建设工程规划许可证、施工许可证等四证齐全，已经具备申领预售许可证的条件。该项目即将进入开盘销售阶段，有几个问题需要解决，即楼盘的定价目标是什么？采用什么定价方法？核心均价如何确定？定价策略如何？

7.1 项目定价目标

定价目标是企业在对其生产或经营的产品制定价格时，有意识地要求达到的目的和标准。房地产是房地产开发企业或房地产销售代理企业生产或经营的产品，因此我们可以这样定义房地产定价目标：房地产定价目标为房地产开发企业或房地产销售代理企业在对其生产或经营的房地产制定价格时，有意识地要求达到的目的和标准。房地产定价目标是指导企业进行价格决策的主要因素。定价目标取决于企业的总体目标，不同的企业以及同一企业在不同的时期，不同的市场条件下，都可能有不同的定价目标。定价目标是整个价格策略的灵魂。一方面，它要服务于房地产项目营销目标和企业经营战略；另一方面，它还是定价方法和定价策略的依据。房地产定价目标一般有利润最大化目标、市场占有率目标、应付和防止竞争目标、树立企业形象目标等几种不同的形式。

1. 利润最大化目标

企业的营业利润是指营业收入减去营业成本和费用（包括生产成本、管理费用、销售费用及财务费用），再减去营业收入应负担的税金后的数额。获取利润是企业从事生产经营活动的最终目标。房地产开发企业也不例外，房地产开发企业通过销售房产获取利润。房地产企业追逐利润是房地产企业发展的动力源泉。项目产品定价是企业实现利润的重要一步，其在很大程度上影响利润。按照利润计算的方式不同，利润最大化目标又可具体分为以下两种。

(1) 最大投资收益定价目标。投资收益是指房地产企业在开发运营过程中经过一定时期能够回收各项投资并能取得预期的投资报酬。采用最大投资收益定价目标的房地产企业，是根据项目投资总额预估的收益率，计算出每平方米房产的利润额，加上每平方米房产各项成本作为销售价格。采用最大投资收益定价目标必须注意两个问题：第一，要确定合适的投资收益率。投资收益率高于同期的银行贷款利息率，可以参考行业的平均投资收益率再结合市场状况、消费者实际情况进行修正。第二，房产的产品定位以及开发建设标准为常规标准，如大幅度提升建设标准或附加值，打造豪华或高附加值房产的则要根据加大的投入情况结合市场情况进行修正。

(2) 最大利润定价目标。最大利润定价目标是指房地产企业在一定时期内在销售上追求获得最高利润额的一种定价目标。追求最大利润的定价目标并不意味着企业要制定最高单价，因为利润额最大化还取决于合理价格所推动的销售规模。最大利润既有长期和短期之分，又有项目全部房地产产品和部分房地产产品之别。有远见的企业经营者着眼于追求长期利润的最大化。当然并不排除在某种特定时期及情况下，对其房地产产品制定高价以获取短期最大利润。房地产企业达到一定的规模后往往会按照房地产类型，如别墅、排屋、多层、高层等类型，开发不同类型的产品，以形成系列化产品体系。例如，万科房地产产品有金域系列、金色系列、城市花园系列、魅力之城系列、四季花城系列等。同一楼盘往往也存在不同类别的房地产，比如排屋加高层的组合，这时通常可以采用组合定价策略，有些产品的价格定得比较低，借以提升知名度带动其他产品的销售，如根据市场情况，将高层的价格制定的较低，快速推盘回笼现金流的同时提升楼盘知名度，从而带动排屋的销售，实现企业利润最大化。

2. 市场占有率目标

市场占有率目标是指把保持和提高房地产企业在特定城市区域的市场占有率（或市场份额）作为一定时期的定价目标。市场占有率是指一个企业的销售量（或销售额）在市场同类产品中所占的比重，直接反映企业所提供的商品和劳务对消费者和用户的满足程度，表明企业的商品在市场上所处的地位。市场份额是企业的产品在市场上所占份额，也就是企业对市场的控制能力。市场份额越高，表明企业经营、竞争能力越强。房地产企业也是如此，如果在特定城市或对某种物业类型在特定区域具有较高的市场占有率，可以保证房地产企业物业产品的销路，巩固企业的市场地位，从而使企业的利润稳步增长。在许多情形下市场占有率的高低，比单个项目的投资收益率更能说明房地产企业的营销状况。随着房地产行业的发展，特定城市或区域的开发可供给量日渐增大，由于市场的不断扩大一个企业可能获得可观的利润，但相对于整个市场来看，所占比例可能很小，或本企业占有率正在下降。无论大、中房地产企业，都希望用较长时间的定价组合策略来扩充目标市场，尽量提高企业的市场占有率。

【案例导入】

《2012 中国房地产企业品牌价值测评研究报告》数据显示，20 强品牌房企在 2011 年的销售额合计为 8003.16 亿元，同比增长 18.22%，占全国商品房销售额的 13.54%。同时，品牌价值与销售金额之间的正相关关系愈加明显，相关系数达到 0.874。

资料来源：《2012 中国房地产企业品牌价值测评研究报告》

以提高市场占有率为目标定价，房地产企业通常做法有：按照物业类型的不同，普通物业在保证物业产品质量和降低成本的前提下，按照房地产企业入市物业产品的定价低于市场上主要竞争者的价格，以低价争取消费者，打开产品销路，挤占市场，从而提高企业产品的市场占有率。待占领市场、树立市场形象后，房地产企业在后续开发过程中再通过增加物业的品质和功能，或提高产品的定位等措施来逐步提高产品的价格，旨在维持一定市场占有率的同时获取更多的利润。在分期销售的推盘节奏上，按照物业幢数在项目地块的不同位置、景观、朝向、户型、周边环境等，结合开发节奏、房地产市场波动等先后销售物业，通常销售价格先低后高，整个项目的销售价格树立涨价的形象，有利于项目的整体销售，取得良好的市场占有率。

3. 应付和防止竞争目标

房地产是区位特征明显的商品，房地产企业对同一供给圈的竞争者的行为都十分敏感，尤其是价格的变动状况。企业在对房地产项目实际定价前，都要广泛收集资料，仔细研究竞争对手物业产品价格情况，以便通过自己的定价目标按照相应策略应对竞争对手，取得更佳的销售业绩。根据企业的不同条件，一般有以下决策目标可供选择。

(1) 追随定价目标，房地产企业通过给房地产产品定价主动应付和避免市场竞争。房地产企业价格的制定，主要以对同类区域同类市场同类物业市场价格有影响的竞争者的价格为依据，根据自身的情况高于或低于竞争者。竞争者的价格不变，实行此目标的企业也维持原价，竞争者的价格或涨或落，此类企业也相应地参照调整价格。一般情况下，中小企业的产品价格定得略低于行业中占主导地位的企业的价格，跟随行业中占主导地位的企业的价格调整自身的价格。

(2) 挑战定价目标，房地产企业项目如具备强大的实力和特殊优越条件，可以主动出击，挑战竞争对手，以获取更大的市场份额。常用的定价方式有：①打击定价。实力较强的企业主动挑战竞争对手，扩大市场占有率，可采用低于竞争者的价格出售房产；②特色定价。拥有特殊竞争力、房地产产品品质优良或能为消费者提供更多高质量服务的房地产企业，可采用高于竞争者的价格出售产品。

4. 树立企业形象目标

以稳定的性价比物业赢得企业形象，有利于在消费者中、在行业中树立长期优势。房地产市场需求价格弹性根据物业类型不同体现不同的特征，但房地产市场需求量影响因素众多，并受宏观调控政策和经济波动影响，其市场需求量波动。良好的形象是企业无形的资产，只有精心维护，才能源源不断地创造产品附加值。

案例说明：

新鸿基地产在香港市场上采取的就是稳定高价策略，其优质高档物业的定位也逐渐为市场所认同。杭州的滨江房产在杭州区域市场上物业销售价格稳定，其万家系列楼盘被消费者广为认同，屡创销售纪录。

增强企业形象的定价目标应该与企业的长期战略相一致，拥有较高市场占有率的行业领导型企业适宜选用稳定的产品定位和稳定的价格策略。

7.2 项目定价方法

项目定价方法是房地产企业为了在目标市场上实现定价目标，而给房地产物业制定的一个基本价格或浮动范围的方法。房地产项目定价是一种"艺术"，是房地产供给和房地产需求的均衡判断，是房地产市场竞争和收入利润的取舍平衡，是房地产购买消费者的价值认同。房地产项目定价过高，会造成在高价格上没有实际需求，从而无法形成房地产需求。房地产项目定价过低，会造成在该价格上公司所能获得的回报过低，从而会使公司失去本能得到的利润或者更有甚者造成亏损。在房地产定价过程中，房地产开发成本规定了该房地产项目定价的底线，低于该数的结果就是房地产开发会发生亏损，这是任何一家房地产公司都会竭力回避的。房地产项目区域房地产市场中竞争者的价格，类似于经济学中替代品的价格，因此其为房地产项目定价过程中必须考虑的重要因素。同样，房地产市场中不乏区位优势绝版或者产品创新独特，使得其在市场中没有替代品，则其消费者效用为其价格的最高限度。在房地产市场的购买者中有一部分人，其购买房地产的目的是将其出租后获得租金回报，影响这类人群购买的最大因素为投资回报率。

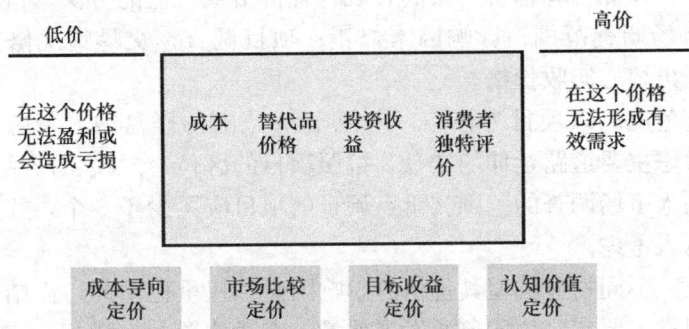

图 7-1 定价的方法关系图

房地产企业的定价方法通常有成本导向定价、市场比较定价、目标收益定价、认知价值定价等，如图 7-1 所示。

1. 成本导向定价

成本导向定价是以房地产开发成本为基础，按照房地产企业的利润目标要求进行定价的方法。其基本思路为：在定价时，考虑收回企业开发过程中的成本，包括土地、建安成本等全部成本，然后加上目标利润。成本导向定价主要由成本加成定价法、目标利润率定价法方法构成。

（1）成本加成定价法。成本加成定价法就是在单位产品成本的基础上，加上一定比例的预期利润作为产品的售价。

其计算公式为：物业价格＝单位物业成本＋预期利润＝单位物业成本×（1＋加成率）
其中加成率为预期利润占产品成本的百分比。

（2）目标利润率定价法。目标收益定价法又称目标利润定价法，在成本的基础上按照目标收益率的高低计算售价的方法。

147

按照本方法计算，需要首先计算目标利润，由于目标收益率的表现形式的多样化，目标利润计算公式也不同。

目标利润计算公式有：

目标利润＝总投资额×目标投资利润率；

目标利润＝销售收入×目标销售利润率；

目标利润＝资金平均占用额×目标资金利润率。

获得目标利润后，可计算房地产物业的销售价格，其计算公式如下：

物业销售价格＝（总成本＋目标利润）/预计销售量。

目标收益率定价法的优点是保证企业既有目标利润的实现。

2. 市场比较定价

市场比较定价是房地产企业为了应付区域市场竞争的需要而采取的特殊定价方法，它以竞争者的价格为基础，根据竞争双方的力量等情况，制定较竞争者价格为低、高或相同的价格，以达到增加利润、提高市场占有率等目标的定价方法。市场比较定价的主要方法为市场比较法，这一点可以借鉴房地产估价的基本方法之一的市场比较法。市场比较法是指将估价对象与估价时点近期有过交易的类似房地产进行比较，对这些类似房产的已知价格作适当的修正，以此估算估价对象的客观合理价格或价值的方法。市场比较定价基本的步骤有：确定市场调查范围；影响因素修正；项目调查；交易情况修正；交易日期修正；比准价格及提出核心实收价格。

确定市场调查范围。以项目为核心，半径 5km 范围的楼盘纳入考虑，在实践中可以在地图上画圈或考虑主要道路延伸的楼盘。按照项目的区位、规模、产品定位、周边配套等选择可比项目纳入市场调查的范围。重点调查的项目应不少于 3 个，并且将周边区域的二手房的价格也纳入考虑。

影响因素修正。不同物业类型其价格的影响因素和权重也不同，需结合项目再具体选择。影响定价的因素主要有区位印象及发展前景、交通位置、生活配套、周边环境、小区规模、容积率、商业配套、车位配比、会所规划、设备及智能、户型结构、赠送面积、采光通风、景观面宽、建筑外观、园林效果、公共部位品质、噪音环境、物业管理、企业品牌、宣传包装等。

交易情况修正。以本项目的目标销售速度为基础，对可比项目的不同销售速度进行修正；以本项目发售的形象进度为基础，对可比项目的形象进度进行修正；以本项目的广告投放为基础，对可比项目的广告投放进行修正。

交易日期修正。交易日期修正是将比较项目在其成交日期的价格调整为本项目的开盘时点的价格，主要用价格指数进行修正。

比准价格及提出核心实收价格。比准价格的计算可按照以上步骤，可参照表 7-1 的计算，项目比准价格为 8150 元/m²。

3. 目标收益定价

目标收益定价的方法适合投资性购房的人群，投资性需求客户群关注投资收益率，对价格和收益的比值敏感。同样，首次置业的人群关注房屋月租金与购房贷款月还款额的情况，因此也适用目标收益定价法。

市场比较定价修正表　　　　　　　　　　　表 7-1

楼盘名称/类别	金色万家	橡树家园	金域福邸	罗马假日
交易价格（元/m²）	7700	7900	7700	7400
交易情况修正系数	110	85	110	120
交易日期修正系数	115	125	120	130
影响因素修正系数	85	70	75	80
修正后价格（元/m²）	8279	5876	7623	9235
本项目当前均价（元/m²）	7753			
本年入市均价（假设入市时间为 9 个月后）	8150 元/m²			

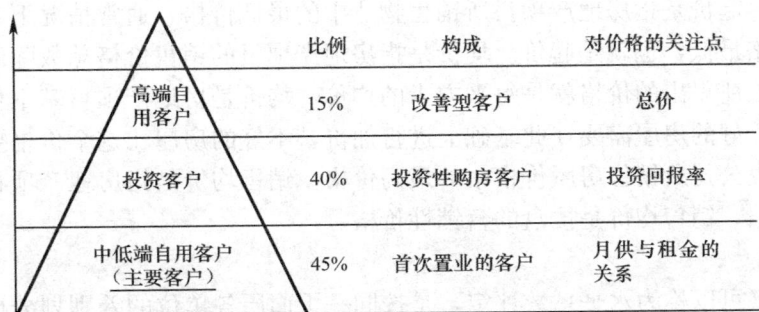

图 7-2　某项目不同客户对价格的关注图

　　某项目根据客户登记的资料分析，本项目 40％的客户是投资客户，45％的客户为刚需即首次置业者，因此他们的关注点在投资收益和房屋月租金与购房贷款月还款额，见图 7-2。因此，本项目的区域的租金对项目的定价起决定性作用。

　　本项目的主力户型为 90m²，现周边租金为 3000 元/m²，按照 5％～8％的投资回报率计算，则主力户型的适宜定价为总价 72 万元，单价 8000 元/m²。得出结论，本项目主力户型的适宜定价≤8000 元/m²。

　　4. 认知价值定价

　　认知价值定价是指以需求为中心，依据买方对产品价值的理解和需求强度来定价，而非依据卖方的成本定价，其主要方法为理解值定价法，见图 7-3。理解值也称认识价值，是消费者对商品的一种价值观念，这种价值观念实际上是消费者对商品的质量、用途、款式以及服务质量的评估。理解值定价法的基本指导思想是认为决定商品价格的关键因素是消费者对商品价值的认识水平，而非卖方的成本。

　　房地产企业在运用理解值定价法定价时，企业首先要估计和测量在营销组合中的非价格因素变量在消费者心目中建立起来的认识价值，然后按消费者的可接受程度来确定楼盘的销售价格，由于理解值定价法可以与现代产品定位思路较好地结合起来，成为市场基础条件下的一种定价方法，因此为越来越多的企业所接受。

　　认知价值定价法步骤为：

　　（1）确定顾客的认识价值；

　　（2）根据确定的认识价值，决定商品的初始价格；

(3) 预测商品的销售量；

(4) 预测目标成本，决策确定产品价格。

7.3 项目定价策略

房地产项目定价的策略基于充分的市场调研和把握，通过定价策略的实施能够保证最终销售目标的实现和近期销售目标的完成，保证销售走势与目标契合等。房地产项目定价的策略主要有均价、朝向差、层差、销控与价格走势、折扣率等。

1. 均价

房地产项目在实践销售过程中会涉及多种价格概念，如起价、均价、最高价、销售均价和成交均价。起价是指房地产项目所销售物业中的最低价格，通常情况下朝向或位置不甚佳的楼幢价格最低，也就是起价。均价是指房地产项目的销售价格总数除以项目房屋建筑面积的总数，所得出的价格就是每平方米的均价，均价是房地产项目基本价格。均价通常不是销售价，好的房屋需要在此基础上进行加价，不好的房屋比这个价格要低。最高价是指房地产开发公司所销售房屋价格中的最高价格。销售均价是指房地产项目开盘销售后对外公示的价格，销售均价是楼盘的营销性价格。

2. 朝向差

朝向差，又可以称为水平系数评定，是按同一平面层各单位的差别划分档次，进而量化打分。其影响方面主要有房屋朝向、景观环境、户型结构、视野、噪声等五个方面。

房屋朝向，住宅朝向与自然采光、自然通风、节能等相关。我国对采光要求有详细的规定，一般来说坐北朝南对于绝大多数地区来说都是住宅较好的朝向，但只要是偏南不超过 30°都属于可以接受的。自然通风是指在不借助设备条件下室内的空气能够流动，与室外的空气形成交换，好的朝向有好的通风。

景观环境，是指由各类自然景观资源和人文景观资源所组成的，具有观赏价值、人文价值和生态价值的空间关系。根据小区周边对住宅的影响又可区分为庭院景观环境、社区景观环境、城市景观环境、自然景观环境等。小区不同位置的住宅周边的各环境不同将影响住宅的价格。

户型结构，是指房屋户型的类型，常见的户型有平层户型、跃层户型、错层户型、复式户型。户型结构要求采光要好，通风流畅，最好能有穿堂风，朝向的选择通常以朝南最佳，朝东西次之，朝北最次；客厅卧室分离，厨房餐厅分离，但要相互挨着，户门不宜直接对着客厅；在选择住房时要尽可能重视卧室的采光效果等。

视野和噪音。视野为小区各位置不同朝向的房屋，从家里看出去的视野不同带来的差异。噪音为小区各位置不同朝向的房屋，其周边是否临街、商业人流、工厂等不同会有不同程度的噪音和噪音的持续时间等差异。

3. 层差

垂直系数评定是按同一单位因为楼层高低的变化而引起素质差异进行打分，主要包括视野景观变化、空间感差异、心理优越差异、客户心理感受、特殊情况等，如图 7-3 所示。

不同楼层会导致景观、采光、和视野方面的差异，尤其是景观视野等的差异。通常，20 层以上可以看到远景，而在 15～20 层之间视野的内圈逐渐变窄外圈会逐渐开扬。但是，

15 层以下往往通过低层内庭欣赏社区园景。价格确定过程中的基本层差大体上根据楼层从上到下逐层价格递减，在价格制定过程中基本层差一般按 0.5%～1%，由于低层单位大多会受到外部环境影响，因而减少低层单位（2～6 层）的层差，层差降至 0.6% 以下。

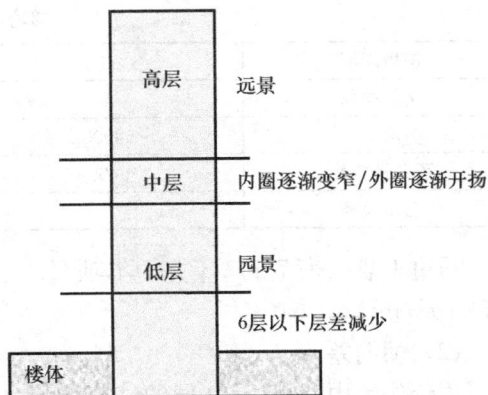

图 7-3　楼层差示意图

4. 销控与价格走势

"销控"通常的情况是优先出售户型或者位置等条件不是很好的产品，而把好位置、好户型的产品留到价格可能达到更高水平的时候进行销售。从而规避了这些户型无法销售的风险，也有利于好的产品在后期卖出更高的价钱。在整个楼盘营销过程中，房地产开发商保留一定比例的房源，分时间段、分批根据市场变化情况，按一定比例推出上市销售，甚至留至项目结束时再对外销售，逐步消化房源，最终达成销售计划，是实现项目利润最大化的捷径。

价格制定策略采用"低开高走"的楼盘，应分时间段制定出不断上升的价格走势，价格控制的原则为"逐步走高，并留有升值空间"，这样既能吸引投资，又能吸引消费。同时楼层差价的变化也并非是直线型的成比例变化，而是按心理需求曲线变化，它随着心理需求的变化呈不规则变化。以时间为基础根据不同的时间段如依据工程进度等进行时间控制，确定与之对应的销量和价格，并且围绕该时间段的诉求重点进行营销，从而掌握什么时间该控制什么，如何去控制，以产生协同效益。

5. 折扣率

销售折扣方案应以项目综合收益最大为目的，兼顾销售节奏、销售数量、销售收入。

公开发售中作为销售策略的普遍性折扣为一般折扣，一般折扣主要有一次性付款、按揭付款、选房优惠、促销优惠、老带新优惠、存多少抵多少等活动。销售特例指与公司有业务关系的特殊客户认购公司产品，其要求的销售折扣比例超过一般折扣比例的行为。

项目制定价格表时应当将折扣率纳入考虑。

7.4　项目定价策划

1. 高层住宅项目定价策划示例

本节承接第 7.2 节的例子，以实际的项目案例按照上述思路逐一进行分析。

（1）均价

本章第 7.2 节的例子中按照市场比较定价法和目标收益定价法分别得到 8150 元/m² 和不高于 8000 元/m² 的结论，而且本项目的定价目标位利润最大化目标，结合集团公司对该项目的销售目标总要求为 8000×（1＋20%）×25 等于 24 亿元（未来销售均价考虑实现整体上涨 20%）。该项目总建筑面积 25 万平方米，开盘节奏大致为分三期开盘，首期 8 万平方米，第二期 10 万平方米，第三期 7 万平方米。

核心均价计算表 表7-2

销售周期	I	II	III
建筑面积	8	10	7
均价	8000	9600	11520
预期销售额	64000	96000	80640
总销售额			240640

通过上表（表7-2）计算，本项目一、二、三期的均价为 8000 元/m²，9600 元/m²，11520 元/m²。

（2）朝向差

均价作为中间楼层12层的试算均价。根据产品的差异度等不同赋予影响因素不同权重，根据打分对比，可得出各幢房屋同一楼层的不同户型的均价，见表7-3、表7-4、表7-5。高层平面差参考市场上平面价格调差设置标准，取市场标准价的10%，即800元/m²。

各营销因素权重计算表1 表7-3

调节价差	800 元/m²		调节价差	800 元/m²	
因素	权重	影响单价（元）	视野	15%	120
朝向	25%	200	噪音	15%	120
景观	20%	160	总计	100%	
户型	25%	200			

各营销因素权重计算表2 表7-4

朝向	25%	景观	20%	户型	25%
	系数		系数		系数
1	40	1	32	1	40
2	80	2	64	2	80
3	120	3	96	3	120
4	160	4	128	4	160
5	200	5	160	5	200
视野	15%	噪音	15%		
	系数		系数		
1	24	1	24		
2	48	2	48		
3	72	3	72		
4	96	4	96		
5	120	5	120		

各营销因素权重计算表3 表7-5

楼栋	水平房号	朝向	景观	户型	视野	噪音	合计	水平系数
1号	1	200	160	160	120	96	736	4.6
	2	120	96	120	96	72	504	3.15
	3	160	96	120	72	96	544	3.4
	4	160	96	160	72	96	584	3.65

楼栋	水平房号	朝向	景观	户型	视野	噪音	合计	水平系数
2号	1	160	128	200	48	120	656	4.1
	2	120	64	120	96	72	472	2.95
	3	120	64	160	120	96	560	3.5
	4	160	64	120	72	96	512	3.2
3号	1	160	160	200	96	96	712	4.45
	2	80	96	120	48	72	416	2.6
	3	120	96	80	96	72	464	2.9
	4	120	96	160	120	72	568	3.55
	5	80	96	200	72	72	520	3.25
	6	160	160	160	96	96	672	4.2
4号	1	200	160	160	120	96	736	4.6
	2	160	96	120	96	72	544	3.4
	3	200	128	120	96	72	616	3.85
	4	200	128	160	96	96	680	4.25
	5	160	96	160	72	96	584	3.65
	6	200	160	200	96	120	776	4.85
5号	1	160	128	200	96	120	704	4.4
	2	120	64	120	72	96	472	2.95
	3	120	64	120	72	96	472	2.95
	4	120	64	120	72	120	496	3.1

单位权分价差为 160 元/m²。因此，一期开盘各幢楼 12F 的价格为均价＋160×（水平系数－平均系数），即为 8000＋160×（水平系数－3.725）。

（3）层差

垂直系数评定是按同一单位因为楼层高低的变化而引起素质差异进行打分，主要包括视野景观变化、空间感差异、心理优越差异、客户心理感受、特殊情况等。

价格确定过程中的基本层差大体上根据楼层从上到下逐层价格递减，在价格制定过程中设定基本层差为 0.8%，本例核心均价为 8000 元/m²，即单位层差为每层 64 元/m²。

由于低层单位大多会受到外部环境影响，因而减少低层单位（2～6 层）的层差，层差降至 0.6%，以促进销售（表 7-6）。

楼层差系数表   表 7-6

楼层	一	二	三	四	五	六
层差	0.60%	0.60%	0.60%	0.60%	0.60%	0.60%
系数	－7.60%	－7.00%	－6.40%	－5.80%	－5.20%	－4.60%
楼层	七	八	九	十	十一	十二
层差	0.80%	0.80%	0.80%	0.80%	0.80%	0.00%
系数	－4.00%	－3.20%	－2.40%	－1.60%	－0.80%	0
楼层	十三	十四	十五	十六	十七	十八
层差	0.80%	0.80%	0.80%	0.80%	0.80%	0.80%
系数	0.80%	1.60%	2.40%	3.20%	4.00%	4.80%

楼层	十九	二十	二十一	二十二	二十三	二十四
层差	0.80%	0.80%	0.80%	0.80%	0.80%	0.80%
系数	5.60%	6.40%	7.20%	8.00%	8.80%	9.60%

（4）销售价格表

经过上述计算，以一期房源 4 号楼为例计算各套房型的销售单价和销售总价，具体见表 7-7。

各套房型的销售单价和销售总价　　　　　表 7-7

房号	4 号 01		4 号 02		4 号 03		4 号 04		4 号 05		4 号 06	
面积	168.56m²		116.72m²		147.66m²		147.66m²		116.72m²		168.56m²	
	单价	总价	单价	总价	单价	总价	单价	总价	单价	总价	单价	总价
25F	9028	152.18	8815	102.89	8895	131.35	8966	132.40	8860	103.41	9073	152.93
24F	8957	150.98	8745	102.08	8825	130.31	8895	131.35	8790	102.59	9001	151.72
23F	8886	149.78	8676	101.27	8755	129.27	8825	130.30	8720	101.78	8929	150.51
22F	8815	148.59	8607	100.46	8685	128.25	8755	129.27	8651	100.97	8858	149.32
21F	8745	147.41	8539	99.67	8616	127.23	8685	128.24	8582	100.17	8788	148.13
20F	8676	146.24	8471	98.88	8548	126.22	8616	127.23	8514	99.37	8718	146.96
19F	8607	145.08	8404	98.09	8480	125.22	8548	126.22	8446	98.58	8649	145.79
18F	8539	143.93	8337	97.31	8413	124.22	8480	125.21	8379	97.80	8581	144.63
17F	8471	142.78	8271	96.54	8346	123.24	8413	124.22	8313	97.03	8512	143.49
16F	8404	141.65	8205	95.77	8280	122.26	8346	123.23	8247	96.26	8445	142.35
15F	8337	140.53	8140	95.01	8214	121.29	8280	122.26	8181	95.49	8378	141.22
14F	8271	139.41	8076	94.26	8149	120.33	8214	121.29	8116	94.73	8311	140.10
13F	8205	138.31	8012	93.51	8084	119.37	8149	120.32	8052	93.98	8245	138.99
12F	8140	137.21	7948	92.77	8020	118.42	8084	119.37	7988	93.24	8180	137.88
11F	8075	136.11	7884	92.03	7956	117.48	8019	118.41	7924	92.49	8115	136.78
10F	8010	135.02	7821	91.29	7892	116.54	7955	117.47	7861	91.75	8050	135.68
9F	7946	133.94	7759	90.56	7829	115.60	7892	116.53	7798	91.02	7985	134.60
8F	7883	132.87	7697	89.84	7766	114.68	7828	115.59	7735	90.29	7921	133.52
7F	7820	131.81	7635	89.12	7704	113.76	7766	114.67	7674	89.57	7858	132.45
6F	7757	130.75	7574	88.40	7643	112.85	7704	113.75	7612	88.85	7795	131.39
5F	7710	129.97	7529	87.87	7597	112.17	7657	113.07	7566	88.32	7748	130.61
4F	7664	129.19	7483	87.35	7551	111.50	7611	112.39	7521	87.79	7702	129.82
3F	7618	128.41	7439	86.82	7506	110.83	7566	111.72	7476	87.26	7656	129.04
2F	7573	127.64	7394	86.30	7461	110.17	7520	111.05	7431	86.74	7610	128.27

表格中：

无色部分为 8000 元以下；

浅灰色部分为 8000～8500 元；

中灰色部分为 8500～9000 元；

灰色部分为 9000 元以上。

章节要点

本专题内容主要内容包括项目定价目标、项目定价方法、项目定价策略、项目定价策划等几大方面。房地产定价目标分别介绍了利润最大化目标、市场占有率目标、应付和防止竞争目标、树立企业形象目标等几种不同形式。项目定价方法按照需求的基本原理思路，介绍了成本导向定价法、市场比较定价法、投资收益定价法、消费者独特评价定价法。项目定价策略介绍了房地产项目定价的几个基本策略，包括核心均价、朝向差、层差、销控与价格走势、折扣率等。房地产项目定价策划，以举例的方式对本专题的各部分知识进行了综合运用，并以实例分析了房地产项目定价策划。

复习思考题

(1) 简要回答房地产项目定价的目标种类和基本内涵？
(2) 简要回答什么是目标收益定价法？

8 房地产项目推广策略

知识目标

1. 熟悉项目渠道推广的模式；

2. 理解房地产项目推广策划的含义；

3. 理解项目广告策划的概念；

4. 理解项目销售策划的概念；

5. 理解项目公关策划的概念；

6. 掌握影响项目推广渠道策略选择的因素；

7. 掌握项目广告策划的主要形式有哪些；

8. 掌握项目销售策划的主要方式；

9. 掌握项目公关策划的主要方式。

能力目标

1. 能够针对具体项目进行渠道策划；

2. 能够针对企业实际项目进行简单的广告策划；

3. 能够针对具体项目拟定公关策划方案。

【案例导入】

房地产项目推广的利器之广告推广策划——桂林某房地产雁山楼盘广告推广方案（节选）

1. 项目背景

桂林某房地产公司在桂林市雁山镇开发一个楼盘项目，计划在一年时间内（2012 年）对该楼盘进行营销推广。

2. 地域环境分析

桂林是一个旅游城市，外地游客众多，经济较为发达，目前桂林市总人口 560 万，市区人口 60.35 万，雁山镇位于桂林市郊区，处于桂林市区和著名景点阳朔的中间路段，是从桂林市区去阳朔的必经之路，过往的旅游观光车辆众多，该区域环境幽雅，景色宜人，民风朴实，是一个安静的居住场所。

3. 媒体目标

利用桂林的各类媒体，如：报纸、电视、户外广告的组合与排期，达到最大的广告效益。

4. 媒体分析

目前桂林的主要媒体有桂林电视台、桂林广播电台、桂林日报、桂林晚报四家媒体公司。桂林电视台作为桂林市唯一的一家电视台，其不仅在桂林市具有巨大的影响力，而且在整个广西各地都有着一定的观众，而且该电视台的栏目贴近生活，当地部分居民喜欢关注其投放的房地产、家具等信息；桂林广播电台则作为传统媒介深受老年人的喜爱，年轻人对其关注度较少；桂林日报和桂林晚报是桂林的两大报业，一直有着良好的发行量，桂林当地居民对其的关注度较高，而其承载的广告信息业比较多，广告竞争形势激烈。

5. 目标受众分析

主要目标客户群：城市中高收入者、企事业单位人士、经商人士。

目标客户群年龄分析：考虑到经济、事业等因素，因此目标客户群的年龄主要分布在35～55 岁之间。

6. 媒体选择

桂林日报：文案信息容量大，有一定的桂林居民读者群，重复阅读率高。

桂林晚报：其在桂林市的影响力和桂林日报不相上下，特点与桂林日报差别不大。

桂林电视台：视觉冲击力强，能很好地展示楼盘的建筑构造以及楼盘周边的环境，是对目标客户群表现楼盘特点的较好的方式之一。

由于目标客户群主要是中年的企事业单位人士、经济高收入者或经商人士，因此针对这些目标群体的共性，选择以桂林日报、桂林晚报为主要的广告信息载体，桂林电视台、路灯旗广告、站台广告、公车车身广告等媒体或平台作为辅助来进行广告投放是一个比较合理的方式。因为这部分人群都比较喜欢关注与生活、商业相关的信息，桂林日报、桂林电视台、桂林晚报的内容和栏目都比较贴近民生，这样的组合可以让目标客户群的覆盖面达到最大。

7. 广告的媒体整合投放计划

第一阶段：内部认购期

时间：2012 年 1 月—2012 年 3 月

投放经费比例：15%

投放形式：以桂林日报为主，路灯旗、条幅、宣传单、楼盘户外看板为辅。

第二阶段：行销期

时间：2012 年 3 月—2012 年 6 月

投放经费比例：30%

投放形式：以桂林日报和桂林晚报为主要广告信息载体，桂林电视台辅助进行广告投放，并继续以路灯旗、宣传单、户外看板等形式增强广告效果。

第三阶段：持续期

时间：2012 年 6 月—2012 年 10 月

投放经费比例：45%

投放形式：和第二阶段一样，以桂林日报和桂林晚报为主，其他媒体或平台为辅来进行广告投放，不过在第二阶段的基础上进行公车车身广告和站台广告的投放，不过应在第二阶段的基础上加大广告信息的投放力度。

第四阶段：促销期

时间：2012 年 10 月—2012 年 12 月

投放经费比例：10%

投放形式：在桂林日报和桂林晚报上投放促销广告信息，并加以宣传单进行促销宣传。

8. 媒体组合策略

第一阶段：

第一步：购买好路灯旗和户外看板来进行该房地产广告信息的投放，除了在楼盘处投放路灯旗和户外看板广告外，由于该楼盘所处地理位置并不优越，人流量和车流量相比桂林市市区来说有很大差距，因此可在市中心买一小段的路灯旗来投放广告，同时挑选地理位置优越的户外看板来展示该楼盘信息。

第二步：是桂林日报的广告信息投放，由于桂林的居民尤其是企事业单位人士和高收入这类有经济能力买房的人群都比较喜欢关注当地的生活和商业信息，所以他们会经常阅读像桂林日报这类贴近当地时事的报纸，在这上面购买版面来投放楼盘信息就能很好地到达目标客户人群，并在这一时期辅以宣传单进行宣传，扩大楼盘的吸引力和影响力。

地点：桂林市市中心文明路路段和楼盘所在地

形式：路灯旗、户外看板

第二阶段：

保持第一阶段的路灯旗和户外看板的广告投放量，在此基础上进行投放量的扩展。楼盘开盘期间在展销处进行一定的看板、宣传单、POP广告投放。在楼盘开盘期间加大宣传力度，在桂林日报和桂林晚报上都投放房地产信息，并同时在桂林电视台上进行广告宣传。

第三阶段：

在这一阶段中，主要针对前两个阶段的楼盘销售情况来进行媒体投放的调整。

假设方案一：如果前两个阶段的销售情况良好，楼盘大部分已卖出，媒体投放策略就在原来的媒体投放基础上适当地减少投放。

假设方案二：如果前两个阶段的销售情况不好，只卖出少部分楼盘，那么在此阶段的媒体投放就在保持原投放量的基础上增加公车车身广告和站台广告的投放。

地点：桂林市市中心火车站

形式：站台广告

公车车身广告：选择11路公车，因为其经过市中心的主要路段。

第四阶段：

楼盘销售的促销期，楼盘降价促销，此时应减少其他户外广告的投放量，在桂林日报和桂林晚报上公布促销信息，且配以宣传单进行促销宣传

——案例节选自互联网

案例分析总结：本案例从项目背景、地域环境、媒体目标、媒体分析、目标受众分析、媒体选择、广告的媒体整合投放计划、媒体组合策略八个方面，较为详细和完整地诠释了房地产广告媒体策略制定的要点，可供参考学习。

8.1 项目推广渠道

房地产企业对销售渠道的建设非常重要，因为当巨大的开发能力形成，而没有形成与之相适应的销售渠道网络时，必然造成开发能力的巨大浪费，其结果就是商品房空置率增加；优秀的企业都很重视销售渠道建设，强调能够有效地控制整个目标市场的销售渠道，以保证销售渠道有效运转。那么接下来，我们就来探讨如何进行项目渠道推广策划。

8.1.1 项目推广渠道概念

项目推广渠道是指房地产产品从生产领域进入消费领域的途径以及相应的组织机构。正确选择推广渠道有助于尽快将项目传送到最终用户手中，达到扩大销售量，加速资金周转，满足人民生活需要的目的。项目推广渠道就是房地产商品的流通途径，具体而言项目推广渠道应包括以下三层涵义：

第一、项目推广渠道的起点是房地产商品的所有者，终点是消费者（可以是购买者，也可以是使用者）。

第二、项目推广渠道的积极参与者，是房地产商品流通过程中各种类型的中间商，即房地产中介代理机构。

第三、在项目推广渠道中，房地产的所有者向消费者转移房地产商品时，既可转移房地产的所有权，又可转移房地产的使用权。

8.1.2 项目推广渠道模式

1. 传统销售渠道模式

依据渠道设计中渠道长度不同进行区分，可将项目推广渠道模式分为直销模式和委托代理销售模式。直销模式和代理销售模式的选择对企业本身并没有绝对的优劣，不同的房地产开发企业可以依据自身的情况，再结合市场环境进行渠道构筑。下面就两种传统渠道进行探讨。

（1）项目渠道直销模式

顾客直接从开发商销售部门取得所需物业的营销渠道方式见图8-1，称为直销或自销。由于房地产产品不经过任何中介直接从开发商流向消费顾客，实际运作中体现诸多的优势和特点。从信息传递的角度，由于采用直销模式，房地产产品从开发商直接转到消费顾客手中，而不经由中介，因此开发商直接面向顾客，企业可以更及时、准确地掌握顾客的购买动机和需求特点，把握市场脉搏。从销售成本控制的角度，由于采用了直销模式，销售过程中发生的费用也就完全由开发商来控制。高效从严支出可以降低物业销售的费用。从渠道控制的角度，由开发商自己组建的销售团队和部门相对委托代理方式更容易管理和控制。

相比来说，直销模式也有缺点：并不是所有的房地产开发商都具备自己组建销售部门进行直销的必要性以及会有足够的财力、物力、人力和相应的管理、运作经验，直销渠道要求更多的专业化的销售队伍和有经验的策划人员。很多时候它并不符合社会分工的特点和要求，开发商肩负开发和销售两项职能，容易顾此失彼，且使风险集中，导致开发商风险增加。直销渠道一般较窄，并不利于房地产产品尤其是新产品迅速广泛地推向市场。

（2）委托给专业代理公司的代理销售模式

开发商委托房地产代理商寻找顾客的方式见图8-2，顾客再经过代理商中间介绍而购买物业的营销渠道方式，这种模式就是房地产委托代理销售模式。随着消费者消费行为的理性和成熟，房地产开发企业一方面要扩大规模追求规模经济；另一方面又要走专业化道路，细分产业市场，企业为了发挥专业开发优势，经常将销售工作委托给更具专业优势的销售代理商来完成。在商品房销售过程中，代理商经常是由经纪人来担当，这是由经纪人本身的特点和房地产资产的特殊性共同决定的。经纪人是在买卖双方之间说合交易，但对盈亏不负责、只要成交就可从中取得佣金的中间商人，虽然承担了主要的市场销售职能，但经纪人本身对其接受委托的商品或资产不具有所有权。

图 8-1 房地产企业直销渠道—售楼部

图 8-2 房地产委托代理机构

专业化的委托代理销售，销售优势主要体现为：它简化了商品市场的交易活动，节约开发商和顾客共同的时间和精力，缓解了开发商人力、物力和财力的不足，提高企业运作的效率和效益。相对于直销模式，委托代理分散了企业开发房地产的风险。由于专门从事代理销售工作，代理商一般都有较多的销售业务员和更为广泛的客户关系。企业在推广新产品的时候，更快地将产品推向了市场并为顾客了解，实现房地产商品的销售。

当然委托代销也有自身的缺点：由于代理商的介入，分隔了开发商和市场、消费顾客之间的联系，使得开发商对市场发展的动向和顾客需求变化的了解更加困难，从而导致开发商对市场的敏感度降低；另外，过多的中间代理环节大大降低了开发企业的利润、增加顾客的经济负担，随着微利时代的到来，即使是处在利润颇丰的房地产行业，开发商也面临考虑如何尽可能地降低成本，提升企业的竞争实力。

2. 新型销售模式

（1）网络营销模式

21 世纪是信息化的世纪，在发达国家，互联网和自来水、电一样已成为人们生活中不可缺少的一部分。同样，在中国，互联网的影响也早已从初期对人们生活质量的改观提升到了冲击行业发展的新高度。互联网席卷中国大地的时候，也正是中国住宅与房地产业飞速发展的时候。房地产与互联网的结合必将引发房地产产业的营销革命。网络营销实质是营造网上经营环境，包括网站本身、顾客、网络服务商、合作伙伴、供应商、销售商相关行业的网络环境。在这种环境下，房地产企业可以对开发项目进行网上宣传对客户进行项目产品的网上调研，图 8-3 为目前国内比较知名的房地产网络营销网站。接受意见反馈或通过商品房网上竞拍给项目造势，提升项目人气。

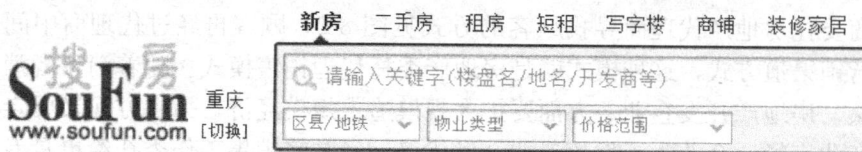

图 8-3 国内知名房地产网络营销网站—搜房网

作为传统的营销方式的补充和发展，网络营销能更有效地促成消费者与企业或企业与企业之间交易活动的实现。其基本模式如下：

企业—信息—网络媒介—信息—用户

根据全球知名的互联网测量公司 NETVALUE 的调查结果显示，房地产网站渐入佳境，每月访问此类网站的网民占整体网民的比例在以超过 100％的速度激增。目前，美国已有 70％的本土房地产交易是通过互联网直接或间接实现的。中国的网络经济和发展模式很难说不是借鉴美国的经验。并且，突如其来的非典更为"水泥加鼠标"的房地产网络营销添了一捆"干柴"，一时间，网上房展、网上排队预购、网上团体购房等各种网上交易纷纷推出。

网络营销模式相对于传统的销售模式具有以下优势：通过互联网使开发商和顾客之间的信息传递更直接、互通，并且省去了传统销售模式下的代理环节，降低了销售费用。通过网络途径，使得市场和顾客信息的收集更及时、完备，企业决策也更具导向性。通过互联网络，信息传播更快、更广，尤其在企业进行新产品推广的时候，如果能够结合传统的销售渠道进行产品宣传、产品信息传播更快，有助于企业产品的销售。

【阅读材料】

"万科：玩网游，买房子"

万科集团在南京推出了小户型白领公寓"先锋座"，面积集中在 $55\sim75m^2$ 之间，主要目标对象为年轻、高学历、喜欢网络的年轻一族。为此，万科与房产网合作，共同策划、制作了大型网络游戏"万科·先锋座"。

游戏以"万科·先锋座"为原型，秉承了虚拟网络与现实地产相结合的风格，在游戏中穿插了不少项目效果图、相关新闻、在线预订等相关信息，玩家可以在轻松娱乐的同时，又增加了对"万科·先锋座"的认识和了解。

"这样，一方面可以让'玩家'在游戏中了解先锋座，另一方面则是在玩游戏的过程中，玩家能够通过劳动为自己赢得购房优惠，在游戏中实现购房的家庭梦想。"

开通没几天，就引起了各路网友的兴趣，日在线玩家超过万人，最高时突破 2 万。同时，万科的业主论坛里铺天盖地都是关于玩游戏的感受与心得，不停有网友打听其他玩家的游戏分数和赢分技巧。一时间，网友对游戏的询问、南京万科工作人员的解答和从游戏中截取的精彩场景成为论坛的一道独特风景。

为了鼓励网友们争当"先锋"，万科特地准备了多重惊喜，其中：积分排名前 100 名的用户都将获得精美礼品一份；积分排名前 100 名并购房的用户不仅可以获得精美礼品一份，更额外获得 2000 元"家庭梦想奖"一个。

许多网游爱好者表示，以往他们对万科先锋座并无概念，但在玩游戏的过程中，不知不觉已经对先锋座了解得七七八八了。这种接受过程很愉快，也很轻松，完全不会有那种被强行推销而产生的抵触情绪。

——案例摘至互联网

（2）房地产金融超市模式

房地产金融超市是银行通过与房地产公司、保险公司等等的业务合作，对它经营的产品和服务进行整合，向顾客提供的一种涵盖了多种金融产品与增值服务的一体化经营方

2. 项目推广渠道策略

（1）直接渠道和间接渠道。直接渠道是指生产者不通过中间商，由自己将产品直接销售给消费者，而间接渠道是指生产者利用中间商进行产品销售。商品通过直接渠道或间接渠道销售，各有优点及局限性，对于生产者来讲，其产品是通过直接渠道还是间接渠道，应全面分析产品、市场及企业自身各方面的条件，认真考虑各种因素，权衡利弊，加以选择。

（2）长渠道与短渠道。渠道的长度是指产品在转移过程中经过中间环节的数量。只经过一个中间商的销售渠道，称为短渠道；经过两个或两个以上中间商的销售渠道，称为长渠道。生产者在决定通过中间商销售后，还需要对运用渠道的长短作出选择，从节省商品流通费用的要求出发，应尽量减少中间环节。

（3）宽渠道与窄渠道。渠道的宽度是指产品在同一环节时，利用多少中间商，利用的中间商多，谓之宽，利用的中间商少，则谓之短。开发商在销售商品时，是采用宽渠道还是窄渠道，必须依据有关因素综合考虑。有三种策略可供选择：

① 普遍性销售渠道策略，即开发商为了使自己的商品能够得到广泛推销，使消费者随时随地可以买到而采取的策略。

② 选择性销售渠道策略，开发商有选择地确定一部分中间商来经营自己的产品，采用这种策略由于中间商数目较少，利于开发商之间的互相紧密配合、协作。

③ 专营性销售渠道策略，即开发商在特定的市场区域，对一种商品只选定一定中间商"独家经营"。在通常情况下，双方订有书面契约，规定开发商在这个特定的市场区域内不能再请其他中间商来经营其产品，而中间商也不得再经销其他竞争性的商品。

8.2　项目广告策划

8.2.1　项目广告策划概念

（1）房地产广告的概念

房地产广告（Real Estate Advertising），是指房地产开发企业、房地产权利人、房地产中介机构发布的房地产项目预售、预租、出售、租、项目转让以及其他房地产项目介绍的广告。图 8-5 为设计精美的房地产广告。不包括居民私人及非经营性售房、租房、换房广告。

图 8-5　精美的房地产广告

（2）房地产广告的原则

开发商可根据营销战略的需要，组合运用。在进行广告策划时，应遵循以下原则：

1）时代性，策划观念具有超前意识，符合社会变革和人们居住需求变化的需要；

2）创新性，策划富有创意见图8-6，能够塑造楼盘的独特风格，体现"把握特色，创造特色，发挥特色"的策划技巧；

3）实用性，策划符合营销战略的总体要求，符合房地产市场和开发商的实际情况，具有成本低、见效快和可操作等特点；

4）阶段性，策划围绕房地产营销的全过程有计划、有步骤地展开，并保持广告的相对稳定性、连续性和一贯性；

图 8-6 极富创意的房地产广告

5）全局性，广告、销售促进、人员推销和宣传推广是开发商促销组合的四种手段，广告策划需兼顾全局，考虑四种方法的综合效果。

（3）发布房地产广告的必要条件

1）发布房地产广告，应当具有或者提供下列相应真实、合法、有效的证明文件。

① 房地产开发企业、房地产权利人、房地产中介服务机构的营业执照或者其他主要资格证明；

② 建设主管部门颁发的房地产开发企业资质证书；

③ 土地主管部门颁发的项目土地使用权证明；

④ 工程竣工验收合格证明；

⑤ 发布房地产项目预售、出售广告，应当具有地方政府建设主管部门颁发的预售、销售许可证明；出租、项目转让广告，应当具有相应的产权证明；

⑥ 中介机构发布所代理的房地产项目广告，应当提供业主委托证明；

⑦ 工商行政管理机关规定的其他证明。

2）房地产预售、销售广告，必须载明的事项。

① 开发企业名称；

② 中介服务机构代理销售的，载明该机构名称；

③ 预售或者销售许可证书号。

广告中仅介绍房地产项目名称的，可以不必载明上述事项。

凡有下列情况的房地产，不得发布广告：在未经依法取得国有土地使用权的土地上开发建设的；在未经国家征用的集体所有的土地上建设的；司法机关和行政机关依法裁定、决定查封或者以其他形式限制房地产权利的；权属有争议的；违反国家有关规定建设的；不符合工程质量标准，经验收不合格的；法律、行政法规规定禁止的其他情形。

（4）房地产广告的特点

房地产产品作为一种特殊的商品有着自己独特的特点具体来说体现在以下几个方面：

1）房地产广告的信息量大

一般来说，一个购房者一辈子的积蓄只买得起一套商品房。因此购买者在做出购买决定前慎之又慎，反复考虑清楚后才形成购买决定。我们也可以从营销学的角度看，一个人掌握相关决策信息越多，他（她）做出决策的时间就相对越短。这便决定了通常房地产广告必须是尽可能地传递最大的信息量，将项目的情况介绍得越是清晰，消费者就越有购买兴趣和决心。

2）房地产广告宣传强调立竿见影的效果，时间性强，投入风险大

房地产广告宣传非常重视促销效果而建立品牌效应的现象就相对弱了许多。也正因为如此，房地产广告宣传的时间性极强，一笔广告费投下去就必须在三五天内换回一定数量的销售额，过期则不再有效。所以房地产广告宣传投入的风险远远大于其他类型商品的广告宣传投入。在投入广告宣传前要注意：首先，促销力度要尽可能大，给人一种"过了这个村就没有这个店"的感觉，从而促使购买者在短期内大量集中成交；其次，注意宣传的覆盖率，即启动多种宣传媒介以全面覆盖目标消费群。尽量使所有可能的消费群了解到项目的各种信息。最后宣传量要达到一定的饱和度。

3）房地产的销售受明显的区域限制，因此其广告投入的区域性非常明显

一般而言房地产项目的广告宣传只集中在当地地媒介投入，既节省费用又有效果。例如：重庆市的房地产广告大多数都是选择《新女报》、《重庆商报》、《渝报》等媒介上做平面广告宣传。而且《重庆商报》最为有效，就是因为地域因素的作用。塑造品牌形象对于一些跨年度长期发展的大型项目更重要，除了注重做好促销宣传外，还应拨出专项费用用于项目的品牌形象的建设。

（5）房地产广告的作用

在房地产项目的销售过程中，广告的作用就是"巧传真实"。就是以深具吸引力，说服力及记忆点的广告语，以最震撼人心的方式把产品中与消费者最相关的部分，即所谓"真实"的东西巧妙地传达给消费者，这个"震撼人心"表现在三个点上，即相关（Relevance），原创力（Originality）；震撼力（Impact）。

在实践中，这两者往往处于不平衡的状态。例如，不少创意导向的广告公司长于创意手法，但在销售点子上不甚高明，有些广告公司擅长销售点子（说什么）却弱于创意手法（如何说），而针对房地产这种直效性非常强的产品，应更加坚持"创意与策略"或"策略性创意"。这是永远不变的结构，这其中"真实性"永远要放在第一位，而"创意"则是广告全部的生命力和灵魂。图8-7具真实性和创意性为一体的房地产广告。

针对每个不同领域，不同价值，不同档次的房地产项目，房地产企业所创作的广告则更应懂得从消费者的观点来操作。让消费者认可接受，达到广告的最终目的。

（6）项目广告策划的主要形式

1）按照房地产广告目标分为：

① 形象广告。以树立开发商、楼盘的品牌形象（图8-8）并期望给人留下整体、长久印象为广告目的所在。

② 公关广告。通过以软性广告的形式出现，如在大众媒介上发布的入伙、联谊通知，各类祝贺辞、答谢辞等。图8-9为万科万客会公关广告。

③ 概念广告。以倡导全新生活方式和居住时尚为广告目的。例如"善待你一生"概念就是龙湖传播给消费者，你买到的不只是一个钢筋水泥的房子，更是一个温暖的家的新观念。图 8-10 为龙湖项目观念广告。

④ 促销广告。大多数的房地产广告属于此类型，广告的主要目的是传达所销售楼盘的有关信息，吸引客户前来购买。

2）按照房地产广告表现形式分为

① 报纸广告

报纸广告是房地产广告广泛运用的大众传媒广告媒体。报纸广告的版面空间是广告信息的载体，它引起受众注意的要素有两个方面。一是版面面积，二是刊登位置。房地产广告选用报纸版面面积可以从半通栏至整版，版面面积越大，广告注意率越高，但经济支出也越大。第一版广告刊登位置效果最佳，其他各版广告刊登位置效果逐减，各大报纸根据广告版面效果的实际情况分档收费。图 8-11 为重庆商报上的房地产广告。

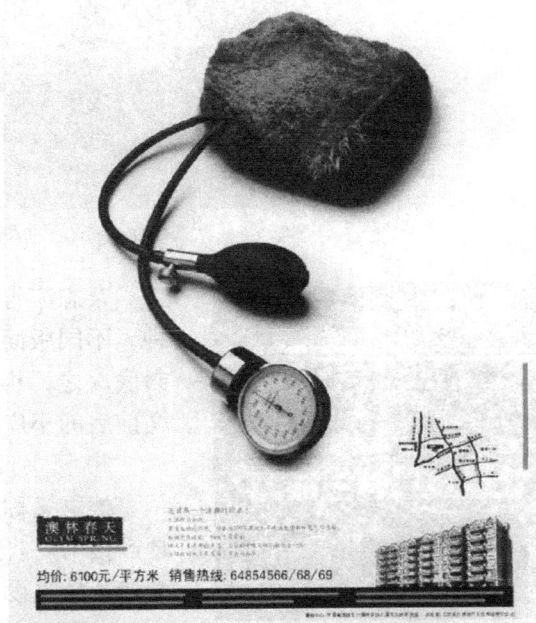

图 8-7　具真实性和创意性为一体的房地产广告

图 8-8　宏华达地产形象广告

图 8-9　万科之万客会公关广告

② 杂志广告

杂志广告一般是房地产广告针对特定的顾客群体而选用的媒体，例如高档楼盘往往选用航空杂志，其读者（飞机乘客）可能是高档楼盘潜在的顾客。

图 8-10 龙湖地产概念广告

图 8-11 重庆商报的房地产广告

杂志广告一般分为封面、封二、封三、封底和内页几种。不同版面位置的广告注意度差异很大。最大为封面，封底次之，再次为封二、封三和扉页，再后为内页，内页文前后的小广告和补白广告为最次。

③ 楼书设计

楼书又称售楼书或房地产样本（图 8-12），是精美的房地产楼书广告。它指多页装订的整体反映楼盘情况的广告画册。楼书设计开本是首先考虑因素之一。开本有正规开本和畸形开本（非正规开本）之分，正规开本按全张纸长边对折的次数多少来计算，每对折一次开数增加一倍。例如：对折一次为对开，对折二次为四开，对折四次为十六开。

目前我国印刷厂采用的全张纸规格大都为 787mm×1092mm，其裁切的正规开本尺寸为基本开本尺寸，另有采用 850mm×1156mm 全张纸裁切的正规开本，习称大开本。

④ 单页（折页）

房地产广告单页顾名思义是单张印刷品，一般为双面彩色。幅面尺寸在八开以内一般称为 DM，大于八开一般称为海报。DM 本意是直接邮寄广告（Direct Mail），简称 DM。由于 DM 是放在信封里通过邮寄发放给受众的印刷品广告，所以 DM 尺寸一般幅面较小并采用折页形式。房地产销售中常把幅面较小的房地产广告印刷品统称 DM。

海报一词英文为 poster，原意是张贴在柱子上的告示。中文定义为"一种平面的、大幅的、张贴式的户外印刷广告媒体。"房地产广告海报很少用于张贴，主要是采用海报"平面的、大幅的"形式。大幅的房地产海报选用的图片印刷尺寸较大，增加了视觉冲击力；楼盘立面图、平面图往往印刷在一个平面上，便于售楼人员讲解。楼书和单页均为印刷品，在设计时除考虑开本大小外，还必须考虑用纸和印刷工艺。楼书和销售单页用纸主要是铜版纸、亚粉纸和艺术纸。

⑤ 展板设计

房地产广告展板（广告牌）主要用于悬挂在售楼处、项目现场、闹市区或房产展销会展台。图 8-13 为精美的房地产展板广告。标准展板面积为 90cm×120cm。展板底版一般为 KT 板或万通板，（标准尺寸 90cm×240cm），展板四周镶嵌条，项目现场也常用彩绘图案方式。

图 8-12　精美的房地产楼书广告

图 8-13　精美的房地产展板广告

⑥ 灯箱广告

房地产广告灯箱分室内或户外二种，室内主要安装在售楼处以及公交车站（图 8-14）、铁站、飞机场候机楼等，室外主要安装在人流量大的街道。灯箱一般以聚酯材料、PVC 材料和有机玻璃等为广告画面的装裱透光面。以日光灯或霓虹光管（白色）以及专用射灯为光源。

此外，房地产广告形式还有广告条幅、道路指示牌和公交车身广告等，详见图 8-15～图 8-17。

图 8-14　公交车站房地产灯箱广告

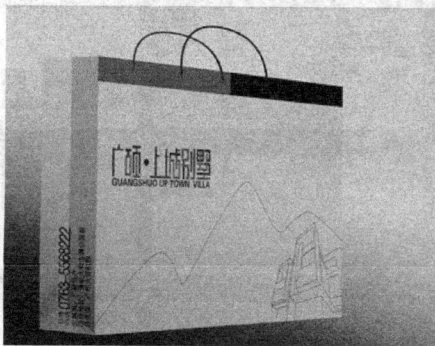

图 8-15　房地产手提袋广告

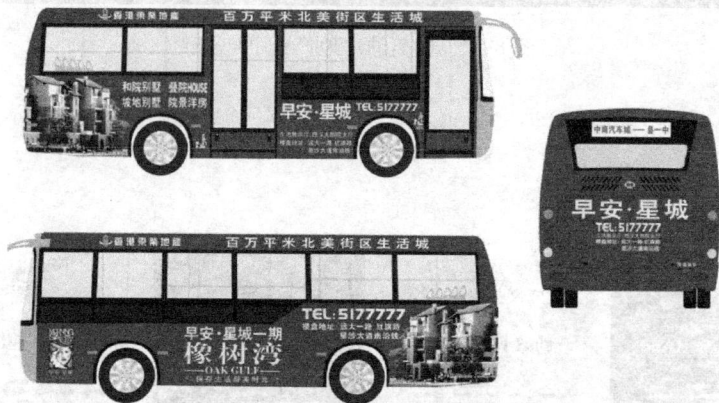

图 8-16　房地产车身广告

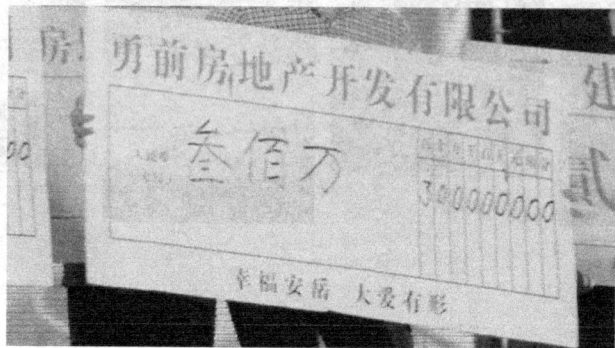

图 8-17　房地产公益公关活动

8.3 项目销售策划

8.3.1 项目销售策划概念

项目销售策划：一般指项目销售阶段划分及促销策略怎样安排，项目的销售价格怎么走，如何宣传造势等。

8.3.2 项目销售策划的原则

（1）创新原则。随着时代的发展，传统的房地产销售理论越来越不适应市场销售方案的要求，更无法为当前许多房地产企业所做的种种创新探索指明方向。从目前房地产企业的大量营销实践来看，包括折让、有奖销售、先租后买、降低利率等各类措施，大多能产生更强烈、更快速的反应，能引起消费者对房产的注意，这为我们探讨买方市场销售方案条件下的营销创新理论，提供了丰富多彩的素材和极具价值的思路。

（2）资源整合原则。整合营销是在营销环节高度专业化分工的基础上，通过市场销售方案渠道，围绕具体项目，有多个专业性营销机构形成多种专业人才互补型、互利型的共同组织，并由其对诸如资金、职能、品牌、社会关系等房地产营销相关要素进行整理、组合，形成合力，高效运作，从而形成从投资决策到物业销售全过程的系统控制，并进而实现预定营销目标的一种新型的市场销售方案化的房地产营销模式，整合营销克服了一般营销模式"中间强、两头弱"的缺陷，同时避免了策划商与销售代理商之间各自为政、互不协调的局面。整合营销围绕具体项目进行资源整合，提高房地产行业内部专业化分工与协作，其优势在于、智能互补、利益共享、风险共担。

（3）系统原则。房地产营销策划是一个综合性、系统性的工程，需要在先进的营销理论指导下运用各种营销手段、营销工具来实现房地产价值的兑现，实质上是一个从了解时市场销售方案，熟知市场销售方案到推广市场销售方案的过程，其中心是顾客。顾客的需求千差万别，注定房地产营销策划从单一化趋向全面化，营销服务从注重表面趋向追求内涵。它不仅要体现物业特征，还要体现市场销售方案特征和消费习惯及发展要求，体现市场销售方案的要求。

（4）可操作性原则。销售策划方案不能脱离社会现实。策划时一定要考虑国情：民情和民风，充分考虑操作中可能会遇到的种种困难，制定好相应的应对措施。与政府部门或权威机构合作可以大大降低操作难度，提高策划成功率。

8.3.3 项目销售策划的内容及步骤

第一步，项目研究，即项目销售市场销售策划方案及销售状况的研究，详细分析项目的销售状况、购买人群、接受价位、购买理由等。

第二步，市场销售方案调研详细了解所有竞争对手。

第三步，项目优劣势分析，针对项目的销售策划方案开展详尽的客观分析，并找出支持理由。

第四步，项目再定位，根据以上调研分析，重新整合所有卖点，根据市场销售方案的需求，对项目市场销售方案定位进行调整。

第五步，项目入市时机选择。理想的入市时机：入市时机并不是指时间概念上的时机，而是指根据自身情况和市场销售方案状况来决定什么时候开始开展销售方案的执行。

项目理想的入市时机，一般应具备：

（1）开发手续与工程进展程度应达到可售的基本要求；

（2）已经知道目标客户是哪些人；

（3）知道项目价格适合的目标客户；

（4）已经找出项目定位和目标客户背景之间的谐振点；

（5）已确定最具震撼力的优势并能使项目有始至终地保持一个完整统一形象的中心主题；

（6）已确定目标客户更能接受的合理销售方式；

（7）已制定出具竞争力的入市价格策略；

（8）制定合理的销控表；

（9）精打细算推广成本后并制定有效的推广执行方案；

（10）组建一支专业销售队伍并拟定一个完善培训计划；

（11）尽力完善现场氛围；

（12）竞争对手还在慢条斯理地等待旺市；

（13）其他外部条件也很合适。

第六步，销售部署。房地产销售策划方案的阶段性非常强，如何把握整体冲击力：弹性与节奏；步骤与策略调整，体现了操盘者的控制局面的能力，同时往往也决定了整体胜负。通常销售部署应遵循的几个原则是：保持进度与策略节奏一致——预热期、开盘期、强销期、保温期；防范销售阶段性问题——如工期、质量、配套等；估算综合成本及销售者影响因素剖析——资金积压、广告推广、税费变化等。

【案例阅读】

茂田国际建博城二期的销售推广方案（节选）

1. 茂田国际建博城概况

项目总建筑面积约 84253m²，2 月份已开盘 A、B 号楼，建筑面积约 17325m²，2 月份的发售取得了一定的成功，本项目一直受大量的客户关注，所以计划 6 月中下旬对余下 C、D 号商铺及住宅下裙楼商业，约 16853m² 对外发售。二期的住宅面积约 38823m²，计划推广期在 7 月份，因住宅与商业一起推广会让客户产生本项目的专业性不够，所以针对该商业进行以下的营销建议。

2. 项目 2 期销售推广策略总论

项目卖点及价值点：

将项目的"大规模化"、"专业化"、"品质化"及"创新型的合川唯一建材专业市场"提炼，从而体现项目的价值，项目的核心价值点：项目的地理位置得天独厚，是不可复制的资源；项目的交通便利，可快速通达重庆各区及周边城市，正是专业市场所必须具备的条件，即有"路通财通"的说法；项目在升级前也是建材市场，大量商家对本项目的认可度高，而且也具有很强的物流运输团队，所以为采购商提供更广阔的采购平台。合川以至整个渝西的大改造为建材市场提供更广阔的投资前景。

针对一期的热销，把项目二期提炼更高一层次，所以在对外宣传和包装上要有新的突破，体现二期是一期的'升级版'→建材旗舰店→品牌商家争相进驻的总部基地。强调二期产品与一期产品最大的优势化区别为采取统一招商、统一管理、统一回报，引进全国知名建材经营品牌企业，成就为立足合川辐射全市的国际化建材总部基地。

3. 销售策略

（1）蓄客方式

"一万变二万"形式吸纳诚意客户。来访的意向客户，由销售人员进行项目的讲解并进行项目的价值点分析，让客户感觉项目的价值以及以后的发展前景，为了使客户更及时对本项目的关注，利用相关的优惠，即客户有意向购买本项目，可以缴纳人民币壹万元诚意金申请办理本项目 VIP 钻卡，成功购买后钻卡可抵总房价壹万的优惠。

（2）蓄客目标

通过一系列的推广后，有效吸纳目标客户群后，到项目公开发售的前一天累计客户办理 VIP 钻卡的数量在 300 组（含 300 组）以上，二期的所有商业全部公开发售。

如到公开发售前一天累计办理 VIP 钻卡 250 组以内办卡客户，即二期的商业会选择分两批次推售，具体推哪部分，根据当时的客户情况进行调整。

如到公开发售前一天累计办理 VIP 钻卡 150 组，视客户情况进行销售策略调整。

（3）销售方式

二期商铺除 1+1 商铺外均采用带租约的销售模式。由于一期商铺的投资商户大部分都不是经营者，主要是用于出租，获取稳定的投资回报，投资商客理想的投资回报率在7%以上，针对该商业情况，而且事实上二期的位置不如一期的理想，为了更能打动消费者，建议售后三年返租及带租约出售的模式，将使项目实现发展商，投资商、经营商三赢的局面，这种建议基于以下理由：保证项目的整体性，更好地贯彻"统一规划、统一管理、统一推广"的思路，有利于项目的整体竞争力的打造；保证投资客的稳定收益，实现投资商户即投即受益，增强投资客的信心；整体经营使经营商对后续经营充满信心，有利于品牌入驻，尽快实现旺场；对二、三楼的商铺实现理想价位的销售产生很大的影响；因此建议将商铺销售给业主后，将商铺按 6%或 8%的回报率返租，由专业的商业经营管理团队按照整体规划进行招商、经营。（返租金额可直接打进房价）

——案例摘选至互联网

8.4 项目公关策划

8.4.1 项目公关策划的概念及内涵

项目公共关系策划，就是房地产企业为了提升企业形象，增强企业的竞争和发展能力，优化企业经营的内外环境，加强与企业内部公众和外部公众进行双向沟通而采取的所有措施。

公共关系宣传与其他三种促销方式存在很大差别，实施该策略的直接目的并不是为了促进房地产产品的销售，而是为了树立和改善企业在公众中的良好形象。当今社会中，树立起良好的社会形象比成功推销一个产品要更高一个层次，影响力更大，因而公共关系宣传活动已被越来越多的开发商重视。但公共关系宣传往往不是针对房地产产品本身，使得这种促销方式的针对性较差。

公共关系与广告同属于促销组合的两个工具，但广告与公共关系一般在目的、内容、形式上都有着明显的区别。广告以推销商品为直接目的。而公共关系活动不仅向目标客户传递楼盘产品信息，还向公众传递地产企业的其他有关信息，如品牌、形象、成就等，其直接目的在于提高企业知名度，引起公众对企业的信赖、好感与兴趣，其对消费者的说服力和权威性高出广告。

公共关系表达方式也比较隐晦和委婉，侧重于间接促销和长期的市场效应，且应用范围也超出商品推销的领域。可以这样认为：广告是推销楼盘，公共关系是推销公司品牌。

8.4.2 房地产公关策划的规则

1. 信息传播与双向沟通

项目公关策划，实质上策划企业所要销售的楼盘信息与公众的传播和双向沟通。信息传播可以分成信源，即信息的发布者，也就是传者；信宿，即接受并利用信息的人，也就是受者。房地产营销公关策划强调信息传受双方是在传递、反馈、交流等一系列过程中传播获得信息。因此，这不是一般意义上单向性信息传递，而是通过双向性的信息沟通，使双方在利益限度内最大程度上取得理解，达成共识。

项目公关策划，主要类型有两种。一种是单独性的，即是为了一个或几个单一的公关活动进行策划，本章第二节阐述的就是单独性公关活动的"若干层面"。第二种是综合性的，即是规模较大的，时间较长的，一连串的，为同一目标所进行的公关活动的组合。无论是单独性或综合性的公关活动策划，都必须符合信息传播的有关规则。

2. 信息传播是一个有计划的完整的过程

所谓"有计划"，是指传播活动必须按公关活动的目的或目标有步骤地进行。"完整"，是指传播过程必须符合传播学的"五个W模式"。即 Who（谁）；Say What（说什么）；Through Which Channel（通过什么渠道）；To Whom（对谁说的）；With What Effect（产生什么效果）。

3. 信息传播的反馈机制

信息传播要达到双向沟通，必须重视反馈机制的建立。反馈，这里指受者对传者发出信息的反应。在传播过程中，这是一种信息的回流。传者可以根据反馈检验传播的效果，并据此调整、充实、改进下一步的行动。美国学者施拉姆提出控制论传播模式相当重视信息传播的反馈机制，这种模式是一种双向的循环式运动过程。

4. 信息传播信道的组织选择

信道，指信息传播的途径、渠道，也就是媒介。房地产营销公关策划信道式媒介的形式有公关广告、房产展销会、顾客联谊会、自编楼盘通信刊物、专题展示会、征文、研讨会等。房地产营销公关策划中信道的选择组织实际上也是楼盘公关推广的过程。

8.4.3 项目公关策划的基本特征

1. 以长远为方针

项目推广策划中，企业与公众建立良好的关系，楼盘的信息有效地在公众中传播反馈，楼盘最终得到顾客认可决定购买，所有这一切，都不是一日之功所能达到的。项目的公关策划是一种持续不断的过程，它是一种战略性的长期工作。成功的获得并非一朝一夕的努力，也不是一曝十寒的推广。

2. 以真诚为信条

项目公关策划需要奉行真诚的信条。企业传播楼盘的信息必须以真实为前提，企业与公众的沟通必须以诚恳为基础，任何虚假的信息传播、任何夸大的沟通方式都会损害企业和楼盘的形象。唯有真诚，才能取信于公众，赢得合作和认可。

3. 以互惠为原则

项目公关策划，力求形成良好的公众关系，它不是靠血缘、地缘或空洞说教来维持，而是以一定的利益关系为纽带。企业在公关活动中既要实现自身的目标，又要让公众得益，包括精神和物质的利益。只有企业和公众互惠互利，与公众各方面的合作才能长久圆满。

4. 以美誉为目标

项目推广策划所有的工作最终目标指向都是为了卖楼，但就某一部分的工作来说又有自身特定目标。公关策划信息传播和双向沟通的主要目标是树立企业所推出的楼盘的美誉度，不是直接卖楼。所谓楼盘美誉度指楼盘具有良好营销形象普遍受到公众的赞誉。楼盘美誉度的建立和楼盘的知名度、印象度是紧密联系的。所谓楼盘的知名度，指楼盘在公众中的知晓程度。楼盘的印象度指楼盘在公众中的印象包括大致上的认识和感受。在楼盘知名度、印象度的基础上才有可能产生楼盘的美誉度。房地产营销公关策划在提高扩大楼盘知名度、印象度，特别是提升楼盘美誉度有特殊的功效，楼盘"三度"也有利于促销。

8.4.4 项目公关策划在项目营销中的作用

1. 对房地产营销具有强烈支撑

主要表现在两个方面：其一，项目公关策划能够透过公共关系活动，迅速有效地营造出一个公众强烈认同并偏好的氛围，通过唤起公众的心理共鸣进一步唤起其强烈的活动参与感，从而达到"造势"的目的，形成有利的营销环境。

其二，项目公关策划能够为感性的营销推广提供令人信服的事实和依据，从而以理性的公关活动支持感性的营销推广。由于房地产项目的消费者极其关注产品的实际卖点，因此仅有感性推广显然是不够的。而受感性因素影响产生购买倾向的前提，则是楼盘不可撼动的实际功能如地段、品质、设计、景观以及一流的物业管理。对于这些营销推广不能从根本上解决消费者的困惑的问题，公共关系则能够借助新闻、第三方证言等形式来完成，弥补感性推广的一些不足。

2. 是房地产营销过程中的重要资源

项目公关策划能帮助房地产企业监测营销环境，收集社会对企业的各种反映，向营销决策层和相应部门提供信息和决策咨询。由于房地产的营销周期、产品销售终端和地区性的特点，迫切要求房地产营销在一个区域市场，短期内迅速提升知名度、积累传播效果。这些要求恰恰是公共关系活动的结果。项目公关策划能在短期内迅速提升知名度、积累传播效果。因为新闻的时效性与报纸的区域性，能够迅速为房地产项目在本区域内制造声势，在整合其他战略资源后，形成新的营销功能和合力，形成最为重要的营销资源。

3. 是房地产营销中重要的社会实践

项目公关策划是房地产企业与相关公众的互动。这种互动不仅给双方带来了良好的效益，还在社会的各个方面发挥着重要的作用。项目公关策划可以建立和保持房地产企业与各类公众的双向沟通，向公众传播组织信息，争取理解和支持，强化与公众的联系，塑造良好企业形象，扩大企业和品牌认知度，提高企业和品牌美誉度和信誉度。对于奠定信誉度的作用，公共关系更是具有先天优势，因为公关活动通常都是以新闻的方式出现，对公众的影响是真实可信的。

4. 是房地产企业战略管理的重要组成部分

项目公关策划可以促使房地产企业有计划地调整企业目标和行动，并以相应策略和行动影响公众舆论、态度和行为，在企业与公众之间进行协调，促成双方合作，帮助组织实现既定目标，增加效益，增强组织凝聚力和吸引力，使组织内外保持和谐一致。

5. 是企业塑造自身形象的最佳途径

房地产营销是针对房地产这种特殊商品所进行的市场研究及客户定位、产品定位和价格定位等一系列的策略的制定以及组织、安排和实施这些策略所采取的各项措施。房地产商品的特殊性，使得房地产的营销活动有别于一般的消费品，如推广周期较短、不涉及商品铺货、区域特点显著、品牌效益强、推广感性化等。它最大的特征是区域性和产品的不可替代性，它的市场信息复杂而隐蔽以及消费者与产品生产者直接交易而体现出的短渠道特征。这些特征首先要求企业必须具有良好的正面公众形象，才能达到房地产营销的目的。而项目公关策划正是企业塑造自身形象的最佳途径，它的主要功能是达到协调关系、谋求合作，为自身发展创造最佳环境的目的。它通过信息的传播和交流，增进群体与社会的相互了解、信任和支持，沟通和影响消费者，建立双向的、长久稳定的良好的社会关系，从而推动房地产开发企业树立竞争优势。正是公共关系的这种基本属性和职能，决定了公共关系在房地产营销活动中具有独特的优势。

6. 是实现房地产销售的可靠保障

房地产市场的充分竞争使得其产品更进一步进行细分，而这种细分是以客户的需求为基础的。项目公关策划因其以人为本的人文特质，成为最能满足这种要求的方式。项目公关策划能有效实现与客户面对面的接触，这种特性是广告促销手段无法达到的。广告是一种非面对面的信息传播活动，广告发布者与接受者信息的反馈有一定的限制，双向沟通有相当的阻碍，由于广告信息的过度商业化，单纯的广告宣传已经不能有效实现项目的销售目的，房地产广告的效果在不断下降。如何抓住有效的人群，需要更加有效的渠道，项目公关策划是满足这种需求的最有效的工具，它是针对目标群的点对点的诉求，通过展示文化魅力，通过人性化的交流达到消费者的认同，更直接的促进销售。

7. 是化解房地产危机事件的有效工具

项目公关策划的信息传播反馈性强，便于企业与公众的双向沟通，实现互动，容易达成开发商和消费者双方的信任和默契。公关对提高楼盘的美誉度效果明显，美誉度一方面可以直接带来产品的销售，另一方面又能建立良好的客群关系。良好的客群关系很大程度上减少了矛盾的出现，而一旦出现了矛盾和危机，建立在公共关系基础上的良好的沟通机制也是化危为机的渠道。在企业面临危机时，项目公关策划能够有效地化解矛盾，缓和与消除冲突，变被动为主动，变不利为有利。

8.4.5 项目公关策划的类型

项目公关策划在房地产营销中的价值主要体现在品牌推广、销售实现和危机处理等方面，具体说来有以下几种类型：

1. 品牌公关

项目公关策划的品牌推广价值，体现在房地产营销的客户定位阶段，项目策划阶段和项目市场推广阶段以及物业管理阶段。房地产营销中的沟通渠道和工具是多种多样的，远比一般的消费品繁杂。合理运用整合营销传播策略，围绕着一个核心利益是房地产品牌建设的一个有效方式。这种整合营销的传播策略，就是以公共关系为载体，以营销为主角的营销手法。企业通过各种途径宣传企业和楼盘，提高项目和企业的知名度，形成有利的社会舆论。

【案例阅读】

银城地产品牌公关策划

银城地产在当地是一家较有影响的开发企业，其开发的楼盘都有它的关联企业"银城物管"进行管理。在服务中他们发现，每到暑假的时候，孩子成了家长最头疼的问题，平时家长上班，孩子上学，但放假后孩子们就无处可去了。于是，银城地产设计了一个"儿童军事夏令营"的公关活动，组织了它所服务的楼盘和小区里那些家中无人带管的孩子，组成一支军事夏令营，带到郊区的一所军校里进行军事训练，结束的那天在银城地产一个刚开盘的项目的销售大厅前做了军事汇报表演，赢得了看房客户的一致赞扬。这是有利于各方的品牌公关活动，银城地产提高了声誉，增强了社会知名度；物业服务公司获取了利润，通过活动收费产生经济效益；业主也解决了实际问题，磨炼和锻炼了孩子。

——摘自互联网

2. 销售公关

促进销售是项目公关策划的重要职能。在房地产营销中，公关点火广告煽火的模式是最常用的促销手法。项目市场的预热和开盘或调整都需要销售公关活动点火启动，它利用举办各种社会性、公益性、赞助性活动开展公关活动，通过参与社会活动如纪念会、庆祝典礼、社会赞助（图8-17）等来扩大企业和楼盘的影响，直接促进销售。目前我们在房地产营销中常见的项目公关策划就是以这种方式为最多。

【阅读材料】

某企业开发了一幢三十八层的写字楼，可是由于营销环境的影响，销售情况不佳。公关人员利用当地重阳节登高的风俗，策划了"重阳节登高健身比赛"的公关活动。首先投资改造了消防楼梯，把原来作为紧急疏散使用的消防楼梯改造成为一条环境优美、悬挂了各种运动挂图和背景音乐，适合爬楼梯健身的景观楼梯。接着与新闻媒体联合组织"重阳登高健身比赛"，由企业赞助大奖，公开向社会邀请爬楼梯比赛的参与者，比赛地点就安排在这幢大楼的景观楼梯上，比赛时由多家新闻媒体进行宣传报道。并组织在媒体上进行"文化与房产"的讨论，打造"体育房产"的概念，增强公关活动对消费者消费行为的深度影响。通过公关活动，该大厦在当地产生了一定的影响，极大地促进了销售。

——摘自互联网

3. 危机公关

即矫正型公关活动。由于房地产开发企业构成因素复杂多样，所处的市场环境和社会环境变化加剧，因此开发企业越来越多地遭遇危机事件的挑战，如客户投诉、媒体揭短、贷款受到限制等。管理学中的破窗理论指出，如果有人打碎了一座房子的窗户玻璃，而这扇窗户由于种种原因未能及时修补，其他人就会受到暗示性地纵容，打碎第二块，第三块或更多的窗户玻璃。因此，一些不为人关注的小危机，如果不及早加以控制，就有可能成为真正危机。危机事件处理的好与坏，直接影响到企业经营状况甚至生存。通常处理危机的公关手法遵循两个原则：一是快速反应。当不可预测的危机发生时，企业要立即作出反应，主要是针对媒体和消费者，客观公正地表明态度，承诺尽快解决事情，可以将负面效应降到最低；二是迅速调查。就是迅速组织调查专家，找出问题的根本所在，如果确实是企业方面出现了问题，要尽快想好处理方法。

【阅读材料】

零地价拿地：看碧桂园的危机公关

近几年来，房地产业的顺风顺水造就了有中国特色的房产盈利时代——"后暴利时代"，碧桂园就是既得利益者。不到 26 岁的杨慧妍因占有碧桂园控股有限公司七成股份，以 1300 亿元的身价摘下百富榜的桂冠。碧桂园也因土地储备达 4500 万 m²（万科地产的 3 倍，SOHO 中国的 10 倍），而成为中国房地产企业最大的地主。

然而，树大必然招风，《南方周末》一篇头版文章让碧桂园陷入"地价门"的是非之中。其中提及"张家界凤凰酒店项目土地储备出资协议"及"合作开发合同书"的复印件，似乎给了读者"事实胜于雄辩"的定位。

一篇报道，对于风头正劲的碧桂园，或许影响不大。不过，裂缝虽小，却未必是隔靴搔痒，一旦漠然视之或在处理中本末倒置，杯中的漩涡也有可能掀起惊涛骇浪。管理学中有破窗理论，指的是，如果有一个人打碎了一座房子的窗户玻璃，而这扇窗户由于种种原因未能及时修补，其他人就会受到暗示性地纵容，打碎第二块，第三块或更多的窗户玻璃。因此，一些不为人关注的小危机，如果不及早加以控制，就有可能成为撼动大象的蚂蚁。

同时，在当今这样一个资讯发达，媒体为王的时代，企业一旦遭遇媒体发难往往会处在弱势地位。媒体能抛砖引玉，也能落井下石，如果不熟悉其运作之道，企业恐怕很难走出危机。

《南方周末》的报道充当了打破碧桂园第一块窗户玻璃的人，跟风者、猎奇者、窥探者、炒作者恐怕不在少数，第二块、第三块玻璃被打碎的噩运很可能会接踵而至。可以说，碧桂园的危机公关之路不会平坦。危急关头，只有临危不惧，将任何对企业生存或者发展不利的危机尽快解决在萌芽之中，化险为夷，转危为机，才是真正的现代企业家。当务之急，碧桂园应迅速建立企业危机预警管理机制，以应对后面更大的危机。

无论事实真相如何，碧桂园都需要给媒体、公众一个说法，借助报纸、广播、电视、互联网等媒体，积极进行沟通，防止碧桂园的第二、三块玻璃被打破。

8.4.6 项目公关的形式

项目公关策划可以利用形式有以下几种：

1. 广告
2. 新闻媒介（图 8-18）

图 8-18　房交会新闻发布会

3. 举办各种招待会、座谈会、联谊会（图 8-19）、茶话会、接待和专访等社交活动。

图 8-19　房地产联谊活动

4. 开展公益性的社会活动见图 8-20。
5. 楼盘的展销会、展览会见图 8-21。

8.4.7　公关活动时机的选择

1. 把握企业内部机遇

（1）楼盘开盘。这是企业开展公关活动的大好时机。这时公关活动的主要目的应是加

图 8-20 房地产公益活动

图 8-21 房地产展销会

强与社会各界的联系，展示企业经营宗旨，展现企业的新楼盘、新服务项目，广泛了解客户的需求。公关活动策划要根据这一目标展开攻势，组织好必要的开业典礼、剪彩仪式、接待新闻界朋友和各界知名人士等，尽量扩大影响。

（2）庆典。借助企业周年、周年（图 8-22）等时机，宣传企业的崭新形象，明确今后的发展目标，密切企业与公众的关系。

（3）业主联谊会。不少楼盘社区还通过公关活动来挖掘社区文化内涵，每周举办升旗仪式、定期举行业主联谊会、文化沙龙、广场音乐会、露天舞会等活动，必将使业主之间的关系更为融洽，体现真正大社区的高尚居住空间。

2. 把握企业外部机遇

社会上的各种传统节日、国内外的重大事件、某一时期人们议论的热点问题。

图 8-22 房地产企业周年庆

【阅读材料】

克林顿也能为你卖楼

深圳市花样年华投资发展有限公司是深圳新楼盘"碧海云天"的代理商。"碧海云天"具有滨海、旅游景点、地铁三位一体的居住特征。京基地产表示要将它的楼盘碧海云天建设成为深圳楼盘的新形象大使。于是，他们悄悄地酝酿一个极具爆炸力的公关活动。

1. 构思

京基地产策划人透露，当时想请有影响力的人物作为碧海云天的代言人，对代言人有两个要求：一是有非常高的知名度；二是应该是个成功男士，非常有魅力，是很多男人的奋斗目标、梦想。

当时有两个理想的候选人，一个是克林顿，另一个是周润发。相对来说克林顿更有价值，因为作为一个美国前总统对市民、对媒体的吸引力是无可比拟的。尤其大多数人觉得克林顿有冲劲、与人为善，是个非常有魅力的男人。

将"最吸引眼球的人"吸引到深圳，京基地产做了一件"最吸引眼球的事"。在克林顿风采乍现的瞬间，京基地产的知名度成几何倍数飙升。

2. 现场

刚走到会场的时候，克林顿看上去有些疲倦，可能是旅途劳累，走上演讲台时好像也有些拘谨。等他演讲完，走出来的时候，和小孩照相，和市民打招呼等，这些都是所有人没想到的，可能那时候才开始真正展露自己的风采。

3. 轰动效应

在克林顿30分钟赚足了25万美元的同时，该次公关活动取得了巨大的轰动效应。

次日，全国各大报刊均对克林顿到访做了长篇累牍的报道。但最为关注本次事件的莫过于全国地产界。这样一次大胆的策划，无疑极大地刺激了原本波澜不惊的楼市。

与其说这是一次"克林顿秀",不如说是一次"中国地产秀"。此次克林顿到访,不仅提升了京基和碧海云天的知名度,也直接促动了地产界的社会关注度。因此,在那一天,平时几乎难得一见的深圳地产巨头纷纷赴约,应该说对于见多识广地产巨头而言,绝非为了一睹"克氏"风采而坐等大半天,更多的地产人心里是想看个究竟:"克林顿真的会来深圳吗?克林顿怎样来深圳?"更多的地产巨头们心里还会生出另一番感慨:"京基果然大手笔"。克林顿成功来访,给京基地产带来了那一估量的双重效应。

4. 直接效应

碧海云天这几天卖得异常火爆,毕竟克林顿在中国人尤其是成功人士心目中还是拥有惊人的明星效应和模范效应。

5. 间接效应

随着全国各大媒体争相报道此事,京基地产也于一夜之间在全国声名鹊起,这是不争的事实,而京基地产的大手笔和地产老总个人魅力也令不少人倾心不已,这是一笔宝贵的财富积累。

【案例分析】

克林顿的成功策划,也将成为京基的一个重要的里程碑,正如策划人潘军所言:"不要让固有的思维方式禁锢了我们的行为,其实深圳最有活力的地方就是我们大家都敢想,并且具有很好的实施能力。任何行为第一次做是创意,第二次做就是模仿,这个活动其实并不难,只是在心里接受上需要时间,很多我们认为很难做的事情,反倒很好办。"

章节要点

本章主要介绍了房地产项目推广策划的概念及内涵以及如何制定具体项目的推广策划方案。重点要求学生理解项目推广渠道、项目广告、项目公关的概念,掌握项目广告的分类和特点、影响项目渠道策划的因素、项目公关策划的方法。能够针对具体实际项目制定项目的推广策划方案。

复习思考题

1. 简答题

(1) 项目渠道推广的模式有哪些?

(2) 房地产项目推广策划的含义是什么?

(3) 目广告策划的概念是什么?

(4) 项目销售策划的概念是什么?

(5) 如何理解项目公关策划?

(6) 影响项目推广渠道策略选择的因素有哪些?

(7) 项目广告策划的主要形式有哪些?

(8) 项目销售策划的主要方式是什么?

(9) 项目公关策划的主要方式有哪些?

2. 实训项目

（1）实训项目

关于某楼盘的项目推广策划方案。

（2）实训目的

A. 掌握影响项目推广渠道策略选择的因素

B. 掌握项目广告策划的主要形式有哪些

C. 掌握项目销售策划的主要方式

D. 掌握项目公关策划的主要方式

（3）实训操作步骤

第一，对教学班级进行实训小组分组（4~8 人），明确组内分工。

第二，各实训小组通过网络、文献查阅、走访实地楼盘、参加房交会等方式收集相关资料。

第三，各学习小组把收集到的资料进行分类整理，评选优劣，共同完成房地产项目推广策划评价分析的报告，并且做成 PPT。

第四，各学习小组进行 PPT 汇报。

第五，同学互评，教师点评并且提问。

第六，教师对各实训小组本次实训的成绩进行综合评定。

（4）实训考核

实训评分表

团队成绩（50%）		个人成绩（50%）			
评分标准	得分	姓名	得分	姓名	得分
项目公关推广策划（20 分）					
项目渠道推广策划（25 分）					
项目广告推广策划（25 分）					
PPT 的制作效果（10 分）					
人员分工情况（10 分）					
同学互评（10 分）					

9 住宅项目营销策划

知识目标

1. 掌握住宅内涵、类型和主要技术经济指标；
2. 掌握住宅项目策划主要内容；
3. 熟悉住宅项目营销策划特点；
4. 熟悉住宅建设发展趋势；
5. 了解住宅项目营销策划作用；
6. 了解国外住宅项目策划。

能力目标

1. 掌握增量住宅项目策划技能；
2. 熟悉存量住宅项目销售与策划。

【案例导入】

2007 年以来，中国房地产市场空前繁荣，众多业内人士预期，东莞房地产商品房均价即将过万，与此同时，东莞地王纪录不断刷新。富通天邑湾就是当时城区地王之一，楼面均价 2930 元/m²，折算建安成本、财务成本等，可售面积每 m² 成本接近 7000 元。而在 2009 年，东莞万江区商品房均价才仅为 5000 元。

除去成本的巨大压力，天邑湾还要面对区域弱势、周边环境影响等难题。天邑湾项目位于东莞万江区万龙片区，万江区为东莞四大城区之一，当地经济及城市发展明显落后于东城、南城、莞城三大区，交通相对不便。而且万龙片区周边旧居民区、厂房林立，城市环境较差。万江本地人对于本区域的印象是"环境差，治安差"。此外，项目紧邻四环路及高埗大桥，噪音与粉尘污染也较为严重。

一线江景资源算是天邑湾最大的优势，然而，在进行客户调研后发现，客户对江景资源的价值感并不高，因此江景资源不能构成项目的核心竞争优势，而且单一诉求江景并不能抵御目标客户对项目复杂而多样的抗性。

因此，天邑湾定位之初并没有走常规的基于产品的"城市豪宅"之路，而是在竞争性定位中弱化产品，强化人文文化因素，提出"城市湾区·东方盛境"定位。通过推广形象、物料展示、活动营销、现场展示四个方面，使"东方盛境"形象不断深化升华。以"隐于江，显于城"的形象广告入市，工整对仗，国雅大气，出色地在入市阶段为项目注入了文化的开篇，广受市场关注。形象宣传片则以中国文化精粹"墨"为线索，展开丰富的文化篇章，完全区别于市场上一般主导产品的形象广告；创意独具的海报以中国古代传统"卷轴"形式呈现；折页运用"镂空"手法，融入中国传统窗花元素；线装本《风水手册》融汇项目价值与国学风水解读；"乾隆御船体验中心开放"、"秦始皇兵马俑巡展"等系列活动引爆市场关注。此外，"低碳体验房"、"视听体验厅"等创新展示以及完美东南

184

亚风情园林展示区为项目赋予了"文化、异域、风情、低碳"的人文文化内涵，与销售节点同步配合。

自 2010 年 5 月 15 日至 6 月 30 日，天邑湾累计成交 82 套，在当时整个东莞房地产市场成功领跑。

"天邑湾"的成功营销策划使世联地产成为当地房地产项目营销策划服务的知名企业。东莞富通地产从理想 0769 项目开始，一、二期一直是开发商旗下代理公司城市策略独家代理——至三、四期由中原与城策联合代理——至天邑湾由世联与城策联合代理。因此，在富通历史上，要么是甲方旗下代理公司独家销售，要么是跟其他代理公司联合代理，从未出现过由非旗下子公司独立代理的先例。世联在天邑湾项目中自始至终发挥着策略主导、销售主导的地位，从 2010 年 8 月 1 日至 9 月 12 日，天邑湾共计成交 95 套，其中世联 79 套，城策 16 套。世联成交量比竞争对手多出近 4 倍，这一成绩成功说服了开发商，最终实现了世联在天邑湾的独家代理，开辟了富通地产独家代理的新局面。

9.1 住宅项目概述

9.1.1 住宅概念

住宅是指专供居住的房屋，包括别墅、公寓、职工家属宿舍和集体宿舍、职工单身宿舍和学生宿舍等。但不包括住宅楼中作为人防用、不住人的地下室等，也不包括托儿所、病房、疗养院、旅馆等具有专门用途的房屋。法律上指，供一家人日常起居的、外人不得随意进入的封闭空间。《中华人民共和国宪法》第 39 条：中华人民共和国公民的住宅不受侵犯。

9.1.2 商品房与保障性住房

住宅是一种特殊的商品，兼具保障性与商品双重属性。保障性住房是指政府为中低收入住房困难家庭所提供的限定标准、限定价格或租金的住房，由廉租住房、经济适用住房和政策性租赁住房构成。保障性住房的申请、购买、上市交易等均有国家及地方政府严格的政策限制，和自由交易的商品房差别巨大，涉及的金融、财税政策也各不相同。

（1）商品房

商品房是指开发商以市场地价取得土地使用权进行开发建设并经过国土局批准在市场上流通的房地产，它是可领独立房地产证并可转让、出租、继承、抵押、赠予、交换的房地产。商品房土地只能通过招拍挂方式获得。

（2）保障性住房

保障性住房是与商品性住房相对应的一个概念，通常是指根据国家政策以及法律法规的规定，由政府统一规划、统筹，提供给特定的人群使用，并且对该类住房的建造标准和销售价格或租金标准给予限定，起社会保障作用的住房。一般由廉租住房、经济适用住房和政策性租赁住房构成，如图 9-1 所示。

(a)　　　　　　　　　　　　　　　　(b)

(c)

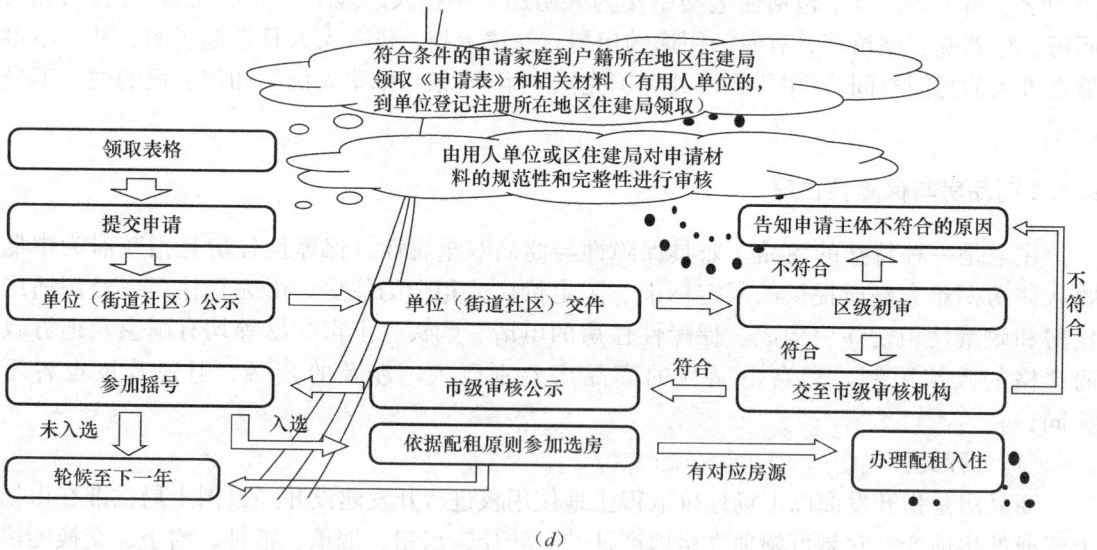

(d)

图 9-1　保障性住房分配

(a) 上海一保障房小区；(b) 重庆民心佳园公租房内部；(c) 昆明保障房摇号现场；(d) 公租房的分配和运营监管机制

商品房按销售对象分内销商品房和外销商品房。未特殊说明商品房指内销商品房。

9.1.3　住宅分类

住宅是商品房的主要形式，住宅的种类繁多，按不同标准主要可分为：

（1）按楼体高度分类，主要分为低层（1～3 层，含 3 层）、多层（4～7 层含 7 层）、小高层（8～11 层，含 11 层）、高层（12～30 层，含 30 层）、超高层（30 层以上）等。

（2）按楼体结构形式分类，主要分为砖木结构、砖混结构、钢混（钢筋混凝土）结构、钢结构等。

1）砖木结构：指建筑物中竖向承重结构的墙、柱等采用砖或砌块砌筑，楼板、屋架等用木结构。这种结构建造简单，材料容易准备，费用较低，像大多数农村的屋舍、庙宇等。

2）砖混结构：建筑中竖向承重结构的墙、柱等采用砖或砌块砌筑，柱、梁、楼板、屋面板等采用钢筋混凝土结构。通俗地讲，砖混结构是以小部分钢筋混凝土和大部分砖墙承重。这是目前在住宅建设中建造量最大、采用最普遍的结构类型。通常我们见到的 6 层左右的普通住宅楼即是这种类型。

3）钢筋混凝土：指建筑物中主要承重结构如墙、柱、梁、楼板、楼体、屋面板等用钢筋混凝土制成，非承重墙用砖或其他材料填充。此类结构类型主要用于大型公共建筑、工业建筑和高层住宅。钢筋混凝土建筑里又有框架结构、框架-剪力墙结构、框筒结构等。目前 25～30 层左右的高层住宅通常采用框架-剪力墙结构。从建筑经济角度而言，框-剪结构的经济效益是最佳的。这种结构抗震性能好，整体性强，耐火性、耐久性、抗腐蚀性强。但它的缺点是房型布局有局限性、室内多数墙壁不能拆卸，装修不易，同层平面难免会出现较差户型。

4）钢结构：指建筑物中主要承重结构以钢制成，自重最轻。能建超高摩天大楼；又能制成大跨度、高净高的空间，特别适合大型公共建筑。但钢结构建筑价格昂贵，装配施工组织要求高，一般只在高档写字楼宾馆、现代公共建筑采用及工业建筑上采用，住宅较少。

(a)   (b)

图 9-2 钢结构建筑

(a) 钢结构住宅；(b) 钢结构公共建筑—鸟巢

5）传统木结构与现代木结构

木结构是中国传统建筑的主要形式，中国古代民居主要以木结构为主，其技术的精美与技艺的高超曾远远领先于其他文明。如图 9-3 所示为中国古代典型木结构房屋。

传统木结构由于木材的防水、抗虫和防火能力较差，保存受到很大影响。随着时代的进步和科技的发展，现代木结构在传统木结构建筑的基础上，更具有"绿色环保、保温节能、结构安全、抗震、防火安全、耐久舒适、节约成本"等优点。表 9-1 显示，2000 年在美国有近 150 万幢新的住宅建成，其中约有 90% 采用木结构。加拿大、日本的住宅建设中

图 9-3 中国古代木结构房屋

均大量采用现代木结构，即使在人口稠密的东京地区也是如此。中国在未来几年将面临庞大的建筑需求。到 2025 年，中国须向迁往主要城市及其邻近郊区的 3 亿多人口提供超过 7500 万套住宅。此外，较小城镇和农村地区的住房更新换代也对住房供应提出了更大需求。可以认为，现代木结构是中国建筑市场最具发展潜力的建筑形式之一，特别在别墅和低层住宅建筑中。

美国 2000 年新建住宅的结构形式统计表　　　　　　　表 9-1

	单户住宅（幢）	多户住宅（幢）	总计（幢）	比例（%）
轻型木结构	1114000	275000	1389000	87
混凝土结构	124000	45000	169000	11
钢结构	6000	9000	150000	<1
原木结构	5000	—	5000	<1
梁柱体系木结构	3000	—	3000	<1
其他	12000	1000	13000	<1
总计	1264000	330000	1594000	100

现代木结构建筑适用于单户和多层多户式住宅，商业建筑、公共建筑及部分工业建筑。现代木结构建筑能与混凝土相结合，提高居住舒适性。

① 轻型木结构

轻型木结构适合城市的低密度单户住宅和密度较大的多层多户住宅开发项目，同时也适合农村地区所开发的低成本住宅（图 9-4）。同混凝土和钢结构住宅相比，轻型木结构住宅的成本优势及良好性能已经得到了市场认可。

图 9-4 轻型木结构住宅

针对我国人口密度大，土地资源稀少的住宅建设现状，欧美的经验表明，多层多户式住宅在中国有着更为广阔的发展前景。

② 木结构混合建筑

木结构混合建筑主要形式是下部为钢筋混凝土或钢结构，上部为轻型木结构（图 9-5）。在欧洲和北美，此种结构建筑最高可达 6 至 7 层。在中国，在最高 4 层的混凝土结构上加盖最高 3 层的轻型木结构建筑也已成为可能。

图 9-5　木结构混合住宅

③ 混合结构建筑：混凝土结构上加盖木屋顶

国内多数混凝土住宅建筑多为平屋顶，容易出现漏雨问题，且隔热、保温、节能效果均不理想。在平屋顶上加盖木桁架坡屋顶，并在屋顶空腔内铺设保温材料，不仅能美化建筑外观，而且能改善屋顶保温性能，解决雨水渗漏情况（图 9-6）。加层"平改坡"还可以为业主增加居住空间，或者用于安装改善通风或能效的机械设备。

图 9-6　住宅加盖木屋顶

④ 胶合木结构

胶合木结构被广泛应用于大跨度大空间的建筑，尤其是体育馆、火车站、购物中心、

189

展览馆等商业建筑和公共建筑（图 9-7）。随着中国生产和设计水平的提高，规范的完善，胶合木结构在中国的应用也将越来越广泛。

图 9-7　木结构公建—日本梼原木桥博物馆

（3）按房屋类型分类，主要分为普通单元式住宅、公寓式住宅、复式住宅、跃层式住宅、LOFT 住宅、TOWNHOUSE、别墅、排屋等，详见图 9-8。

图 9-8　不同类型住宅

（a）多层住宅（砖混结构）；（b）高层住宅（钢混结构）；（c）单联别墅；（d）排屋

（4）普通住宅与非普通住宅

普通住宅不等同于普通住房，两者不能混淆。普通住宅泛指整幢楼，而普通住房指单套住房。

普通住宅，是指按所在地一般民用住宅建筑标准建造的居住用房屋。

按照国家七部委《关于做好稳定住房价格工作的意见》中规定的，普通住宅原则上需同时满足以下三个条件：

1）住宅小区建筑容积率在 1.0 以上；

2）单套建筑面积在 120m² 以下；

3）实际成交价格低于同级别土地上住房平均交易价格 1.2 倍以下。

允许单套建筑面积和价格标准适当浮动，但向上浮动的比例不得超过上述标准的20%。

9.1.4 住宅建设标准

（1）住宅设计规范

住宅建设量大面广，关系到广大城镇居民的居住水平和切身利益，为进一步保证住宅设计质量，促进城镇住宅建设健康发展，落实好国家建设节能省地型住宅的要求，贯彻高度重视民生与住房保障问题的精神，目前我国权威性的标准是编号为 GB 50096—2011，自 2012 年 8 月 1 日起实施的住宅设计规范国家标准。此标准是住房和城乡建设部组织在《住宅设计规范》GB 50096—1999 基础上修编的。

（2）住宅建筑规范

住宅建筑规范是主要依据现行相关标准，总结近年来我国城镇住宅建设、使用和维护的实践经验和研究成果，参照发达国家通行做法制定的第一部以功能和性能要求为基础的全文强制的标准，如图 9-9 所示。

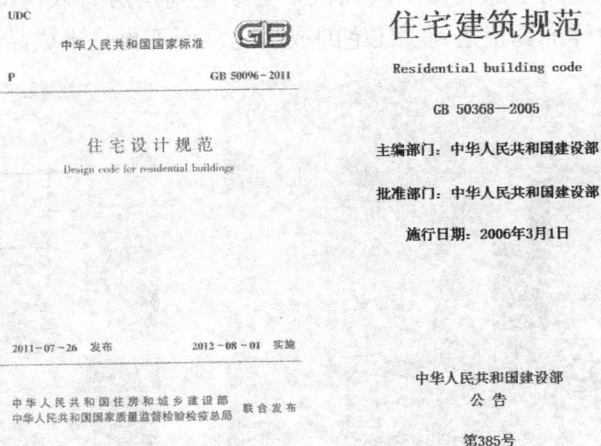

图 9-9　住宅设计规范与建筑规范

《住宅建筑规范》GB 50368—2005 以住宅建筑作为一个完整的对象，对九个方面的基本功能做了规范，包括基本规定、外部环境、建筑、结构、室内环境、设备、防火与疏散、节能、使用与维护等方面。其中对涉及居住基本需求的外部环境和室内环境进行了非常详尽的规定。

《住宅建筑规范》GB 50368—2005 主要规定住宅建设在结构安全、火灾安全、使用安全，卫生、健康与环境，噪声控制，资源节约和合理利用以及其他涉及公众利益方面，必须达到的指标或性能要求。重点突出与节能、节水、节材、节地有关的技术要求以及维护公众利益、构建和谐社会、城乡统筹等方面的要求。

（3）交付标准

我国法律规定房地产开发项目竣工，经验收合格后，方可交付使用；未经验收或者验收不合格的，不得交付使用。目前我国住宅交付主要有两种形式：毛坯房与装修房。

1）毛坯房

毛坯房又称为"初装修房"，这样的房子大多屋内只有门框没有门，墙面地面仅做基础处理而未做表面处理。而屋外全部外饰面，包括阳台、雨罩的外饰面应按设计文件完成装修工程。

2）装修房

装修房是相对于毛坯房而言的成品房，称"全装修房"，指的是商品住宅装修一次到位。2002年建设部出台的《商品住宅装修一次到位实施导则》（下简称《实施导则》）中对"全装修住宅"的定义是"商品住宅装修一次到位所指商品住宅为新建城镇商品住宅中的集合式住宅。装修一次到位是指房屋交钥匙前，所有功能空间的固定面全部铺装或粉刷完成，厨房和卫生间的基本设备全部安装完成，简称全装修住宅。"全装修住宅并不等于"毛坯房加装修"，《实施导则》规定"住宅装修设计是住宅建筑设计的延续，应强化与土建设计的相互衔接，住宅装修设计应在住宅主体施工动工前进行。"也就是说全装修住宅的土建安装与住宅装修必须进行一体化设计、施工，其内涵是通过"标准化、模数化、通用化"设计，"材料、部品的工业化集成"、土建装修一体化设计、施工监理，以提高质量、提高效率、降低成本为目标建造的成品住宅。《实施导则》同时规定"全装修成品做到住宅内部所有功能空间全部装修一次到位，必须达到购房时入住即可使用的标准。"所以全装修住宅的交付标准真正达到了住宅的成品化，而不再是半成品的"毛坯房"。

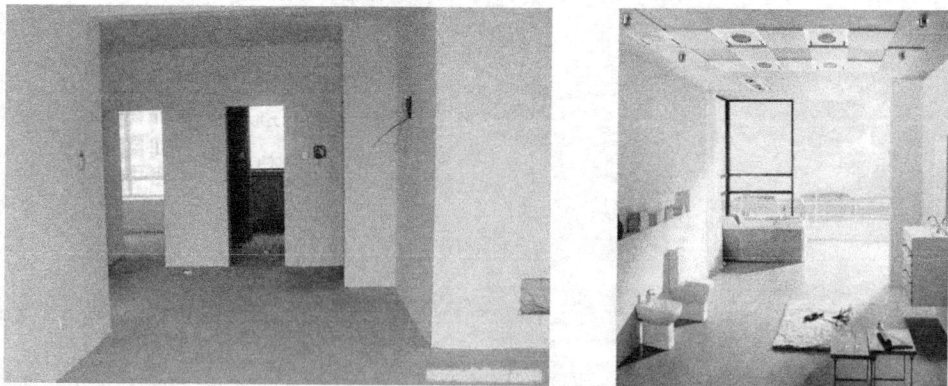

图 9-10 毛坯房与全装修房

无论毛坯房和装修房，房屋交付中都必须要有一些必备的文书，对消费者而言比较重要的是"两书"，即《住宅质量保证书》和《住宅使用说明书》。

①《住宅质量保证书》

《住宅质量保证书》是开发商对销售的商品住宅承担质量责任的法律文件，可以作为商品房出售合同的补充约定，与合同具有同等法律效力，如图9-11所示。

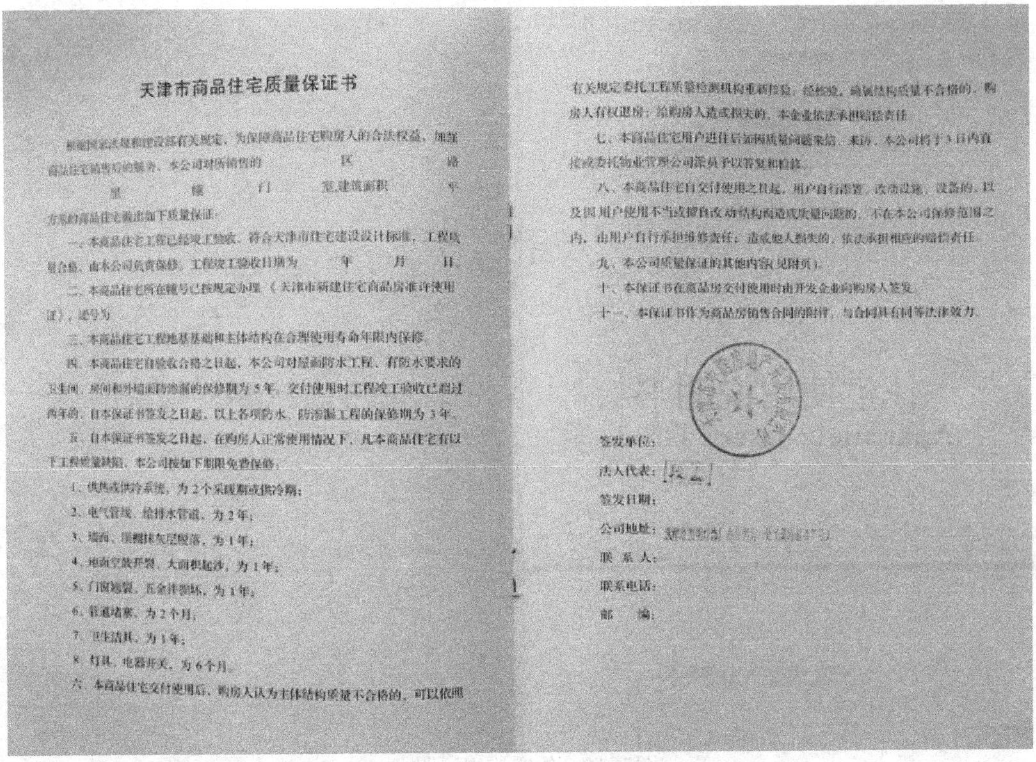

天津市商品住宅质量保证书

根据国家法规和建设部有关规定，为保障商品住宅购房人的合法权益，加强商品住宅销售后的服务，本公司对所销售的　　区　　路　　里　　幢　　门　　室,建筑面积　　平方米的商品住宅做出如下质量保证：

一、本商品住宅工程已经竣工验收，符合天津市住宅建设设计标准，工程质量合格，由本公司负责保修，工程竣工验收日期为　　年　　月　　日。

二、本商品住宅所在幢号已按规定办理《天津市新建住宅商品房准许使用证》，证号为

三、本商品住宅工程地基基础和主体结构在合理使用寿命年限内保修。

四、本商品住宅自验收合格之日起，本公司对屋面防水工程、有防水要求的卫生间、房间和外墙面防渗漏的保修期为5年。交付使用时工程竣工验收已超过两年的，自本保证书签发之日起，以上各项防水、防渗漏工程的保修期为3年。

五、自本保证书签发之日起，在购房人正常使用情况下，凡本商品住宅有以下工程质量缺陷，本公司按如下期限免费保修：

1、供热或供冷系统，为2个采暖期或供冷期；

2、电气管线、给排水管道，为2年；

3、墙面、顶棚抹灰层脱落，为1年；

4、地面空鼓开裂、大面积起砂，为1年；

5、门窗翘裂、五金件损坏，为1年；

6、管道堵塞，为2个月；

7、卫生洁具，为1年；

8、灯具、电器开关，为6个月。

六、本商品住宅交付使用后，购房人认为主体结构质量不合格的，可以依照有关规定委托工程质量检测机构重新核验，经核验，确属结构质量不合格的，购房人有权退房；给购房人造成损失的，本企业依法承担赔偿责任。

七、本商品住宅用户进住后如有质量问题来信、来访，本公司将于3日内直接或委托物业管理公司派员予以答复和检修。

八、本商品住宅自交付使用之日起，用户自行装修、改动设施、设备的，以及因用户使用不当或擅自改动结构而造成质量问题的，不在本公司保修范围之内，由用户自行承担维修责任；造成他人损失的，依法承担相应的赔偿责任。

九、本公司质量保证的其他内容(见附页)。

十、本保证书在商品房交付使用时由开发企业向购房人签发。

十一、本保证书作为商品房销售合同的附件，与合同具有同等法律效力。

签发单位：

法人代表：

签发日期：

公司地址：

联系人：

联系电话：

邮编：

图 9-11　住宅质量保证书

②《住宅使用说明书》

《住宅使用说明书》是指住宅出售单位在交付住宅时提供给用户的，告知住宅安全、合理、方便使用及相关事项的文本。住宅使用说明书应当载明房屋平面布局、结构、附属设备、配套设施、详细的结构图（注明承重结构的位置）和不能占有、损坏、移装的住宅共有部位、共用设备以及住宅使用规定和禁止行为。根据规定，《住宅使用说明书》应作为住宅（每套）转让合同的附件。如在房屋使用中出现问题，说明书将成解决开发商与业主之间纠纷的重要依据，如图 9-12 所示。

（4）物业管理

物业管理是指业主对区分所有建筑物共有部分以及建筑区划内共有建筑物、场所、设施的共同管理或者委托物业服务企业、其他管理人对业主共有的建筑物、设施、设备、场所、场地进行管理的活动。物权法规定，业主可以自行管理物业，也可以委托物业服务企业或者其他管理者进行管理。

物业管理有狭义和广义之分。狭义的物业管理是指业主委托物业服务企业依据委托合同进行的房屋建筑及其设备，市政公用设施、绿化、卫生、交通、生活秩序和环境容貌等管理项目进行维护，修缮活动。广义的物业管理应当包括业主共同管理的过程和委托物业服务企业或者其他管理人进行的管理过程。

物业管理的目的是为了发挥物业的最大功能，使其保值增值，并为物业所有人和使用人创造整洁、文明、安全、舒适的生活和工作环境。

图 9-12　住宅使用说明书

【案例导入】

物业管理的重要性

滨江·金色海岸　　　　　　　　　　　　刀茅巷社区

图 9-13　物业管理示意图

如图 9-13 所示，左边的金色海岸聘用国际金牌管家——戴德梁行，以量身定做的尺度为广大客户提供人性化、标准化的贴身五星级酒店管家式服务。其优质的物业管理也成为其热销的一大重要原因。右边的刀茅巷社区，目前仍有三分之一左右的小区没有引入专业的物业管理，其中既有单位集体宿舍也有回迁房、房改房，物业产权归属复杂，是一个相当典型的杭州老旧小区。

通过图 9-13 两幅图的对比，不难看出好的物业管理对一个楼盘的重要性。人们常说，"选择一种物业就是选择了一种生活模式"，住宅的舒适性和升值潜力在很大程度上取决于物业服务水平。好的物业管理既可以使消费者拥有一个整洁、舒适、安全、幽雅的居住环境，又能使物业保值增值，是投资人士极为看重的一个因素。

物业管理常规服务主要有以下几项：

① 屋建筑主体的管理；

② 房屋设备、设施的管理；

③ 环境卫生的管理；

④ 绿化管理；

⑤ 治安管理；

⑥ 消防管理；

⑦ 车辆道路管理；

⑧ 公众代办性质的服务。

除了这些常规服务，物业管理企业为了更好地服务于业主，提升服务质量和企业品牌，增设了很多特色增值服务。在住宅项目销售中，品牌物业企业和特色服务已逐渐成为营销"亮点"和"热点"。

案例：住宅项目物业管理增值及特色服务策划

（1）南都物业之东方润园

南都物业与荷兰管家学院、上海鸿艺会和世贸饭店管理公司合作，推出了专门针对高端物业的"南都管家"子品牌，为业主提供极为个性化的管家式服务。

（2）滨江物业之金色家园

追求全天候的服务理念，参照酒店模式设置"一站式"接待前台，并配备 24 小时服务的工程维修人员。金色家园里设置了"区域主管"这个颇有特色的岗位，每个区域主管负责打理 200 户业主的生活琐事。

（3）绿城物业之桃花源

绿城·桃花源为园区内的业主量身定制包括健康医疗、子女教育、星级酒店、宠物服务等 12 项专项服务。这个被誉为绿城园区生活服务体系，这一体系的建立，无疑将改变高端项目物业管理现行的模式。

9.1.5 住宅产业化

"坚持住宅产业化将是中国住宅发展方向"，住房和城乡建设部领导出席在深圳举行的国家住宅产业化基地工作座谈会暨国家住宅产业化基地技术创新联盟联席会时指出。

主客观环境的变化、市场环境的变化带来了机遇，传统的建造方式已经受到劳动力成本快速上涨、节能环保等多方面的挑战；而随着房地产市场发生的变化，社会对住宅品质和质量的要求越来越高，这些都为住宅产业化提供了良好的外部环境，但也提出了更高的

案，以及生态环保技术，被万科引进了中国（图 9-16）。

图 9-16 万科上海新里程产业化项目

2006 年底万科推出集合其工业化生产资源的第一个市场化项目——上海新里程。这是万科工业化生产历经 6 年的厚积薄发，从实验室正式迈入市场具有里程碑意义的事件。万科整个工厂化生产过程以产业化联盟的形式，实现各产业链的分工和衔接，以新里程为例，上下游产业链包括规划、设计、施工、安装、部品、监理等环节，共涉及 50 多个核心合作伙伴，涉及的各种标准 200 多部。万科与合作伙伴之间形成了紧密联结关系，依靠一套多方达成一致的复合标准体系来维系一个拥有如此庞大资源的系统。以工厂化的生产方式，把楼体框架结构的大部分（外墙结构采用完全 PC 的方式）放在工厂加工，现场完成组装，整个建造过程基本上与发达国家在生产线上生产房子的情形类似。在部品如楼梯、栏杆、厨卫等生产、整体装修方面将全面整合近年来在全国各地进行的各单项工厂化试验技术，以求在质量、耗材、环保、节能等各项指标比传统生产方式有突破性的提升。

【案例 9-2】海尔 U-Home——成品住宅样板

海尔 U-Home 产品就是通过多个产业链的连接，让用户实现通过手机、互联网、固话与家中灯光、窗帘、报警器、电视、空调、热水器等家电的沟通，通过"网桥"，用户实现人与家电之间、家电与家电之间、家电与外部网络之间、家电与售后体系之间的信息共享。其最大的优势就是将物联网概念与用户的生活实际紧密联系起来，使之成为如水、电、气一样的用户居家生活的基础应用服务。

在海尔 U-Home 产品中，模卡 U 电视不仅可以在线冲浪，还能将家中的电子设备连成局域网，进行数据共享，而与通信网络相结合的家庭网络远程监控功能成为其独特亮点。只要安装一个摄像头，不论身在何处，随时可以通过智能手机和笔记本电脑对家中进行监控，建立大网、中网、小网服务系统，真正实现"人在家，世界就在眼前；人在外，家就在身边"（图 9-17）。

（3）CSI 住宅

在借鉴日本 KSI 住宅的基础上，济南市住宅产业化发展中心研究了适合中国国情的 CSI 住宅（中国的支撑体住宅），C 是 CHINA 的缩写，S、I 的含义同 KSI 中的 S、I。CSI 住宅根据住宅主体功能不同分为两部分，即外部结构体和内部填充体。外部结构体部分采用高耐久性材料，延长其使用寿命；住宅内部的分隔墙、各类管线、地板、厨卫等内部填充体，通过标准化、系列化，实现工厂化生产，以减少现场作业，确保产品质量，减少环

图 9-17　海尔 U-home 成品住宅样板

境污染，以避免传统住宅二次装修带来的浪费，是一种真正实现了能够满足不同时期、不同家庭、不同需求的精装修住宅。

CSI 住宅可延长住房使用年限至 200 年，减少拆迁老房产生的废料，节约资源、能源，是推广"四节、两化、一环保"技术、发展节能省地住宅的新方向。

（4）CSI 住宅的关键技术

CSI 住宅采用框架（剪）结构，户内楼盖采用整体无梁楼盖形式设计。为便于改装改修，尽量做到一个整体大空间，无小横梁以及内部结构墙，由柱子围绕，可使隔断墙和各种管线自由分布；层高在现有室内净高的基础上增加 200mm 作为架空地板层，各种管线铺设在架空层内，相当于每户增加一个管道层，实现了同层排水（图 9-18）；土建施工时厨房、卫生间、内隔墙不定位，住户可以根据自己的需要随意安放。

图 9-18　架空地板隔音与保温

济南市住宅产业化发展中心在符合现有的国家强制性规范要求的前提下，对 CSI 住宅的各项关键技术进行了研究，并提出了 CSI 住宅结构、外墙保温、户内分隔墙、整体厨房、整体卫生间、活动架空地板等体系及给排水系统、强弱电综合布线系统、各种管道系统、暖通系统的解决方案（图 9-19）。

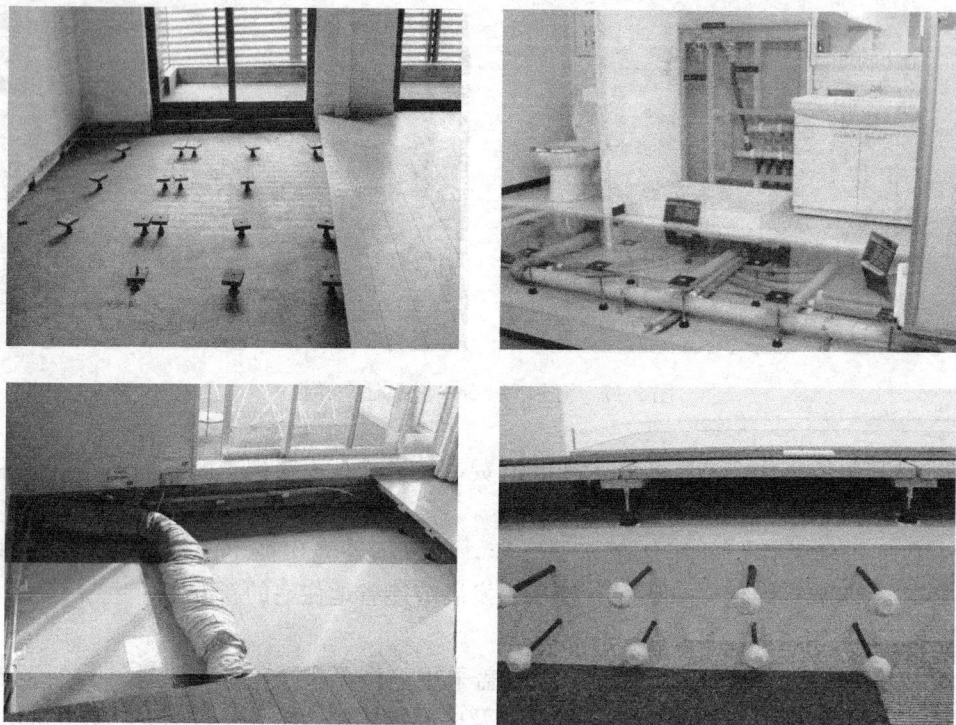

图 9-19　地板管线架空

　　CSI住宅利用集成技术，通过活动精装内隔墙板任意分割空间，满足用户个性化需求。CSI住宅内部的分隔墙、各类管线、地板、厨卫等填充体，可以随着业主的不同需要、不同生活方式和生活习惯的需要而改变结构布局，调整室内间数、空间面积及选择材料和色彩等（图9-20、图9-21）；并能随业主消费能力的差异，调配高中低不同档次的设施设备，满足不同收入家庭的需要。

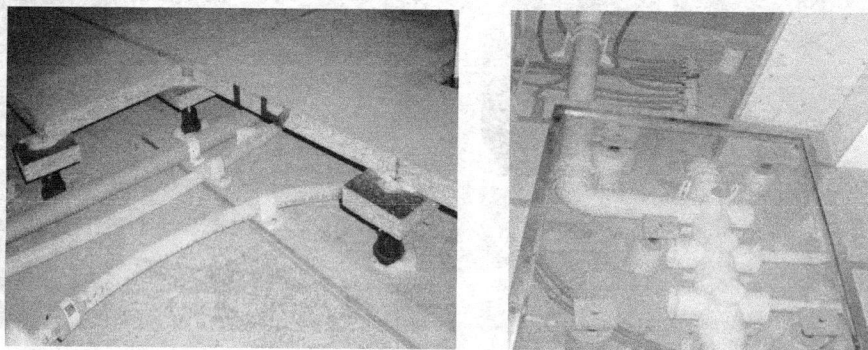

图 9-20　架空地板内各种管线

　　CSI住宅采用工业化生产，降低了成本。CSI成本可按两部分进行分析，一部分是S即结构体，与现在应用的结构相比，由于采取了结构体长寿命措施，板的跨度加大，空间增加，层高加高200mm等，使结构成本增加10%左右；第二部分是I即填充体，由于卫生间、厨房、内隔墙、地板、管线系统等的精装化、工厂化生产，可使成本降低20%以上

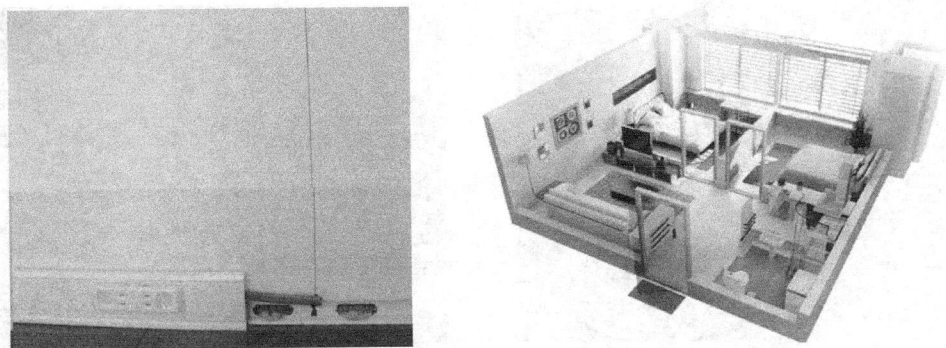

图 9-21 可任意分割的空间结构

（见图 9-22）。因此，CSI 住宅的造价与传统精装修住宅的造价相比，达到相同档次，可节约成本 10％以上，并且由于墙体采用隔音技术，墙体变薄，相同的建筑面积，CSI 住宅套内使用面积要大 3％以上。

（5）建造 CSI 住宅，推进住宅产业化和房地产业转型升级

建设 CSI 住宅，可使住宅寿命大幅度提高，可实现住宅建设的"节能省地"，将会节约大量宝贵的土地资源与建筑资源。精装修、标准化、可改造的 CSI 住宅建设，有利于推进住宅产业化，实现住宅建设的工厂化，智能化，杜绝毛坯房，实现住宅精装化（图 9-23）。

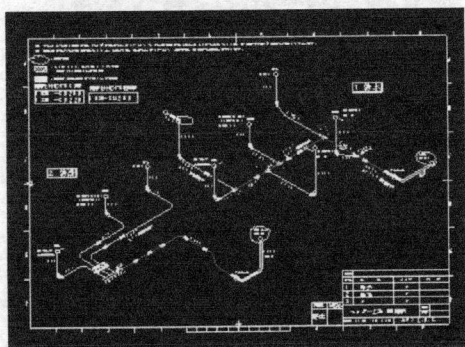

(a)   *(b)*

(c)   *(d)*

图 9-22 产业化部品生产——标准化管线制作流程图（一）

(a) 制图；*(b)* 切管；*(c)* 组装；*(d)* 尺寸检查

(e) (f)

图 9-22 产业化部品生产——标准化管线制作流程图（二）
(e) 标记、绑扎；(f) 包装送往现场

图 9-23 CSI 住宅装修前后效果对比

CSI 住宅的产业化，将会成为一个新的经济增长点。必将带动物流经济、会展经济的发展，有利于扩大内需，进而拉动经济的增长。以济南为例，在产业化发展阶段，济南住宅开发量的 1/3 采用这种技术，使用通用部品、部件，可实现产值 12 亿元，物流销售额近 20 亿元，上缴税收约 2~3 亿元。如济南都市圈城市住宅开发量的 1/3 采用这种技术，使用通用部品、部件，则可实现产值 36 亿元，物流销售额近 50 亿元。如在全国范围内成功推广 CSI 住宅产业化，年市场容量将超过 5000 亿元。

9.1.6 住宅常见技术经济指标

（1）基底面积：是指建筑物首层的建筑面积。

（2）用地面积：指城市规划行政主管部门确定的建设用地位置和界线所围合的用地之水平投影面积。

（3）总建筑面积：指小区内住宅、公共建筑、商业、人防地下室等面积的总和。

（4）容积率：容积率是建筑总面积和建筑用地面积之比。

（5）建筑密度（覆盖率）：建筑密度等于建筑物底层占地面积与用地面积的比。

（6）绿化率：绿化率等于绿化面积与用地面积之比。

（7）均价：均价是指将各单位的销售价格相加之后的和数除以单位建筑面积的和数，即得出每平方米的均价。

（8）基价：基价也称为基础价，是指经过核算而确定的每平方米商品房基本价格。商品房的销售价一般以基价为基数增减楼层、朝向差价后而得出。

（9）起价：起价也叫起步价，是指某物业各楼层销售价格中的最低价格，即起价。

9.2 住宅项目策划案例分析

9.2.1 项目概况

本项目为江西某县级市城区中心地带住宅小区项目。项目位于市府东路西侧，南环路北侧，地块区域属于城市发展的方向。项目主要技术经济指标见表9-2和图9-24。

项目技术经济指标　　　　　　　　　　　　　　　　　　　　　　　表9-2

项目	指　　标
土地	总用地面积 224.3 亩，其中绿地 28 亩，代征城市道路面积 6.52 亩，其中地块一面积 86.7 亩（其中绿地 13.5 亩）；地块二面积 94.16 亩（其中绿地 12.23 亩）；地块三面积 43.44 亩（其中绿地 2.27 亩）
建筑高度	不超过 80m
综合容积率	≤1.8
综合建筑密度	≤35%
综合商住比	1：3
综合绿化率	>30%
建筑后退	多层建筑后退柴桑西路道路红线不小于 6m，后退市府西路、市府东路道路红线不少于 5m；高层建筑后退柴桑西路、市府西路道路红线不小于 8m，后退市府东路道路红线不小于 10m，建筑后退南环路道路红线不小于 25m；其他商界距离遵照《江西省城市规划管理技术导则》规定后退

9.2.2 项目营销策划要点分析

1. 市场分析

（1）宏观环境分析

1）项目所在城市区位分析（略）

2）项目所在城市交通分析（略）

3）项目所在城市行政区划分及人口分析（略）

4）项目所在城市规划分析（略）

5）项目所在城市经济分析（略）

【总结】

1）从区域上看，九江对瑞昌购房客户会造成一定的截流，并影响瑞昌商品房的去化量及去化速度，但对瑞昌本地生活圈有依赖性的群体来讲，首选置业仍会是在瑞昌本地，这是本案向品质化方向发展的群众基础。

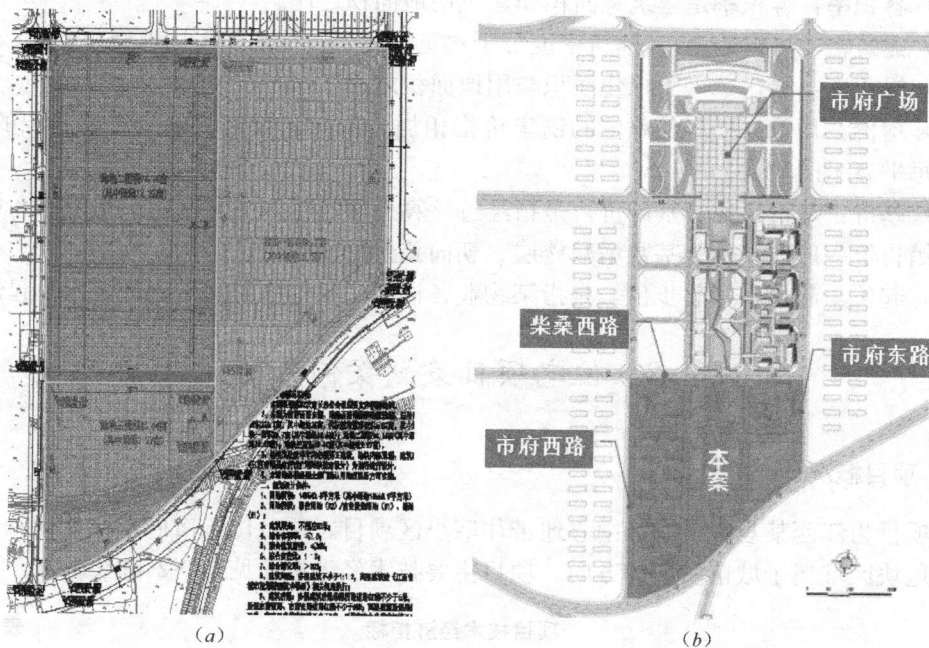

（a）

（b）

（c）

图 9-24　项目示意图

（a）项目规划红线图；（b）项目区位图；（c）项目周边环境实景图

2）从农村与城市人口对比来看，进城首次置业需求空间仍很大，但由于城市人口基数偏少，对城市开发量及速度的推动不会很快，本案须以时间换空间，把握好开发节奏，让市场需求与开发建设成本形成健康有序的关系。

3）随着城市经济的发展，结构的转型，劳动力价值的提升，使得城市中高收入者数量不断增加，并会对城市生活及居住品质提出更高的要求。

（2）土地市场分析

项目所在城市近3年土地成交情况见表9-3。

＊＊市 2010—2013 年土地出让一览表 　　　　　　表9-3

序号	地址	占地面积（m²）	容积率	建筑面积（m²）	金额（万元）	楼面价（元/m²）	获致方式	土地用途	年限	拿地时间	土地使用权人
1	黄金南路东侧、洋鸡山路西侧	40000	2.2	88000	12020	1366	拍卖出让	商服用地	70	2010-12-07	＊＊房地产有限公司
2	黄金南路东侧、南环路北侧	44467	2.2	97827	15050	1538	拍卖出让	商服用地	70	2010-12-08	＊＊房地产开发有限公司
3	北环路北侧、黄金北路西侧	20960	2	41920	3490	832.5	拍卖出让	商服用地	70	2010-08-05	＊＊房地产开发有限公司
4	人民路东侧	12950	2.7	34965	6030	1724	拍卖出让	普通商品住房用地	70	2010-08-05	＊＊实业发展有限公司瑞昌分公司
5	北临桂林路，西临市政府东路	14140	2.2	31108	1045	451	拍卖出让	普通商品住房用地	70	2010-11-10	＊＊房地产开发有限公司
6	赤乌东路北侧洋鸡山路东侧	41705	2.2	91751	10100	1100	挂牌出让	普通商品住房用地	70	2011-03-25	＊＊顺发房地产有限公司
7	赤乌东路北侧塞湖路西侧	38725	2.2	85195	9700	1138	挂牌出让	普通商品住房用地	70	2011-03-25	＊＊顺发房地产有限公司
……	……	……	……	……	……	……	……	……	……	……	……

【总结】

1）近3年本市商住类用地总出让面积为812299m²（1217亩），可建设建筑面积为194万m²，总土地出让金额为19.7亿元，土地收入占政府近三年财政收入总额的51%；

2）土地出让从分布位置上看50%以上在新政务区，土地出让主流容积率在2.2以上，最低容积率为1.5无类别墅用地出让，从容积率指标上看均存在多种物业选择的可能，产品规划适度超前，抢占板块形象和档次制高点，是本案成功运作的关键。

3）从土地获取方式看带有一定的市场推动性，江西本土开发商是主要竞争对手，外省大品牌开发商尚未直接进入。

（3）商品房市场分析

该市至2007年以来共推出26900套房屋，平均每年供应量约达40万m²。截至2013

年 9 月 29 日已售 23971 套，剔除 10％的商业面积，城区约有 6 万人住进新房。备案库存 2929 套，2013 年 1～9 月住宅共销售 3197 套，按此速度库存去化时间 8 个月（待开发库存不计入内）。2013 年该市商品房销售情况如图 9-25 所示。由此可知，该市春节为销售高峰期，建议项目提前开展促销活动。

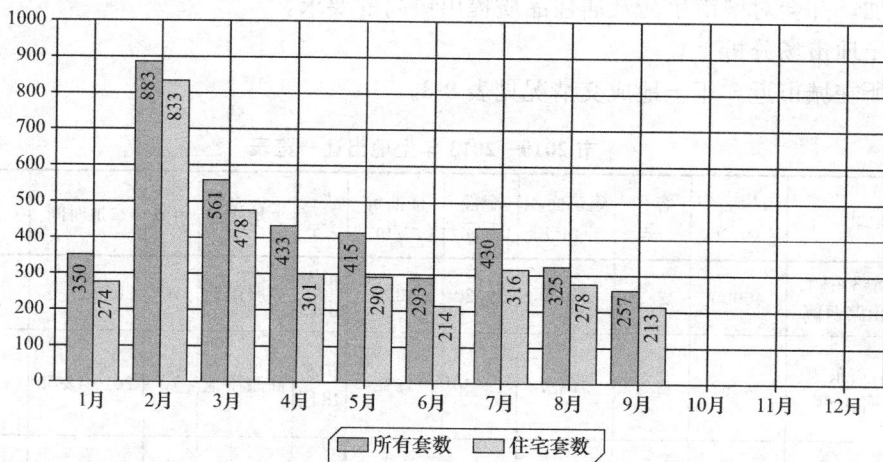

图 9-25　某市 2013 年商品房销售情况一览表

【总结】

商品房备案可售库存套数预计去化时间不足一年，开发节奏有序地推进，瑞昌土地出让成本相对偏高，但土地置入的门槛提高了有利于控制土地出让的速度及体量，土地体量上推测未来潜在建筑供应量约 200 万 m^2，结合年去化量约 40～50 万 m^2 的体量来看，亦属于健康的范畴。

2. 项目分析

（1）SWOT 分析

Strength（优势分析）	Weakness（劣势分析）
S1：项目位于新区核心，周边商业中心，政务中心环绕，地段属于上等品； S1：224 亩的占地规模，中轴规划 60 米宽的绿化带，具有优质大盘的潜质； S3：地块运用天然的高差打造地下车库，即能出效果，又能节省成本	W1：项目所处新区规划范围的南端，南环路以南近期无利好规划，对商业带动不足； W2：南环路高差呈拱形状，对南向沿街物业高差处理要复杂些，后期使用上也会有一定的干扰
Opportunity（机会分析）	Threat（威胁分析）
O1：城市大环境的快速发展，城市化推进，能给开发带来红利，坐享社会经济增长带来的收益； O2：现有楼盘品质不突出，给本案适当超前规划带来很大的空间	T1：新区近三年土地出让集中，今后竞争会越来越激烈； T2：本案商业须考虑对面购物中心的前提下进行规划，商业规划空间受到限制，但对住宅来讲仍是项目的利好配套，即是威胁，也是机会

（2）项目竞争楼盘分析

1）竞争楼盘一技术经济指标（表 9-4）

2）竞争楼盘二（略）

3）竞争楼盘三（略）

项目技术经济指标汇总表　　　　　　　　　　　　　　表 9-4

项目	内 容 指 标
开发商	＊＊房地产发展有限公司
地理位置	广场东侧、黄金南路西侧、赤乌东路南侧
项目规模	1700 多户
容积率	2.02
绿化率	35％
交付标准	毛坯房
均价	2500 元/m² （2009 年的价格）
主力户型	97m² 两室两厅，99m² 三室两厅一卫，119m² 三室两厅一卫，130m² 三室两厅两卫
销售情况	三期 394 套，剩余 2 套，30 号楼、31 号楼售罄，25 号楼、34 号楼均只剩一套，金铭第三期东方星城刚好第一期，客户方面政府公务员群体占很大比重
周边配套	市民休闲广场、少年宫、文化艺术中心、城东学校、菜市场、市政府大楼且出行方便（长途汽车站）在旁边
园区配套	健身场所、物业用房、幼儿园及商场

图 9-26　项目竞争楼盘实景图

【总结】

1) 市场形态处于萌芽到发展的初级阶段，产品细节无亮点，品质感差，市场竞争意识还不强。

当地楼盘主流开发水平一般，尽管项目的竞争楼盘在当地已经属于领先产品，但设计起点较低，后期开发无升级，以至于现有整体水平仍停留在 3 年前的设计水准，物业管理意识淡薄，均无品质感可言，是介于萌芽之后的初级发展产品，某种程度也反映了市场还未进入激烈的竞争格局。

2) 高地价会制约开发成本的投入，3800～4200 元/m² 市场均价及态势，品质升级有支撑。

项目区域楼面成本在 1500 元/m²，高地价对品质提升会有影响，市场已进入 3800～4200 元/m² 均价体系，对品质突破与升级还存在很多发挥空间。

3) 市场主流户型面积为 110～120m²，三房两厅两卫，总价主流区间在 50 万元左右；市场户型面积为 110～120m²（三房两厅两卫）为主，市场主流总价区间在 50 万元以内，90m² 以两房为主，110m² 以下以三房一卫为主，整体户型设计中规中矩、无创新亮点，户型附加值存在较大的提升空间。

3. STP 策略

（1）市场细分

从新区区域属性上看，本案购房目标群体可辐射全市。客户核心特点：不满足现有简单的居住功能需求，追求高品质生活，并愿意为高品质居住生活买单，这类客户能为项目带来更高的溢价！详见表9-5。

项目潜在客户群分析　　　　　　　　　　　　　表9-5

物业类型	客户类型	客户特点及诉求
别墅排屋	工业园区企业主	1. 不一定是本地人，企业经营业绩良好，因商务需要经常来瑞昌； 2. 作为一种固定资产的沉淀
	乡镇企业主	1. 根在瑞昌，生活圈在瑞昌，希望改善居住环境，与自己的收入生活相匹配； 2. 到城区享受相应配套资源
	个体经商户	1. 在县城已有1~2套商品房，希望拥有更加奢华的空间； 2. 收入稳定，个体经商户的佼佼者
	在外经商成功人士	1. 他们在一、二线城市经商，有较强的家乡情结； 2. 他们看过较多建筑，对品质有较高的追求，彰显成功
高层及花园洋房物业	老城区刚需及改善型客户	1. 年轻人作为婚房或子女购买给父母报答父母的养育之恩； 2. 现有居住房屋比较陈旧，希望改善居住环境； 3. 对新区向往，选择区域内高性价比楼盘
	瑞昌工业园就近置业	1. 在工业园区上班2~3年以上，工作、收入稳定； 2. 有一定积蓄，希望在新区安家落户，方便上班
	瑞昌下属乡镇客户	1. 脱离第一产业，家庭收入结构多样化的当地富裕人群，对现有住房条件不满足； 2. 希望搬到城里居住，并看中城里的教育、商业等配套资源
	在外经商、打工者，回乡置业	1. 他们在一、二线城市打工或经商，有较强的家乡情结； 2. 他们看过较多建筑，对品质有较高的追求

【总结】

1）通过城乡产业化，招商引资的带动，该市高收入人群将会增多，对居住的要求也会越来越高；

2）别墅总价主流不能过高，否则仅距离该县级市30分钟车程的地级市，会对本项目造成一定的分流；

3）该市每年平均城市化进程率为2%，即每年会有近8000人转移至城区，并在未来会有进一步加快发展的趋势，乡镇客户将是本项目该物业的主力客户群体，其客户比重预计会占到60%；

4）该市商品房市场开发提速，购买人群置业有很大的选择空间，综合高性价比，才是吸引客户最有力的筹码。

（2）目标市场选择

本项目目标市场选择采用集中营销模式，即按业态选择1~2个目标人群。

（3）市场定位

本项目定位：地区高端，领跑区域品质

规划、户型、景观、配套、产品显现节点是本案产品价值突破的关键点。

——高品质＋高端的楼盘包装形象

4. 产品策划

（1）物业类型

本项目物业类型主要有三种，即：

1）点式高层区

点式高层布局地块西侧，提高项目昭示性，在区域建立标杆性；西面市府西路相对嘈杂、灰尘较大，布置小高层、高层物业，有利于去化；提高容积率，放大项目经济效益。

2）花园洋房区（5F+1）

花园洋房较普通多层物业，外立面层次更丰富，户型赠送面积更多，附加值更大；通过花园洋房物业，丰富产品线，客户面会更广，降低项目运营风险；市府东路相对嘈杂、灰尘较大，布置花园洋房，总价低容易去化。

3）别墅联排区

联排别墅是项目拳头产品，形成差异化营销策略，同时提高小区档次为其他产品带来更高的附加值；项目地块中间区域相对价值最高，布置最高端物业产品，如图9-27所示。

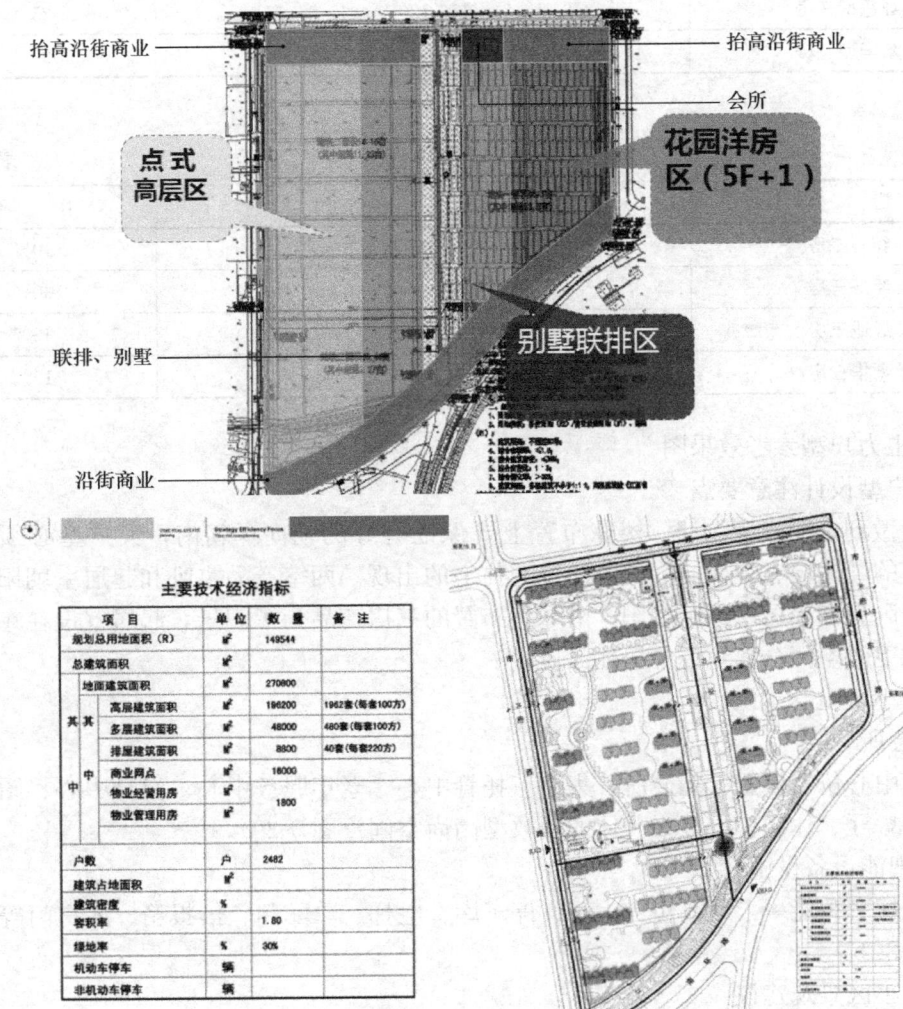

图 9-27 项目规划设计图

（2）户型设计

1）户型配比建议（表 9-6～表 9-8）

别墅联排户型建议　　　　　　　　　　　　　　表 9-6

房　　型	面　　积	比　　例
五房	235m² 左右，不超过 250m²	45%
六房	280m² 左右，不超过 280m²	40%
七房	330m² 左右，不超过 350m²	15%

多层、花园洋房户型建议　　　　　　　　　　　表 9-7

房　　型	面积划分	比　　例
经济型三房	95m² 左右，不超过 100m²	15%
经济型三房	100-110m²	30%
舒适型三房	110-120m²	25%
豪华型三房	130-135m²	20%

高层户型建议　　　　　　　　　　　　　　　　表 9-8

房　　型	面　　积	比　　例
经济二房	85m² 左右，不超过 88m²	10%
经济三房	90m² 左右，不超过 92m²	30%
舒适三房	115m² 左右，不超过 118m²	45%
豪华三房	125m² 左右，不超过 135m²	15%

2）主力户型参考效果图

3）户型设计注意要点

尽量做到全明户型设计。楼栋布置上要保证有好的朝向（朝南，大户型必须朝南），避免过多的纯东向、纯西向、纯北向普通住宅的出现。两室产品主卧和起居室朝阳，三室产品两个卧室和起居室必须朝阳。沿绿化布置的三房产品为了观景，起居室设在东部。大户型考虑卫浴空间分离，提高居住品质。

（3）小区配套建议

1）会所

小区中心位置设置大型会所，集儿童托管中心、老年服务中心、健身中心、图书阅览室、中西餐厅、休闲中心等为一体的开放型高尚空间（图 9-29）。

2）智能设备设施

建议配套智能一卡通，包含大门、停车库、电梯、单元门、信报箱、入户门等一卡通用（图 9-30）。

（4）小区景观建议

1）建筑风格：Art DECO 风格，基座石材＋真石漆分割（图 9-31）。

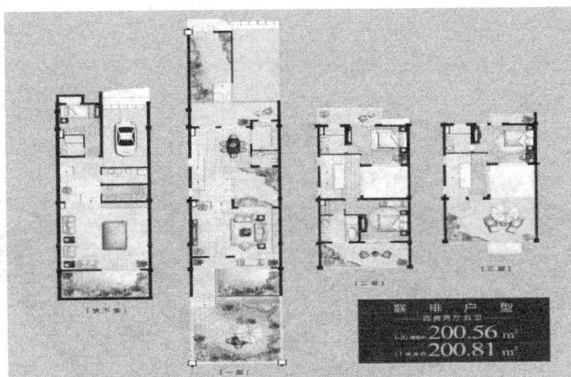

联排参考户型图

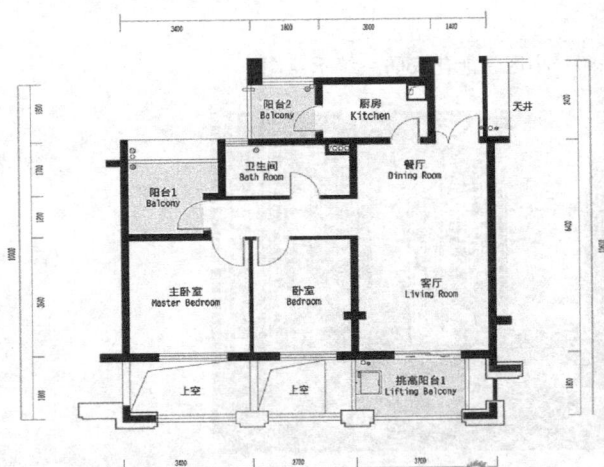

	建议户型
赠送面积	10.6m²
赠送率	12%
客厅面积	18m²
主卧面积	12m²
户型	两室两厅一卫

高层户型参考（89m²）

图 9-28 户型效果图

图 9-29 小区会所参考效果图

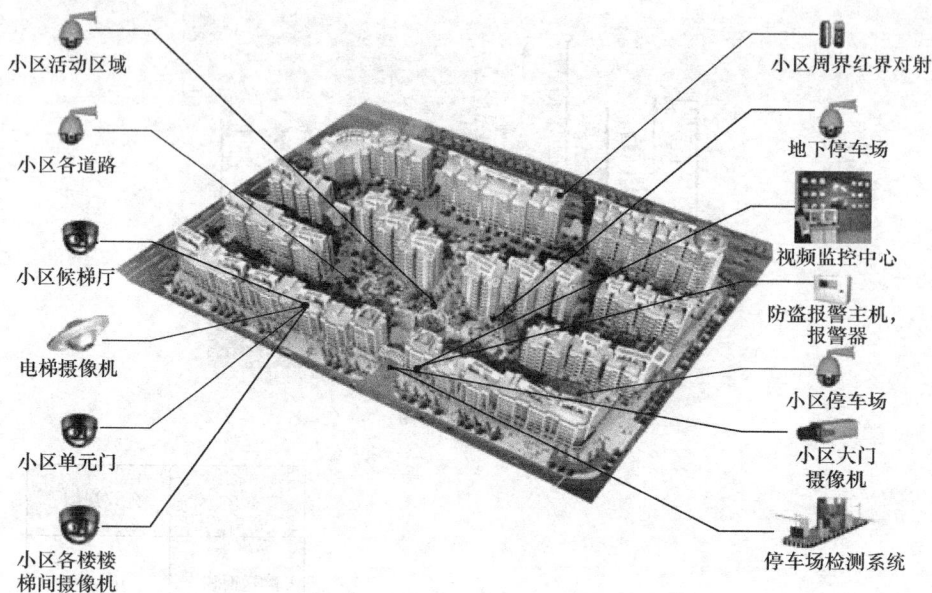

图 9-30　小区智能化安防系统示意图

图 9-31　产品设计示意图

2）园林景观：建议采用欧式园林中较为高端工整的法式园林风格（图 9-32）。

图 9-32　园林景观示意图

5．营销策划

营销节点示意图见图 9-33。

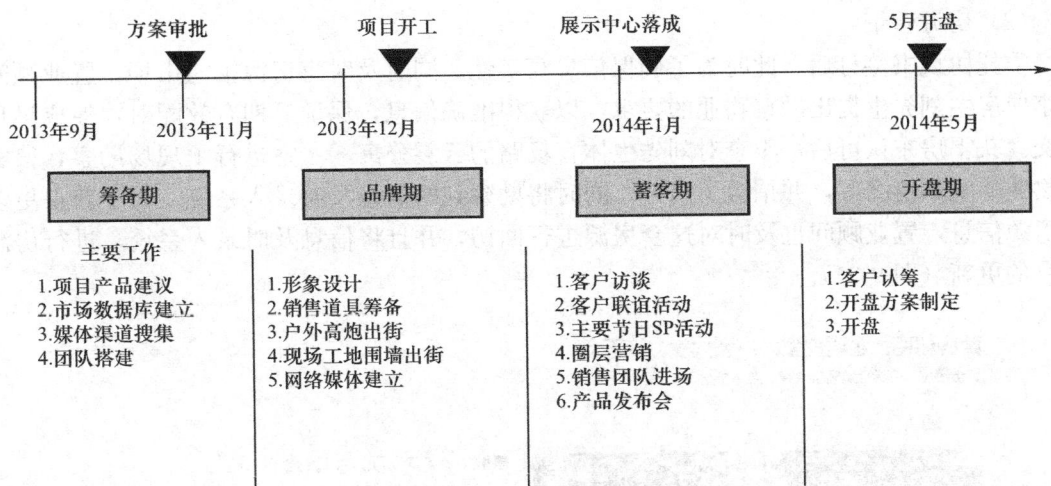

图 9-33　营销节点示意图

9.3　存量房产营销案例分析

9.3.1　项目概况及营销背景

刘先生在杭州体育场路 38 号云裳公寓有一套闲置三居室住宅，面积 98m²，3 室 2 厅 1 卫，户型结构较好，清爽装修。房子满五年但不是家庭唯一住房、无营业税，挂牌售价 275 万元。刘先生走进"我爱我家"门店，挂牌出售。该房源位于云裳公寓，小区地段好交通便利，周边配套成熟完善，是理想的休闲居住地。

9.3.2　存量房房源的营销策划

（1）客户接待，信息获取

刘先生进入我爱我家门店，我爱我家置业顾问主动开门迎接客户，面带微笑致欢迎辞："您好，欢迎光临我爱我家！"。客户进入店堂后，自然地将客户引导进入接待台前的客户座位。置业顾问小陈配合倒水、递杯。置业顾问小李负责接待刘先生："先生您贵姓？"然后小李作自我介绍，主动递上名片："刘先生您好，我是我爱我家置业顾问李江。您可以称我为小李，这是我的名片，有什么可以帮助您的？"刘先生讲明来意后，置业顾问小李态度亲切、诚恳地向刘先生了解客户的基本信息，并将客户信息及时在信息本上记录。小李通过双方洽谈，搜集到了刘先生的姓名、移动电话、固定电话、来意、区域范围、价格范围等信息，并进行了年龄判断、职业判断和方便的看房时间等。同时刘先生也向中介公司了解了交易基本流程，交易税费情况等，双方决定签订《出售委托协议书》。在签订协议时，置业顾问小李特地提醒委托协议书客户联的背面有明码标价的中介佣金标价表，请刘先生仔细阅读。在协议签订中，为了保证"委托方"、"身份证号"填写准确，小刘语气请刘先生出示身份证并据此填写。

刘先生离开时，小李主动起立并且送至店门外。刘先生离开以后，小李根据公司信息管理软件系统要求，及时将该房源信息录入系统。

（2）房源营销

委托协议书签订后，此时为了确保信息真实性，同时及时将房源推向市场，置业顾问小李向房主刘先生提出勘察物业的要求，以获得准确信息，保证后期有效配对，促成早日成交。获得房东认可后，小李对刘先生体育场路的云裳公寓＊＊室进行了现场勘察，核实了物业的基本情况等，并拍摄了照片，同时将勘察到的信息及时录入系统。为了获得更多的房源信息，置业顾问也及时对这套房源进行回访，并且将信息及时录入系统，进行房源信息的更新（图9-34）。

两房朝南、全明户型、户型大气、满五年、
黄金楼层、云裳公寓稀缺房源，两房朝南

室内照片

售价：**275** 万元　降价通知

单价：28061元/平米　面积：98平米

贷款助手：30年　8成商贷 12231元/月　贷款计算器

户型：3室2厅1卫　相似户型
朝向：南　相似朝向
楼层：位于7层中部
所属小区：云裳公寓　本小区共有5套房源出售

直接预约看房　我是本房委托代理人，电话咨询时请告知您是从我爱我家官网看到的。

邮件订阅　关注房源　分享　虚假举报

周边配套

交　通：西湖文化广场站(1号线)、武林广场站(1号线)、闸弄口站(1号线)
公　交：28/K28路、29/K29路、K228路(夜间线)、K273路
学　校：杭州市永天实验小学
医　院：安妮口腔医疗中心、杭州阿波罗男子医院
银　行：广发银行、农行

图 9-34　置业顾问在网站发布的房源信息

房源营销工作是能否快速售出房源的关键，首先置业顾问要提炼房源的卖点，突出个性，以在广告上能够打动客户的购买欲望。经过资料分析和实地勘察，小刘对这套房源特点进行了总结，该房源推荐理由：全明户型、两房朝南、满五年、黄金楼层、阳光绝佳、环境超好、得房率很高。小刘在第一时间将房源在内部推广，首先在自己的客户群里仔细匹配，推荐给合适的老客户，积极进行带看。同时将信息在门店内推荐，由更多的置业顾问参与销售。然后在门店的橱窗里，将房源信息进行展示，吸引更多的买房客户。在我爱我家网站上，置业顾问小李将信息进行整理，然后根据统一要求，及时的将信息公布，通过专业的网络渠道来进行销售。

9.3.3　存量房房源营销策划要点

（1）搜集详细房源信息

对于房源信息，置业顾问一定要了解清楚，可以通过面谈、回访和勘察等手段尽可能

多地了解房源信息。可以搜集到的房源信息包括房东基本状况、小区名称、物业详细坐落、物业性质、楼层、建筑年份、价格、位置、朝向、户型、一梯几户、采光、装修、内部配套、附属设施、社区环境、小区物管、所在学区、看房时间、售房目的、交房时间、产权状况、房屋性质、房改房、婚前或婚后房、是否有设置抵押、是否设置租赁、购房时间等，以掌握房源的详细信息。

（2）遵循房源营销原则

存量房房源在销售过程中，一定要遵循营销原则，以提高销售速度和销售成功率。

1）卖点突出

置业顾问一定要突出房源的卖点，以打动顾客的购买欲。

2）快速推出

第一时间将房源推出，增加成交机会。

3）推广面要宽泛，采用多种广告形式

扩大推广面，团队合作效果好，其他置业顾问共同参与销售。广告可采用报纸广告、门店展示、派发宣传单、网络发布等，形式多样化，宣传效果好。

4）广告内容要真实

广告内容要真实，以免失信顾客。

9.4　国外住宅项目介绍

随着改革开放和经济提高，国人移民留学日渐增多，国外置业租赁房屋也越来越平常。其中以美国、澳洲和新西兰居多，本节以新西兰住宅为例介绍国外房地产的建造和营销特点。

9.4.1　新西兰典型住宅演变

（1）Villa

从大约1870到1910年间的主流民居都是Villa。它有着农舍式的基本平面图，但是还添加了一个中间的门厅，位于山墙前的前屋也是向外扩展出一点面积用来打造落地窗。它还有一部分哥特——和古典风格——灵感来源于像浮雕，如雕花装饰启发，把木头，花纹精美的金属压花嵌入天花板里，还有精美的烟囱顶管。

Villa最普遍的形式就是房前（阳台的宽度和整个房子一样），落地窗，和双阳台。

现如今的创新点如品质，高天花板，大房间和漂亮的街景。

（2）Workers' Cottage

Workers' Cottage是一种经典的小木屋，19世纪60年代作为工人们的宿舍而被建造，是十分对称以及朴素的。原版的房子一般都有两到三间房，中间有门，带窗框的窗户分布在门的两边。屋后可能有披屋，或者屋前有阳台。随着家庭成员和房产价值的增加，还可以在上面加第二层房子，如图9-35所示。

（3）English Cottage

在两次世界大战之间，新西兰像英国和美国一样，对英式农舍风格情有独钟。许多元素和构思来自于19世纪英国艺术和工业运动以及那时对手工住宅、家具和工具的推崇。

Villa（小别墅）　　　　　　　Workers'Cottage（工舍式木屋）

图 9-35　新西兰住宅演变（一）

那一时期的房子一般都是双层，带不对称的尖顶，和别致的特征如嵌入式小窗户，拱门和越往上越细的长烟囱。

（4）Bungalow

加州式 Bungalow 在 1910 年左右就开始出现，建筑带宽屋檐，露在外面椽和内部最高处镶嵌的木板。它一般都带木瓦结构外观的封闭露台，落地窗一般都是圆形，而且也是木瓦结构金属外壳。窗户和房间一般都比较小，所以这些房子都以内部光照不足闻名。

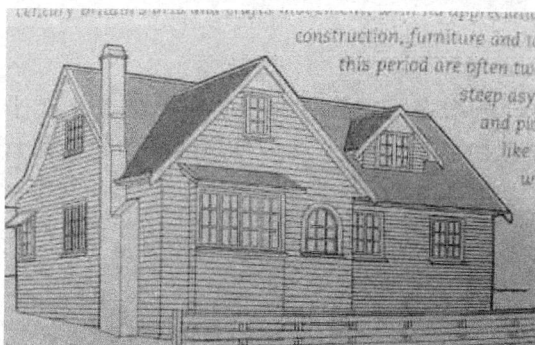

English Cottage（英式木屋）　　　　　Bungalow（小平房）

图 9-35　新西兰住宅演变（二）

（5）Moderne/art deco

在第一次世界大战之后一种新式的，功能导向为风格的房子风靡了全世界。Moderne 是 Le Corbusier 式干净、简约的平民版本。Moderne 的房顶平整（或者它们倾向于：一些时候它们的屋顶低调，坡面被栏杆遮），墙是用水泥砌的而且在拐角处一般都有弯曲。尽管最单纯版本的风格都未经装修，Moderne 住宅的艺术灵感很大程度上都依靠墙面装饰，如水平带和尖括号。西班牙特派团风格就是这样一种扩展形式，带有泥砖样式的水泥墙、拱门入口和瓦片装饰物。

（6）Classic state houses

Classic state houses 是 1935 年到 1949 年间由工党政府建造的，这些普通却很结实的小屋在新西兰的郊区随处可见。

它们都带尖的瓦片屋顶，挡雨板，砖或者水泥墙面，木制工艺和简单布局。这其中很多房子都被历届政府出售，而且还被业主修缮过。

图 9-35　新西兰住宅演变（三）Classic state houses（典型住宅）

（7）现代住宅

新西兰现代住宅就是一系列影响和风格的混合。20 世纪 50 年代和 60 年代，朴素的带遮雨板的房子被建在典型的四分之一英亩幅地上。在 20 世纪 60、70 年代后期，住宅向敞开式，带娱乐室和内进式车库。从那时起，各种从地中海式到现代，工业式和其他位于其中的风格都竞相展现。

图 9-35　新西兰住宅演变（四）现代住宅

9.4.2　新西兰住宅建造

（1）建造流程

1）买地

2）建筑工程师做房屋设计

3）结构工程师进行结构设计

4）报市政厅审批

5）开始建造

① 按设计的标高和尺寸挖土；

② 做地基并预埋排水管；

③ 做工框架；

④ 做雨水槽和瓦面；

⑤ 装窗子；

⑥ 布水、电、煤气、中央吸尘、通风和空调等各种管线；

⑦ 做外墙，外墙的材料有很多种，可以是砖、木板、文化石、水泥板或泡沫板批灰等；

⑧ 装内门和内墙板；

⑨ 安装橱柜；

⑩ 浴室地面做防水和地热，然后铺瓷砖，再安装淋浴房、浴缸、马桶和洗脸台等；

⑪ 安装电灯、煤气炉及热水炉、空调等；

⑫ 按装修需要安装瓷砖、地板和地毯等；

⑬ 室外做阳台、花园和车道等。

所有这些工程都要在工程师和市政厅的监督检查下完成。

(a)

(b)

(c)

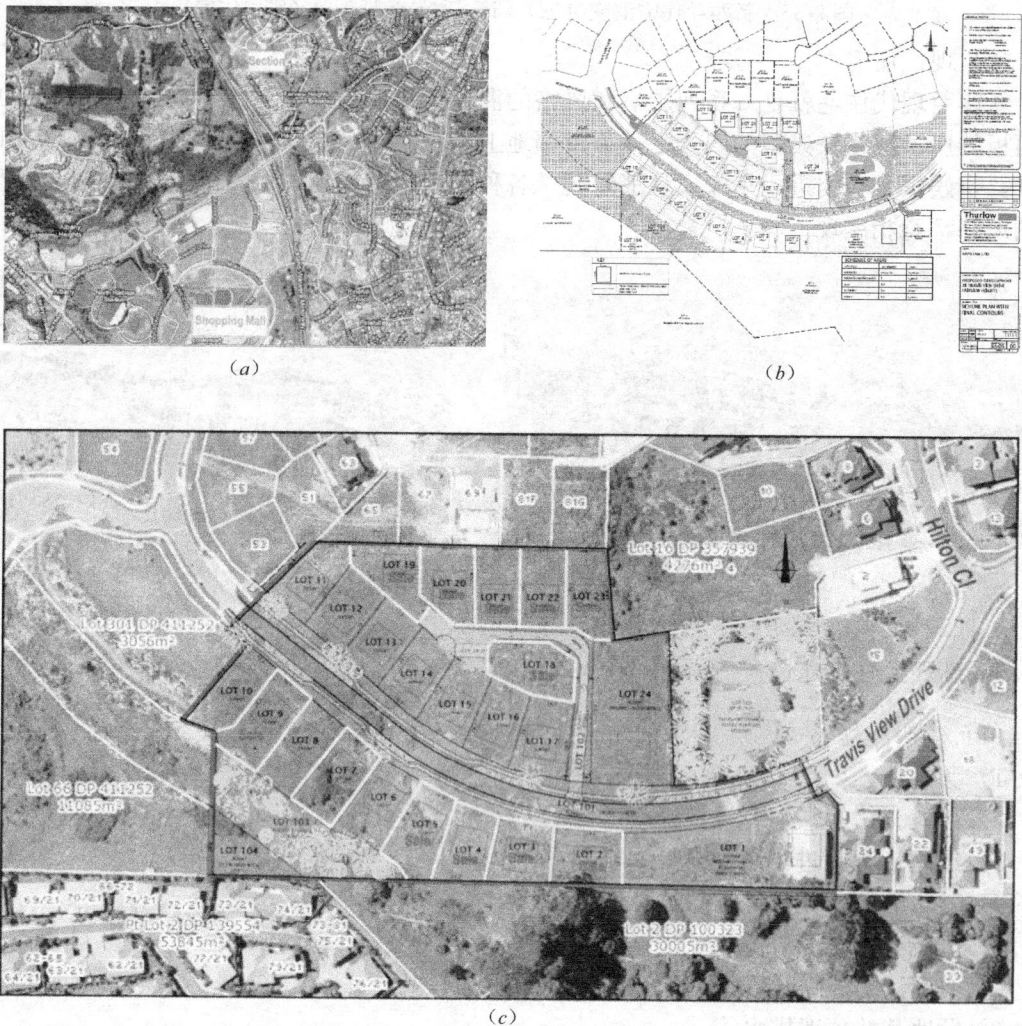

图 9-36　新西兰住宅设计示意图

(a) 地块卫星图；(b) 住宅规划设计图；(c) 小区规划设计图

（2）住宅特点

1）没有毛坯房，为全装修的成品房；

2）基本为木框架，即现代木结构。

9.4.3　新西兰住宅销售

与大多数西方国家相似，新西兰住宅也以存量房为主，增量房较少。新西兰家庭平均五年左右换一次房，所以市场上主要是以二手房为主，全新房只占很小一部分。新西兰私人买卖房屋不需要交税，建筑发展商按一般公司税收要求交纳税金。

新西兰住宅的建造与销售基本分开，销售由专业中介公司代理，推广媒介主要有网站、样板房、户外广告牌、中英文报纸等见图9-37。

章节要点

本章主要讲述住宅内涵、分类、常见结构、技术经济指标和建设交付标准，介绍住宅产业化、成品房等未来住宅低碳环保建设方式内涵与趋势。最后，分享了增量房产和存量房产案例的策划要点。

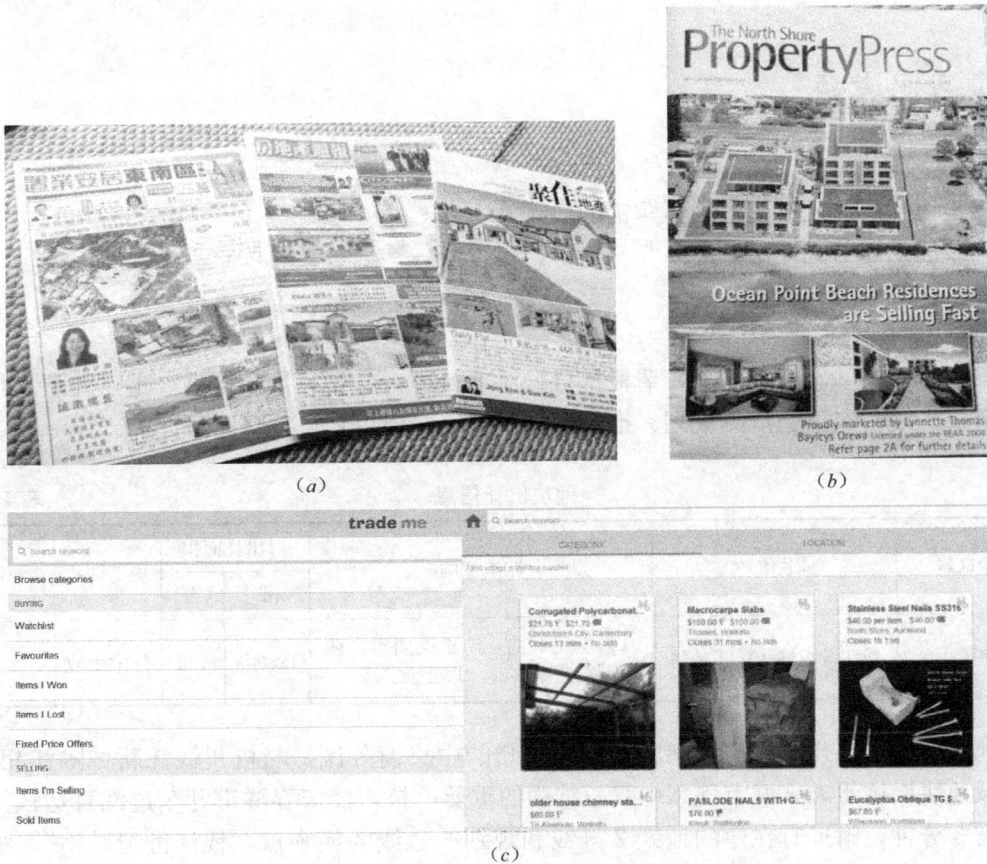

图 9-37　新西兰住宅推广策划（一）

(a) 中文媒介推广；(b) 英文媒介推广；(c) 网站推广

(d)

图 9-37 新西兰住宅推广策划（二）

(d)"实地看房"推广（open home）

复习思考题

1. 简答题

（1）住宅产业化对住宅项目营销的影响？

（2）成品房与毛坯房概念

（3）住宅结构分类

2. 实训项目

某住宅地块基本情况如下，请根据材料对项目进行产品和推广策划，重点是项目周边环境分析、项目定位、产品规划、推广媒介及推广费用策划，撰写简要方案。

地块出让信息 表1

地块区域	地块名称	四至范围	可出让面积		规划性质	容积率
			m²	亩		
杭州市萧山区	钱江世纪城-10/11地块	东至民和路，南至文明路，西至金鸡路绿化带，北至振宁路	128000	192	住宅用地	2.0

地块条件：杭州市钱江世纪城定位于杭州的中央商务区，与杭州钱江新城隔江相望。该区域地块属杭州未来城市规划中双心结构的重要一核，经庆春隧道开车过江直达钱江新城仅需3分钟，附近有在建的地铁2号线和规划6号线的换乘点"钱江世纪城站"。板块同时拥有完善的道路、水、电、公交、通信等基础设施，浓郁的商业氛围，将成为钱江世纪城开发的亮点。

图 1　项目区位图

图 2　项目规划效果图

10 商业地产项目营销策划

知识目标

1. 掌握商业地产内涵；
2. 熟悉商业地产运作模式；
3. 熟悉商业地产规划设计与策划重点；
4. 了解商业地产主要类型。

能力目标

1. 能运用营销理论进行商业地产的招商策划；
2. 能策划商业地产业态布局；
3. 能进行简要的商业地产销售策划。

【案例分析】

商业地产发展趋势

近年来，大型综合购物中心已经迅速成为不少城市商业零售市场的主力军，而传统的商业物业已经很难满足它们对硬件和软件的要求，这给房地产行业留下了巨大的市场空白，于是融合传统流通业与地产业的商业地产企业就应运而生。

根据前瞻网《2013-2017年中国商业地产行业开发与运营模式分析报告》数据统计，2010年开始，房地产紧缩型调控拉开大幕，新政主要针对住宅市场，而商业地产成为楼市调控新政的受益者。2010年我国商业地产呈爆发式增长，达到历史新高。2010年1~12月，商业营业用房和办公楼开发投资完成额分别达到5，598.84亿元和1，806.55亿元，分别增长33.90％和31.2％。

2011年，随着地产格局的更替和政策的调整，住宅地产发展开始趋缓，而商业地产市场却焕发出前所未有的活力。俨然进入到了黄金发展期。2011年全年，办公楼和商业营业用房销售额同比增长率分别高达16.1％和23.7％。

2012年以来，我国商业地产发展整体依然向好，市场逐渐步入理性。2012年1~9月份，商业营业用房和办公楼开发投资完成额同比增长率分别达到25.3％和36.1％。1~9月份，办公楼销售额下降4.2％，商业营业用房销售额增长2.3％。

从部分重点城市2011年一季度的土地出让种类以及商业地产项目开发数量来看，商业地产已经呈现超越住宅地产的趋势，结合部分城市的经济发展状况，部分地区商业地产泡沫已成定局。商业地产泡沫在二三线城市尤为严重。中国购物中心产业资讯中心此前曾发布报告称，珠海、中山、海口、银川、西宁等5个三线城市商业建筑面积增幅将高达83.9％，出现过剩化的趋势。

在房企接连涉足商业地产领域之后，对商业地产人才的渴求自然提上日程，也造成了人才的频繁流动。不过，由于高校里并没有相关专业的设置，商业地产人才的培训一方面依靠成人和继续教育的外部培训，另一方面是依靠实力企业的内训。对于绝大多数新成立的商业地产公司及项目来说，通过猎头挖角成了最便捷的手段。不过，每个企业都有自己独需的人才，与团队相匹配，才能优化配置资源。

随着住宅限购令在全国范围的蔓延，其已对投资性需求产生了明显的挤出效应。部分资金已陆续抽离住宅市场，流入商业地产，致使短期内非住宅产品销售量出现明显增长。与住宅销售消化相反的是，2011 年写字楼销售同比增加 13%。与此同时，特别在 2011 年 3 月限购令严格执行后，四大城市（北京、上海、深圳、广州）商品房销售面积中的写字楼占比已从 15% 上升至 20%。

2011 年，四大城市一、二手写字楼销售面积约为 360 万 m²，与 2010 年同期相比增加 13%，与 2010 年下半年相比下滑 5%。而 2011 年四大城市一、二手住宅的销售面积为 3353 万 m²，同比减少 13%，与 2010 年下半年相比下降 28%。

受投资气氛逐步增强、写字楼成交量稳中有升的影响，2011 年，深圳、广州、成都、杭州的样本甲级写字楼均价分别为 50161 元/m²、25715 元/m²、15819 元/m²、37339 元/m²，半年累积涨幅分别达到 24%、18%、7%、8%。其中深圳的中心西区商圈、广州的天河北商圈、成都的人民南路商圈、杭州的黄龙商圈分别为各自城市价格上涨最为显著的区域，涨幅分别达到 27%、31%、7%、16%。

在商办用地供应方面，从 2007 年到 2011 年，北京、上海、成都的商办用地供应出现了逐年大幅增加的现象，这些新增的土地供应将在最近几年逐步进入商办物业市场，短期内必将对写字楼市场的供求结构产生明显的冲击。反观广州、深圳、杭州的商办用地供应，基本呈现较为合理的水平。

预计在限购令退出之前，商业地产的政策利好因素仍将存在。在房地产调控政策趋于"常态化"和保障房大力建设的背景下，中国的房地产行业新的突破和转型势在必行。商业地产是房地产转型和突破的一个重要方向。

未来，商业的集中是必然趋势，无论是一线、二线还是三线城市，集中式的商业必然是主流。随着二三线城市化进程的加快以及一线城市向二三线城市的产业转移将会使得二三线城市对于商业地产的需求大大增加。根据仲量联行发布的最新研究报告预计，到 2020 年，一线城市在中国商业地产总量中的比重将仅占 10%，这预示着今后 10 年里二、三线城市蕴含着巨大商机。

10.1 商业地产概述

10.1.1 商业地产概念

商业地产（Commercial real-estate）是作为商业用途的地产，以区别于以居住功能为主的住宅房地产，以工业生产功能为主的工业地产等。商业地产广义上通常指用于各种零售、批发、餐饮、娱乐、健身、休闲等经营用途的房地产形式，从经营模式、功能和用途上区别于普通住宅、公寓、别墅等房地产形式，土地使用权年限一般为 40 年。以办公为主要用途的地产，属商业地产范畴，也可以单列称为商务地产。国外用的比较多的词汇是零售地产的概念。泛指用于零售业的地产形式，是狭义的商业地产。

10.1.2　商业地产运作模式

商业地产规模不同，运营模式也不同。规模大的商业房地产如 ShoppingMall 项目，可以达到几十万、上百万平方米，规模小的商业房地产项目仅几百平方米，甚至更小。对于规模庞大的商业房地产，其经营多采用开发商整体开发，主要以收取租金为投资回报形式的模式；而规模较小的商业房地产大多数项目依然采取租金回收的方式。目前国内很多商业房地产中住宅、公寓、写字楼等项目的底层和各类商业街、商品市场则采用商铺出售，零散经营的模式。

（1）只租不售

这种模式正逐步被市场认可，是最普遍的运营模式，尤其是写字楼。这一类通常把物业建成以后形成独立的产权，通常招商合作，以租金作为主要的收入来源，其目的是通过产权形成之后，物业通过商业运营包装进入资本市场，获取良好的融资。这种模式国内比较典型的是"万达模式"。万达董事长王健林认为："什么叫商业地产。我看报纸上谈了很多商业地产，但很少有人搞明白。我个人理解，商业地产不是商业，也不是地产，也不是简单的商业加地产。我认为，商业地产是以零售物业的租金收入为目的的长期房地产投资。目的明确，是以零售物业租金收入为目的，如果开发后销售出去，称不上商业地产。"

【案例 10-1】北京石景山万达广场。项目位于北京石景山区，紧邻长安街，总建筑面积 30 万 m²，其中商业和五星级酒店面积 20 万 m²。

【案例 10-2】上海五角场万达广场。项目位于上海新的市级商业副中心——五角场，总建筑面积 34 万 m²，其中商业面积 26 万 m²，是上海体量最大、业态最全、商业设施最完备的项目，如图 10-1 所示。

(a) 　　　　　　　　　　　　　　　　　(b)

图 10-1　商业地产示意图

(a) 北京石景山万达广场；(b) 上海五角场万达广场

（2）出售

"出售"这种模式是商业地产最原始的模式，随着商业地产逐渐的火爆，单纯的出售经营模式逐渐不适应商业地产的发展。由于商业地产具有"总价高、利润率及开发风险高、投资回收期长"等特点，使有能力全额购买商业地产的投资者实在少而甚少；即使有能力购买，理性的投资者也不愿将大笔资金积压在投资回收期如此漫长的项目上，尤其是一些商业氛围、聚集人群待成熟区域。这使得开发商在开发商业地产时不免会面临两难局面。一是，如果开发的商业地产用于整体出售时，难找到买家，开发资金无法回笼；二是，如果自己经营，不得不由于投资回收期过长而承受巨大的资金压力，无法尽快回收资金投入其他项目的开发，影响整体运作。因此，开发商为了解决自身的困境，开始创新开发经营模式。目前大部分高档写字楼都采用只租不售或租售并举的方式入市，"出售"这种模式已趋于淘汰。

（3）租售结合

"租售结合"模式通常是投资商和开发商把其中的部分物业出租，部分出售。租售结合的目的是缓解资金的压力，通过出售部分物业变现，租的部分也为后期的资本融资留下后路，这是住宅地产的开发模式和商业地产开发模式的结合。这种模式又称为"精品店模式"或"美国模式"。

万通地产集团是这种模式推广的典型代表。在商业地产开发中，万通地产在各个环节，以开放与合作为主导思想。比如在拿地前夕，即引入战略合作伙伴，实现股权合作，共同开发，以此降低自有资金投入；在开发和建设阶段，引入私募股权投资基金、银团贷款或信托资金，完成项目的开发建设；在持有经营阶段，引入商用物业孵化资金，加强项目的运营管理，以提高租金和出租率为目标，在租金和出租率保持稳定后，通过各种金融产品，如REITs等，向包括保险基金、养老基金等机构出售部分或全部权益。"这种模式是国外商业地产运作的成熟模式，虽然有一定的回报周期，但长期看比散售更好，美国的成功模式年均内部收益率能达到20%。"万通地产董事长冯仑评价租售结合模式说。

【案例10-3】杭州万通中心。杭州万通中心项目位于世界级运河CBD核心，武林门正北4公里，上塘高架与大关路黄金交界处（图10-2）。项目以"社交商务、品质生活"为主题，构建一站式商务配套体系。项目由国际5A甲级写字楼、品牌企业总部大厦、精装SOHO办公和精品商业组成，两幢品牌企业总部大厦，分别为A栋及C栋；其中A栋共17层，总体量约为1.1万 m² 左右；C栋共12层，总体量约为7800m² 左右。

图10-2 杭州万通中心

10.1.3 商业地产策划

商业地产兼有地产、商业、投资三方面的特性，既区别于单纯的投资和商业，又有别于传统意义上的房地产。商业地产项目策划在一般房地产项目的共性基础上有自己独特的个性。

商业地产项目策划注重体现以下几方面内容：

（1）商业用地的价值判别与定位策划

价值最大化，包括经济价值与社会价值是商业地产投资经营目的，如何实现这一目标是策划人员的重要任务，正确的定位是达到这一目标的首要和关键步骤，市场调研是渠道。策划人员通过研究地段、街区、商圈、商业功能演变、不同类型物业与地段的经济效果，及物业建成后物业与街区发展的互动关系。价值判别结论决定项目的客户定位、建筑定位、形象定位和价格定位。

（2）商业地产融资策划

商业地产开发和运营的突出特征是需要巨资投入（初始投资和总投资），筹措足够的资金是项目能否成功的关键。为筹措资金，赢得投资人（银行、基金、信托机构、独立投资人、投资公司、开发商等）的青睐和认可，必须制定系统、科学、完善、可实施的可行性研究报告，描绘完整可信的投资收益"路线图"。

根据融资方案，企业通过招商寻找潜在投资人、建立融资渠道，并评价融资方案的成本与收益，选择最合适的方案。如从银行贷款和投资人出资入股两种方案比较：银行不分配利润、不干涉经营管理，但要贷款利息；后者不要利息但要参与分配利润，介入公司经营管理，究竟如何选择，策划人员应针对具体项目策划融资方案，提出建议。

（3）商业地产价值链构造和策划

商业物业的开发和运营是价值创造和分配过程，发现价值和创造价值同等重要，价值受多种因素和规律的影响，需要根据营销理论制定完善的价值链策划活动。价值链构造包括产品纵向价值链和企业内部价值链。针对一个商业地产项目，首要的任务是构造产品纵向价值链，把参与商业物业开发和运营的各方利益有机地联结起来（图10-3）。着眼于长期发展的企业为适应商业地产的开发和经营，也采取组织措施构建企业内部价值链。

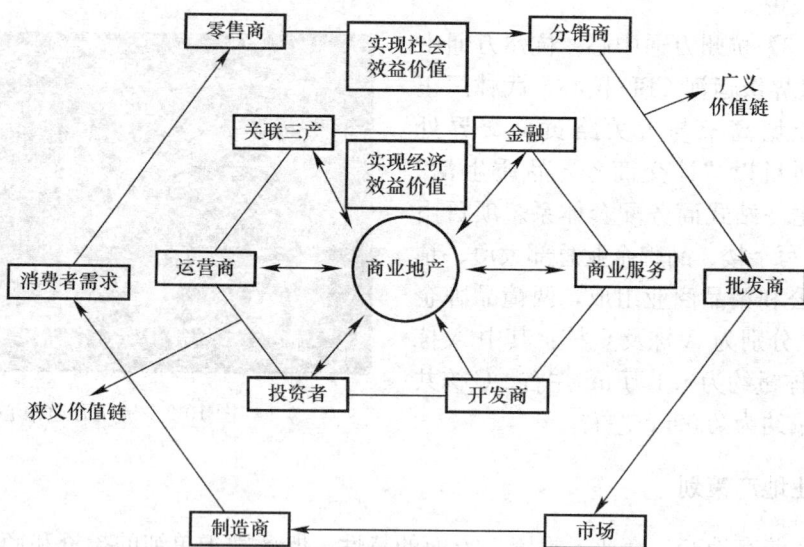

图 10-3　商业地产价值链

（4）商业地产产品策划

商业建筑一般由主要营业空间、附属营业空间、配套空间和共享空间构成。建筑策划意在优化建筑空间于经营业绩之间的关系，优化建筑空间的功能组合，以降低成本，提高使用率,实现效益最大化。

【案例 10-4】万达购物中心规划设计四个基础要点:

1) 人流动线。这是设计方面的第一要素。一般来说,单一通道是最好的,最多一个环路。人在这种路线中,方向感好,容易找到位置。

2) 视觉通透。购物中心的设计最好一眼至少能看到十个店铺。看到越多的店铺越好,能刺激人的购买欲。不能搞花里胡哨不实用的东西。

3) 交通体系。规划设计中最重要的是交通体系。购物中心的交通除人流、车流外,还有大量的物流。第一是平面交通体系,首先要解决人车分流问题。车辆,包括私家车、送货车,都不要和人在同一层面交叉。人流出入的大门口不要紧挨着车出入口;第二考虑垂直交通体系要合理,方便人流上下。第三卸货区要合理安排。购物中心货物装卸量很大,货物规格又不尽相同。设计中卸货区要尽量安排在地下,便于人车分流,不和地面争位置。如果觉得地下室做卸货区要把高度提高有点浪费,那么可以局部把卸货区做高一点,其他地方做低一点。如果钱比较多,可以都做高。这种设计还有一个好处,即将来停车位不够了,可以加一层停车场,停车位就加了一倍。

4) 主力店的技术标准。万达商业地产秉承招商在前建设在的开发理念。因为不同业态的主力店有不同的要求,如建材超市要求荷载 4 吨,普通的超市和书店 1 吨,做普通的百货荷载有 400~500 千克就够了。高度,如果做建材超市,至少要 8 米层高;做生活超市,5 米层高就可以了;而做仓储的话,要 9 米。如果建电影院,至少要 10 米层高,要考虑将来使用大银幕。不同的主力店都有不同的荷载、高度、卸货等多方面的要求,只有招商在前,与主力店进行技术对接,才能掌握好这些东西。所以,如果不注意主力店的技术要求,就会造成浪费。图 10-4 体现了万达商业地产项目产品策划中交通优先和功能分区的建筑设计理念。

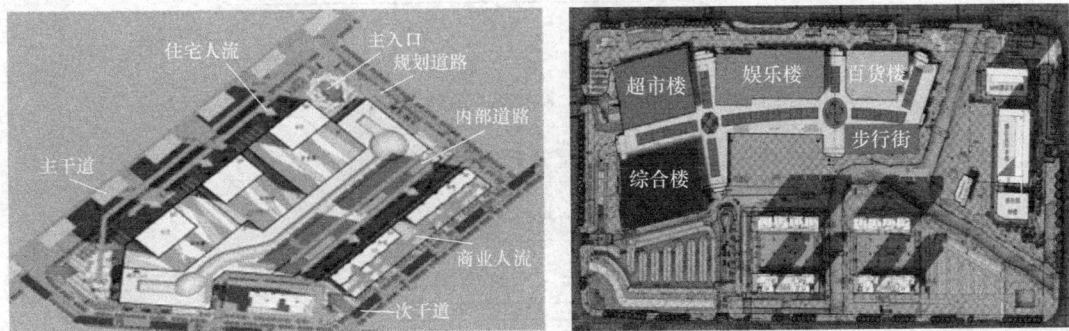

图 10-4 万达商业地产产品策划

(5) 商业地产技术策划

建筑和管理技术发展迅速,例如节能技术、智能化技术、无线通信技术、钢结构技术、自动化车库管理系统等不断推陈出新,策划人员应在准确把握发展趋势的前提下,准确评价技术的经济技术合理性和营销价值,坚持经济与技术联系原则,提出价值最大化技术方案。

(6) 商业地产营销推广策划

即销售促进,实质是把商品和服务的信息有效传播给目标客户,促使客户愿意购买。

传播的最佳模式是整合营销传播，超越传统的 4P 理论，用 6P、4C 等理论指导传播实践，整合生产、管理和营销活动。

（7）商业地产招商策划

招商是商业地产永恒的主题，也是策划难点。在商业地产开发的不同阶段，招商内容不同。例如，项目前期招商重点是寻找合作伙伴、出资人，与大商家签订合作合同，如中航龙华九方购物中心为招商做的画册——"自然而然，携手九方"（飞越广告作品），就以独特创意吸引了一批如星巴克这样的知名商家；建设过程中的重点是物业销售；建设后期招商内容转变为寻找中小经营者进场经营；交付后是商业物业管理中的补充招商调整；投入使用若干年后根据形势发展，招商的目的是不断优化客户组合。

10.1.4 商业地产规划设计

（1）商业业态的规划

商业地产开发的核心就是商业业态的规划。在商业业态规划中，业态分布与比例是关键。这是根据自身项目区位特点，目标消费人群的特征，商家需求确定哪些业态，需要规划什么样的业种，比例多少。对于大型购物中心来说，购物、娱乐、餐饮的比例为 52：18：30 的业态分配，被称之为商业业态设置的"黄金分割"。但实际操作中，随着商业市场发展的新特点，这个业态设置比例也不是绝对的。商业业态发展趋势是：餐饮、娱乐在原来的基础上逐步加大比重，有些商业项目自身定位为主题娱乐、主题休闲商场。并且目前的 Shopping Mall，已经开始逐步向"城市生活休闲中心"步入。如杭州银泰城综合体项目定位是以银泰百货、生活超市、美食广场、家居超市为核心，提供餐饮、居家生活、便民的综合性商业功能，满足城西市民日常生活需求，其业态规划为 6 层商用楼面，300 多个大小不一、功能各异的独立店铺，详见图 10-5、表 10-1。

图 10-5　项目业态分布

杭州银泰城业态比例　表 10-1

楼层	餐饮	生活配套	零售	主力店
B2	15%	3%	22%	60%
B1	31%	2%	29%	38%

续表

楼层	餐饮	生活配套	零售	主力店
L1	0	0	40%	60%
L2	3.5%	0	52%	44.5%
L3	6%	0	46.5%	47.5%
L4	11%	0	42%	47%
L5	27%	0	34%	39%
L6	85%	15%	0	0
小计	17.36%	1.62%	37.33%	43.69%

（2）商业地产建筑规划设计

1）商业空间设计体现人本关怀

无论是大型单体商业，还是街区式商业，随着商业发展，体现人本关怀的商业空间设计越发突出。主要体现在：

① 商业设计的"有效长度"的界定。有效长度决定了节点（广场、中庭、休憩点等）位置的排布及主、辅动线的设计。如日本的商业步行街平均长度为540m左右，美国为670m，欧洲为820m。中国的商业步行街一般认为长度在500m左右为宜，最好不要超过800m。同时应考虑设置足够的休憩、娱乐、遮蔽场所，以缓解步行者的疲劳感。

② 多层商业垂直交通设计。人的活动具有平面性，商场随着层数的增加，商业价值也随之下降。为解决顾客的层高疲劳，目的明确的跳跃性的垂直交通设计是重要法宝。例如，万象城购物中心自动扶梯1层直接上到3层等（图10-6）。登顶交通，是另一种情形。电梯或扶梯直接将客流从一层送到顶层，使顾客可以从顶层往下一层层逛。有的从上往下逛，有的从下往上逛，上下客流交叉，加强了不同楼层的商业均好性。

③ 创新的配套设计。配套设计要符合客户购物舒适度、便利性的要求。空中连廊的数量与位置，垂直电梯、手扶电梯、步梯的数量与位置、大小与宽度、休闲长椅的数量与位置、甚至一个指示牌的大小等细节设计，都会影响客户的消费体验与心情。

图10-6 购物中心的垂直交通

2）建筑设计要符合商业业态规划布局要求

商业地产的建筑设计要符合商业业态规划布局要求。例如，通常一个大卖场需求一般要预留 1.0 万～1.5 万 m²，车位不少于 350 个；各品牌店的大小都会因品牌而不同各异，位置上也有特别的要求；不同商业业态对层高的要求也不同。同时还要按经营业态合理分区，注意各业态之间互补性，以达到有效衔接。

3）人流、物流、车流组织

人流、物流及车流是商业设计的要素。水平与垂直动线的设计不但要考虑客流动线，保证铺铺无死角、处处可连通、线线上下皆方便；关注员工通道或物流通道，例如垃圾通道、餐饮的输送通道等。还要考虑交通组织，例如客户与货物的交通线路等。有序组织人流、物流、车流是商业经营的必要条件，更是商业规划设计的独特设计体现。

4）建筑立面烘托商业气氛

商业立面设计要着重于空间尺度、空间氛围的表现。在建筑设计手法上要注意传统的建筑立面设计，兼具建筑立面、灯光照明、表演、广告、展示、发布、多媒体等现代化综合表现手段的应用。通过立面风格多元化和立面结合的多样化营造出与众不同的体验式消费空间。对于商业建筑，其立面形象的构成元素除了基本的层顶、门窗、阳台、露台、墙体之外，还有许多其他元素的运用。如室外餐饮座、凉亭等功能设施，花台、喷泉、雕塑等小品，灯具、指示牌、电话亭等器材，灯笼、古董、道具等装饰，铺地、面砖、栏杆等面材。加之景观、园林的深化设计，使得这一界面更加"友善"。实际上，这些非建筑本身固有的元素，恰恰是形成建筑亲切感和人性化特点不可或缺的组成部分。

商业地产的规划设计不仅是建筑师发挥想象力和创造力的载体，更是要满足商业可持续经营的基本条件，只有依托商业需求，服务于商业运营，体现人性化的建筑规划与设计，才是商业地产成功的关键。

10.2 写 字 楼

"写字楼"一词是由国外传入的。按照国内过去的习惯，通常称为"办公楼"，并主要作为所有权人的办公之用。所谓写字楼是指供各种政府机构的行政管理人员和企事业的职员办理行政事务和从事业务活动的楼宇。写字楼原意是指用于写字楼原意是指用于办公的建筑物，或者说是由办公室组成的大楼，主要由办公用房、辅助用房和交通系统三部分组成。1971 年，Rhodes 和 Kan 提出："写字楼的作用是集中进行信息的收集、决策的制定、文书工作的处理和其他形式的经济活动管理。"

10.2.1 我国写字楼发展

中国的写字楼发展经历了以下四个阶段：

（1）第一代写字楼：普通型商务写字楼

代表时间：20 世纪 50 年代至 80 年代初。

结构：采用沉重的砖石结构墙体。

层数：层高大都不超过 6 层。

用途：多为自用型行政办公楼。

体制：事业型行政化管理。

配套：一般没有电梯和空调，入口大厅 100m² 左右，一般不做挑空；门口设有传达室，负责收发信件和传达；楼梯正对大厅，较为宽敞；房间分布走廊两侧，一字排开。功能上只能提供简单的办公场所，通信手段较陈旧，食堂式餐饮服务，传达室式的报刊信件服务，值班室式的安保措施等。

（2）第二代写字楼：综合性仿国际标准写字楼

代表时间：20 世纪 80 年代至 90 年代。

结构：结构上采用核心筒与剪力墙，设有消防层和地下车库，开始在设计上注重写字楼的时代性、审美与实用结合。

层数：向高空间格局发展。

用途：分层、分区出租、出售，逐步实现商务写字楼的商业化。

体制：逐渐开始出现由发展商统一开发商务写字楼，但土地基本仍属划拨。

配套：在第一代基础上配备了消防系统、空调新风系统、给排水系统、安防及通信等现代化设施和保安、保洁、快递、会议、餐饮、商务中心等生活配套服务。主要满足进入国内外企和中小企业的基本办公需求，同时还能提供他们生活、交流的需求。

（3）第三的写字楼

代表时间：20 世纪 90 年代后。

结构：多采用核心筒与柱网结构，少数还采用钢结构，整层大开间，可以根据客户需要灵活划分。

层数：大都超过 20 层。

用途：国际化商务办公，以出租为主。

体制：土地出让，专业开发与经营。

配套：设备设施配套 5A，生活设施提供客户贴身需求为导向的人性化服务，除写字楼标准服务外，提供票务、问询、邮政、银行、美容美发、健康娱乐、餐饮、休闲、停车等。

（4）第四的写字楼

第四代写字楼是在第三代基础上提高人性化和舒适度，创造环保性的绿色办公空间。强调以客户需求为中心，旨在提供低成本、高效率的商务平台，提倡人性化的沟通与交流，注重办公空间对企业文化和员工素质的培养和提高，引导智能化，强化绿色环保办公理念。和前三代写字楼相比，第四代写字楼具有以下几个特点：

1）目标客户明确。第四代写字楼瞄准各类跨国企业和外资企业以及有实力的国内大中型企业，在最大程度上满足使用者对办公舒适性和提升工作效率及效益的要求。

2）景观要求更高。国际上许多知名 CBD 或知名写字楼都是建在优美的自然景观附近。除了自然景观，写字楼内的绿色景观也越来越受欢迎，有共享交流功能的楼内中庭式花园将成为日后写字楼发展的一种趋势。

3）更多商务空间。随着网络的普及，资源的共享成为提升工作效率的重要议题。故而办公环境的规划将突破传统的"办公室＋公共走廊"的空间模式，从封闭及注重个人隐私逐渐走向开放和互动。第四代写字楼更大程度地提供给大家商务共享空间，使办公空间趋于模糊化，在倡导交流沟通的基础上提高工作效率，将工作融入休闲中，打造全新的办公方式。

4）提倡绿色环保。第四代写字楼不仅注重外部的环境景观，在内部的办公空间中也广泛引入立体绿色景观，形成健康环保的办公空间。此外，如何巧妙地将自然空气引入办公楼内也成为"后非典时期"写字楼客户非常关心的问题，因此目前正在规划中的大部分写字楼都已经将内部中庭花园和新风系统融进了设计当中。

5）高智能化。第四代写字楼的智能化程度达到了相当高的程度，并要求为将来的升级换代预留充足的升级空间，达到 5A 甲级标准将是最低的智能化标准，即楼宇智能化，安防智能化，办公智能化、消防自动化、通信自动化等。

综上，现代写字楼正向综合化、一体化方向发展，是指拥有一定规模的面积、具有良好的建筑和现代化设施以及优质的物业管理服务、能够满足现代社会办公的各种需要的楼宇。

(a)

(b)   (c)

(d)

图 10-7 写字楼的发展变迁
(a) 第一代写字楼；(b) 第二代写字楼；(c) 第三代写字楼；(d) 第四代写字楼

10.2.2 写字楼分类

（1）按功能划分

写字楼：基本上只有办公一种功能，部分带有底商或群楼商业，没有其他功能。

商住写字楼：是指既有办公又有居住功能的写字楼。

综合型写字楼：是指以办公为主，同时兼具其他，如公寓、商场、影院、酒店等多种功能，一般分层设计。

（2）按档次划分

目前我国还没有对写字楼进行档次划分的全国统一标准，业内一般对写字楼档次的划分是根据区位、交通状况、建筑规模、准修标准、设备及办公空间情况、配套设施、物业管理等因素综合评定为：顶级写字楼、甲级写字楼、乙级写字楼和丙级写字楼，详见表10-2。

写字楼档次分类   表 10-2

档次 指标	顶级写字楼	甲级写字楼	乙级写字楼	丙级写字楼
区位	位于主要商区的核心区	位于主要商务区	主要商务区的辐射区域或较好的区域位置	主要商务区的辐射区域或一般区域位置
交通状况	极佳的交通、可达性好，临近城市交通主干道及交通枢纽	可达性好、临近交通主干道	可达性好，有交通线路到达，交通较方便	基本满足交通可达性要求，有交通线路可到达
建筑规模	5 万 m² 以上	1 万～5 万 m²	无具体标准	无具体标准
装修标准	外立面采用石材、玻璃幕等高档材料。大堂、电梯厅、洗手间等公共部分装修达到五星级以上酒店装修标准	外立面采用高档材料。大堂、电梯厅、洗手间等公共部分装修到四星级以上酒店装修标准	外立面采用面砖或瓷砖，大堂地面为地砖，墙面为瓷砖或高级漆，公共部分地面为地砖或铺中档地毯，卫生间采用合资或国产中高档洁具	无具体标准
设备及办公空间	标准层净高不低于2.7m，公共空间可灵活分割，功能多样。国际知名品牌中央空调、楼宇自控，有安全报警、综合布线等	有名牌中央空调，楼宇自控，有安全报警、综合布线等	由中央空调系统、无楼宇自控、有安全报警	由中央空调系统、安全报警，无楼宇自控、无综合布线
配套设施	配套商务、生活休闲娱乐设施，会议室、邮局、银行、员工餐厅、停车位充足等	配套商务、生活设施，会议室、邮局、银行、员工餐厅等，车位足	无具体标准	无具体标准
客户情况	全球 500 强等国内外知名企业	国内外大中型知名企业	国内中小企业、创展型企业	国内中小型、初创型企业
物业公司	世界顶级物管、国家一资质级物业公司	国家一级物业公司	无具体标准	无具体标准

（3）按智能化水平划分

3A 写字楼：OA（办公智能化）、BA（楼宇智能化）、CA（通讯传输智能化）

5A 写字楼：OA（办公智能化）、BA（楼宇智能化）、CA（通讯传输智能化）、FA（消防智能化）、SA（安保智能化）

10.2.3 写字楼品质影响因素

（1）楼宇品质

1）建筑物

建筑物的物理状况和品质、建筑质量、建筑使用率、楼层净高、楼层面积。

2）装饰标准

3）配套设施

配套商务、生活设施：如会议室、邮局、银行、票务中心、员工餐厅等，专用地上、地下停车场，停车位，满足日常生活的商店，适合商务会餐的饭店，宾馆，午间放松或娱乐设施。

4）电梯系统

顶级写字楼：每 4000m^2 1 部，等候时间不得超过 30s。

（2）建筑规模

如顶级写字楼：超过 5 万 m^2。

（3）进驻客户

（4）地段：是否处于商务核心区。

10.2.4 著名写字楼

（1）美国—帝国大厦

美国—帝国大厦是世界七大工程奇迹之一，地上建筑高 381m，共有 102 层，1930 年动工，1931 年落成，仅用了 410 天。在建筑史上创每周修建 4 层半楼的纪录；每天参加施工的人员高达 4000 人（图 10-8）。

项目	指标
中文名称	帝国大厦
外文名称	Empire State Building
地点	美国纽约州曼哈顿第五大道 350 号
竣工时间	1931 年 5 月 1 日
建筑面积	204，385m^2
建筑造价	6700 万美元
别名	帝国州大厦
结构形式	钢筋混凝土结构
建筑层数	102 层
建筑物高度	381m

图 10-8 美国帝国大厦

（2）台北 101 大楼

台北 101 大楼即台北 101，在规划阶段初期原名台北国际金融中心，建成后曾是世界第一高楼，保持了中国世界纪录协会多项世界纪录（图 10-9）。其英文名称 Taipei 101 除代表台北，还有"Technology、Art、Innovation、People、Environment、Identity"（技术、艺术、创新、人民、环境、个性）的意义。该楼融合东方古典文化及台湾本土特色，造型宛若劲竹，节节高升、柔韧有余。另外运用高科技材质及创意照明，以透明、清晰营造视觉穿透效果。建筑主体分为裙楼（台北 101 购物中心）及塔楼（企业办公大楼）。

图 10-9　台北 101 大楼

项目	指标
中文名称	台北 101
外文名称	Taipei 101
地点	台北市信义区西村里信义路五段 7 号
竣工时间	2003 年 10 月 17 日
建筑面积	289500m²
建筑造价	580 亿新台币
建筑物顶高度	509.2m
结构形式	钢筋混凝土结构，新式的巨型结构
建筑层数	地上 101 层，地下 5 层

（3）迪拜哈利法塔

哈利法塔（Burj Khalifa Tower）（原名迪拜塔，又称迪拜大厦或比斯迪拜塔）是韩国三星公司负责建造，位于阿拉伯联合酋长国迪拜，建成后的哈利法塔超过 160 层，37 层以下全是酒店、餐厅等公共服务设施场所，世界上首家 ARMANI 酒店也入驻其中，位于 1～8 层和 38～39 层。此外 45 层至 108 层则作为公寓（图 10-10）。第 123 层将是一个观景台，站在上面可俯瞰整个迪拜市，且拥有 56 部电梯，速度最高达 17.4m/s，是世界速度最快且运行距离最长的电梯，截至 2014 年，哈利法塔是世界上第一高楼与人工构造物，造价达 15 亿美元。哈利法塔加上周边的配套项目，总投资超 70 亿美元。

图 10-10　迪拜哈里法塔

项目	指标
中文名称	哈利法塔
外文名称	Burj Khalifa Tower
地点	阿联酋迪拜市
竣工时间	2010 年 1 月 4 日
建筑面积	135000m²
建筑造价	15 亿美元
建筑物高度	828m
结构形式	组合结构
建筑层数	地上 162 层
占地面积	34.4 公顷

（4）上海环球金融中心

上海环球金融中心是位于中国上海陆家嘴的一栋摩天大楼，2008年8月29日竣工（图10-11）。是目前中国第一高楼、世界第三高楼、世界最高的平顶式大楼，楼高492m，地上101层。开发商为"上海环球金融中心有限公司"，由日本森大厦株式会社主导兴建。

项目	指标
中文名称	上海环球金融中心
外文名称	ShanghaiWorld Financial Center（SWFC）
地点	上海市浦东新区世纪大道100号
竣工时间	2008年8月29日
建筑面积	381，600m²
建筑造价	73亿人民币
建筑物高度	492m
结构形式	钢筋混凝土结构、钢结构
建筑层数	地上101层、地下3层

图10-11　上海环球金融中心

10.3　商业经营类物业

10.3.1　商业经营类物业主要类型

1. 购物中心（Shopping Mall 或者 Shopping Center）

购物中心是汇集多种零售业态和若干零售店铺的大型购物场所。美国购物中心协会认为："购物中心是由开发商规划、建设、统一管理的商业设施；拥有大型的核心店、多样化商品街和宽广的停车场，能满足消费者的购买需求与日常活动的商业场所。"国际购物中心协会（ICSC）对购物中心的定义是：购物中心是由单一产权所有者所拥有并实施计划、开发和管理的零售和其他商业设施的组合。国家质量技术监督局的定义是：企业有计划地开发、拥有、管理运营的各类零售业态、服务设施的集合体。购物中心的特点是：所有权与经营权分离，一般只租不售；策划、开发、建设、经营都在统一的体系内运作；一站式购物，尊重顾客的选择权；多业态、多种营销方式的组合；具有强大的商圈竞争力。购物中心的大小和定位一般由该中心服务所覆盖地区的市场特点来决定。主要有以下几种类型：

（1）邻里中心：出售便利商品（如食品、药品、卡片和杂货），提供个人服务（如干洗、美发、美容、旅游代理和音像出租等），以满足周边地区于人们的日常需要。邻里中心面积在3000～15000m²范围内。主力店多是超市。大型的邻里中心服务范围在2～3英里的半径范围内。

（2）社区中心：比邻里中心有更广泛、便捷的销售软线（服饰）和硬线（五金器皿、器具等）商品范围。主要租户一般是一家超市或一家折扣商场。家庭装修材料店、五金店、园艺店、礼品店、银行和大型餐饮中心也在社区中心。社区中心面积在 15000m² 比较典型，占地可达 30 英亩，交易半径达 3～6 英里。

（3）地区中心：主要集中销售百货、服装、家具和家庭装饰年，通常由 2～3 个百货商店构成，也可包括电影院、餐饮街和餐馆。面积在 4～8 万 m²，80% 的顾客来自方圆 10 英里的半径内。

（4）超级地区中心：供应广泛多样化品类的、众多的、杂货大众商品。它有 3 个或更多的主体百货商店。理论上一个超级地区中心应有 75 万平方英尺的面积（GLA），但实际上，可超过 100 万平方英尺。进驻的主体百货店每个通常有 10 万平方英尺面积。NRB 将 75 万平方英尺以上的购物中心均作为此一类型。

随着商业地产发展和行业日趋成熟，购物中心已超出了行业最初提出的四种基本类型的标准定义。出现了更多类型，详见表 10-3。

美国购物中心分类及主要特征 表 10-3

购物中心种类	总出租面积（万 m²）	辐射半径（km）	内部业态组合	占地面积（万 m²）
邻里中心	0.3～1.5	3～5	用品、个人服务、小型餐馆、外卖	4～6
社区中心	1～3	5～10	超市、商场、公园、银行、餐饮	
区域中心	4～9	16	大型超市、综合商场、娱乐、餐饮	
超级区域商城	10～20	8～16	几个综合商场和娱乐场所	

2. 折扣店

以销售自由品牌和周转较快的商品为主，以有限的销售品种、有限的经营面积、有限的服务，并通过低成本、低价格的快速运作，向消费者提供"物有所值"的商品为主要目的的零售业态。从本质上讲，折扣店的竞争战略是"物美价廉"。折扣店可以分为品牌折扣店和非品牌折扣店。前者经营品牌商品，如近几年兴起的"奥特莱斯"名品折扣店，后者以经营日用品为主。

3. 便利店

顾名思义，便利店就是选择在居民区或者靠近居民区的，营业面积在 50～200m² 左右，经营品种在 2000 个左右，经营时间大于 15 小时甚至 24 小时，全年不休息，主要经营方便食品和日用杂品的零售超市商店。其突出特点是接近居民区，店铺规模小、用人少；目标客户以单身、上班族、学生、夜生活丰富者为主；经营的商品以方便、即食为主，如饮料、报刊杂志等；以连锁经营为主。

4. 超级市场或超市

是指布局在社区内，商品敞开供应，顾客自主购物、自由进入、统一在出口收款、有相当大规模的零售商场。营业面积一般不底于 500m²。我国对超级市场的定义是"连锁超级市场门店营业面积一般在 500m² 以上、商品以肉类、禽蛋、水果、水产品、副食品及粮油（包括上述商品的活体、鲜品、冻品、半成品、熟制品形式等）的面积占全部营业面积的 30% 以上；开架自选售货，出口集中收款"。

5. 产权式商铺

地产商将商业项目开发建成后，将项目的产权划小并对外进行公开销售，由专业商业经营管理公司负责对外招商和整体经营，进入正常运营以后投资者根据产权的多少获得租金回报。这样将商业楼板产权细化销售并供投资者投资的新型商场称为产权式商场。而商场内的每个铺位称为"产权式商铺"，其突出特点是所有权和经营权在投资者购买物业时就分离出来，投资者获得规定年限内的收益权。

6. 旺铺、分享型商铺和借势型商铺

旺铺是指某地点的零售业，其吸引力大，使周围人流基本上经常当作目的地光顾，如汇集了有名的专卖店、超市和快餐店等。分享型商铺是旺铺的补偿性物业，其商品和服务组合起来就可以有足够的吸引力吸引顾客，比如名牌的服装店和快餐店、箱包店和首饰店等。借势型商铺的市场吸引力来自某个独立来源，比如公共交通设施，著名大学、写字楼群等，它们吸引人到该地方来，商铺经营者借势销售商品。例如，在儿童活动中心周围发咱起来的童装店、钢琴销售店、书店等就属于借势型商铺。

10.3.2　中国特色商业地产—社区商业

我国的社区商业起于 20 世纪 80 年代末 90 年代初的北京、上海等大城市，至 20 世纪末，国内的社区商业得到了迅猛发展，社区商业的开发和建设在我国需求巨大。住宅社区的郊区化，推动社区商业兴起。一方面，各大城市由于城区"地价"居高不下，住宅区不断向次中心一级城市边缘地区发展成为趋势，尤其是近几年，伴随着全国范围内房地产市场上掀起的住宅郊区化的热潮，住宅郊区化使人们越来越远离商业相对发达的城市中心，这些地区的原有配套设施不完善，引发了居民对完善和便利的社区生活配套的强烈需求。另一方面，随着城市居住空间的日益拓展，当市级商业中心、区域商业中心无法完全覆盖新兴社区时，社区商业作为一种区域性极强的商业形态适时地弥补了这个缺失。再者，随着经济水平的飞速发展，人们的收入大幅度提高，消费水平也随之逐渐提升，据统计，社会消费品零售总额从 2002 年的 4.8 万亿元增加到 2010 年的 15 万亿元，年均增长 14%，比同期 GDP 增幅高 4 个百分点。再者，随着城市居民收入增长和生活水平的提高，消费结构也发生明显变化。居民对消费的便利性、安全性要求越来越高，对服务性消费的需求也在增加，这些都对社区商业的开发和建设提出迫切的要求。同时，配套完善的商业设施是居民选择居住区域的硬性指标之一。

(1) 社区商业概念

社区商业是一种以地域内和周边居民为主要服务对象，以便民、利民、满足和促进居民综合消费为目标的属地型零售商业。社区商业是城市商业空间中的一个重要层次，它是相对于市级商业中心、区域商业中心而言的，其在规模大小、提供的商品种类、服务的商圈、范围等方面都不同于市级商业中心和区域型商业中心。它是区别于市级商业中心、区域型商业中心、主题商业步行街等。

(2) 社区商业开发经营模式

1) 纯销售：直接将社区商铺销售给投资客和商家；

2) 纯租赁：通过先期将适合社区品质和居民需要的商家或业态引进来，引导社区商业走上合理化发展轨道；

3) 售租结合：将前面两种方式结合起来，主要是将一些较大面积的商铺或者是主力商家租赁的商铺进行持有，将其他面积较小的铺位进行销售回笼资金。同时也有少量有远见的开发商，持有位置较好的铺位，将位置较差的铺位销售掉，以缓解资金压力。

（3）社区商业主要业态

2005年11月商务部颁布了《社区商业评价规范》，其中对社区商业业态进行了定义和分类，并进行了诠释。根据《社区商业评价规范》结合社会经济技术发展和居民消费观念变化等，目前社区商业主要业态如下：

1）社区商业中心、商业街

社区商业中心是在城市的区域中心建立的，面积在5万 m^2 以内，集购物、餐饮及其他服务等多业态为一体的商业中心。

商业街是指在社区内配置包括购物、餐饮及其他商业服务设施的街道，商业服务设施一般临街设立。

2）餐饮类商业

是指即时加工制作、商品销售和服务性劳动等手段，向消费者提供饮料、食品、菜肴、消费场所和设备的经营单位。包括各种酒家、酒楼、饭店、早餐店、糕点店、咖啡店、休闲吧、酒吧、烧烤店等。

3）超市、大型超市

超市是开架售货，集中收款，满足社区消费者日常生活需要的零售业态。根据商品结构不同，可分为食品超市和综合超市。

大型超市是实际营业面积6000 m^2 以上，品种齐全，满足顾客一次性够齐的零售业态。

4）便利店

满足顾客便利性需求为主要目的的零售业态，多数为24小时营业。

5）银行

满足人们日常金融业务的业态，配备24小时ATM设备。

6）洗衣与美容美发

7）家政

提供家庭钟点工、家政服务、家庭护理等服务的机构。由于其租金承受能力较低，现实社区商业基本由物业服务机构承担，是物业增值有偿服务。

（4）社区商业销售模式

社区商业未来的运营必然会影响到社区的形象和品质，因此街区采用什么样的销售模式，既能够满足商铺的价值最大化，又能够保证街区未来的良好运营，是需要综合不同的商圈区位及成熟度等因素来共同决定的。目前主要销售模式详见表10-4。

社区商业主要销售模式 表10-4

销售模式	含义	优势	劣势	适用性
硬售模式	直接销售，不采用任何形式和相关承诺	可在短期内进行销售回笼资金，并且无须承担返租补贴，将经营压力转移向小业主	产权分离，中大型连锁品牌店难以进驻；无法统一规划经营业态及规范整体形象；若经营不好，对于项目整体形象必然会带来影响	商圈非常成熟的区域或者是发展商对街区的经营管理选择放任自流；非常不成熟的区域，近几年内根本无法招商，通过强势广告塑造未来的升值空间，进行直接销售

销售模式	含义	优势	劣势	适用性
直接销售给商户的销售模式	对投资客限制为买铺自营的商户	商家一旦购买，不会轻易的退出，有利于项目快速度过培育期，增强项目的整体竞争力，确保街区未来的运营	连锁商家的数量并不如普通投资客群庞大，销售的周期会被延长，不利于项目的价值最大化	商业经营氛围较好的商业中心
带租约转让	先将商铺招商，等商家签了进场合同之后，以带租约的形式将商铺销售	通过招商保证前期商业定位与形象；能够奠定投资客的购买信心，能快速回收资金，无须承担返租补贴与相关税费；短期内使业主获得稳定收益	如果整体采用带租约转让模式，必然会导致铺位租金差异，影响销售进度；销售难度较大，售价与租金之间产生的收益回报低难以达到投资者期望	商业氛围比较成熟的社区
短期包租	先将商铺销售，然后承诺几年内返租包租，业主在返租期满后才享有租赁权。	有利于对业态进行良好的把控；有利于包租期间街区的整体运营；有利于包租期后，街区形成良好稳定的商业氛围，提高投资者的购买愿望	发展商要承担前几年的返租补贴；返租结束后的统一经营管理要求较高；承担因返租而产生相应的返租法律风险	商业氛围较为成熟的区域，通过两三年的包租运营，即可以达到成熟的程度
长期包租	专业公司统一经营，长期出租给商户	有利于开发商控制项目的整体经营业态，经营者能分享租金收益，降低投资客的经营风险	承担较大的法律风险，对经营管理公司经营能力要求较高，有一定风险	社区型购物中心、购物广场场内商铺

10.4　写字楼项目策划案例分析

10.4.1　项目概况

M项目坐落于H市中心西区块，东西大道南侧，与代表该区块中心的世贸中心广场项目隔路相望。M项目地块呈正方形，规模偏小，该项目占地面积约3800m²，总建筑面积约32000万m²，共26层，高100m（加建筑构件后总高123m），其中1~3层为商业裙楼、4~25层为写字楼及少量公寓，共有180个地下停车位及15个地面停车位，如图10-12及图10-13所示。

1. 地理位置及交通概况

本项目位于H市中心区CBD的西部辐射带的"西部办公组团"，北面紧邻横贯H市、被称为H市第一主干道的东西大道，距离临近地铁站入口仅300m，该地铁站可无换乘4站直达H市中心核心位置的会展中心站。

图 10-12　M 项目所在位置平面示意图

图 10-13　M 项目所在位置三维示意图

2. 区域概况

H 市商务发展重点以中心区 CBD 为首，是未来的商务核心地带，其次是以该中心区为中心的西部辐射带的"西部办公组团"。

（1）西部办公组团。该区域以世贸中心广场为中心，周边乙级写字楼集中，绝大多数为体量、规模较小的高层建筑，东西大道沿线物业均价为 3.5 万～3.9 万元/m²。紧邻西部办公组团南侧的工业区，区内带有厂房性质及特点的写字楼近年内时有动工，一般面积较大，且使用功能单一，内外装修及配套较为简单。销售价格在 3 万元/m² 左右。

（2）中心区 CBD 商务区。该区域为 H 市的中央商务区，汇聚了众多甲级写字楼物业，以规模大、超高层建筑为特征，价格范围在 4.2 万～4.7 万元/m²。去年该区域推出的写字楼销售状况普遍较好，实现均价 4.5 万元/m² 左右。该区域内某 A 写字楼从去年年中开盘至今已实现 100% 销售率。

3. 市场环境概况

在经过对 H 市宏观经济状况的分析、对 H 市近三年经济发展特点的分析、对 H 市写字楼市场租售行情的分析、对 H 市写字楼市场供需状况的分析后，对 H 市整体市场环境状况得出结论如下：

（1）近三年 H 市的写字楼消化量保持相对稳定，且其中后两年有小幅提升；

（2）经过 2008～2009 年全球经济危机，市场正逐年复苏，写字楼市场将得到有力的需求支撑；

（3）去年的经济增长对写字楼市场利好的影响在不远的将来将显示出来，预见今年写字楼市场需求将稳步增长；

（4）今年及今后的两到三年内，H 市写字楼供应量将发生"井喷"式的急剧增加，今年进入市场的写字楼供应量约 30 万 ㎡，明年将进入市场的写字楼总供应量将达到 50 万 ㎡；

（5）今年写字楼主要供应量在"西部办公组团"，明年写字楼主要供应量在中心区；

（6）按近三年写字楼的市场消化分析，市场消化量将不能随供应量的增加而同步增长，写字楼市场存在出现新一轮积压的可能性。

4. 所在区域市场特点

（1）区域市场价格。在"西部办公组团"中，除了世贸中心广场外，其余均为体量较小的高层建筑，且乙级写字楼集中，销售均价范围在 3.5 万～3.9 万元/㎡。区域内还有工业区类型的厂房写字楼，且为大开间类型，销售价格则在 3 万元/㎡ 左右。

中心区 CBD 商务区定位在中高档次，高层写字楼（乙级写字楼）售价在 3.7 万～4 万/㎡，超高层写字楼（甲级写字楼）售价在 4.2 万～4.7 万元/㎡，写字楼销售情况较好。

（2）置业群体特征。在"西部办公组团"中，写字楼的潜在客户以小型的资讯、投资、设计、广告、电脑公司为主流。以周边已投入使用的写字楼用户特点来看，将 200㎡ 以上开间作为主要户型的写字楼客户，其档次相对较高。

（3）销售率。中心区 CBD 商务区附近的甲级写字楼销售（含出租）率较高，一般都已实现 95% 以上的销售（含出租）率；本区域写字楼（不含东西大道沿线写字楼）以相对较低廉的价格，吸引了众多创业型的小型公司，纯销售率在 90% 左右，但租赁市场供不应求。

（4）产品特征。户型：本区域内写字楼在开间设计上还是以小开间为主，以 50～200㎡ 的开间为主力销售；总价：本片区写字楼单位总价于 225 万元～530 万元之间，中心区 CBD 写字楼单位总价则相对较高，介于 240 万元～1550 万元之间。

（5）竞争特征。竞争差异性：从产品规模统计可以看到，两个办公组团内部的产品差异性不大，而组团之间的差异性较大；竞争激烈性：经市场供求关系分析得出结论，中心区 CBD 与西部办公组团的市场竞争将日益激烈，将出现前所未有的竞争局面。

10.4.2　项目营销策划要点

写字楼物业的在营销策划前须对以下 14 项要素进行分析。（1）价格；（2）租金范围；（3）销售率；（4）总面积；（5）可售面积；（6）总单位数；（7）实用率；（8）单位面积；（9）主力户型；（10）客户群；（11）总楼层；（12）展示性；（13）景观；（14）销售期。

根据以上 14 项要素，在营销策划前进行市场调查，数据汇总如下（表 10-5、表 10-6）。

区域写字楼已售物业销售资料调查表（一）　　　　表 10-5

物业名称	价格（万元）	租金（元/m² 月）	销售期（月）	销售率（%）	景观	总面积（m²）	可售面积（m²）	总单位数（个）	实用率（%）
CZ 中心	3.7	80～100	6	99	10 层以上高尔夫球场	47946	47946		
CX 科技广场	2.0	55～70	12	100	高尔夫球场；海景	11800	11800	130	87
DQ 大厦	3.7	70～85	19	80	北面湖景；南面海景	37960	15000	350	65
世贸中心	非销售	160	0	/	中心区；湖景；高尔夫球场	/	/	/	/
CS 大厦	2.0	40～55	20	90	10 层以上西南面高层可观海景	69824	56800	290	75
TQ 大厦	6.2	100～140	564	75	28 层以上北面山景；13 层以上北面湖景与中心区；南面高尔夫球场；10 层以上南面海景	92600	33000	96	68
AL 大厦	4.2	90	30	75	东面山景；东南中心区	33000	27880	226	65
JS 大厦	5.8	140	19	73	10 层以上北面山景；南中心区	62000	60800	130	/
（公寓）	4.6	/			15 层以上海景；高尔夫球场				
YSJ 大厦	3.8	80～95	5		东南面中心区；东面山景	75845	27000	80	67
中银大厦	4.7	110	9	50	中心区；山景	48000	40000	250	65
JH 城	4.5	110～125	15	70	北面中心公园；29 层以上西南面海景	36000	16587	210	70
文化大厦	3.9	/	10	100	中心区；高尔夫球场	62481	62481	/	/
商会大厦	4.7	100～110	10	98	/	40000	40000	自由	68

结论：

1. 甲级写字楼售价在 4.2 万～4.7 万元/m²；

2. 乙级写字楼售价在 3.7 万～3.9 万元/m²；

3. 类厂房写字楼（40 年产权）售价在 2.0 万～3.0 万元/m²。

区域写字楼已售物业销售资料调查表（二）　　　　表 10-6

物业名称	单位面积（m²）	主力户型（m²）	主力客户群	总楼层数	展示性
JT 大厦	办公楼	200～300	小型设计、实业公司、投资公司	25	东西大道路边，展示性强
CZ 中心	5～10F 大开间写字楼 12～13F 公寓式办公楼	40～75	装饰公司、网络公司、投资公司、IT 公司、外资企业等	29	东西大道路边，楼宇标识性明显，展示性强
CX 科技广场	300、475、800	<475	小型电子公司、装饰公司、设计公司等	20	工业区内，展示性差
DQ 大厦	30～120	60～85	设计公司、产品代理公司、工贸公司等	33	东西大道路边，展示性强
世贸中心	/	/	M 银行总部、金融证券公司等	39	东西大道路边，西部办公组团标志性建筑，展示性极强

续表

物业名称	单位面积（m²）	主力户型（m²）	主力客户群	总楼层数	展示性
CS大厦	80～300	150左右	设计公司、装饰公司、律师事务所、会计师事务所等	22	工业区内，展示性差
TQ大厦	212、255、279、414、430、463	＜270	大型公司总部、证券公司、律师事务所等	50	东西大道路边，标志性建筑，展示性极强
AL大厦	95～顶层	90～120	IT公司、设计公司、小型公司	27	展示性一般
JS大厦	190、230、300、350	200		27	
JS大厦（公寓）	(40～45、70～75、80～85)	(50)	大型公司总部、证券公司、中/大型投资公司、律师事务所	51	中心区内，楼宇形象好，展示性强
YSJ大厦	55～300	200～400	商贸公司、投资公司	28	展示性一般
中银大厦	50～整层	100～136	金融投资公司、外企公司、IT公司等	28	中心区内，展示性一般
JH城	主力40、80、109、150、196、1200	＜109	小型电脑公司、商贸公司、投资公司、投资客	38	东西大道路边，展示性强
文化大厦	50～400	80～150	小型电脑公司、商贸公司、投资公司等	29	东西大道路边，展示性强
商会大厦	51～96、自由组合	200	商贸公司、投资公司、上市公司、房地产公司	28	中心区南区，展示性强

结论：

1. 写字楼项目大多对形象展示要求较高；

2. 小型公司、代理公司、律师事务所等对写字楼面积的需求偏向于40～70m²；

3. 大、中型公司要求200m² 以上单位的写字楼；

4. 普通公司接受100～200m² 的写字楼。

区域写字楼物业配套功能调查表　　　　　表10-7

物业名称	会所	商务中心	会议中心	车位数量（个）	车位面积比（m²/个）	物业管理公司	物业费（元/m²）	后期问题	周边设施
JS大厦	16F，2400m² 中西餐厅、游泳池、高尔夫练习场、健身房、康乐设施	翻译、律师咨询、秘书服务、工商咨询、打字复印、传真	32F，1200m² 同声传译、多媒体会议系统	312	230	WLS公司	22含空调费	空调费过高	儿童医院、市民广场、音乐厅、少年宫、高交会馆
JS大厦（公寓）	休闲中心	家居清洁、送餐、洗衣	—				16含空调费		
XD大厦	2F 游泳池、网吧、餐厅	翻译、律师咨询、秘书服务、工商咨询、打字复印、传真	100人会议厅、30人会议厅、10人会议厅	500	74	XD物管公司	—	—	CBD商圈

物业名称	会所	商务中心	会议中心	车位数量(个)	车位面积比(m²/个)	物业管理公司	物业费(元/m²)	后期问题	周边设施
CZ中心	5F公共商务会客吧、游泳池、健身房桑拿、康乐	接待、打字、复印、传真	商务会议室多功能会议厅	220	156	长城物管	5~10F 9.512F以上 3.8	公共部分无空调,仅有送风系统	大型超市、银行、邮政大楼、公园
TQ大厦	顶层2000m²中西餐厅	无	4000m²同声传译、多媒体会议系统	220	294	JFF公司	25含空调费	空调服务时间过短	高尔夫球会、医院、邮政大楼、银行
中银大厦	无	无	无	494	100	ZH公司	10	无会议中心、无会所、空调服务时间短	大型超市、公园
AL大厦	2000m²会所	无	大型会议中心、同声传译、多媒体会议系统	—	—	BQ公司	10		大型超市、大型医院
YSJ大厦	5000m²会所 168套酒店公寓	有	有	300	253	WLS公司	10	—	大型超市、大型医院
JH城	6000m²/6F 生态园林会所、酒廊、中西餐厅、游泳池、健身房、桑拿、康乐、美容厅等	资料、票务中心、管家服务、接待、打字、复印、传真等	3000m² 22~23两层,多功能厅、会议室、洽谈室	540	70	LS公司	6	—	CBD商圈、中心公园、大型医院
DS大厦	2000m²健身房、网吧、美容厅	有管家服务、招待、打字、复印、传真	会议室	176	170	自管	3.55		CBD商圈、中心公园、大型医院
DQ大厦	3000m²会所,5~6F有酒店	有	有	170	221	自管	23F以上3.5		世贸中心
CS大厦	无	无	无	100	690	TR公司	4.2		银行

区域写字楼物业硬件设备调查表　　　　表10-8

物业名称	空调			卫生间位置	电梯				布线			备用电源
	小时	费用(元/m²)	设备		速度(m/s)	数量	控制	设备	智能	网络	背景音乐	
JS大厦	24	22含管理费	日本大金	公共+独立	4	11	群控	日本三菱	5A	ADSL	TOA	进口
JS大厦(公寓)	24	16	独立分体空调	独立	2.5	3	群控	日本三菱	5A	ADSL	TOA	
TQ大厦	10~18	25	美国麦克维尔	公共+北向独立	25F以上:4 25F以下:2.5	12	群控	日本三菱	5A	ADSL	AMA	

续表

| 物业名称 | 空调 | | | 卫生间位置 | 电梯 | | | | 布线 | | | 备用电源 |
	小时	费用（元/m²）	设备		速度（m/s）	数量	控制	设备	智能	网络	背景音乐	
中银大厦	10～18	8	美国开得	公共＋独立	2.5	10	群控	日本三菱	智能化综合布线	光纤	AMA	进口
AL大厦	10～18	8	美国约克	公共	2.5	7	群控	日本三菱	结构性布线	ADSL	AMA	
YSJ大厦	24	分户计量	美国约克	公共	2.5	5	群控	美国奥的斯	智能化综合布线	ADSL		
JH大厦	8～21F：24 25～38F：10	8～21F：分户计量 25～38F：待定	美国约克	8～21F：独立 25～38F：公共	23F以上：4 23F以下：2.5	7	群控	日本三菱	结构性布线	光纤	AMA	

调查分析结论：

1. 以上项目多采用进口空调设备，但其中多数项目为限时提供，少量为 24 小时供应；

2. 以上写字楼项目多为公共洗手间，仅少量含独立洗手间；

3. 以上写字楼项目多配备群控进口高速电梯，电梯速度均在 2.5m/s 以上，少量达到 4m/s；

4. 无论写字楼及其附带的公寓项目，均含有宽带上网的基础条件，含智能化或结构性布线；

5. 多数项目提供有背景音乐；

6. 部分项目具备备用电源设施，且均为进口设备。

区域写字楼物业装修标准调查表　　　　表 10-9

物业名称	外墙	户内地面	户内吊顶	门	窗	大堂	电梯间	走道	洗手间	会所	会议室
JS大厦	幕墙	毛坯	毛坯	无	推拉透气窗	8～9m高 2F地墙花岗岩	花岗岩拼花	地墙面花岗岩 TOA背景系统	高级墙砖防滑地砖 TOA背景系统 TOTO洁具	2000元/m²不含设备	1500元/m²不含设备
JS大厦（公寓）	幕墙	毛坯	毛坯	无	推拉透气窗	地墙花岗岩	花岗岩拼花	地墙面花岗岩 TOA背景系统	高级墙砖防滑地砖		
文化大厦	仿石材砖幕墙	毛坯	毛坯	无	推拉透气窗	地面进口花岗岩墙面为大理石	花岗岩	玻化砖地面铝合金天花板	高级洁具防滑地砖	高档	高档
XD大厦	幕墙	毛坯	毛坯	无	推拉透气窗	进口花岗岩墙身为大理石造型天花	花岗岩	花岗岩	进口陶瓷金属吊顶高级洁具	1500元/m²	1500元/m²
TQ大厦	幕墙	毛坯	毛坯	磨砂玻璃	推拉透气窗	32m高八层地墙花岗岩	地毯	地墙花岗岩磨砂玻璃墙AMA背景系统	高档墙地砖大理石洗手台AMA背景系统	高档	高档

续表

物业名称	外墙	户内地面	户内吊顶	门	窗	大堂	电梯间	走道	洗手间	会所	会议室
中银大厦	幕墙	—	刷白	木夹板	推拉透气窗	进口大理石地面花岗岩墙面	花岗岩拼花	花岗岩拼花AMA背景系统	高档墙地砖大理石洗手台AMA背景系统	无	无
AL大厦	瓷砖、玻璃	毛坯	毛坯	无	推拉透气窗	花岗石增地面铝板包住	花岗岩拼花	花岗岩拼花AMA背景系统	高档墙地砖大理石洗手台AMA背景系统	高档	高档
YSJ大厦	—					大理石拼花	高级抛光砖	高级墙地砖		高档	高档
JH大厦	写字楼幕墙公寓瓷砖	写字楼毛坯公寓木地板	毛坯	写字楼无公寓木门	幕墙推拉窗	高级云石麻石拼花地面麻石墙	—	地面抛光砖墙面乳胶漆	TOTO洁具高档墙地砖AMA背景系统	高档	高档
DS大厦	瓷砖、玻璃	刷白	毛坯	防火门	铝合金玻璃	花岗石地面大理石墙面	高级抛光砖	高级抛光砖	无		高档

西部办公组团写字楼物业调查   表 10-10

名称	位置	规模及功能分布	单位基本面积	设备及智能化	租售	管理	客户群
CX时代广场	南北四路	1F商务中心2F咖啡厅等3～26F写字楼	300～800m²	中档配置,进口电梯、中央空调国产发电机组、光纤网络提供千兆光纤接口、静态IP地址及带宽	售价1.85万元/m²	TA物管	电子科技类55%投资顾问类11%广告类8%其他26%
JSG大厦	南北四路	1F商务中心2F咖啡厅等3～20F写字楼	120～250m²	中档配置,奥安达电梯、中央空调国产发电机组、光纤网络、消防控制中心、安全防卫系统、电视监控系统	租金55～70元/m²出租率较高	TB物管	电子科技类36%投资顾问类12%实业类21%化工类4%其他27%
CS大厦	南北六路	1F商务中心2F咖啡厅等3～22F写字楼	100～300m²	中档配置,进口电梯、中央空调国产发电机组、光纤网络、消防控制中心、安全防卫系统、电视监控系统	租金70元/m²出租率较高	TB物管	电子科技类42%实业类15%广告设计类10%服装类10%其他23%
KX大厦	南北四路	1～13F写字楼	100～200m²	中档配置、东芝电梯、中央空调、国产发电机组、光纤网络	租金55～70元/m²出租率一般	TA物管	电子科技类50%印刷类10%实业类10%广告类5%其他25%

调查分析结论：

1. 目前西部工业区办公组团的写字楼，多由原工业厂房改造，类厂房写字楼近几年内仍有动工，一般面积较大，由于厂房的使用年限较低（一般均为 40 年），以往价格在 16500 元/m² 左右，销售率在 70% 左右（如 CS 大厦、JSG 大厦、CX 科技广场等），出租率较高，租金一般在 55～70 元/m² 之间；

2. 片区的写字楼大多是按中档及中档偏下的档次进行装修和配置，外在形象一般；

3. 目前西部工业区写字楼的客户主要是三类：①电子类；②广告及投资顾问类；③实体类（即前店后厂的类型）；

4. 客户的经济实力一般，购买和租用写字楼的主要原因是西部工业区的地理位置较好，交通便利，同时借此提高形象，有利于商务洽谈；

5. 随着企业规模和实力的增加，西部工业区写字楼的客户有一部分将有寻找更好形象的写字楼的愿望。

10.4.3　项目营销策划分析

1. 本项目与竞争项目基本情况对照分析

经调研，与本项目最主要的竞争对手有 XN 中心项目、HM 财富广场、YS 大厦。将其进行比照，比对分析情况见表 10-11。

项目竞争对手基本情况分析表（一）　　　　表 10-11

比照因素	XN 中心项目	HM 财富广场	YS 大厦	高尔夫大厦	信息大厦	本项目	调查分析结论
地段特征	西部办公组团，邻西部工业区	西部办公组团、邻高档居住区、银行大厦高档办公物业	西部办公组团、邻西部工业区	西部办公组团、邻高档居住区及银行大厦高档办公物业	紧邻 CBD 核心商务区	西部办公组团，邻工贸园	有未来前景
车位配置	车位 250 个 面积比 206.8m²/个	车位 479 个 面积比 173.8m²/个	车位 280 个 面积比 160.9m²/个	车位 150 个 面积比 200m²/个	车位 162 个 面积比 192m²/个	车位 130 个 面积比 248m²/个	相对较少
景观	海湾	内湖、高尔夫球场、海湾	海湾	花园、海湾	东向中心区，南向五洲宾馆	南面海湾、北面山景	相对较少
交通条件	市区西行进入交通不便	车行及人行交通便利	市区西行进入交通不便	车行及人行交通便利	交通不便	车行便利，人行距离公交车、过街天桥相对较远	人行相对不便
项目构成及规模	1 幢 12 层写字楼；1 幢 27 层商务公寓＋部分商业，总建筑面积 51713m²	A 座 28 层商务公寓＋部分商业；B 座 25 层小户型住宅，总建筑面积 83275m²	1 幢 26 层商务公寓物业，底层局部架空，总建筑面积 45067m²	1 幢 28 层纯写字楼＋部分商业，总建筑面积 30000m²	东塔楼 30 层，31 层、32 层为空中平台；西塔楼 8 层；总建筑面积 2887.5m²	1 幢 26 层商务公寓物业＋部分商业物业；总建筑面积 32300m²	偏小

续表

比照因素	XN 中心项目	HM 财富广场	YS 大厦	高尔夫大厦	信息大厦	本项目	调查分析结论
功能分布	1～3 层为商场；4 层为架空层空中花园；5 层及以上为办公	首层为商铺；二层为办公；三层架空层为空中花园；四层及以上为公寓（带独立洗手间、厨房）	2～3 层为商场；4～10 层为居住公寓；11～26 层为商务公寓	1～2 层为商场；3 层为屋面花园；4 层及以上为公寓写字楼	1～5 层裙房；4 层为会所；5 层塔楼间平台休闲庭院；5 层以上为商务公寓（带独立洗手间）	1～3 层为商场；4～25 层带独立卫生间的公寓式写字楼；26 层纯写字楼	功能相同
建筑结构	框架结构，空间易分割组合	框架结构，空间不易分割组合	框架结构，空间易分割组合	板式结构，可灵活分割	框架结构，可灵活分割	框架结构，可灵活分割	便于灵活分割组合
结构平面	筒体式结构平面	内走廊式结构平面	筒体式结构平面	筒体式结构平面	筒体式结构平面	筒体式结构平面	便于灵活分割组合
平面单位	主楼为 62m² 基本办公单位；副楼 5～10 层为 710m² 大开间写字楼	A 座 50～8062m²，5 梯 26 户；B 座 41～50m²，3 梯 16 户	居住公寓 40m²；每层 6 梯 24 户；商务公寓 60～80m²	6 梯 9 户；中低层：50～60m²/单元；高层：150～200m²/单元；顶层复式：300～350m²/单元	西塔 2 梯 17 户；东塔 4 梯 20 户；50m² 为基本单元，可灵活组合的写字楼（公寓）	4、5、23～25 层：150～200m² 户型；6～22 层：50～60m² 户型；顶层：整层户型	便于灵活分割组合
建筑特色	纯写字楼设计形式；部分楼层 4.8m 可作复式办公空间；大堂高 3 层	酒店式外观及内走廊平面；大堂 2 层 8.7m；三层 6.6m 层高空中花园；低覆盖率，前后广场；A 座层高 3.3 米；B 座层高 3m	写字楼外观；公共卫生间；大堂高 4 层 16m；第 3 层为会议厅、贵宾休息室，部分楼层设小中庭	南面商业街广场、屋顶花园；低层每隔 3 层设空中花园，层高 3.4m；公共卫生间，南向景观单位设独立卫生间；9m 层高大堂、电梯间、公共走廊、消防楼梯均有通风采光	纯写字楼设计；除独立洗手间外，另配公共洗手间；层高 2.9m	写字楼外观；公共卫生间与独立卫生间并存；大堂 2 层高 9.5m；楼顶可设观景休闲层；8～11 层和 26 层层高 6m；4～7 层层高 3.3m；其他楼层层高 3m	卫生间设置较多；外观特色不够；内部商务功能配置较少；一般写字楼房间面积层高过低
装修配置	乙级写字楼标准；外墙为大玻璃与百叶铝板；弱电布线齐全；配备会所；中央空调；进口电梯	乙级写字楼标准；德国品牌电梯；送分体空调	乙级写字楼标准；写字楼带空调；德国进口电梯；弱电布线齐全；中继系统；防盗报警系统；自动监测火灾报警系统；外墙为大玻璃及百页铝板结合	类甲级写字楼标准，送空调；进口电梯；5A 智能化大厦；玻璃幕墙；配备会所、健身房	乙级写字楼装修；进口电梯；送分体空调	乙级写字楼标准	未确定

续表

比照因素	XN中心项目	HM财富广场	YS大厦	高尔夫大厦	信息大厦	本项目	调查分析结论
发展方向	乙级写字楼物业	公寓物业	乙级写字楼标准，商务公寓物业	具有商务及商业功能的类甲级写字楼	公寓写字楼物业	乙级写字楼	相对级别最低
施工进度	主体结构已结顶	主体结构施工至18层	主体结构已结顶	主体结构施工至2层	外墙幕墙已完成2/3	出地面	环境档次及成熟度偏低
周边环境	环境较差，成熟度较高	环境档次较好，成熟度低	环境一般，成熟度较高	环境档次较好，成熟度低	环境档次中等，成熟度高	环境档次及成熟度偏低	中等偏低
综合品质	较高	中等	较高	最高	较好	中等偏低	

项目竞争对手基本情况分析表（二）　　　　　　表 10-12

	XN中心项目	HM财富广场	YS大厦	高尔夫大厦	信息大厦	本项目
入口公共大堂	2层，高10m	4层，高16m	2层，高10m	2层，高9m	2层，高11m	2层，高9.5m
标准层层高	3.45m	3.5m	3.3m	3.4m	2.9m	3m～6m
电梯	美国品牌，9部，速度2m/s，带液晶显示屏	德国品牌，8部，2m/s	德国品牌，7部，2m/s	日本品牌，6部，2m/s	日本品牌，5部，2.5m/s	未定，7部
空调	进口中央空调	中央空调（写字楼）	送分体空调	送吸顶式独立空调	中央空调，带新风系统	未定
内部配套	空中花园、景观平台、带远程视频会议系统的多功能会议厅、员工餐厅	设多个休闲小中庭、会议厅、贵宾厅	6.6m高架空层，可灵活使用	设多个休闲小中庭、配备商务会所、健康会所、商业会所	设大小会议室、平台休闲庭院	未定
物业管理	某著名物业公司，8元/m²	自管，3.8元/m²（公寓）10元/m²（写字楼）	自管，未定	暂定某著名物业公司，8元/m²	自管，5元/m²	未定

调查分析结论：本项目综合品质相对竞争对手较弱。

2. SWOT 分析

根据上述调查分析结果，对本项目进行 SWOT 分析。

SWOT 分析及对策一览表　　　　　　表 10-13

序号	编号	SWOT 分析	对策
		S 项目优势	发挥优势
1	S1	位于中区辐射区域及未来的西部办公组团中，及属世贸商圈又比邻公贸城，商务配套齐全，区域成熟度高，且未来发展潜力大	通过区域模型直观展示；组织媒体进行片区炒作，让客户理解和认同其未来价值勤，制作相关主题印刷品
2	S2	后年行将通车的地铁出入口位于本项目100m区域内，再加之紧邻东西大道，南侧南北大道，交通十分方便，便利的交通将会创造出无限的商机	在楼书等印刷宣传品上明确标示出车行路线和公交、地铁站位置

续表

序号	编号	SWOT 分析	对策
		S 项目优势	发挥优势
3	S3	紧邻东西大道，属东西大道沿线物业，北面昭示效果强	制作大型楼梯条幅，广告牌加以充分利用
4	S4	南北两面有开扬的景观，高层南向单位可眺海景、青山，高层北向单位可望农翠绿、安托山脉	印刷品、宣传品上实景展示
5	S5	每个单位带独立洗手间，每层又设公用洗手间、方便客户据需要取舍适用，即可拆除独立洗手间扩大工作面积，又可保留它以增加舒适度	设置示范单位展示层；在印刷宣品上设计具体案例进行说明，作为一个主卖点包装宣传
6	S6	核心筒式平面布局，灵活间隔和组合	在印刷宣传品上设计具体案例进行说明
7	S7	24 小时办公，物管费低廉，提供 24 小时的全天候办公空间，而物管费比纯写字楼经济，对于中小公司有很大诱惑	在印刷品宣传品和条幅上作为一个主卖点做包装宣传
8	S8	8～11 层、26 层层高为 6m	提炼出"使用面积大于建筑面积"、"复式办公空间"等，加以宣传推广
		W 项目劣势	规避劣势
9	W1	位于西部工业区内，街区办公环境较差，形象档次难以提升	通过区域模型，印刷宣传品宣传未来发展前景来冲淡目前较差的状况，参考 HT 大厦提前作好室外环境
10	W2	两侧紧邻的写字楼规模基本相同，楼间距仅有 14m 左右，东西房号遮挡严重，且西面写字楼形象较差，影响观瞻	在定价上拉开东西向和南北向差距，落实邻近写字楼形象较差的原因及可能的处理结果，向客户表明最终会得以解决的事实。考虑早期利用其楼体作条幅广告
11	W3	地块面积较小，几乎没有小区环境，不具备发展成高档写字楼的先天条件	提前做好裙房，并开辟大面积卖场；作好公共部位精装修，给人以精品现代商务大厦的感觉
12	W4	临东西大道，噪音很大	采用双层隔音玻璃
13	W5	街道没有商业气氛，人气不足	以未来发展引导客户，淡化目前劣势
14	W6	内部商务配套较为缺乏	落实确定基本的商务配套功能面积（规格可小一号）
15	W7	外观形象无特色	提前联系设计公司、效果图公司按要求重新做调整设计
		O 项目发展机会	抓住机会
16	O1	该区域伴随着城市西移的发展，功能将逐渐由单一的工业区向综合区转化，面貌和形象将会大有改观，逐渐增强对来此置业、办公、投资的客户的吸引力	同 S1
17	O2	本市经济的迅猛发展，将推动个人创业和公司的进一步发展，对写字楼物业的需求将会加大	细分市场客户，做出针对性很强的形象包装
18	O3	同片区竞争对手的项目纷纷公开发售，看房的客户将明显增多	尽早作好现场包装和形象包装，尽早接待客户
19	O4	后年将通车地铁一号线，未来交通更为便捷	同 S2
20	O5	先行的竞争项目均价 8000 元以上单价的定位，扩大了该区域的价格档次和本项目的生成空间	抓住供应空档，主攻中档客户，避免直接竞争
21	O6	客户普遍采用银行按揭的方式买楼	提供政策所允许最低比例的首付，并 30 年分期为主的优惠付款方式

续表

序号	编号	SWOT 分析	对策
		T 项目发展威胁	降低威胁
22	T1	本片区竞争物业众多，而且都将在同期推向市场，将使竞争变得十分激烈	按价格承受力细分出不同目标市场，避免直接竞争；（10%～20%差价为一层次）
23	T2	区域内缺乏商业气氛，不利于裙房销售	制定合理价格，进行引导销售
24	T3	市场价格走势阶段性见顶回落的可能性较大	控制建筑成本，降低配套功能面积的面积，不盲目攀比竞争对手的配置
25	T4	周边竞争楼盘先于本项目销售，工程形象进度优于本项目	尽早做好现场包装和形象包装，采取相应措施拦截部分目标客户

通过分析获得本项目营销总战略，即：努力提高本项目的"性价比"，细分市场，锁定适当的目标客户群，避免拼硬件，围绕一个独特的主题推广概念，充实物业内涵，全方位制造差异，拉开与竞争者的距离，充分包装展示，顺势推广销售。

其中，"性价比"提升之道可包含以下几个方面：

（1）内外观和空间设计：楼顶的标志性设计、内外装修精巧、时代感设计。

（2）功能配置设计：见表 10-14。

基本功能面积一览表   表 10-14

分类	名称	数量	大小	档次要求	位置建议等
大厦自有自营面积	会议室	2 间	各 30 人	高档	裙房（带有先进的视听设备、视频会议系统等）
		1 间	60 人	中高档（多功能）	裙房或地下室
	职工餐厅	1 间	150 人	中档	地下室（配置 3 台微波炉；2 台多功能电饭煲，热水饮水机、果汁机、咖啡机各 1 台，5 张餐台）
	自助式茶水间	1 间	实用面积 45m²	中档	
	自助式洗衣房＋冲凉房	1 间	实用面积 50m²	中档	
			小计：合约 350m²		顶楼：可联合本项目中大客户、著名客户共同建设
附带条件（如：指定营业范围、优惠价服务大厦客户等）的出租面积	咨询馆/休闲交流平台	1 间	800m²	中档	裙楼
	商务中心	1 间	实用面积 20m²	中档	裙楼
	24 小时便利店	1 间	实用面积 60m²	中档	裙楼
	商务咖啡厅	1 间	实用面积 80m²	中高档	裙楼
	主题式酒吧、茶吧	2 间	实用面积 150m²	中高档	裙楼
	中西餐厅	1 间	实用面积 300m²	中高档	裙楼
			小计：合约 650m²		

（3）营销塑造：营销过程中可强调该项目独特的推广主题、令人印象深刻的推广名称、价值感很强的宣传物料、到位的局部实景展示。

3. 项目定位

（1）物业定位：本项目为西部办公组团世贸商圈，项目销售定位为"超时尚"写字楼，选择实在、实用、实惠兼精巧体面的物业管理公司。

（2）市场定位：依据前期市场调研的结果，本项目与竞争项目做比较，形成下图用以说明本项目的市场定位，如图 10-14 所示。

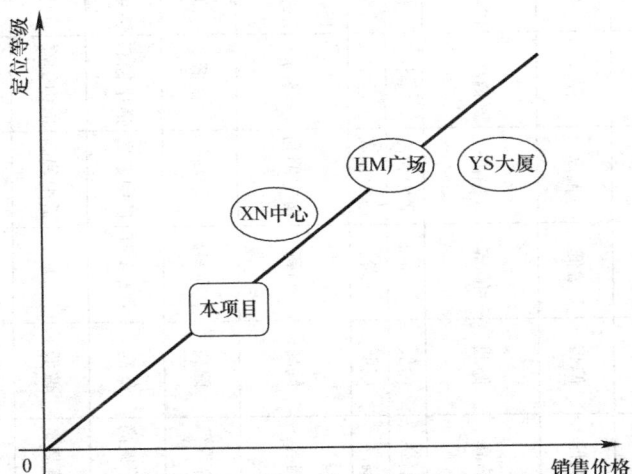

图 10-14 市场定位示意图

4. 客户定位

（1）写字楼客户分析。经市场调研，写字楼项目客户定位分析见表 10-15。

（2）目标客户描述

根据上述调研成果，可将本项目的客户群定位如下：

1）客户创业年限：创业初期、中期（创业 0～5 年）；

2）客户所在行业：工贸业（如：电子、通信、新材料、机电实业背景等）；服务类企业（如：各类设计、研发、管理咨询、法律顾问、网络、资讯媒体等）；

3）客户现居地：城北商圈、西部商圈、城南商圈、科技园商圈；

4）客户资本性质：内资。

（3）目标客户群行为及需求特征

1）低成本营运。创业初期和中期，企业为了进入和扩张市场，经常拿价格作为主要竞争手段，同时也为了确保利润空间，其会尽一切可能压缩经营成本，因此需要相对较低办公场所租金；

2）讲究门面。创业初期和中期的企业，自己的品牌价值尚在建立过程中，因此在洽谈业务时，需要相对高档体面的办公场所来帮助提升其内在价值；

3）全天候营业。创业初期和中期的企业，正处于奋斗的过程中，加之多数为依靠创新技术、创意产品获得市场，企业员工经常需要加班加点工作；

4）照顾员工基本生活。创业初期和中期的企业多数为年轻的企业主、年轻的员工，他们的思维更开放、更活跃，常常会给员工创造一个更人性化、更舒适的工作环境，以保证更高的工作效率。

5. 核心推广主题

利用本项目的目标客户群所普遍具有的"尽早、尽快、尽量低成本地拓展自己的事业，需要性价比较高且价格在其承受范围内的物业"的需求，本项目将以此来建立项目推广的核心主题。

项目客户定位分析表

表 10-15

序号	客户分类	具体描述	主要分布	需求面积范围或要求	价格承受力	运营费低廉程度要求	功能完善程度要求	物业形象档次要求	周边配套齐全度要求	交通停车方便程度要求	物业投资回报要求	片区行业集中度要求	景观要求
1	按行业区分	工贸类（有实业背景）：电子、通信、新材料、机电、办公自动化	高新商圈、西部商圈、城北商圈、城南商圈	人均面积尽可能大	普通追求中等偏下	偏高	偏低	偏低	偏高	偏低	偏高	高	偏低
2		其他	分散	分散	普通追求中等偏下	偏高	偏低	偏低	偏高	偏低	偏高	偏高	偏低
3		纯贸易类（进出口代理、批发零售）	金贸商圈、城北商圈、CBD商圈、城东商圈	人均面积尽可能小	普通追求中等偏下	偏低	偏高	偏高	偏低	偏高	偏高	偏高	适中偏高
4		金融、证券、保险类	CBD商圈	1000m²以上	承受力高	偏低	偏高	偏高	偏低	高	适中偏高	适中	偏高
5		资本投资类	CBD商圈	人均面积偏大	承受力高	偏低	偏高	偏高	偏低	高	偏高	适中	偏高
6		服务于企业的企业类（管理咨询、法律顾问、设计、网络、资讯媒体等）	城北商圈、西部商圈	人均面积尽可能大	中等价位	偏高	偏低	偏高	偏高	偏高	适中偏高	偏高	适中偏高
7	按成立年限区分	创业初期（0~3年）	城北商圈、西部商圈、城东商圈	50~300m²	偏低	很高	偏低	中等偏高	偏高	中等偏高	偏高	偏低	偏低
8		创业中期（3~5年）	城北商圈、西部商圈、金贸商圈	150~600m²	中等偏低	偏高	中等偏高	中等偏高	偏低	中等偏高	适中偏高	适中偏高	适中偏高
9		成长期（5~10年）	金贸商圈、CBD商圈	500~1500m²	中等偏高	中等	中等偏高	中等偏高	偏低	高	适中偏高	适中偏高	适中偏高
10		成熟期（10年以上）	金贸商圈、CBD商圈	1000m²以上	承受力高	偏低	偏低	偏高	偏低	高	适中	适中偏高	偏高
11	按投资本来源区分	内资	分散	人均面积偏小	分散	偏高	偏低	中等偏高	中等偏高	中等偏高	中等偏高	中等偏高	适中偏高
12		港资	金贸商圈	人均面积偏小	中等偏高	中等	中等	偏高	偏低	高	适中	适中偏高	适中偏高
13		外资	金贸商圈、CBD商圈	人均面积偏小	承受力高	偏低	偏高	高	偏低	高	适中	偏高	偏高

章节要点

本章讲述商业地产内涵、运作模式和策划要点，案例方式介绍写字楼在我国的发展、分类和国内外著名写字楼情况，介绍了经营类商业物业的常见形式及特色社区商业概况。同时，分享了某写字楼营销策划案例分析，以达到锻炼写字楼策划技能的目的。

复习思考题

1. 简答题

（1）商业地产主要运作模式？

（2）写字楼分类与评价依据？

（3）经营类物业主要类型？

2. 实训项目

（1）搜索所在城市经典商业地产，图文并茂描述其建筑特点、经营运作模式和业态组成。

（2）某项目地块基本条件见表1，请根据材料对项目进行业态组合、客户定位和推广策划，撰写简要方案。

地块出让信息 表1

地块区域	地块名称	四至范围	可出让面积 亩	规划性质	容积率（％）
杭州市萧山区	奥体博览城G14-05地块	南至外环西路（现飞虹路），西至滨江二路（现奔竞二路），北、东至规划支路	43.13	住宅用地	4.0～5.5

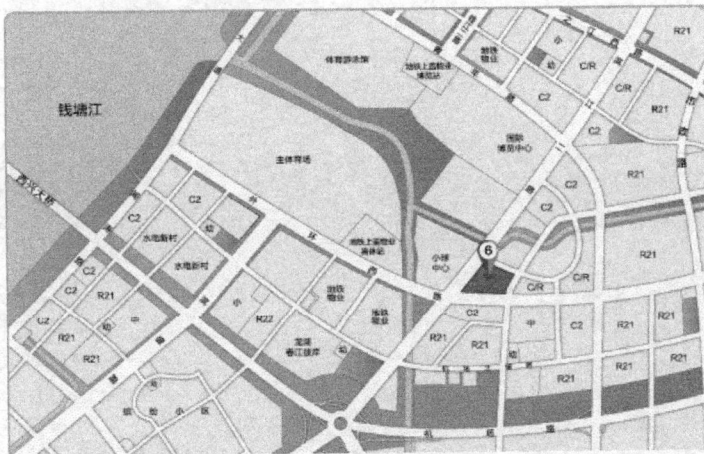

图1 地块区位图

地块条件：

杭州奥体博览城，位于钱塘江南岸杭州城市发展的中轴线上，滨江和萧山两区分界的七甲河两侧，与钱江新城核心区"日月增辉"等标志性建筑群隔江相望、南北呼应。地处钱塘江南岸、杭州绕城公路圈中心，毗邻杭州萧山国际机场、杭甬高速公路等，地理位置优越，道路交通便利。地市主干路滨江二路，城市次干路滨江大道、奥运路和机场快速路穿境而过；连接钱江新城的青年路过江隧道正在筹建中。

2014年，奥体博览中心建设进入关键之年，主体育场和博览中心完成主体建设，体育游泳馆开工。项目地块位于奥体博览城中心区域，与奥体博览中心主场馆仅一路之隔，开发前景无限。

图2　奥体博览城效果图

11　新型房地产项目营销策划

知识目标

1. 熟悉城市综合体内涵和特征；
2. 熟悉养老地产内涵和运营模式；
3. 熟悉城市综合体概念；
4. 了解城市综合体和养老地产发展趋势。

能力目标

1. 能简单撰写城市综合体；
2. 能根据项目分析业态组成；
3. 能分析养老地产营销模式。

【案例导入】

从居住价值到生活价值——远洋椿萱茂为高龄者创造快乐生活

在经过一路狂奔的"黄金十年"之后，中国房地产未来何去何从成为思考的焦点。远洋地产以养老地产作为切入口，站在更高维度探索房地产从居住价值到生活价值的新转变，2013 年 8 月 21 日，中美合作的首家高端养老公寓椿萱茂·凯健（亦庄）项目正式开业，并迎来首批入住老年人，为高龄者创造快乐生活。

中美合作的椿萱茂（亦庄）老年公寓于 2013 年 7 月 3 日取得北京市民政局颁发的《北京市养老服务机构执业许可证》（许可证编号：11001000001），是新修订的《中华人民共和国老年人权益保障法》正式施行后的第三天，首个取得执业许可证的养老服务机构，在北京市乃至全国都具有很强的典型示范效应。

（1）身体力行实践养老地产

多年来，在传统住宅领域积累的丰富经验，让远洋地产对于客户的需求有着天然的敏感性。当房子居住属性在过去十年得到充分发展之后，远洋地产站在更高维度探索房地产从居住价值到生活价值的新转变。

生活价值是居住者在享受产品性能潜质之外的生活品质，对于高龄者而言，生活价值的需求更为迫切。对于养老地产这一新兴业务模式，远洋地产一直表现出浓厚的兴趣并开始用心探索，远洋地产在 2009 年开始进行养老产业的研究，2012 年公司成立养老地产业务发展中心，打造专业团队并启动实体项目。2013 年 4 月，远洋地产正式成立养老运营管理公司，创建品牌"椿萱茂"，2013 年 7 月，远洋首个养老项目椿萱茂·凯健（亦庄）将投入试营业，远洋地产的每一步都稳健而有序。

据悉，目前借养老地产之名行圈地卖房之实被业界诟病，传统的"房地产开发＋商业配套服务"的养老地产模式已经不再新鲜。在此背景下，远洋地产选择与美国最大的养老运营商 Emeritus、投资商 CPM（Columbia Pacific Management）合作。新型合作摒弃了此前外资品牌或提供咨询或参与投资的旧模式，将国际运营管理、服务标准与中国本土文化相结合。正如远洋地产总裁李明所言，目前中国养老地产最急缺的是实践，远洋要做的是真正的养老产业。"我们所做的不是投石问路，而是身体力行。"

通过引入国外成熟的养老商业模式，远洋地产意图在运营、管理方面打造独特的专业性。目前中方工作人员在公司管理、医疗、护理、社工、饮食等方面接受美方全方位培训，预期达到最好的效果服务社区长辈。椿萱茂的宗旨不仅仅是让长辈健康地活着，而是快乐、安心、有尊严、高质量地享受生活。

（2）用细节诠释关爱

在远洋地产看来，好的养老地产产品不仅要创造健康宜居的建筑，更要赋予高龄者们以人文关怀，在椿萱茂·凯健社区内创造更多更好的环境与设施供邻里间交往和互动，加强高龄者们之间的情感交流，培养浓郁的人情氛围。

据了解，椿萱茂·凯健将面向全龄老年群体，开设椿萱生活、椿萱保障、椿萱天使、椿萱照料、椿萱园丁、椿萱营养、椿萱家园等多种服务类型。从城市协助型养护公寓核心区到一站式颐养公馆社区，再到嵌入式长者中心，远洋养老地产的规划在逐步进阶。

值得一提的是，椿萱茂·凯健打造了专属的乐享 365 服务体系，所谓乐享 365，就是快乐地享受在椿萱茂的每一天。乐享 365 内核当中包含的内容有："乐趣（文体活动）"、"乐和（社交活动）"、"乐观（心理辅导）"、"乐活（生活照料）"、"乐享（增值服务）"和"乐园"（硬件设施），如图 11-1 所示。

图 11-1　项目实景图

椿萱茂·凯健的每一位员工深知，无微不至的细节是椿萱茂·凯健追求的核心之一。细节是人们能够记住的东西，最小的细节是在人们的眼睛能及的地方，或脚能踩到的地方。记者注意到，相比于目前房地产楼书充斥的奢华与浮躁，远洋椿萱茂·凯健宣传册风格清新，字里行间没有空洞辞藻，有的只是用关爱之心做好每一个细节的用心态度。在产品、运营、服务的每一个细节，远洋力求做到精益求精。

此外，在沟通之中，椿萱茂·凯健工作人员总是尽量回避"老人"这个字眼。在其看来，老者曾因病痛折磨而沮丧或因退休生活而失落的状态已经久远，他们有追逐梦想的权利，更有享受生活的资本，而远洋更愿意在此过程中尽一份绵薄之力。

11.1 城市综合体

绿洲雅宾利花园位于内环线内西起西藏北路，南临中兴路，北靠天通庵路，东接宝通路，总占地面积约 20 公顷。项目周边交通便捷，距南北高架和内环高架仅几百米，轨道 M8 线在地块西侧通过，并在地块的西南角设有中兴路站。距南京路商业圈 2km，距上海的政治文化中心人民广场 2.5km。周边配套齐全，人民广场商圈、淮海路商圈、不夜城商圈、四川北路商圈以及大宁国际商圈环抱周围。并与静安寺、小陆家嘴、打浦桥共筑 2.5km 半径城市内核（图 11-2）。

图 11-2　绿洲雅宾利花园综合体

整个项目的占地约 20 公顷，地上总建筑面积约 50 万 m²。整个项目由四万平方米中兴绿地、Shopping Mall、超豪华写字楼、沿街洋房商铺、主题泛会所、高档公寓等构成。

绿洲雅宾利花园采用了目前国际上最先进的"豪布斯卡——HOPSCA"的规划理念。也被称为"城市生活国际复合街区"，就是在城市中心将公园、购物中心、会所俱乐部、写字楼、高档公寓等形态统统打包，社区内尽享所有的这些服务。

"城市综合体"是国内近几年新出现的房产类型，一般指的是将城市中的商业、办公、居住、旅店、展览、餐饮、会议、文娱和交通等城市生活空间的三项以上进行组合，并在各部分间建立一种相互依存、相互助益的能动关系，从而形成一个多功能、高效率的综合体。

城市综合体从功能业态定义，国外称之为 HOPSCA 即 Hotel（酒店）、Office（写字楼）、Park（公园）、Shopping mall（购物中心）、Convention（会议中心、会展中心）、Apartment（公寓）。这一定义，是城市综合体内部"商业生态系统"的价值体现。城市综合体基本具备了现代城市的全部功能，所以也被称为"城中之城"。

大型城市综合体适合经济发达的大都会和经济发达城市，在功能选择上要根据城市经济特点有所侧重，一般来说，酒店功能或者写字楼跟购物中心功能是最基本的组合。

城市综合体就是建筑综合体的升级与城市空间的延续，是指在城市中的居住、办公、商务、出行、购物、文化娱乐、社交、游憩等各类功能复合、相互作用、互为价值链的高度集约的街区建筑群体。它包含各种城市功能，有商务办公、居住、酒店、休闲娱乐、纵横交叉的交通及停车体系，有些还具备会展功能和完善的街区特点，是建筑综合体向城市空间巨型化，城市价值复合化、城市功能集约化发展的结果。同时城市综合体通过街区的作用，实现了与外部城市空间的有机结合、交通体系的有效联系，成为城市功能混合使用中心，延伸了城市的空间价值。

城市综合体与多功能建筑的差别在于，多功能建筑是数量与种类上的积累综合，这种综合不构成新系统的产生，局部增减无关整体大局。而城市综合体则是各组成部分之间的优化组合，并共同存在于一个有机系统之中。

11.1.1　城市综合体特征

（1）超大空间尺度

城市综合体是与城市规模相匹配，与现代化城市干道相联系的，因此室外空间尺度巨大。由于建筑规模和尺度的扩张，建筑的室内空间也相对较大，一方面与室外的巨形空间和尺度协调，另一方面则与功能的多样相匹配，成为多功能的聚集焦点。

（2）功能复合性

城市综合体自身可以实现完整的工作、生活配套运营体系。其拥有城市的多重功能：商务办公、居住、（包括酒店、住宅、居住公寓等）、商业、文化娱乐消费、完善的交通出行系统，形成城市综合体的多样性和复合性。同时，各功能之间联系紧密，互为补充。

【案例 11-1】杭州万达广场位于北部软件园东侧，石祥路与杭行路交汇处，总建筑面积约 35 万 m^2，涵盖大型商业中心、休闲娱乐中心、室内步行街、杭州金街、高级写字楼等顶级业态，是集商业、休闲、娱乐、文化、商务等多功能于一体的大型城市综合体。项目建成后，将形成以杭州万达广场为核心的新型城市级商圈，也是城市综合服务中心，商业、金融、娱乐、休闲和商务中心（图 11-3）。

图 11-3　杭州万达广场区位与设计图

（3）通道树型交通体系

通过地下层、地下夹层、天桥层的有机规划，将建筑群体的地下或地上的交通和公共空间贯穿起来，同时又与城市街道、地铁、停车场、市内交通等设施以及建筑内部的交通系统有机联系，组成一套完善的"通道树型"（Access Tree）体系。这种交通系统形态打破了传统街道单一层面的概念，形成丰富多变的街道空间（图 11-4）。

图 11-4 "通道树型"交通体系

（4）现代城市景观设计

应用现代城市设计、环境与行为理论进行景观与环境设计是城市综合体的重要特征。通过标志物、小品、街道家具、植栽、铺装、照明等手段形成丰富的景观与宜人的环境。街具的功能日趋追求综合效益，其细部设计的越来越符合人体尺度的要求，布置的位置、方式、数量更加考虑人们的行为心理需求特点。同时，街具与周围的环境要求更加协调，从而丰富了街道空间景观。另外，街具材料要考虑环保节能要求，做到与环境的和谐和可持续发展。

【案例 11-2】钱江新城位于杭州钱塘江北岸，距西湖 4.5km，是杭州城市新中心兼中央商务区（CBD）。新城总用地 15km²，其中 CBD 核心区占地 4.02km²，可开发用地 159hm²，规划总建筑面积 820 万 m²，远期居住人口 6000 余户，提供就业岗位 18 万个。波浪文化城位于新城核心区主轴线中部，范围东连城市阳台，南至解放东路，西临富春路，北至新业路。基地呈 "T" 字型布局，东西长 506m，南北宽 438m，总建筑面积约 123000m²，且建筑空间几乎都设于地下，其设计以广场、公共停车库、地下通道等交通功能为主、辅以部分地下商业文化及服务设施，是一个广场型的地下综合体。波浪文化城由地面层、地下一层和地下二层三部分有机构成。地面层是一个开放的绿化与景观广场，广场区域中均布的 22 个交通芯筒是去达地下一层的垂直交通设施。地下一层是波浪文化城的主层平面，中心区域与边界区域通过灵活多变的步行街和不同规模的节点广场交织于一体。交通组织采用地铁站位、线位与波浪文化城 "无缝设计"，从而使地铁站厅作为波浪文化城的延伸部分并与之融为一体（图 11-5）。

图 11-5 钱江新城 "波浪文化城" 综合体

（5）高科技集成设施

城市综合体既有大众化的一面，同时又是高科技、高智能的集合。其先进的设施充分反映出科学技术的进步是这种建筑形式产生的重要因素。室内交通以垂直高速电梯、步行电梯、自动扶梯、露明电梯为主；通信由电话、电报、电传、电视、传真联网电脑等组成；安全系统通过电视系统、监听系统、紧急呼叫系统、传呼系统的设置和分区得以保证。

（6）高可达性

城市综合体通常位于城市交通网络发达、城市功能相对集中的区域，如位于城市CBD，城市的副中心或规划中的城市未来发展新区，拥有与外界联系紧密的城市主要交通网络和信息网络。

（7）整体的统一性

建筑风格统一，城市综合体中各个单位建筑互相配合，影响和联系；城市综合体中建筑群体与外部空间整体环境统一、协调。

（8）土地使用均衡性

城市综合体注重均衡的土地使用方式和最大限度地利用土地资源，避免土地过分集中某一特定功能：不同种类的土地相对均衡地分布于不同功能的建筑群，兼顾不同时段对综合体中各个功能的不同使用，例如昼夜之间，工作日和周末之间不同时段，会对商务、商业、居住、娱乐消费产生不同的需求。

（9）空间连续性

鉴于城市综合体各功能的相互联系，其设计通常采用整体设计，其中任何一项功能都会影响整体效果。如：立面会影响城市综合体的统一性，因此，要保持城市综合体内建筑物风格的统一，就是要使立面有延续性空间的连续；由于城市综合体优越的区位性质，其中各功能的建筑体之间均通过空中、地下和地面形成多层次的联系，形成互补的、流动的、连续的空间体系。

（10）内外部联系的完整性

城市综合体内部自身拥有复杂的、完善的交通体系，通过立体交通网络的建立，使内部各不同功能的建筑有机结合。

城市综合体对外界的交通依赖性较强，其外界的交通体系直接影响到综合体内部不同功能的使用效率和规模

（11）巨大的社会效应

因城市综合体所处的城市位置和庞大的工程量，注定其必将成为城市的名片、产生巨大的社会效应。例如，上海卢湾区太平桥改造项目，启动改造为上海新天地商业旅游项目，从开发到运营，一直是社会各界关注的焦点，上海新天地因其成功的商业运营模式更成为上海文化、建筑、旅游的标志性项目。中老年人走进新天地感到它很怀旧，年轻人则觉得时尚，外国人走进新天地感到它很"中国"，中国人则觉得洋气。上海新天地已成为上海休闲文化有品位的标杆性消费场所，是上海具有浓厚"海派"风格的都市旅游景点，也是上海新的文化标签。

（12）巨大的升值潜力

一个成功的城市综合体项目的开发及运营，会带来巨大的社会价值，为开发商、运营商

带来巨大的品牌价值，同时作为地产物业的城市综合体，随着城市的不断发展，其物业自身也具有升值潜力。例如，上海太平桥改造项目，开发商在成功开发上海新天地后，带动周边土地的升值。新天地物业通过成功商业运营，自身价值也有所提升，开发商更通过此项目产生的巨大社会效应，产生良好口碑和巨大的品牌效应，创造开发商"拿好地"的新模式。

【案例 11-3】1996 年，上海卢湾区政府决心改造太平桥地区的旧城，邀请了香港瑞安集团参与重建。改变原先的居住功能，赋予它新的商业经营价值，把百年的石库门旧城区，改造成一片充满生命力的新天地。建成后的上海新天地是一个国际交流和聚会的场所，一个集购物、餐饮、住宿、休闲、娱乐和观光旅游为一体的"一站式"消费场所，见图 11-6、表 11-1。

图 11-6　上海新天地城市综合体

城市综合体与单功能物业比较一览表　　　　　　　　　　　　　表 11-1

比较因素	城市综合体	单功能物业
功能	复合性、适应性	单一性
区位	在城市核心区域或某区域中心	根据功能确定
建筑形式	多样化	单一
投资风险	较小	较大
总投资	一般较大	相对较小
客户来源	具有自我寄生功能，部分来自于内部	全部来自于外部
客户活动	体验式的	目的性的
客户综合使用成本	一般较小	较大

11.1.2　城市综合体类型

（1）城市 CBD 中心的城市综合体，如北京万达广场、纽约曼哈顿广场等（图 11-7）。

图 11-7　CBD中心城市综合体

(a) 北京万达广场；(b) 纽约曼哈顿中心

【案例 11-4】纽约市中心的曼哈顿，是世界繁华之都。汇集了纽约著名的百老汇、华尔街、帝国大厦、格林威治街、中央公园、联合国总部、大都会艺术博物馆、大都会歌剧院等。这里还是世界上就业密度最高的地区，仅华尔街而言，长 1.54km，面积不足 1km² 的范围内，就集中了几十家大银行、保险公司、交易所以及上百家大公司总部和几十万就业人口。克莱斯勒大厦、洛克菲勒中心等著名城市综合体建筑造就了曼哈顿"世界中心"的美名。

（2）交通枢纽型城市综合体，如杭州火车东站（图 11-8）、上海虹桥交通枢纽。

图 11-8　杭州火车东站效果图

（3）城市副中心城市综合体

【案例 11-5】临平华元城市综合体是城市经济新增长点

华元临平城市综合体位于余杭区南苑街道联盟社区城标西北角，东至迎宾路，南至望梅路，西至新丰路，总用地面积面积 68085m²，容积率 6.9，地上建筑面积 469786.5m²，地下建筑面积 176159m²，地块内建筑功能包括酒店、办公楼、住宅、大型商业、文化娱乐等（图 11-9）。华元临平城市综合体建筑高度规划为 170m，建成后将成为临平新高。

（4）城郊接合部城市综合体

由于很多的大城市市区已经没有能够找出占地 5 万 m² 以上的地块，因此很多城市综合体最大的选址可能是在城郊接合部。

图 11-9　杭州临平华元城市综合体

【案例 11-6】杭州华丰城市综合体

城北新城位于杭州主城区东北，主城区和临平副城之间，距市中心约 10km，是一个以生态居住、中高端新兴服务业和文化休闲为主导功能的城市新城。华丰综合体是距离主城区最近的一个综合体，它北到临丁路，南到石大路，西到石桥路，东到同协路，规划面积约 316 公顷（图 11-10）。华丰综合体区域，以后将大变模样，从现在的城郊接合部，变身成一个时尚、繁华、适宜居住的生态型城市综合体，为实现半山地区的环境改善，整合城北各大片区功能发挥示范作用。

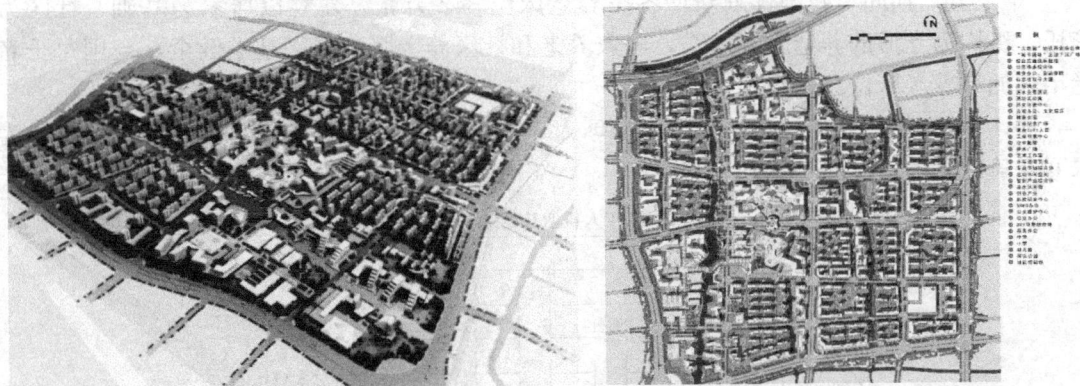

图 11-10　华丰城市综合体规划设计图

11.2　养老地产

11.2.1　中国老龄化现状

1990～2020 年间，世界老龄人口平均年增速 2.5%，世界老龄人口占总人口的比重将从 1995 年的 6.6% 上升至 2020 年的 9.3%。预计到 2050 年 60 岁以上人口将增长到目前的 3 倍。到 2050 年，全球将有近 20 亿的老年人。

国际上通常把 60 岁以上的人口占总人口比例达到 10%，或 65 岁以上人口占总人口的

265

比重达到 7% 作为国家或地区进入老龄化社会的标准。

我国界定 60 岁以上公民为老年人。据此，2012 年底，老年人口数量 1.94 亿，占总人口的 14.3%，2013 年底达到 2.02 亿，占 14.8%。

"十二五"时期，我国人口老龄化进程将进一步加快。从 2011 年到 2015 年，全国 60 岁以上老年人将由 1.78 亿增加到 2.21 亿，平均每年增加老年人 860 万；老年人口比重将由 13.3% 增加到 16%，平均每年递增 0.54 个百分点。预测未来 20 年，我国人口老龄化日益加重，到 2030 年全国老年人口规模将会翻一番，2050 年，老龄人口将达到总人口的三分之一，尤其 80 岁以上的高龄老人和失能老人将以 100 万的速度增加。加快的老龄化进程与家庭小型化、空巢化相伴随，与经济社会转型期的矛盾相交织，社会养老保障和养老服务的需求将急剧增加。同时，根据中国老龄科学研究中心调查，当前城市老年人中 42.8% 拥有储蓄存款，2010 年我国老年人口总体消费规模超过 1.4 万亿元，消费能力进一步增强，消费观念进一步改变。

2012 年底，全国各类养老机构 44304 所，床位 416.5 万张，占老年人总数 2.15%；收养老年人 293.6 万人，占老年人总数 1.51%，大大低于发达国家 5% 的平均水平。我国目前初步建立了以居家为基础、社区为依托、机构为支撑的养老服务体系，居家养老占 90%，社区占 6%，机构占 4%。城镇化发展，家庭结构改变，导致数千年来"养儿防老"的中国传统家庭养老方式亟须改变。而西方发达国家有 5%～15% 的老年人采用机构养老，其中北欧大约为 5%～12%，英国大约为 10%，美国大约为 20%。

"十二五"期间，我国计划新增各类养老床位 342 万张。建立以居家为基础、社区为依托、机构为支撑的养老服务体系，居家养老和社区养老服务网络基本健全，全国每千名老年人拥有养老床位数达到 30 张。

预计 2030 年我国将超过日本成为全球人口老龄化程度最高国家，2050 年我国将成为深度老龄化阶段，见图 11-11。

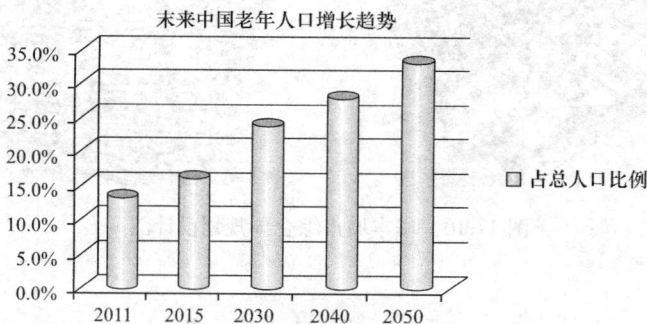

图 11-11　我国未来人口老龄化趋势

养老地产，现指从建筑设计、园林规划到装饰标准，均采用适老化设计，而其建筑产品开发接近于高端住宅产品开发规律的一类物业形态。

养老地产实现了品质地产和优良管家服务的有机结合，从护理、医疗、康复、健康管理、文体活动、餐饮服务到日常起居呵护，增加设施设备，精心打造专业管理团队。

国内养老地产产品主要有：

(1) 保险资金推出的升级版的养老机构，如养老院，把养老地产视做商业地产项目长期经营。国内保险巨头泰康人寿、新华保险、中国人寿、合众人寿等几家已着手建设养老社区。如2013年8月8日下午，中国人寿成功竞得位于苏州工业园区阳澄湖半岛旅游度假区的"苏地2013－G－58"号地块。在此242亩用地范围之内，将建成中国人寿国内首个养老养生社区（图11-12）。

(a)   (b)

图11-12   中国人寿养老养生社区项目
(a) 项目模拟全景图；(b) 项目效果图

（2）开发商推出的养老地产项目。目前，国内房产企业如万科、绿城、保利、远洋等地产大鳄相继成立了养老地产事业部，其开发理念和运营模式各有特色，但都面向"高端消费群体"。如：绿城与杭州师范大学合作开发"学院式养老"的"乌镇雅园"项目；远洋地产与美国最大的养老运营商合作开发持有型养老地产；保利地产与著名医疗机构合作开发的"五星级"养老公寓等，显示出养老地产行业的"朝阳之气"（图11-13）。

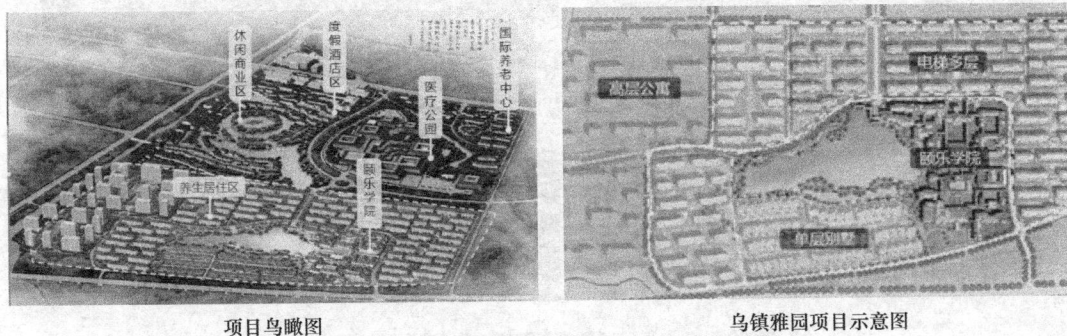

项目鸟瞰图   乌镇雅园项目示意图

图11-13   绿城集团"乌镇国际健康生态产业园"

11.2.2   养老地产运营模式

中国老龄化程度的加深促使养老模式的变化。传统的家庭养老方式在现阶段的社会经济形势下难以为继，经济条件的改善和生活理念的改变使得老人购买房产、服务等养老产品的消费意愿变得强烈，促进了养老地产的发展。依据养老方式和盈利方式，目前国内的养老地产模式主要有以下六大主要经营模式。

（1）本地出售型社区模式

该种模式以老年住宅为整个项目主题和亮点，以面向市场出售的住宅产品为主，注重社区环境的打造和养老配套设置的完善。这种模式的盈利绝大部分甚至全部来源于住宅出售，有极少部分来源于配套产品的经营。而随着养老年地产的发展，本地出售型社区模式的养老地产投资收益水平也在不断接近房地产平均投资收益水平。

这种模式产生的最主要原因是伴随着老年人对生活质量要求的提高而产生。老年人不愿意与子女同住，但新购的住宅又不愿意远离子女或原居住地。

相对于其他模式而言，本地出售型社区模式的养老地产资金回笼快速，能够有效提高资金周转，从而实现滚动开发。但不可避免的，这种模式也存在一定的缺点，如进行这种模式的养老地产开发，必须获得土地使用权，因而享受政府土地优惠政策的可能性很小，同时不能得到养老地产升值的部分和通过养老地产及配套设施运营获得的长期稳定收益。

而要成功的打造这种模式的养老地产，复合的产品形式、完善的养老配套和优美的景观环境必不可少。在复合产品形式方面，通常要打造满足养老及准养老一族、准养老子女等不同客群的产品，甚至是满足不同收入阶层的不同定位、不同档次的产品，从普通的多层住宅产品到高端的独栋别墅、联排别墅、四合院等。在完善的养老配套方面，这种模式的社区通常集文化、娱乐、商业、医疗、康体、度假休闲等多种功能于一身，配套完善、设施齐全。而在景观环境方面，社区通常环境优美，绿化率高，有一定的水系资源，整体环境生态宜居。而满足这一条件的大型养老社区，选址一般也多位于郊区和近郊，尤其是对应北京、上海等一线城市，在城区发展这样的大型养老社区几乎不可能，且地价成本较高。

【案例11-7】北京东方太阳城

北京东方太阳城是本地出售型社区模式的典型代表（图11-14）。该项目以"开退休社区之先河，立晚年幸福之标准"为目标，巨资聘请北京奥林匹克公园设计折挂者、业界

图11-14　北京东方太阳城

声名显赫的美国 SASAKI 设计公司执笔东方太阳城整体规划和建筑设计，独到的设立思路成就独特的"视觉走廊"，巧妙地将自然、建筑和人文和谐统一，在社区内再现中国《桃花源记》的风骨和神采。项目位于有"东方莱茵河"之美誉的北京市顺义区潮白河畔，距离顺义城区 10km，植被覆盖率、绿化率和空气质量等环境条件和基础条件都非常好。项目的主要客群来自北京，也包括周边省份老年人，吸引了养老一族、准养老一族和居住在市区的老年人子女，甚至是首都机场工作人员也在此购房。项目以低密度住宅产品为主，全部出售，同时配套完善的设施，从医院、幼儿园到老年会所、超市、餐厅等商业设施齐全，另外其占地较大的高尔夫球场和可供租用的分割成块的农场构成了社区的特色和亮点。

（2）异地出售型社区模式

异地出售型社区模式是养老养生与度假旅游的完美嫁接，是异地养老方式催生出的一种养老住宅产品，一般位于环境和自然资源优良的旅游胜地，利用自然资源，与养老住宅和设施进行融合，以住宅产品出售盈利。该模式利用移入地和移出地不同地域的房价、生活成本的巨大差异和气候、环境自然养老资源的巨大差异，从而满足老年人追求高品质退休生活的养老需求。由于其特有的资源环境条件，这种模式难以普遍模仿复制。

目前，异地出售型社区模式主要出现在海南、大连、青岛等气候、环境宜人的城市或大城市的周边地带（图 11-15）。三亚绿城清水湾项目就位于海南三亚风景优美的清水湾，购房者主要来自上海、浙江、江苏、北京等省市，不少业主是绿城品牌的拥趸。据不完全统计，三亚岛外购房者的比例约为 85%，其中，养老型消费者在所有购房者中占到 60% 左右。

（a）

（b）

（c）

图 11-15 异地出售型社区模式

（a）三亚绿城清水湾；（b）三亚阿罗哈清水湾；（c）舟山绿城东沙度假村

（3）租售组合型综合社区模式

租售组合型综合社区模式通过养老住宅销售与养老公寓出租及养老配套设施持有运营相结合，实现土地效益和养老产业均衡发展的目的。项目中的养老公寓及配套设施由开发商运营或由专业的运营机构负责。这种模式构建了"住宅销售＋养老公寓出租＋养老配套持有经营"的综合性的项目盈利体系，通过住宅销售获得一次性投资收益，而通过养老公寓出租和配套持有经营获得了长期稳定的收益。而收益的比例则因项目定位中产品配比不同而不同，一般销售与持有部分比例为8：2。

这种模式延长了养老地产开发的产业链，不仅解决了全部出售对养老产业发展不利的问题，还解决了全持有经营资金占压大、市场难以消化的问题。在改变传统的房地产开发商的房产销售方式的同时，延长了养老地产开发的产业链，特别是在老年服务业、老年医疗保健业以及老年娱乐文化产业三个方面，提升了养老地产附加值，增加其后续盈利能力。

【案例11-8】北京太阳城项目位于京城北郊昌平区小汤山镇（图11-16），由北京太阳城房地产开发公司开发，社区销售和持有比例为7：3，产权住宅、银龄公寓、医疗商业配套比例安排合理，从而实现了现金流和长期经营提升价值的双目标的平衡，无论经济效益还是社会效益都非常成功，成为国内养老地产开发的典范和样本。

图11-16　北京太阳城（放大镜中为老年国际公寓即银龄公寓）

（4）养老房产金融组合型社区模式

养老房产金融组合型社区模式尝试运用各种金融组合手段，促进养老社区产品的租售，为企业发展融资，但多数金融创新手段还处在尝试阶段。目前，国内出现的金融组合型社区模式的产品主要有以房养老、押金或养老金返还和绑定养老保险三种。

"以房养老"的全称为"老年人住房反向抵押养老保险"，也就是老人将房屋产权抵押给金融机构，定期获取养老金或接受老年公寓服务，最后房屋产权归金融机构。对于开发商或经营者而言，在经营老年公寓的同时，还增加了其他房屋中介业务。

美国，是"以房养老"模式的鼻祖。与中国传统的"养儿防老"观念不同，美国的养老责任由政府、社会和个人等多方面共同承担。20世纪80年代，美国政府和一些金融机构向老年人推出了"以房养老"的"倒按揭"贷款，发放对象为62岁以上的老年人，至今已有20多年的经验。除美国之外，加拿大也是倒按揭贷款业务发展比较快的国家之一。

有分析认为，此举对于解决老人养老资金难题、盘活已有房屋资源等将起到积极作用。但现实操作的困境是：①房屋到期后如何处理？②是社会养老还是亲子养老？③是反向抵押还是直接出租？

这种模式，房屋产权最终归金融机构所有，因此房屋的出租或者抵押受到一定限制，且采用此种方式，对年龄有一定要求，一般必须为60岁以上的老年人。涉及房屋产权问题，受法律制度不完善的影响难以大规模推广以房养老。

而押金或养老金返还是指老人可按照略高于养老公寓出售价或开发商要求交纳一笔押金，入住一段时间后若不想继续居住，可以要求全额退还押金。居住期间不需或少交纳租金，只按规定缴纳其他服务费用或物业管理费。这种方式，对于开发商或经营商而言，短期内可获取资金，解决其短期的融资问题。如万科良渚文化村养老地产项目采用押金方式，杭州紫荆园项目则采用养老金返还方式。

绑定养老保险指一些保险企业，如泰康人寿、中国人寿等投入养老地产行业，将寿险金融产品与中高端养老实体服务进行结合，老年人可获得入住养老社区的资格或将保险收益支付养老社区的相关费用。对于保险公司而言，将保险与养老社区进行产品绑定，可使养老社区共享寿险客户资源，是一种创新的尝试。

（5）会籍制社区模式

会籍制社区模式通过打造医疗保健社区，全部持有运营，采取会员制管理模式，出售长、短租会员卡。同时，对自理、半自理、非自理客户区别对待，收取不同租金，收费水平比福利型养老机构的收费水平高，主要针对对保健养生格外关注及身体健康欠佳的老年人。因而，在一定程度上抬高了目标客户入住的门槛。在消费理念相对先进和经济条件相对雄厚的城市，这种模式或能赢得市场的部分认同，呈逐渐上升趋势，是外资进入国内养老市场的重要方式。

（6）床位出租型养老机构模式

床位出租型养老机构模式根据投资主体，有公办、民办、公办民营、公助民办等多种经营模式，以床位出租为主要盈利模式。

目前而言，公办养老机构收费较低、补贴多，严重供不应求，但体制机制不活、服务成本较高、经济效益较低。民办养老机构数量较少，缺乏政策扶持、经营状况不容乐观，发展不平衡，只有少数高端民办养老机构经营状况较好，而中低端民办养老机构营利性则较差。整体而言，因养老机构具有一定的公益性质，能够盈利的非常少。

目前国内养老地产的经营模式，无外乎上述六种模式，结合各自的背景和特点，提供养老服务的综合性不同。但各种模式在实际操作中，都引入养老社区的理念或服务，注重养老社区氛围和理念的营造而非单体养老建筑的打造。

11.3 典型城市综合体案例分析

11.3.1 项目概况

杭州，作为中国大陆最具有吸引力的旅游商业城市，在迈向国际化大都市的进程中，将打造100个城市综合体。杭州城西银泰城是由中国银泰投资旗下杭州银泰购物中心有限公司投资开发的大型商业综合体项目。2009年12月23日项目奠基，2012年9月10日项目正式开业。

杭州银泰城位于杭州城西CLD中央居住区申花板块核心区域，项目西临丰潭路、东临武林商业市场，北接萍水路、南面为 40m 宽景观河。规划地铁站距离项目约 300m，项目周边拥有浙江大学紫金港校区及西溪湿地等核心资源，周边有黄龙、文教区、留下、闲林、小和山、仓前大学城、余杭新城、三墩新城、和睦等城市组团。项目规划总建筑面积约 40 万 m²，由高层现代建筑以及低层商业建筑、广场、空中休闲公园等建筑形态组成，是中国银泰旗下继北京银泰中心之后最重要的城市综合体项目之一，由 10.4 万 m² 方全球高效集成商务中心及 28.6 万 m² 时尚生活购物中心组成，首创杭州真正商业中心、商务中心双核驱动城市综合体模式。

项目技术经济指标和基础资料如图 11-17、图 11-18 和表 11-2 所示。

图 11-17　项目效果图

11.3.2　项目商圈分析

项目区域核心商圈约为 3km 范围，东至莫干山路，教工路一带，西至紫金港路，北至三墩镇，南至文三路天目山路一带，如图 11-19 所示。

项目区域核心商圈消费人群分析：

（1）项目所属的城西范围是杭州高端人群聚集区及创新创意产业聚集区；

（2）项目商圈内目前常住人口数约 100 万；

（3）核心商圈城西区域预期 3 年内区域内住宅总开发体量达 800 万 m²，如果全部入住，将为商圈内增加 20~30 万人口数。

11.3.3　项目优势分析

（1）综合体模式开发、近 40 万 m² 总建筑面积，为项目带来全天候消费人群，确保工作日、夜晚、周末都有足够商业人流；

（2）项目近 16 万 m² 的商业面积，ShoppingMall 的商业开发模式，不同业态功能、不同商家组合能够形成客群互补；

（3）地铁 5 号线站点距项目不足 400m，为项目带来便捷交通的同时，大幅度提升项目商圈辐射范围；

（4）项目周边大体量的高端住宅开发，现有常住人口约 80 万，3 年内还有近 800 万 m² 中高端住宅交付，预计开业后，项目将拥有约 100 万的城市中高端消费人群；

项目地理位置

项目周边区域功能

项目周边商业配套

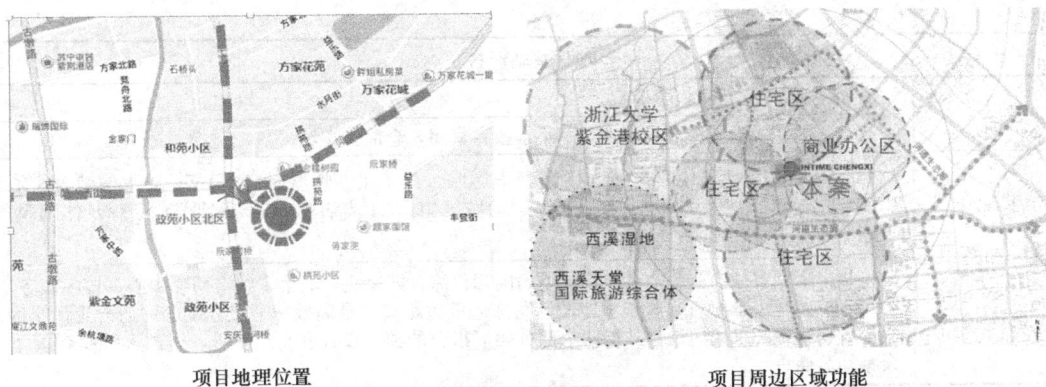

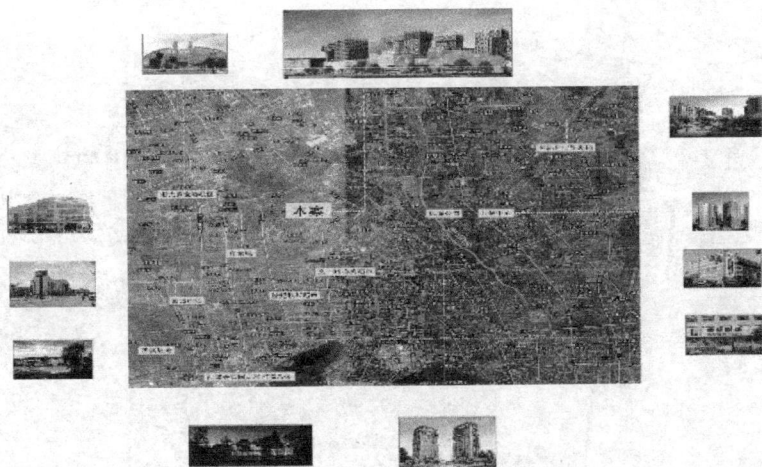

图 11-18　项目区位及周边环境

项目主要技术经济指标　　　　　　　　　　　　　　　表 11-2

项目基础资料			
楼盘名称	杭州银泰城	售楼电话	400-606-6969
地理位置	城南临文一路、北近申花路，东接古翠-登云路，西邻丰潭路	建筑类型	高层，低层、写字楼，酒店式公寓、购物中心
		发展商	银泰置地有限公司
占地面积	65100m²	建筑面积	393732m²
项目类型	综合体	交楼标准	精装修
项目业态	购物中心、精装商务 SOHO、甲级写字楼，商务酒店	物业管理	
产权年限	40 年		
容积率	5	租金模式	纯租金，其他模式
商业面积	29 万 m²	工程进度	已开业

续表

项目基础资料	
配套	交通：多条公交线路及区间车
	教育：浙江大学紫金港校区，学军小学教育集团，仓前大学城
项目配套	拥有银泰百货、喜悦真冰场、传奇奢华影院、孩子王、唛歌时尚 KTV、舒适堡健身中心、BLT 精品超市、神采飞扬电玩城、正格运动城等 10 大主力店和 69 家餐饮美食品牌及休闲服务设施
项目特点	杭州银泰城首创商业、商务双核一体的国际化综合体模式，汇集了银泰购物中心、国际服务式公寓雅诗阁与银泰 OFFICE 于一体，旨在打造最短距离、最高效率、最齐配套的商务生活半径。银泰城购物中心采用内街和外街两个部分融汇组合的独创设计和动线安排，引进多种业态共 200 余家知名商户

图 11-19　项目 3 km 商圈示意图

（5）杭州城市化进程的发展、地铁线开通、杭州商业进入多核心发展是必然趋势，本项目体量及其定位，支撑项目必将成为杭州新城西商圈内最核心的商业物业；

（6）浙大紫金港校区将为项目带来大量的学生及教师消费人群；

（7）发展商银泰深厚的商业运作背景及商业资源，资金实力，为项目提供可靠运作保障。

11.3.4　项目定位

（1）市场定位

区域商圈核心商业体：综合性一站式购物中心。

针对核心商圈及杭州中-中高收入阶层，新型家庭提供集购物、餐饮、休闲、娱乐于一体的一站式大型购物中心。以多元化的餐饮、休闲、娱乐、文化、社交、时尚购物为主要元素，营造时尚消费与品质生活，倡导一种享受美好时光的休闲的、随意的商业消费体验。

（2）目标人群定位

主力消费群体：3km 范围内高端白领、新型家庭、中高端人群为主导。

次主力消费群：本区域中高端社区消费群体、周边地区如余杭、德清、湖州等地富裕人群。

（3）产品定位

杭州银泰城主要业态有 SOHO 公寓、酒店、写字楼和大型商业群，如图 11-20 所示。其中商业面积 16 万 m²，相当于四个武林银泰店、四个印象城、三个多西城广场，其中的购物中心也将是目前杭州规模最大的购物中心。与一般全封闭式的 MALL 不同的是，杭州银泰城的购物中心将设计成开放式的，精品旗舰店、专卖店、精品百货、购物中心等用玻璃天幕相连，给出区别于百货货柜之间拘束的逛街体验。而餐饮、溜冰场、电影院（IMAX）、KTV、健身 MALL 等提供内容丰富的娱乐服务。

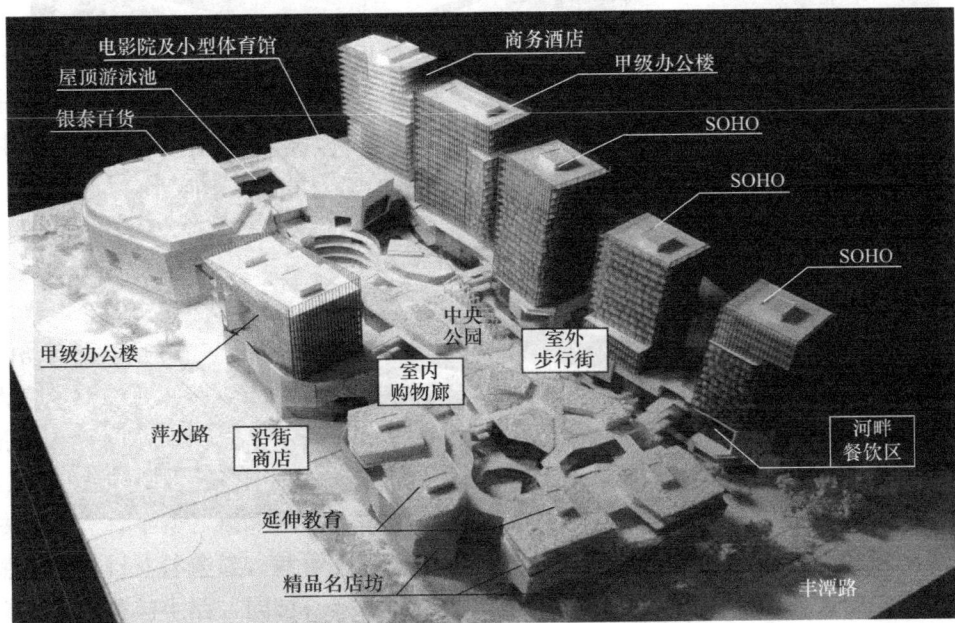

图 11-20　杭州银泰城主要业态分布

11.3.5　产品设计

（1）整体布局

如图 11-20 所示，银泰城是由是 1 个商业综合体与若干个 5A 级甲级写字楼相互串联共同组成的建筑，写字楼与商业综合体之间通过空中走廊连接。这种设计方式可以最大限度地给予"银泰城"更为独立和自由的规划，完全站在购物的角度进行规划和设计。

（2）设计亮点

银泰城拥有 1 万 m²、亚洲最大的玻璃穹顶天幕，穹顶设置了能够自动开启天窗的设备。此外，步行街沿街设置了宽阔的露台，很多橱窗、商品展示放置于此，提供了和顾客互动的机会。银泰城还设置了一个 3000 多 m² 的屋顶花园，可供客人休息。

银泰城购物中心抛弃传统的封闭式商业模式，设计为半开放式，有室外时尚步行街、沿河休闲商业景观河道和室内精品购物通道。整个购物中心只有一条环形主动线，无次要通道，所有店面都分布在环线两边，这样避免了整个商场中死角的出现，如图 11-21 所示。

（3）银泰官网

杭州银泰城项目建立了专门的网站，详细介绍项目情况与特色，为目标人群了解项目提供全方位服务（图11-23）。

图11-23　银泰城项目专用网站

11.4　养老地产营销策划案例分析

如何将养老产业与地产营销有效的整合，并实现社会效应与经济效益的兼收？

——××养老地产营销策略思路

11.4.1　项目概况

项目位于××城区西南角，南部卧城区域，交通便捷，与蜀山路、亚太路、绕城高速南出口及市区与临浦快速通道相邻相近，南、北两侧分别规划有南五路和南六路，出入市区仅需5分钟车程，区位交通优势明显。

本项目是一个27万 m^2 的大型精装修高品质老年养生社区。它除一般居住设施外，还专门设计有医疗护理、文化娱乐、生活服务等适宜老年人需要的特殊室内配套设施和室外环境空间。一期工程已开工建设，均为多层电梯公寓及相关养老设施，如：医院、托老公寓等。一期项目主力户型 70~90m²，为一室二厅、二室二厅。项目主要技术经济指标见表 11-3。

项目主要技术经济指标   表 11-3

项目	指标	项目	指标
项目类型	普通住宅	总户数	1516
建筑类型	高层、多层	绿化率（%）	35.10
建筑总面积（m²）	263280	车位（个）	1397
土地面积（m²）	128871	土地年限	70 年
容积率（%）	2.05	物业管理	绿城物业服务集团有限公司
主力户型	70~90m²，一室两厅，二室两厅	物业费（元/月·平方米）	6
		装修标准	精装修

本项目是民营资本参与养老机构建设的试点工程，是杭州乃至省内在建的大型养老项目，2012 年被列入浙江省服务业重大建设项目之一。项目总占地 194 亩，建筑面积 27.8 万 m²，建设投资 16 亿元，项目全部建成后，可新增养老床位 3866 张，是对政府养老事业的有益补充。

整个项目分二期建设，其中一期建设占地 130 亩，建筑面积 18.5 万 m²（其中地上建筑面积 11.6 万 m²），老年医院、养生餐厅、活动中心等主要的养老配套项目都将在一期建设完成。到目前，一期工程已经全部封顶，今年下半年进入外墙施工与室外工程阶段，明年开始室内精装修，到 2015 年 10 月份一期工程交付使用。

11.4.2 项目营销策划要点

（1）市场定位

老龄人口结构存在多样性，既有年龄结构的差异，也有经济条件、文化层次、生活追求、自理能力等各个方面的差异。本项目作为民营资本参与养老机构建设的试点工程，通过市场调查和市场细分，在目标市场选择和市场定位与政府养老项目错位发展，实行差别化定位。项目定位是相对高端，主要满足知识型、智慧型老年人群的养老需求，如退休教师、医生，退休的企业中高层管理人员，机关事业单位退休人员等。

（2）产品定位

科特勒曾说："营销的最终目的是使推销成为不必要。"本项目为区别于以往的养老院和普通养老公寓，从建筑设计、园区规划到装修标准都进行适老化设计，实现品质地产和优良服务的有机结合，从护理、医疗、康复、健康管理、文体活动、餐饮服务到日常起居，对老年业主进行全方位地呵护。根据市场需求，从以下几方面进行产品策划：

1）划分功能区块分段养老设计模式

项目根据老年人健康状况及年龄发展划分三大功能区块，即健康活力型的居家养生区、高龄体弱型的半托照护区、疾病失能型的全托医护区，不同功能区块在建筑形态、服务标准、入住模式上均不相同。

项目业态分布   表 11-4

功能区块	建筑形态	服务标准	入住模式	说明
居家养生区	多层电梯公寓	管家秘书召唤式服务	住户保证金入住	782套，1564张床位
半托照护区	高层病区式公寓	护工服务＋医护服务	押金＋服务月费	156套，468张床位
全托医护区	高层病房式	全治疗服务	住院费	210间，630张床位

2）配套大面积的公建设施

公建方面，为满足养老服务需求，项目配备了医院、活动中心、食堂、公共活动空间等大量公共服务设施。其中，与半托照护区、全托医护区相结合的医院建筑面积达32488.7m²，占一期地上建筑面积的28%；活动中心5043m²，占一期地上建筑面积的4.4%；食堂2800m²，占一期地上建筑面积的2.4%；架空层公共活动空间13821.6m²，占一期地上建筑面积的12%。

3）小区规划贴心设计

① 区别于普通住宅小区的建筑间距要求，小区楼与楼之间的间距达到1：1.5，充分保证老年人通风良好、采光适宜的生活环境，最大限度提高居住的舒适性；

② 组网楼栋均采用风雨连廊相接，不管烈日当空还是大雨倾盆，减少楼栋之间的住户串门、组织活动所受的影响，串起了住户之间的"感情线"；

③ 全小区人车分流，机动车一律从小区地下车库进入，地面禁止机动车辆通行，保障园区环境和人员安全；

④ 项目建筑3.9m全架空。架空层设计即能解决一层住户的防潮、采光等困扰，同时在架空层内设有休息区域、运动器材和景观水池、花池，为住户增加休闲活动空间的同时，实现园区的景观通透性，使环境更为优美，见图11-24。

图 11-24　项目设计效果图

4）户型及配套设施考虑需求

① 多层电梯公寓房，空间舒适

项目住宅部分全部为电梯精装修多层公寓，既接"地气"，又方便园区住户的进出。多层居家式公寓有 1 梯 4 户和 1 梯 2 户两种形态。1 梯 4 户即每层四户人家，其中中间套为 70m² 左右的户型，边套均为接近 90m² 的户型；1 梯 2 户则为每幢楼两到三个单元，每个单元层两户人家，户型均在 90m² 左右。其中，1 梯 4 户的房子还在过道处设置玻璃围栏的观景台，作为老年人的休闲场所，方便邻里之间联络感情，在这个空间的休闲活动也不会影响到家人的休息和生活。

效果图   效果图

图 11-25 项目主力户型效果图

项目选择国际著名品牌通力低速电梯，与一般的高层电梯不同，这样的电梯最主要的特点就是稳当，不会因电梯的突然加速导致头晕、身体不适，保证老年人乘坐的舒适性，同时多层公寓也不会有电梯乘坐时间过长的问题。

② 标配水地暖，健体防疾病

项目户户标配德国博世地暖，每户除厨房外，每个房间均安装到位，装有单独的控制开关，老年人根据需求自主选择使用区域。

冬天，客厅、餐厅、卧室以及洗手间等都能通过水循环进行供热，室内可以保持 20℃以上的舒适温度。区别于一般的空调，地暖是通过温度不高于 60℃的热水为热媒，在加热管内循环流动，加热地板，通过地面传热方式向室内供热的供暖方式。使用地暖可有效促进足部血液循环，从而改善全身血液循环，促进新陈代谢，对心血管疾病有抑制作用，对于老年人的关节炎、老寒腿更有防治功效，并在一定程度上提高自身免疫能力，同时避免了一般暖空调导致的牢气干燥，呼吸系统不适等问题。同时，水暖设备拥有独立的 2 套热水系统，将地暖用水和生活用水分开，不需要使用地暖的时候，可以作为热水器来使用，供应日常热水。地暖使用对地板及标高有特殊的要求，因此卧室地板采用地暖专用的实木复合地板，客厅、餐厅统一使用暖色系防滑源石地砖，感觉温馨又坚实耐用，易于清理。

③ 安全便捷的智能化系统

所有的户型在玄关处都安装有可视对讲系统，可实现门禁点餐、用药提醒、约会提醒等功能。如果老年人不想出门就餐，又不想在家中做饭，只需轻轻一点，本日上架菜色就会在屏幕上显现，从而实现自助式点餐。

此外，在卧室、卫生间和室外活动区域等主要空间都安装有应急呼叫开关，老年人在遇到紧急情况下，只需触动开关，随即连通管家秘书、医疗中心、养生中心，第一时间做出紧急反应。

（3）投融资策划

创新入住模式，实现入住老人与投资方的双赢格局。

民营资本参与养老机构建设的难题之一是建设资金投入巨大，回收时间漫长，资金难以平衡。以项目的建设标准测算，每套养生公寓的投入资金约需 100 万元，1000 套公寓投资即达 10 亿，年化的融资成本约为 1 亿以上，仅融资成本一项，分摊到每户头上的年资金成本就达 10 万元。所以，寻找资金平衡点是民营资本参与养老机构建设的首要问题。

项目老年公寓的"入户保证金＋较低的服务年费"模式，加快了建设资金回笼，有助于投资方增加信心；同时，降低了老人一次性入住成本和年服务费支出。具体操作模式是：

① 产权由投资方浙江盛和居发展有限公司持有，不销售产权；

② 入住老人需一次性支付入户保证金。保证金标准按测算的投资成本衡量；

③ 入住老人在他的有生之年居住项目的房子，享受项目的养老服务；

④ 老人寿终，房子退回经营方，保证金全额返还；或者，老人可以转让居住权，转让的增值部分在缴纳国家税费后，老人享受 50％的收益。

（4）知名物业企业打造优质服务品牌，提升项目竞争力

以服务为核心，资产管理团队、健康保障团队、服务执行团队、服务监督团队四大主体合作运营紫荆园项目，运营模式的核心是养老服务，包括健康服务、快乐服务、居家服务三大服务系统，让健康老人有所为、有所乐，孤独老人有人问、有人伴，病痛失能老人能得到及时照护。为此，项目组建四个团队，保障紫荆园的运营：

① 养生中心。作为投资方的代表管园区资产，保障投入运营后的资金流动。

② 园区医院（与市内老年病医院联合）。在对外经营的同时，建立全科医生组，负责园区内的医疗服务。

③ 聘请知名物业服务公司成立项目部。作为服务执行团队，直接面对客户提供管家秘书、护工护理、基本物业等各项服务。

④ 理事会。由入住老人、养生中心、医院、服务项目部选拔产生，作为服务监督团队，提高和改进服务质量。

总结：本项目营销策划成功利用了差异化开发运营模式和单一市场产品模式，根据目标人群结合项目实际的市场定位准确，运用 STP 战略通过 SWOT 分析设计差异化产品，养老金返还模式和不同层次的入住方式满足不同阶层老年人群的欲望与需求。

章节要点

本专题介绍了城市综合体和养老地产两种新型地产类型。案例方式阐述城市综合体的内涵、功能、业态分布、常见类型和运营方式；随着我们老龄化程度加快加深，养老成为热点，章节阐述养老地产在产品设计、运作模式上的特点。最后，案例分享了城市综合体和养老地产的营销策划要点供参考借鉴。

复习思考题

1. 简答题

（1）城市综合体内涵、功能业态及常见类型。

（2）城市综合体常见业态分布。

（3）养老地产与一般商品住宅的主要区别？

（4）体验式营销？

2. 实训项目

（1）网上搜索所在城市经典养老地产项目，阐述项目概况、项目特色与亮点，分析其运作模式和营销方式。

（2）网上搜索所在城市标志性城市综合体项目，阐述业态组成合理性，分析其营销推广方式。

目形象策划营销、房地产销售推广策划营销中的哪一类或其他；

策划人，策划报告的写作机构；

日期，20××年××月××日；

示例，营销策划报告书封面。

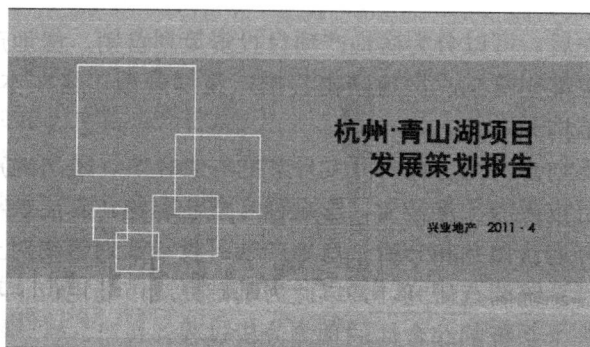

图 12-2　营销策划报告书封面图
注：引用自《杭州青山湖项目发展策划报告》

（2）目录

按照次序列出，策划报告的内容主题，一般列举至三级目录即可。目录内容要求主题鲜明，用词准确，体现各部分内容。

示例，营销策划报告书目录如图 12-3 所示。

图 12-3　营销策划报告书目录图
注：引用自《万科天琴湾项目2012年度营销策划方案》

（3）引言

引言为正文前面的一段，是对报告整体内容的概述或铺垫，目的是向读者描述报告的内容或相关背景。引言要求关键字及表达方式突出，能使读者产生兴趣，如图 12-4 所示。

201×年×月，我们第一次近距离接触这片土地

对于过去，我们仍记忆尤新。

201×年×月，组建团队，进驻案场，团队培训，走工地，做模拟。我们顶着烈日酷暑，开展渠道拓展销售渠道，不分周末，各大超市派单、各大社区商圈巡展。日复一日的辛勤工作，付出了汗水与辛酸，换来了大量客户资源的几类，期待着正式的开盘销售……

过去，我们用辛勤与汗水，开始起步

如今，我们再一次用心感受，细心研究，全力打造

时隔一年后，现在，我们又再一次站在了这片土地上。

这一次，我们肩负使命，也倍感欣慰。

我们用心、勤奋、专业、专注……

我们实地考察地块、项目周边及整个市场，仔细收集汇总每一个细节，苛求以最真实的信息和数据来分析研究。

图 12-4　示例—引言部分

（4）策划营销报告参考格式

1）房地产项目投资策划营销参考格式（表 12-11）

房地产项目投资策划营销参考格式表　　　　　　　表 12-1

封面	名称、主题、策划人、日期
目录	策划报告框架
引言	对报告整体的概要描述
地块周边环境分析	土地性质、地块自然环境、地块交通环境、地块市政配套
区域房地产市场分析	宏观经济数据、城市房地产数据、地块周边区域房地产市场、客户群分析
项目产品定位	竞争性楼盘分析、产品定位
SWOT 分析	优势、劣势、机会点、威胁和困难
项目定价及价值分析	竞争性楼盘价格分析、预测销售均价、项目预期可实现价值
项目经济分析	财务评价、敏感性分析、风险评价
附录	其他说明

2）房地产项目规划设计策划营销参考格式（表 12-2）

房地产项目规划设计策划营销参考格式表　　　　　　　表 12-2

封面	名称、主题、策划人、日期
目录	策划报告框架
引言	对报告整体的概要描述
总体规划	地块现状、地块经济参数和设想、建筑空间布局、绿化系统规划、公建和配套
建筑风格	总体建筑风格、外立面设计

城市房地产数据，包括项目所在城市的房地产相关政策、房地产市场概况、房地产市场总体供求现状、房地产平均价格和成交量走势等。

地块周边区域房地产市场，可以从房地产价格水平、周边历史土地成交情况、房地产供需状况、房地产市场潜力等几个方面考察。房地产价格水平，根据市场情况，在最高最佳原则下确定产品定位，各类型物业的比例，也就可以大致估算本地块开发的最终房地产可以实现的销售平均价格。周边历史土地成交情况，影响未来区域销售价格，从土地成本考虑的直接因素就是周边历史土地成交价格，根据房地产开发的进度，相关程度比较高的就是近一年土地的成交价格。房地产供需状况，房地产供需状况最直观的一个判断就是去地块周边在售楼盘调研楼盘的销售情况，通过与销售人员的交流获取一个楼盘的去化速度的统计，可以判断该区域房地产供需的情况。房地产市场潜力，房地产市场潜力可以从城市人均居住面积统计数据上来判断，人均居住面积越小则该地对满足居住房产需求的建筑面积量就越大，该城市房地产市场需求潜力就比较大。

客户群分析，地块周边同类项目购买客户的构成，客户群职业分布、收入分布、购买用途等。基于项目的位置及项目规模考虑项目所面对潜在客户来源，包括哪些地方的自住客、投资客等。每一类客户群的置业特点，其考虑的主要因素如配套、高性价比等。

（3）项目产品定位

竞争性楼盘分析，对周边竞争性楼盘逐一调查分析，调查的内容有位置、物业类别、建筑类别、总户数、容积率、绿化率、建筑面积、占地面积、车位数、车位比、开发商、物业管理公司、销售情况等内容。

产品定位，市场定位、客户群定位、建筑风格定位。市场定位根据地块项目的价值属性、地段属性、项目属性和品牌属性等多方面整合分析，提炼出本地块项目的市场定位，如高附赠面积、面积覆盖范围、刚需或改善等方面；客户群定位为客户群的来源区域、自住或投资，客户群收入状况等；建筑风格定位，即产品的建筑风格，色彩等。

（4）SWOT分析

SWOT分析即为地块项目的优势、劣势、机会点、威胁和困难等方面，可以通过表格形式进行分析。

SWOT 分析表

表 12-5

	威胁（T）	机会（O）
外部环境	房地产调控政策 区域产品供给量大 同类楼盘竞争 ……	交通改善 区域存在产品空白 ……
	优势（S）	劣势（W）
内部环境	开发商实力 区位条件 交通区位 市政生活配套 …… 注：以上内容同样可为劣势	项目开发体量 周边环境 地块形状 周边建筑物 …… 注：以上内容同样可为优势

(5) 项目价值分析

竞争性楼盘价格分析，对项目周边竞争性楼盘进行全面调查并分析，可按照项目的基本指标以表格的形式进行梳理。

1）竞争性楼盘价格分析示例

近江单元某地块项目，东北至望江东路，西北至钱江路，土地面积 13333m²，容积率 5.0。围绕该地块进行市场调查，调查具体内容略，仅引用表 12-6 作为示例参考。

竞争性楼盘价格分析表　　　　　　　　表 12-6

序号	项目名称	产品	销售均价	土地面积	总建筑面积	容积率
1	钱江国际时代	酒店公寓 写字楼	30000 元/m² 32000 元/m²	4 万 m²	27.5 万 m²	6.8
2	中豪阳光国际	写字楼	22500 元/m²	4.4 万 m²	20 万 m²	4.5
3	中华航空大厦	酒店公寓	30000 元/m²	14683m²	139446m²	9.5
4	华成发展大厦	写字楼	30000 元/m²	6818m²	74479m²	11
5	蓝色钱江	公寓	2850 元/m²	84255m²	30 万 m²	3.56

备注：时点 2010 年 8 月

2）预测销售均价

销售均价预测需要进行多项因素的修正，由于本书专题 7 部分已经介绍，本处略。

3）项目预期可实现价值计算

项目预期可实现价值计算，为项目预期可实现销售均价乘以项目的总建筑面积的数值。需要注意的是，项目定位时存在物业类型的面积分配问题，不同物业类型在该区域市场和产品定位等多方面因素下具有不同的价值。因此，进一步分解，项目预期可实现价值等于各物业类型的预期可实现均价乘以本物业类型建筑面积之和。继续引用上述引例，进行可实现价值核心计算部分示例。

综合考虑各项因素，写字楼预期销售均价 3 万元/m²（目前市场比准价格在 2.6~2.8 万元/m²，考虑未来增长预期及楼盘整体品质的打造，项目写字楼销售均价到 3 万元/m²），具体见表 12-7。

项目可实现价值计算表　　　　　　　　表 12-7

项目	面积（m²）	销售单价（万元/m²）	金额（元）
写字楼	54165	3	162495
商业	9000	3.375	30375
大堂及物业配套	3500	0	
合计	66665		192870

(6) 项目经济分析

房地产投资财务评价的主要目标有两个，一是项目的盈利能力，二是项目的清偿能力。而项目财务评价根据是否考虑资金的时间价值，分为静态指标与动态指标。静态指标以投资收益率为典型；动态指标以财务净现值和财务内部收益率为典型。

投资收益率，是项目利润额/投资额，主要用来评价项目的获利水平。投资额是包括贷款利息的总投资，利润额是房地产开发商品的销售净利润。项目总投入，是指包括土地款、各项前期费用、建安费用、管理费、财务费、税费等在内的整个项目所有成本的支出。

　　财务净现值是指把项目计算期内各年的净现金流量用设定的折现率折算到第零年的现值之和。财务净现值大于零说明该项目是可行的。

　　财务内部收益率是指使计算期内各年净现金流量现值之和为零时的折现率，反映拟投资项目的投资收益水平。动态投资回收期是在基准折现率条件下，从投资开始到项目净收益补偿投资额为止所经历的时间。

　　附录（略）。

　　2. 房地产项目规划设计策划营销

　　封面（略）

　　目录（略）

　　引言（略）

　　（1）总体规划

　　地块现状。本部分同本书第12.2节房地产项目投资策划营销部分之土地现状的内容，请参考该部分，本处略。

　　地块经济参数和设想。地块经济参数和设想。地块经济参数指土地使用面积、规划建筑面积、容积率、绿化率、建筑限高、住宅商业比例、红线退让等，这些指标决定了产品的可能性。设想即根据地块经济参数指标提出产品类型的可能性，高层公寓、小高层公寓、多层公寓、花园洋房、排屋等物业类型组合可能性以及相应的面积比例。

　　示例，某地块土地使用权面积$151050m^2$，建筑面积$90690m^2$，容积率0.6，建筑限高11m。则其产品设想存在以下若干种可能性（表12-8）。

产品组合体量特征表 表12-8

建筑形式	产品表现		规划条件下的产品组合体量特征
	主力产品	附加产品	
联排别墅	双拼别墅		纯双拼别墅社区
	独幢＋双拼＋联排		区域内高等级产品的复合式别墅社区
低层公寓	3层平层公寓	联排别墅	3层公寓与联排别墅
		双拼别墅	3层公寓主力产品，辅以部分双拼
		独幢别墅	大体量3层公寓，少量独栋别墅

图12-5　建筑空间布局图

　　建筑空间布局。建筑空间布局，建筑物各个部分的相对位置和节点以及安放形式（图12-5）。建筑布局方式要求适宜场地关系，体现建筑群风格等。

　　示例，承接上述地块例子。

　　所有建筑组团均以围合形态出现，最大化承接地块内部的景观资源，弱化各产品线因单位土地内的较大建筑体量带来的空间压抑感。

　　景观系统规划。景观是指土地及土地上的空间和物体所构成的综合体。现代项目的规划建造越来越重视景观环境的设计，良好的景观可以提升项目的形象（图12-6）。

　　示例，承接上述地块例子。

　　外圈各马蹄状组团内最大化利用外部景观资源优势，并由各组团的间隙将高尔夫景观引至地块腹地，配合中央景观系统，内外呼应，打造全景观社区概念。

　　公建配套。公建配套指开发商按照国家及地方规定在住宅小区内配套修建的各类公共建筑，具体而言可以包括教育、医疗卫生、文化体育、商业服务、金融邮电、社区服务、市政公用、行政管理等。房地产开发企业在物业交付时需要提供7‰的公建用房，以满足物业管理用房需求等。本部分的公建用房不仅仅限制于此，不仅包括无偿移交的面积部分，还包括产权面积属于具体经营主体的社区公建配套，如配套酒店等（图12-7）。

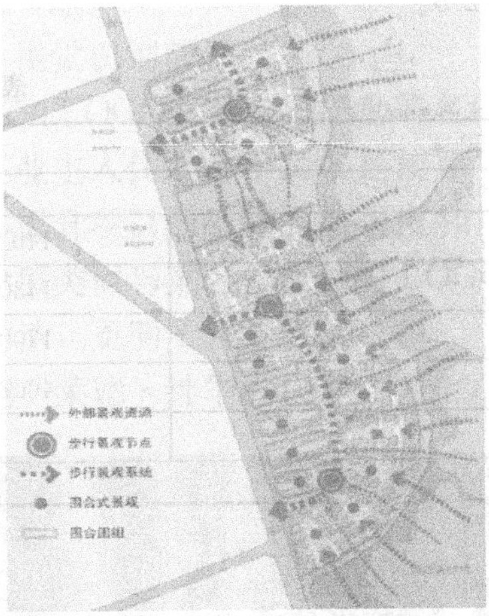

图12-6　景观系统规划图

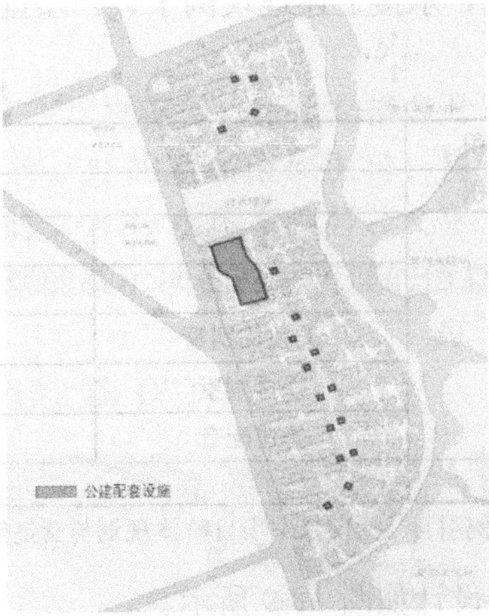

图12-7　公建配套图

　　酒店会所院落化设计进一步加强对社区建筑空间层次丰富的体验。各院落设置入口大堂，与酒店会所形成覆盖面更广的网络化服务体系，加强社区的尊贵体验。

　　（2）建筑风格

　　建筑风格是建筑历史文化的综合呈现的结果，伴随着当时社会的环境、经济水平、宗教信仰等。建筑风格按照建筑方式可以分为哥特式建筑风格、安达卢西亚风格、巴洛克建筑风格、洛可可建筑风格、园林风格等（图12-8）。

　　示例，承接上述地块例子，选用安达卢西亚风格。

图12-8　建筑风格图

　　（3）户型

　　户型策划主要包括户型配置比例和户型设计提示两个方面。户型配置比例是指各个户型占总套数的比例。户型配置比例是一个有限优化的过程，是研究如何在有限的建筑面积

关，而且还能营造氛围，提升楼盘的档次。工地周边路牌，表明案名、LOGO 和位置。工地围墙，一圈围墙可以起到维护作用的同时，综合性地展示楼盘，标示案名、LOGO、投资商、发展商、建设商、设计机构、营销策划机构、物业管理机构等。

销售中心视觉设计。售楼中心为楼盘销售的场所，也是楼盘形象展示的主要场所，同时也是接待、洽谈业务的地方，还是现场广告宣传的重要窗口。售楼中心直接影响客户第一视觉效果，要求形象突出，体现楼盘特色，能激发客户的良好心理感受，增强购买欲望。

示例，莱德·绅华府（图 12-12）。

图 12-12　莱德绅华府销售中心视觉设计图
注：示例引用自莱德绅华府现场实景

4. 房地产销售推广策划营销

封面（略）

目录（略）

引言（略）

（1）区域房地产市场营销分析

区域房地产总体供求状况分析。同本章 12.2 节 "1. 房地产项目投资策划营销" 部分，本处略。

竞争性楼盘调查。同同本专题 12.2 节 "1. 房地产项目投资策划营销" 部分，本处略。

需要补充的是本部分除了上述内容外，还需要重点了解价格区间、销售速度、客户特点、价值点、营销中心、价格策略、优惠策略、推广渠道、营销活动等。

竞争性楼盘调查汇总表见表 12-10。

竞争性楼盘调查汇总表　　　　　　　　　　　　表 12-10

楼盘	绿地剑桥	自在城	慧府
面积区间	一室 84～94m² 二室 107～121m² 三室 131～166m² 四室 156～196m²	二室 47～50m² 三室 80～100m²	一室 46.61～46.45m² 二室 70～94m² 三室 116.85～117.94m²
总价区间	33～107 万元	14～35 万元	17～44 万元
销售速度	一期 50%，3 个月 700 余套	200 套左右	30%
所剩套数	不详	1300 套左右	400 套左右
客户特点	矿主、公务员、私营业主	区域内刚需，改善型	区域内刚需
价值点	大牌开发商；洋房产品唯一	小户型；赠送面积多	小户型，总价低
营销、展示	现场景观好，英伦风格	户外广告展示	展品说明会
价格策略	小高层 4200 元/m²； 洋房 7000 元/m²	均价 3500 元/m²	均价 3780 元/m²
优惠策略	一次性 97 折	一次性减 200/m²	暂无
推广渠道	纸媒、车体、广告 LED	高空广告牌	广场 LED，DM 单派发
营销活动	啤酒节	认购三重优惠	订房当日万元大礼

（2）价格定位

请参考本书 7 房地产项目价格策略。

（3）广告策划

广告主题与策略。房地产广告主题就是房地产广告的中心思想，是广告的项目所要说明和传播的基本观念，解决向目标消费群"说什么"的问题。房地产广告主题策划是广告创意和广告设计创作的基础。房地产广告主题在很大程度上决定了广告作品的格调与价值。房地产广告主题是广告策划、设计人员经过对房地产项目目标的理解，对房地产产品特征的认识以及对消费者需求的观察、分析、思考而提炼出的诉求重点。房地产广告策略是实现和实施广告目标和广告主题的各种具体手段与方法。常见的策略有产品策略、市场策略、媒介策略和广告实施策略。

示例，梦蝶绿苑报广主题（图 12-13）。

广告阶段性策划。广告阶段性策划是对房地产广告各项任务的阶段性安排，是各任务在时间坐标上的。

示例，梦蝶绿苑推广阶段性安排（图 12-14）。

（4）媒体策略

媒体策略简单说就是如何选择一种或几种媒体，选择的理由以及在特定的某时间段内希望达到的频率和费用的估算。

不同的媒体传播作用各不相同，而广告投放不可能只涉及一种媒体，媒体选择就是要根据目标客户群的特点选择多种媒体及方案的媒介组合。通常划分的常见的媒体有报纸、

操略篇——推广操作策略

报广主题：

好男人，到少要3套房

婚房，4000元/m²起，一起去逛街购物

养老房，梦蝶公园回归大自然

学区房，一中、六中、附小、名校林立

报广表现

好男人，到少要3套房
婚房，4000元/m²起，一起去逛街购物
养老房，梦蝶公园回归大自然
学区房，一中、六中、附小、名校林立

全优大盘，圆家人全面幸福

幸福热线：888888 营销中心：×××××××

图 12-13　梦蝶绿苑报广主题图

【2012年—2013年宝业梦蝶绿苑推广四重奏】

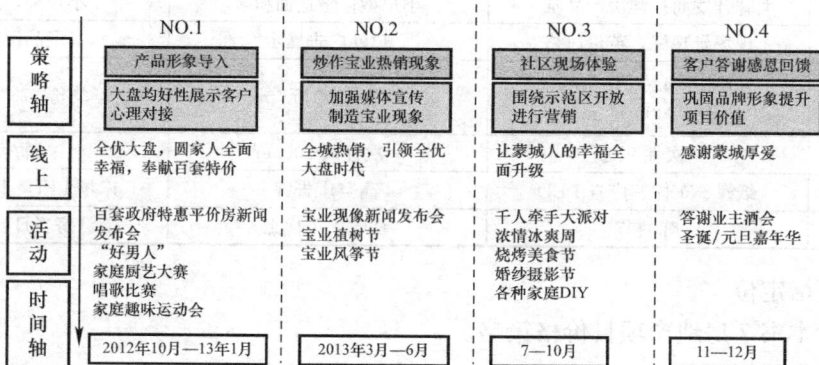

	NO.1	NO.2	NO.3	NO.4
策略轴	产品形象导入 大盘均好性展示客户心理对接	炒作宝业热销现象 加强媒体宣传制造宝业现象	社区现场体验 围绕示范区开放进行营销	客户答谢感恩回馈 巩固品牌形象提升项目价值
线上	全优大盘，圆家人全面幸福，奉献百套特价	全城热销，引领全优大盘时代	让蒙城人的幸福全面升级	感谢蒙城厚爱
活动	百套政府特惠平价房新闻发布会 "好男人"家庭厨艺大赛 唱歌比赛 家庭趣味运动会	宝业现像新闻发布会 宝业植树节 宝业风筝节	千人牵手大派对 浓情冰爽周 烧烤美食节 婚纱摄影节 各种家庭DIY	答谢业主酒会 圣诞/元旦嘉年华
时间轴	2012年10月—13年1月	2013年3月—6月	7—10月	11—12月

图 12-14　梦蝶绿苑推广阶段性安排图

广播、电视、互联网、杂志、手机等。媒体又可分为大众媒体、分众媒体、自由媒体和行业媒体。大众媒体是指针对全面人群，具有广泛社会影响力和阅读率的媒体，这类媒体发行量大，阅读人群覆盖全阶层。分众媒体为针对特定的目标客群，精准深入进行广告信息传达，从而提高广告效益和效果，如写字楼广告、电梯广告。自由媒体是广告主自己创造的广告载体，印刷类如楼书、海报、手提袋、户型图和样板房宣传册等。行业媒体是行业共同营造的媒介载体以及各媒体对该行业关注的有效载体，典型的如房交会。

常见房地产广告媒体列表（表 12-11）。

表 12-11

大众媒体	报纸、广播、电视、互联网等
分众媒体	写字楼广告、电梯广告等
自由媒体	楼书、海报、手提袋、户型图、样板房
行业媒体	房交会、专业房产媒体网站

（5）公关活动策划

同书专题 8 中 8.4 节"项目公关策划"部分，本处略。

12.3 房地产营销策划报告案例

12.3.1 临沂市开发区地块投资策划营销报告

封面（略）

目录（略）

引言（略）

1. 地块周边环境分析

（1）项目地理位置

本地块位于临沂市经济开发区核心（临沂市经济开发区 2010 年正式升级为国家级经济开发区），位于沂河东路与香港路交会，沂河东路连接罗庄与经济开发区，东可达临沭，香港路连接河东与经济开发区，南可至郯城，项目距离飞机场 3.2km，距离临沂火车东站 6km。地理位置图略。

（2）地块现状

地块呈长方形，形状规整，地表目前有一些堆土。

本地块刚好位于临沂机场飞机跑道延伸，所以在限高上有要求，另外，飞机起降的声音还是有影响的（图 12-15）。

项目周边生活配套较为齐全，为开发区的中心地带，项目周边配套图略。

2. 区域房地产市场分析

临沂市位于山东省的东南部，东部连接日照，地近黄海，西接枣庄、济宁、泰安，北靠淄博、潍坊。南北最大长距 228km，东西最大宽度 161km，总面积 17184km²，是山东

图 12-15 项目周边现状图（一）

图 12-15　项目周边现状图（二）

省面积最大和人口最多的地级市。截至 2010 年人口数为 1003.94 万人。

3. 临沂市房地产销售均价区域分布情况

从城市发展来看，整个城市向北发展，北城新区为新的临沂市市政府所在位置，目前城市建设规模、建筑形态都达到了一定的程度，超过一般的江浙地级市，城市建设好于扬州、泰州。

从临沂市整体市场来看，经济开发区板块住宅价格一直是市场最低的（图 12-16），在售项目售价集中在 2900～3300 元/m²。

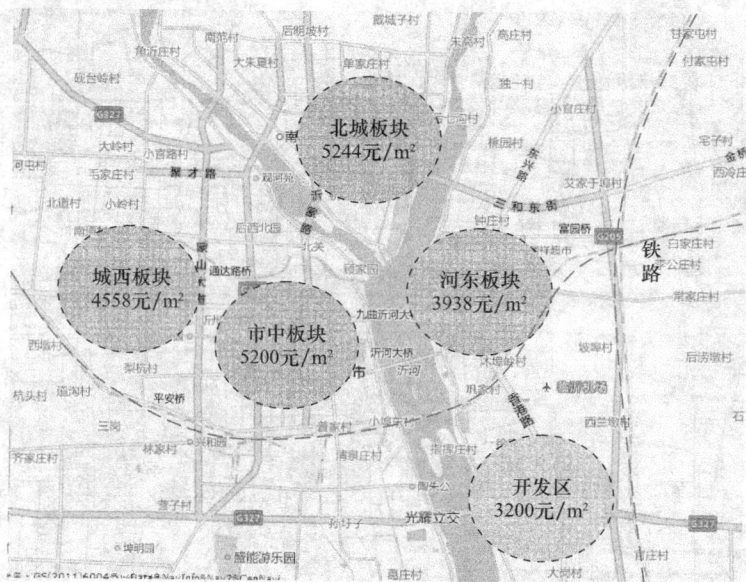

图 12-16　临沂房产销售均价区域分布图

4. 临沂市房地产存量情况

从楼盘的现场来看，每个区域住宅的入住率都不是太高；从统计数据来看，临沂整体的房地产存量还是较大的（表12-12）。

临沂房地产存量情况表　　　　　　　　　　表 12-12

区域	可售套数	可售面积（m²）	可售住宅套数	可售住宅面积（m²）
兰山区	45872	3722745.8	13969	1381449.32
罗庄区	14506	1134515.33	4265	627240.72
河东区	6242	475556.73	2658	289965.38
经济区	6727	707223.4	2672	341412.85
高新区	2552	258854.15	1198	118540.09
兰山区北城新区	28720	2587369.6	10090	1518269.64
临港区	727	42287.18	215	23241.7
累计认购套数	累计认购面积		累计认购住宅套数	累计认购住宅面积
13	3226.12		12	2978.98

但是开发区与临沂市区、北城新区还是自成体系的，从后续的区域房地产市场里面可以体现。

因开发区房地产市场与市区及其他各区的房地产市场客户群体上存在相对独立性，所以项目本身把更多重心放在项目周边的区域。

5. 国家级临沂经济技术开发区概况（略）

6. 区域房地产市场

区域住房市场

图 12-17 中，标注位置：

① 东华花园；② 冠亚星城；③ 中科印象；④ 万基幸福小镇；⑤ 金桂御景城；⑥ 博正慧园；⑦ 莱茵国际；⑧ 恒大绿洲；⑨ 名仕雅苑。

图 12-17　周边房产项目区域分布图

从整个区域的房地产市场来看，本项目的现状成交均价为 3300 元/m² 左右。本区域的项目销售周期都相对较长。

经查询国土资源局系统，国家级临沂经济技术开发区芝麻墩街道的商住用地的成交价格在 40～60 万元/亩左右。

本宗土地位置较好，土地评估出让单价为 80 万元/亩。

开发区升级为国家级经济开发区后土地就在开发区管委会成交，开发区对土地出让具有主导权。

区域土地市场情况表略。

7. 项目产品定位

（1）土地规划条件

位置范围：位于临沂经济技术开发区，东至香港路（道路红线 51m），西至温州路（道路红线 24m），南至后朱汪村耕地，北至沂河路（道路红线 46m）。

用地性质：商住用地（商业占 70%，居住占 30%）

用地面积：8.227 公顷

容积率：不大于 2.0

（2）产品定位，该项目通过市场分析及项目本身的规划设计条件，产品定位清晰为住宅和沿街配套商业（表 12-13）。

表 12-13

物业类型	建筑面积
多层住宅	60000m²
沿街商业	10000m²
合计	70000m²

8. 项目预期可实现价值

依据上述周边竞争性楼盘的市场分析情况，汇总表格情况见表 12-14。

周边竞争性楼盘市场分析表 表 12-14

序号	项目名称	产品	销售均价（元/m²）	开盘时间	土地面积	总建筑面积（m²）	容积率
1	东华花园	多层	3400	现房，2010.12 竣工	362 亩	26 万（一期 13 万方）	1.17
2	冠亚星城	小高层	3700	现房，2012.10 交房	46.6 万	120 万	2.88
3	中科印象	高层	2900	2011.4	7.4 万	26 万	2.82
4	万基幸福小镇	多层	3100	2012.5 交房	16 万	20 万	1.23
5	金桂御景城	多层	2850	2013.5 交房	4.7 万	7.5 万	1.2
6	博正慧园	多层	3300	2013.6 交房	1.1 万	1.7 万	1.5
7	莱茵国际	花园洋房	3400	2012.12	330 亩	43.7 万	1.79
8	恒大绿洲	高层	4100	2012.12	31 万	114 万	2.95
9	名仕雅苑	小高层	3300	2011.12	2.89 万	7 万	1.98

参照市场，本项目住宅预期可实现价格为 3300 元/m²，商业预期可实现价格为 7000 元/m²（表 12-15）。

销售收入表 表 12-15

	项目	均价（元/m²）	面积（m²）	总价（万）	单价（元/m²）	备注
销售收入	住宅	3300	60000	19800		
	商业	7000	10000	7000		
	收入合计			26800		
	面积合计		70000		3829	

通过上述计算，本项目预计总销售收入 2.68 亿元。

9. 项目经济分析

(1) 项目预期成本分析（表 12-16）

表 12-16

项目成本分析表

		项目	子项目	面积（m²）	总价（万）	单价（元/m²）
成本支出	直接费	（一）土地费用	土地出让金	70000	3500	500
			契税	70000	54	
			小计	70000	3554	508
		（二）前期工程费	各项规费	70000	1120	160
			规划设计费	70000	350	50
			三通一平费	70000	70	10
			招标监理费用	70000	140	20
			小计	70000	1680	
		（三）基础设施配套费	电力	70000	1050	150
			供水	70000	70	10
			排污	70000	105	15
			有线	70000	140	20
			智能化	70000	210	30
			景观环境工程	70000	420	60
			小计	70000	1995	
		（四）建筑安装工程费	住宅	60000	7800	1300
			商业	10000	1500	1500
			小计	70000	9300	1329
		不可预计费用		70000	389	
		直接费合计		70000	16918	2417
	间接费	营销费用		70000	804	
		管理费用		70000	536	
		财务费用		70000	1200	
		间接费合计		70000	2540	
	税费	营业税及附加		70000	1501	214
		增值税、所得税		70000		
		税费合计		70000	1501	214
	成本总计			70000	20959	2994

(2) 财务指标

按照现状的销售价格，本项目预计总销售收入 2.68 亿元，预计总成本投入 20959 万元，项目税前利润 5841 万元，成本利润率 27.87%。

12.3.2 ××项目营销策略方案节选

项目推广案名：天正玉兰

项目定位语：公园美域系出名门

1. 企划表现

项目企划表现见图 12-18。

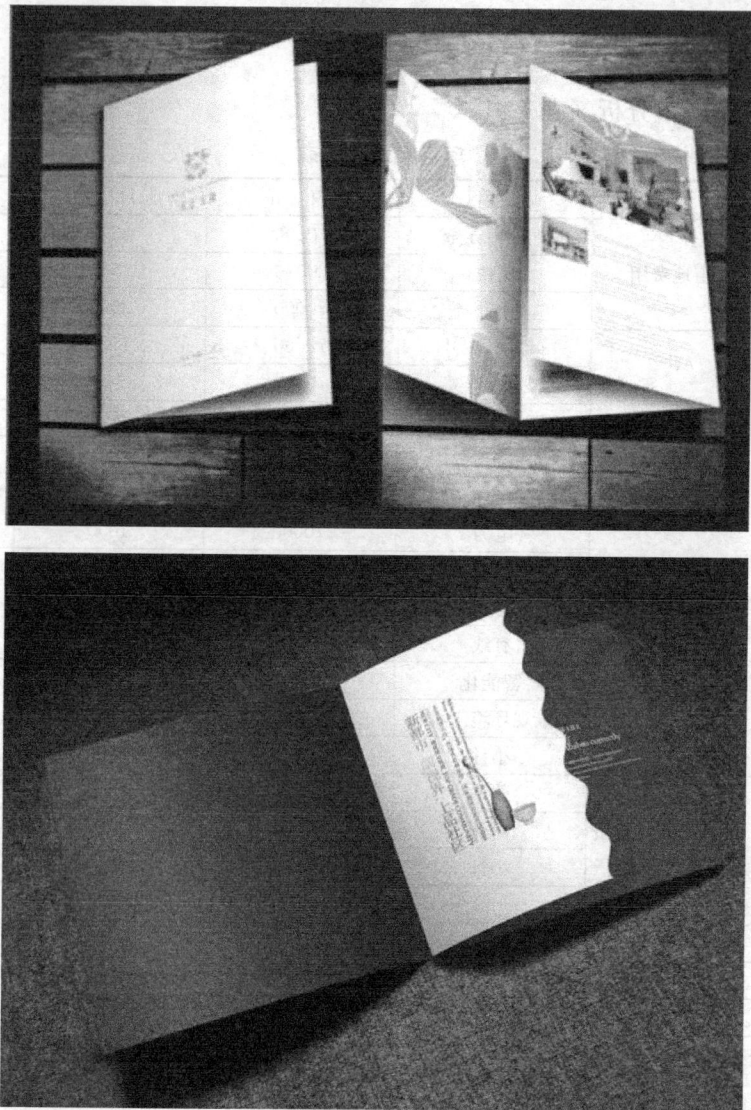

图 12-18　企划表现楼书图

2. 包装策略

（1）主题化的包装体系

包装主题：时尚、活泼

外围展示：洋气、时尚的元素

售楼处展示：主题元素与现代时尚相结合

样板房展示：现代人生活氛围营造

项目周围及售楼处大面积种植玉兰花（图 12-19）。

多媒体影音馆：通过背投或 LED 屏幕的形式展示项目开发、设计、景观、建造、销售以及企业品牌发展历程，加深客户对项目及企业品牌认知（图 12-20）。

（2）销售区域

沙盘及单体模型：设计理念，让客户直观、直接的了解产品的具体规格。

图 12-19　玉兰花及售楼处包装图

图 12-20　多媒体影音馆图

建材展示：直观感受建材品质，展现精工品质，增强客户信心。

销售区域：合理分区，最大程度满足功能需要（图 12-21）。

（3）样板房建议

售楼处内样板房户型：75m² 2 房、90m² 2＋1 房。

样板房装修风格建议：角色演绎装修，突出个性，体现温馨感（图 12-22）。

图 12-21　销售区域图

图 12-22　样板房装修建议图

3. 推广策略

营销节点（见图 12-23）

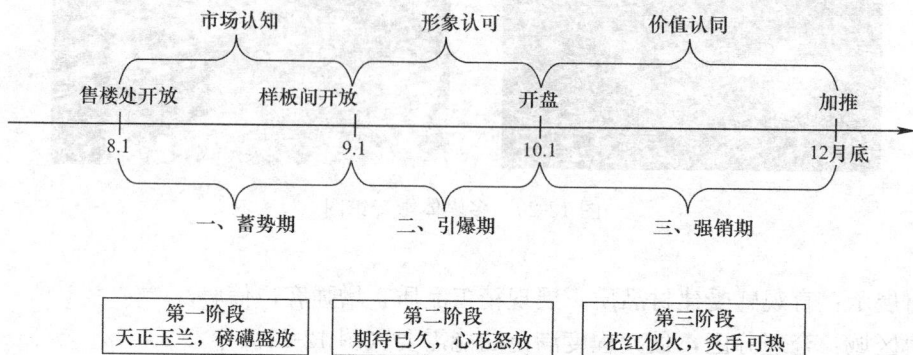

图 12-23　营销节点图

第一阶段，市场认知。要解决两个问题：坐实区域标杆地位，天正玉兰形象力现场率先奠定价值感；品牌企业进驻，打造区域标杆产品。本阶段核心推广平台有：网络，HOUSE365、新浪乐居、搜房等主流网站；现场，地盘包装；纸媒，扬子晚报。

第二阶段，形象认可。要解决的问题为市场影响力最大化，在目标客群圈形成实际影响力。核心推广平台：线上，主流网站、各大报纸、户外密集性投放；线下，多渠道广撒网；现场，策划开盘活动。

第三阶段，价值认同。要解决的问题有完成客户渠道的系统建立，实现口碑销售；完成区域内品质品牌标杆地位建立。持续销售不设节点，首次开盘后进入持销期，不设重大销售节点（图 12-23）；灵活运用特价房，认为制造节点，利用折扣制造特价房，促进销售。在客户量大、销售情况良好时，将素质一般房源做特价房，挤压优质房源去化；营销推广活动铺排，线上线下并行，多渠道、低成本针对性渗透。

4. 业务策略

项目价格定位见图 12-24。

比较因素		权重	仙林悦城		恒大雅苑	
			拟合度	权重	拟合度	权重
区域条件	地段	10	100	10	100	10
	配套	10	90	9	100	10
	环境	10	85	8.5	95	9.5
	交通	10	100	10	100	10
	城市规划	10	100	10	100	10
项目条件	发展商品牌	10	80	8	100	10
	户型设计	10	80	8	105	10.5
	建筑品质	10	90	9	90	9
	楼盘规模	5	100	5	100	5
	社区规划	5	85	4.25	100	5
	交房标准	5	90	4.5	100	5
	物业管理	5	85	4.25	95	4.75
综合权重		100		90.5		98.75

项目	仙林悦城	恒大雅苑
参考价格（毛坯）	6306	5756
对应本案市场价格（元/㎡）	6968	5829
权重	50%	50%
本案现时成交价格	6398元/㎡	

定位说明：

选取区域内的在售公寓项目仙林悦城、恒大雅苑作为本项目定位参照对象，进行产品拟合度打分；

综合市场分析及对竞品项目价格比较与典型项目销售价格等多方面因素考量，

我们建议项目公寓售价为：

6400元/㎡左右（毛坯）

注：项目参考价格为2012年全年实际成交均价，其中恒大雅苑剔去800元/㎡精装成本

图 12-24　项目价格定位图

（1）客户导入渠道分析

上门客户最有效的渠道分别是报纸、派单、短信，全新项目面市渠道上做好线上、线下相结合（图12-25）。

（2）成交客户认知渠道：朋友介绍、路过、短信、报纸及派单，项目正常运转之后注重老客户挖掘以及现场展示力的提升（图12-26）。

本案策略核心为线下精准拓客，解放都市圈购房需求。一方面通过常规手法站稳区域市场，以栖霞和宝华为重点；另一方面主动出击，在全市范围内挖掘目标客户。宝华本区域内客户有较大挖掘空间，可以考虑在区域内增加公交广告及小区横幅、电梯轿厢广告灯线上渠道，提高项目在本区域内知名度。精准定位，针对周边乡镇、企事业单位做定点拓展，针对市区客户设置外展点，为项目建立良好形象、扩大认知面。

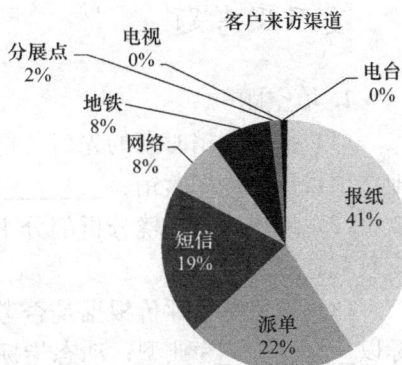

客户来访渠道

电视 0%
分展点 2%
电台 0%
地铁 8%
网络 8%
报纸 41%
短信 19%
派单 22%

图 12-25　客户来访渠道统计图

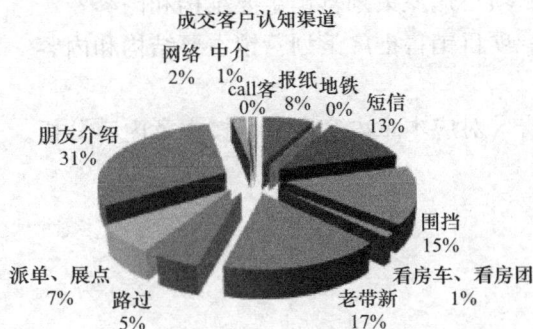

成交客户认知渠道

网络 2%
中介 1%
call客 0%
报纸 8%
地铁 0%
短信 13%
朋友介绍 31%
围挡 15%
派单、展点 7%
路过 5%
老带新 17%
看房车、看房团 1%

图 12-26　成交客户认知渠道统计图

章节要点

本章主要内容有房地产营销策划报告种类、房地产营销策划报告结构与内容和房地产营销策划报告案例。房地产营销策划报告种类按照营销时期的先后，可以分为房地产项目投资策划营销、房地产项目规划设计策划营销、房地产项目形象策划营销、房地产销售推广策划营销。并且列举了各类房地产营销策划报告的常规参考格式。房地产项目投资策划营销报告主要包括地块周边环境分析、区域房地产市场分析、项目产品定位、SWOT 分析、项目价值分析、项目经济分析等多个方面。房地产项目规划设计策划营销主要包括总体规划、建筑风格、户型、灯光规划等几个方面。房地产项目形象策划营销主要包括视觉识别部分、视觉延展部分两个方面。房地产销售推广策划营销主要内容包括区域房地产市场营销分析、价格定位、广告策划、媒体策略、公关活动策划等几个方面。本章最后以案例形式分析了《临沂市开发区地块投资策划营销报告》和《天正玉兰项目营销策略方案》。

复习思考题

1. 填空题

（1）按照营销时期的先后，可以分为房地产项目投资策划营销、_____营销、房地产项目形象策划营销、_____。

（2）地块周边环境分析部分主要包括_____、_____、地块交通环境、地块市政配套等四个方面。

（3）项目财务评价根据是否考虑资金的时间价值，分为静态指标与动态指标。静态指标以_____为典型；动态指标以财务净现值和财务内部收益率为典型。

（4）户型策划主要包括_____和_____两个方面。户型配置比例是指各个户型占总套数的比例。

2. 简答题

（1）简要回答房地产项目投资策划营销主要结构和内容？

（2）简要回答房地产项目规划设计策划营销主要结构和内容？

（3）简要回答房地产项目形象策划营销主要结构和内容？

（4）简要回答房地产项目销售推广策划营销主要结构和内容？

3. 实训项目

找一份营销策划报告，对应本章内容章节，按本章内容分析。

参 考 文 献

[1] 加里·阿姆斯特朗，菲利普·科特勒. 科特勒市场营销教程（第 6 版）[M]. 北京：华夏出版社，2011.

[2] 帕拉苏曼（著），佳芥（译），应斌（译）. 市场调研（第 2 版）[M]. 北京：中国市场出版社，2009.

[3] 余源鹏. 房地产市场调研与优秀案例 [M]. 北京：中国建筑工业出版社，2006.

[4] 迈克丹尼克，盖兹. 世界权威教材精要译丛·市场调研精要（第 6 版）[M]. 北京：电子工业出版社，2010.

[5] 钱燕、夏先玉. 房地产市场调研与实务 [M]. 北京：北京理工大学出版社，2013.

[6] 肯尼斯·弗兰姆普敦，张钦楠（译）. 现代建筑：一部批判的历史 [M]. 北京：三联书店，2012.

[7] 陈琳，潘蜀健. 房地产项目投资 [M]. 北京：中国建筑工业出版社，2004.

[8] 应佐萍. 房地产营销与策划 [M]. 北京：北京大学出版社，2012.

[9] 肖小兮等. 市场营销与策划 [M]. 广州：华南理工大学出版社，2010.

[10] 克而瑞（中国）信息技术有限公司. 房地产无师自通手册：房地产市场调研攻略 [M]. 北京：中国物资出版社，2012.

[11] 陈建勋、梁嘉骅. 浅析顾客需求、期望与知识的动态演化 [J]. 商业时代，2005（32）.

[12] 王赫、黎建强. 谈以顾客需求为导向的新服务开发 [J]. 商业时代，2007（21）.

[13] 卡尔森，韩卉（译）. 关键时刻 MOT－Moments of Truth [M]. 北京：中国人民大学出版社，2006.

[14] Dr. William Moulton Marston. Emotions of Normal People [M]. Charleston：Nabu Press，2011.

[15] Malcolm McDonald，Mike Meldrum. The Complete Marketer-60 Essential Concepts for Marketing Excellence [M]. London：Kogan Page，2013.

[16] Karl Moore，Niketh Pareek. Marketing The Basics [M]. London：Routledge，2006.

[17] 国家技术监督局，建设部. GB 50180-93 城市居住区规划设计规范 [S]. 北京：中国建筑工业出版社，2002.

[18] 朱家瑾等. 居住区规划设计 [M]. 北京：中国建筑工业出版社，2007.

[19] 周波. 建筑设计原理 [M]. 成都：四川大学出版社，2007.

[20] 余洁，朱江，李颖. 现代房地产经营管理丛书——房地产营销策划与执行 [M]. 北京：化学工业出版社，2013.

[21] 叶剑平，孙晓岚. 房地产营销 [M]. 北京：首都经济贸易大学出版社，2006.

[22] 孙华峰，刘树红. 房地产价格策略的探讨 [J]. 商场现代化杂志，2008.

[23] 赵芸. 当前房地产价格的影响因素及其稳定策略分析 [J]. 经营管理者，2011.

[24] 陈林杰. 房地产营销与策划实务 [M]. 北京：机械工业出版社，2012.